16	3	2	13
5	10	11	8
9	6	7	12
4	15	14	1

Ulrich Beck

SOCIEDADE DE RISCO

Rumo a uma outra modernidade

Tradução
Sebastião Nascimento

Inclui uma entrevista inédita com o autor

editora 34

EDITORA 34

Editora 34 Ltda.
Rua Hungria, 592 Jardim Europa CEP 01455-000
São Paulo - SP Brasil Tel/Fax (11) 3811-6777 www.editora34.com.br

A tradução desta obra contou com o apoio do Goethe-Institut, que é patrocinado pelo Ministério das Relações Exteriores da Alemanha.

Título original:
Risikogesellschaft: auf dem Weg in eine andere Moderne

Capa, projeto gráfico e editoração eletrônica:
Bracher & Malta Produção Gráfica

Preparação:
Luciano Gatti

Revisão:
Mell Brites

1ª Edição - 2010, 2ª Edição - 2011 (4ª Reimpressão - 2022)

CIP - Brasil. Catalogação-na-Fonte
(Sindicato Nacional dos Editores de Livros, RJ, Brasil)

Beck, Ulrich, 1944-2015
B724s Sociedade de risco: rumo a uma outra modernidade/ Ulrich Beck; tradução de Sebastião Nascimento; inclui uma entrevista inédita com o autor — São Paulo: Editora 34, 2011 (2ª Edição).
384 p.

ISBN 978-85-7326-450-0

Tradução de: Risikogesellschaft

1. Sociologia. 2. Modernidade.
3. Sociedade e globalização. I. Nascimento, Sebastião. II. Bueno, Arthur. III. Título.

CDD - 301

SOCIEDADE DE RISCO

A propósito da obra

Pobre em catástrofes históricas este século na verdade não foi: duas guerras mundiais, Auschwitz, Nagasaki, logo Harrisburg e Bhopal, e agora Chernobyl. Isso exige precaução na escolha das palavras e aguça o olhar para singularidades históricas. Todo o sofrimento, toda a miséria e toda a violência que seres humanos infligiram a seres humanos eram até então reservados à categoria dos "outros" — judeus, negros, mulheres, refugiados, dissidentes, comunistas etc. De um lado, havia cercas, campos, distritos, blocos militares e, de outro, as próprias quatro paredes — fronteiras reais e simbólicas, atrás das quais aqueles que aparentemente não eram afetados podiam se recolher. Isso tudo continua a existir e, ao mesmo tempo, desde Chernobyl, deixou de existir. É o *fim dos "outros"*, o fim de todas as nossas bem cultivadas possibilidades de distanciamento, algo que se tornou palpável com a contaminação nuclear. *A miséria pode ser segregada, mas não os perigos da era nuclear.* E aí reside a novidade de sua força cultural e política. Sua violência é a violência do perigo, que suprime todas as zonas de proteção e todas as diferenciações da modernidade.

Essa dinâmica que suprime as fronteiras do perigo não depende do grau de contaminação ou da disputa em torno de seus efeitos. Muito pelo contrário, todas as medições já são feitas sob a guilhotina da consternação generalizada. A admissão de uma contaminação nuclear *perigosa* equivale à admissão da *inexistência de qualquer saída possível* para regiões, países ou continentes inteiros. Sobrevivência e (re)conhecimento do perigo se contradizem. É esse fato que torna a disputa em torno de medições, valores máximos aceitáveis e efeitos de curto e longo prazo, algo candente para a própria existência. Só precisamos nos perguntar uma única vez o que é que de fato poderia ter sido feito diferente se houvesse ocorrido uma contaminação do ar, da água, da fauna e dos seres humanos que alcançasse, também segundo parâmetros oficiais, uma proporção *acentuadamente perigosa*. Nesse caso, a vida — respirar, comer, beber — seria interrompida ou restrita por uma medida oficial? O que acontece com a população de um continente inteiro que, em diferentes graus (de acordo com variáveis "fatalistas" como vento, condições atmosféricas, distância em relação ao local do acidente etc.), é irreversivelmente contaminada? Podem (grupos de) países ser mantidos em quarentena? Desencadeia-se um caos interno? Ou então, mesmo num caso desses, tudo acabaria *precisando* acontecer como aconteceu em Chernobyl? Perguntas como essas revelam o tipo de suscetibilidade objetiva na qual o diagnóstico do perigo coincide com a sensação de inelutável desamparo diante dele.

Na modernidade desenvolvida, que surgiu para anular as limitações impostas pelo nascimento e para oferecer às pessoas uma posição na estrutura social em razão de suas próprias escolhas e esforços, emerge um novo tipo de *destino "adscrito" em função do perigo*, do qual nenhum esforço permite escapar. Este se assemelha mais ao destino estamental da Idade Média que às posições de classe do século XIX. Apesar disso, não se vê nele a desigualdade dos estamentos (nem grupos marginais, nem diferença entre campo e cidade ou de origem nacional ou étnica, e por aí afora). Diferente dos estamentos ou das classes, ele não se encontra sob a égide da *necessidade*, e sim sob o signo do *medo*; ele *não* é um "resíduo tradicional", mas um *produto* da modernidade, particularmente em seu estágio de desenvolvimento mais *avançado*. Usinas nucleares — o auge das forças produtivas e criativas humanas — converteram-se também, desde Chernobyl, em símbolos de uma *moderna Idade Média do perigo*. Elas designam ameaças que transformam o individualismo moderno, já levado por sua vez ao limite, em seu mais extremo contrário.

Os reflexos de uma outra época ainda estão muito vivos: como poderei *eu* proteger a mim mesmo e aos meus? E conselhos destinados à esfera privada, que já não existe, vão de vento em popa. Mas, na verdade, todos ainda vivem sob o choque antropológico de uma dependência "*natural*" das formas de vida civilizatórias, uma dependência experimentada em meio à ameaça e que suspendeu todos os nossos conceitos de "emancipação" e "vida própria", de nacionalidade, espaço e tempo. Longe daqui, no oeste da União Soviética, ou seja, de agora em diante, em nosso entorno próximo, aconteceu um *acidente* — nada deliberado ou agressivo, na verdade algo que de fato deveria ter sido evitado, mas que, por seu caráter excepcional, também é normal, ou mais, é humano mesmo. Não é a falha que produz a catástrofe, mas os sistemas que transformam a humanidade do erro em inconcebíveis forças destrutivas. Para a avaliação dos perigos, todos dependem de instrumentos de medição, de teorias e, sobretudo: de seu *des*conhecimento — inclusive os especialistas que ainda há pouco haviam anunciado o império de 10 mil anos da segurança probabilística atômica e que agora enfatizam, com uma segurança renovada de tirar o fôlego, que o perigo jamais seria *agudo*.

Em tudo isso, destaca-se o peculiar *amálgama de natureza e sociedade* por meio do qual o perigo passa por cima de tudo o que lhe poderia opor resistência. De saída, o híbrido da "*nuvem atômica*" — essa força da civilização invertida e convertida em força da natureza, na qual história e fenômeno atmosférico entram numa comunhão tão paradoxal quanto avassaladora. Todo o mundo conectado eletronicamente acompanha estarrecido seu curso. A "esperança residual" por um *vento* "favorável" (os pobres suecos!) revela então, mais do que muitas palavras, a inteira medida do desamparo de um mundo altamente civilizado, que havia erguido muros e arame farpado, mobilizado exército e polícia, tudo isso para proteger suas fronteiras. Uma virada "desfavorável" do vento, e ainda por cima *chuva* — que azar! —, e já se revela a futilidade de tentar proteger a sociedade da natureza contaminada e jogar o perigo nuclear para o "outro" do "meio ambiente".

Essa experiência, que por um instante chegou a esmagar nossa forma de vida atual, reflete a impotência do sistema industrial mundial diante da "natureza" industrialmente integrada e contaminada. A oposição entre natureza e sociedade é uma construção do século XIX, que serve ao duplo propósito de controlar *e* ignorar a natureza. A natureza *foi* subjugada e explorada no final do século XX e, assim, transformada de fenômeno externo em *interno*, de fenômeno predeterminado em *fabricado*. Ao longo de sua transformação tecnológico-industrial e de sua comercialização global, a natureza foi absorvida pelo sistema industrial. Dessa forma, ela se converteu, ao mesmo tempo, em pré-requisito indispensável do modo de vida *no* sistema industrial. Dependência do consumo e do mercado agora também significam um novo tipo de dependência da "natureza", e essa dependência *imanente* da "natureza" em relação ao sistema mercantil se converte, no e com o sistema mercantil, em lei do modo de vida na civilização industrial.

Contra as ameaças da natureza externa, aprendemos a construir cabanas e a acumular conhecimentos. Diante das ameaças da segunda natureza, absorvida no sistema industrial, vemo-nos praticamente indefesos. Perigos vêm a reboque do consumo cotidiano. Eles viajam com o vento e a água, escondem-se por toda a parte e, junto com o que há de mais indispensável à vida — o ar, a comida, a roupa, os objetos domésticos —, atravessam todas as barreiras altamente controladas de proteção da modernidade. Quando, depois do acidente, ações de defesa e prevenção já não cabem, resta (aparentemente) uma única atividade: *desmentir*, um apaziguamento que gera medo e que, associado ao grau de suscetibilidade generalizada condenada à passividade, alimenta sua agressividade. Essa atividade *residual*, diante do risco *residual* realmente existente, encontra na inconcebibilidade e imperceptibilidade do perigo seus cúmplices mais eficazes.

O reverso da natureza socializada é a *socialização dos danos à natureza*, sua transformação em ameaças sociais, econômicas e políticas *sistêmicas* da sociedade mundial altamente industrializada. Na globalidade da contaminação e nas cadeias mundiais de alimentos e produtos, as ameaças à vida na cultura industrial passam por *metamorfoses sociais do perigo*: regras da vida cotidiana são viradas de cabeça para baixo. Mercados colapsam. Prevalece a carência em meio à abundância. Caudais de demandas são desencadeados. Sistemas jurídicos não dão conta das situações de fato. As questões mais prementes provocam desdém. Cuidados médicos falham. Edifícios de racionalidade científica ruem. Governos tombam. Eleitores indecisos fogem. E tudo isso *sem* que a suscetibilidade das pessoas tenha qualquer coisa que ver com suas ações, ou suas ofensas com suas realizações, e ao mesmo tempo em que a realidade segue *inalterada* diante de nossos sentidos. Esse *é* o fim do século XIX, o fim da sociedade industrial *clássica*, com suas ideias de soberania do Estado Nacional, automatismo do progresso, classes, princípio do desempenho, natureza, realidade, conhecimento científico etc.

O discurso da *sociedade* (industrial) *de risco*, também e principalmente nesse sentido — enunciado há cerca de um ano contra muita resistência de vozes internas e externas —, manteve um amargo sabor de verdade. Muito do que se impôs por escrito, de modo ainda argumentativo — a indiscernibilidade dos perigos, sua dependência do saber, sua supranacionalidade, a "desapropriação ecológica", a mudança repentina da normalidade em absurdo etc. —, pode ser lido após Chernobyl como uma trivial descrição do presente.

Ah, pudesse ter continuado a ser a evocação de um futuro a ser evitado!

Ulrich Beck
Bamberg, maio de 1986

Prefácio

O tema deste livro é o discreto prefixo "pós". Ele é a palavra-chave de nossa época. Tudo é "pós". Ao "*pós*-industrialismo" já nos acostumamos há algum tempo. Ainda lhe associamos alguns conteúdos. Com a "*pós*-modernidade", tudo já começa a ficar mais nebuloso. Na penumbra conceitual do *pós*-esclarecimento, todos os gatos são pardos. "Pós" é a senha para a desorientação que se deixa levar pela moda. Ela aponta para um além que não é capaz de nomear, enquanto, nos conteúdos, que simultaneamente nomeia *e* nega, mantém-se na rigidez do que já é conhecido. *Passado mais "pós"* — essa é a receita básica com a qual confrontamos, em verborrágica e obtusa confusão, uma realidade que parece sair dos trilhos.

Este livro é uma tentativa de seguir o rastro da partícula "pós" (ou, em seu lugar, "avançado", "tardio", "ultra"). Ele é movido pelo esforço de compreender os conteúdos que o desenvolvimento histórico da modernidade nas últimas duas, três décadas — especialmente na Alemanha Ocidental —, atribuiu a essa partícula. Isso somente poderá ser feito num duro confronto com as velhas teorias e hábitos de pensamento que, com o acréscimo da partícula "pós", tiveram sua validade prolongada. Uma vez que estes velhos hábitos não se aninham somente nos outros, mas em mim também, por vezes ressoa livro adentro um ruído de luta, cuja intensidade também se deve ao fato de que tive que pôr para correr as objeções que faço a mim mesmo. Algumas passagens poderão, assim, acabar soando estridentes, precipitadas ou excessivamente irônicas. A usual ponderação acadêmica, contudo, não bastaria para escapar ao campo de gravidade do pensamento corrente.

Os argumentos aqui apresentados não são necessariamente representativos, como exigiriam as regras da pesquisa social empírica. Eles se pautam por uma outra pretensão: a despeito de um passado *ainda* vigente, tornar visível o *futuro que já se anuncia* no presente. Apoiando-se numa comparação histórica, pode-se dizer que foram escritos com a mesma perspectiva de um observador do cenário social no início do século XIX, que buscasse, por trás das fachadas da era agrícola feudal e decadente, os traços que já anunciavam uma era industrial ainda inédita. Em tempos de mudança estrutural, a representatividade dos argumentos indicaria uma aliança com o passado e acabaria obstruindo o olhar voltado para um futuro que já começa a despontar no horizonte do presente. Nesse sentido, este livro contém *um pouco de teoria social prospectiva, empiricamente orientada* — mas sem todas as salvaguardas metodológicas.

Ele se apoia na avaliação de que somos testemunhas oculares — sujeitos e objetos — de uma ruptura *no interior* da modernidade, a qual se destaca dos contornos da sociedade industrial clássica e assume uma nova forma — a aqui denominada "sociedade (industrial) de risco". Isso exige um difícil equilíbrio entre as contradições de continuidade e cesura na modernidade, que se refletem mais uma vez nas oposições entre modernidade e sociedade industrial e entre sociedade industrial e sociedade de risco. *O fato de que* essas diferenciações de época ainda hoje continuam ocorrendo na realidade é o que pretendo mostrar neste livro. Sobre *como* se deve diferenciá-las detalhadamente é algo que veremos a partir de propostas de desenvolvimento social. Antes que qualquer clareza a respeito disso possa ser obtida, é preciso que um pouco mais do futuro se torne visível.

A incerteza teórica corresponde à incerteza prática. Aqueles que se agarram ao esclarecimento, tal como ele se apresenta em suas premissas do século XIX, com o intuito de contrapor-se ao assalto da "irracionalidade do espírito do tempo", são peremptoriamente contrariados, da mesma forma como aqueles que querem deixar que todo o projeto da modernidade, bem como as anomalias que se acumulam, escoe rio da história abaixo.

Nada resta a acrescentar ao panorama assustador, suficientemente difundido por todos os setores do mercado de opiniões, de uma civilização que ameaça a si mesma; menos ainda às manifestações de uma Nova Perplexidade, que se extraviaram das dicotomias ordenadoras de um mundo do industrialismo ainda "intacto" mesmo em suas contradições. O presente livro trata do *segundo* passo, daquele que se segue a isso. Ele eleva esse próprio estado de coisas a objeto de explicação. Sua questão é como é possível *entender* e compreender, em um pensamento sociologicamente informado e inspirado, esse atordoamento do espírito do tempo, o qual seria cínico negar sob o pretexto de crítica ideológica e, ao mesmo tempo, perigoso aceitar sem reservas. A ideia-mestra teórica, a ser elaborada com esse propósito, pode ser mais facilmente exposta em uma analogia histórica: *assim como no século XIX a modernização dissolveu a esclerosada sociedade agrária estamental e, ao depurá-la, extraiu a imagem estrutural da sociedade industrial, hoje a modernização dissolve os contornos da sociedade industrial e, na continuidade da modernidade, surge uma outra configuração social.*

Os limites dessa analogia apontam simultaneamente para as peculiaridades dessa perspectiva. No século XIX, a modernização se consumou contra o pano de fundo de seu contrário: um mundo tradicional e uma natureza que cabia conhecer e controlar. Hoje, na virada do século XXI, a modernização *consumiu e perdeu seu contrário*, encontrando-se afinal *a si mesma* em meio a premissas e princípios funcionais socioindustriais. A modernização no horizonte empírico da *pré*-modernidade é suplantada pelas situações problemáticas da modernização *autorreferencial*. Se no século XIX foram os privilégios estamentais e as imagens religiosas do mundo que passaram por um desencantamento, hoje é o entendimento científico e tecnológico da sociedade industrial clássica que passa pelo mesmo processo — as formas de vida e de trabalho na família nuclear e na profissão, os papéis-modelo de homens e mulheres etc. A modernização *nos* trilhos da sociedade industrial é substituída por uma modernização *das premissas* da sociedade industrial, que não estava prevista em qualquer dos manuais teóricos ou livros de receitas políticas do século XIX. É essa iminente *oposição* entre modernidade e sociedade industrial (em todas as suas variantes) que atualmente nos confunde em nosso sistema de coordenadas, a nós que estávamos até a medula acostumados a conceber a modernidade *nas* categorias da sociedade industrial.

Essa diferenciação entre modernização *da tradição* e modernização *da sociedade industrial*, ou dito de outra forma: entre modernização *simples* e *reflexiva*, ainda há de nos ocupar longamente. Nas páginas seguintes, ela será abordada por meio da consideração de situações concretas. Apesar de ainda ser completamente imprevisível quais "estrelas fixas" do pensamento socioindustrial serão extintas ao longo dessa recém-iniciada racionalização *de segundo grau*, já se pode supor com algum fundamento que isso vale inclusive para "leis" aparentemente pétreas, como a da diferenciação funcional ou a da produção em massa baseada na estrutura fabril.

Duas consequências destacam claramente o caráter insólito dessa perspectiva. Ela assevera o que até então parecia impensável: que a sociedade industrial, justamente em sua *concretização*, ou seja, *nos passos leves da normalidade, se despede do palco da história, saindo pelos bastidores dos efeitos secundários* — e não do modo como até hoje havia sido previsto nos livros ilustrados da teoria social: com um estrondo político (revolução ou eleições democráticas). E ela vai mais longe ao afirmar que o cenário "antimodernista" que atualmente inquieta o mundo — crítica da ciência, da tecnologia, do progresso, novos movimentos sociais — não contradiz a modernidade, mas representa a expressão de seu desenvolvimento ulterior, para além do projeto da sociedade industrial.

O conteúdo *geral* da modernidade contrapõe-se a suas incrustações e reduções no projeto da sociedade industrial. O acesso a essa visão é bloqueado por um *mito* renitente, até hoje pouco conhecido, ao qual o pensamento social no século XIX se via fundamentalmente preso e que ainda continua a lançar suas sombras sobre o final do século XX: o mito de que a sociedade industrial desenvolvida, com sua articulação esquemática de trabalho e vida, seus setores produtivos, seu pensamento em categorias de crescimento econômico, sua compreensão científica e tecnológica e suas formas democráticas, constitui uma sociedade *inteiramente moderna*, o ápice da modernidade, para além do que nada de razoável existe que possa sequer ser mencionado. Esse mito tem muitas manifestações. Entre suas modalidades mais eficazes, encontra-se o despropósito a respeito do *fim da história social*. Em variantes otimistas e pessimistas, ele fascina justamente o pensamento da época em que o perpetuado sistema de inovação começa a se renovar graças à dinâmica liberada nele mesmo. É por isso que sequer podemos conceber a possibilidade de uma transformação da configuração social *na* modernidade, pois os teóricos do capitalismo socioindustrial converteram essa configuração histórica da modernidade, que em aspectos fundamentais segue vinculada a seu oposto no século XIX, *em algo apriorístico*. Na pergunta, tributária de Kant, pelas condições de possibilidade de sociedades modernas, os historicamente contingentes contornos, linhas de conflito e princípios funcionais do capitalismo industrial foram elevados a condições necessárias da modernidade. A excentricidade com que se assume até hoje na pesquisa em ciências sociais que na sociedade industrial tudo se transforma — família, profissão, fábrica, classe, trabalho assalariado, ciência — e que ao mesmo tempo *nada* de essencial muda — família, profissão, fábrica, classe, trabalho assalariado, ciência — é só mais uma evidência disso.

Mais urgente do que nunca, precisamos de esquemas de interpretação que nos façam — sem nos lançar equivocamente à eterna e velha novidade, repleta de saudades e bem relacionada com as discretas câmaras do tesouro da tradição — repensar a novidade que nos atropela e que nos permita viver e atuar com ela. Seguir as pistas de novos conceitos, que já se mostram em meio aos cacos dos antigos, é empreendimento difícil. Para uns, soa a "mudança sistêmica" e cai na área turva de competência dos serviços de inteligência. Outros se encapsularam em convicções irrevogáveis e, diante de uma fidelidade aos princípios sectários sustentada mesmo contra o impulso mais íntimo — e ela pode ter muitos nomes: marxismo, feminismo, pensamento quantitativo, especialização —, começam agora a se bater contra tudo aquilo que lembra o cheiro da dissidência extraviada.

Apesar disso ou por isso mesmo: o mundo não está acabando, pelo menos não porque o mundo do século XIX está acabando. Apesar de que isso também seja um exagero. É sabido que o mundo social do século XIX jamais foi muito estável. Muitas vezes ele já ruiu — em pensamento. Na verdade, ele já foi enterrado antes mesmo de ter chegado a nascer. Vivenciamos atualmente as visões de Nietzsche ou os dramas conjugais e familiares da já "clássica" (o que quer dizer: velha) modernidade literária, outrora encenados no palco, sendo na verdade vividos (mais ou menos) *representativamente* na cozinha e no quarto de dormir. Ou seja, o que há muito tempo foi previsto acontece. E, apesar de tudo, acontece com um atraso de — contando nos dedos — algo entre meio século e um século inteiro. E há tempos já vem acontecendo. E decerto vai continuar acontecendo por um bom tempo. E ainda nem sequer acontece.

Além disso, vivenciamos também — para além da antecipação literária — o fato de que *é preciso continuar vivendo depois disso*. Vivenciamos, por assim dizer, o que acontece quando, numa peça de Ibsen, cai a cortina. Vivenciamos a realidade não cenográfica da era pós-burguesa. Ou, em relação aos riscos civilizacionais: somos os herdeiros de uma crítica da cultura *tornada real*, que justamente por isso já não se pode dar por satisfeita com o diagnóstico da crítica da cultura, que em todo caso sempre foi pensado como uma advertência pessimista quanto ao futuro. Não é possível que uma era inteira escorregue para um espaço situado além das categorias atuais, sem que esse além seja antes percebido e demarcado como aquilo que é: uma pretensão ordenadora do passado que se prolonga para além de si mesma e da qual tanto presente como futuro se desprenderam.

Nos capítulos seguintes, em discussões a respeito de tendências evolutivas em campos centrais da práxis social, procurar-se-á retomar o fio do pensamento histórico-social e estendê-lo para além da conceptualidade da sociedade industrial (em todas as suas variantes). A ideia condutora de uma modernização reflexiva da sociedade industrial será desdobrada a partir de dois lados. Inicialmente, será abordada a interpenetração de continuidade e ruptura no exemplo da *produção de riqueza e produção de risco*. A avaliação é a seguinte: enquanto na sociedade industrial a "lógica" da produção de riqueza domina a "lógica" da produção de riscos, na sociedade de risco essa relação se inverte (Primeira Parte). Na reflexividade dos processos de modernização, as forças produtivas perderam sua inocência. O acúmulo de poder do "progresso" tecnológico-econômico é cada vez mais ofuscado pela produção de riscos. Estes somente se deixam legitimar como "efeitos colaterais latentes" num estágio inicial. Com sua universalização, escrutínio público e investigação (anticientífica), eles depõem o véu da latência e assumem um significado novo e decisivo nos debates sociais e políticos. Essa "lógica" da produção e distribuição de riscos será desenvolvida em comparação com a "lógica" da distribuição de riqueza (que até então definia o pensamento sócio-teórico). No centro da questão estão os riscos e efeitos da modernização, que se precipitam sob a forma de ameaças à vida de plantas, animais e seres humanos. Eles já não podem — como os riscos fabris e profissionais no século XIX e na primeira metade do século XX — ser limitados geograficamente ou em função de grupos específicos. Pelo contrário, contêm uma tendência globalizante que tanto se estende à produção *e* reprodução como atravessa fronteiras nacionais e, nesse sentido, com um novo tipo de dinâmica social e política (Capítulos 1 e 2), faz surgir *ameaças globais supra*nacionais e *in*dependentes de classe.

Essas "ameaças sociais" e seu potencial cultural e político são, entretanto, apenas um lado da sociedade de risco. O outro lado passa a ser visível quando são inseridas no centro da questão as *contradições imanentes entre modernidade e contramodernidade presentes no plano geral da sociedade industrial* (Segunda e Terceira Partes): por um lado, a sociedade industrial é definida como sociedade de grandes grupos, no sentido de uma sociedade de classes ou camadas sociais, e isso ontem, hoje e para todo o sempre. Por outro lado, as classes sociais permanecem dependentes da validade de *culturas* e *tradições* sociais de classe, que são justamente *des*tradicionalizadas ao longo da modernização do Estado de Bem-Estar Social no período de desenvolvimento da Alemanha Ocidental no pós-guerra (Capítulo 3).

Por um lado, junto com a sociedade industrial, a convivência é normatizada e padronizada segundo o modelo da família nuclear. Por outro lado, a família nuclear se apoia em alocações "*estamentais*" de posições de gênero para homens e mulheres, algo que se fragiliza justamente na continuidade dos processos de modernização (integração das mulheres na educação e no mercado de trabalho, cifras crescentes de divórcios etc.). Desse modo, porém, a relação entre produção e reprodução começa a se mover, assim como tudo o mais que se encontra vinculado à "tradição da família nuclear" industrial: casamento, paternidade, sexualidade, amor etc. (Capítulo 4).

Por um lado, a sociedade industrial é pensada segundo as categorias da *sociedade do trabalho (assalariado)*. Por outro lado, as medidas de racionalização adotadas hoje em dia têm em vista precisamente os fundamentos do esquema ordenador associado a ela: flexibilizações da jornada e do local de trabalho diluem as fronteiras entre trabalho e ócio. A microeletrônica permite reconectar setores, empresas e consumidores a despeito dos setores produtivos. Dessa forma, porém, as atuais premissas jurídicas e sociais do sistema empregatício são "modernizadas até desaparecerem": o desemprego em massa é "integrado" ao sistema empregatício sob formas novas de "*sub*emprego *plural*" — com todos os riscos e oportunidades implicados (Capítulo 6).

Por um lado, na sociedade industrial a ciência é institucionalizada e, com ela: também a *dúvida metódica*. Por outro lado, essa dúvida é (inicialmente) limitada à dimensão exterior, aos objetos investigados, enquanto os fundamentos e resultados do trabalho científico permanecem protegidos contra o ceticismo internamente fomentado. Essa divisão da dúvida é tanto necessária, em vista das metas de profissionalização, quanto instável, em razão da indivisibilidade da suspeita de falibilidade: em sua continuidade, o desenvolvimento científico-tecnológico experimenta tanto interna como externamente uma ruptura. A dúvida é estendida aos fundamentos e riscos do trabalho científico — com a seguinte consequência: o recurso à ciência é ao mesmo tempo *universalizado e desmistificado* (Capítulo 7).

Por um lado, com a sociedade industrial a demanda e as formas da *democracia parlamentar* são concretizadas. Por outro lado, o âmbito de validade desses princípios são *reduzidos*. O processo de renovação subpolítica do "progresso" mantém-se na esfera de competência da economia, da ciência e da tecnologia, em decorrência do qual garantias democráticas tidas por evidentes acabam sendo suprimidas. Na continuidade dos processos de modernização, isso se torna problemático quando — em vista de forças produtivas potencializadas e arriscadas — a subpolítica tiver subtraído à política o papel dominante na configuração social (Capítulo 8).

Em outras palavras: no modelo da sociedade industrial, de formas diversas — como no esquema de "classes", "família nuclear", "trabalho assalariado", na compreensão de "ciência", "progresso", "democracia" —, elementos constitutivos de uma *tradicionalidade industrial imanente* são incorporados, seus fundamentos fragilizados e suspensos pela reflexividade das modernizações. Por mais estranho que possa parecer: as irritações de época assim desencadeadas são em todos os sentidos resultados do *êxito* das modernizações, que atualmente já não ocorrem *nos*, e sim *contra* os trilhos e categorias da sociedade industrial. Vivenciamos uma transformação dos fundamentos da transformação. Para poder chegar a conceber isso é pressuposto que a imagem da sociedade industrial seja revista. Segundo seu plano geral, ela é uma sociedade *semi*moderna, cuja conjugada contramodernidade não é algo antigo ou tradicional, mas *construto e produto socioindustriais*. A imagem estrutural da sociedade industrial se apoia em uma *contradição* entre o conteúdo *universal* da modernidade e a malha funcional de suas instituições, nas quais ela pode ser implementada somente de modo *particular-seletivo*. Isso quer dizer, porém: a sociedade industrial *se instabiliza em sua própria concretização*. A continuidade se torna "causa" da ruptura. As pessoas *se libertam* das formas de vida e pressupostos da era socioindustrial da modernidade — semelhante ao que ocorrera na era da Reforma, quando elas foram "dispensadas" dos braços seculares da Igreja para abraçar a sociedade. As comoções assim desencadeadas compõem o outro lado da sociedade de risco. O sistema de coordenadas ao qual a vida e o pensamento estão sujeitos na modernidade industrial — os eixos da família e do emprego, a crença na ciência e no progresso — começa a cambalear, e surge um novo crepúsculo de oportunidades e riscos — precisamente os contornos da sociedade de risco. Oportunidades? Nela, inclusive os princípios da modernidade protestam contra sua redução socioindustrial.

De maneiras diversas, este livro reflete o processo de descoberta e aprendizado de seu autor. Ao fim de cada capítulo me vi mais sensato do que ao iniciá-lo. Era grande a tentação de repensá-lo inteiramente e reescrevê-lo a partir do final. Para tanto, faltava-me não apenas tempo. Novamente teria chegado apenas a um novo estágio intermediário. Isso evidencia ainda mais o caráter processual da argumentação e de maneira alguma deve ser entendido como cheque em branco para argumentos contrários. Nisso encontrará o leitor a vantagem de poder ponderar cada capítulo também isoladamente ou em qualquer outra ordem e demandar conscientemente o próprio envolvimento, oposição e continuidade.

Praticamente todas as pessoas próximas a mim foram confrontadas em algum momento com extensas versões preliminares deste texto e com a solicitação de comentários. Várias delas tiveram a duvidosa alegria de verem jorrar variações sempre novas. Tudo foi incorporado. Essa contribuição, em grande parte de jovens pesquisadores no âmbito de minhas relações de trabalho, não pode ser suficientemente estimada, nem no texto e nem aqui no prefácio. Ela se tornou para mim uma experiência motivadora sem precedentes. Várias partes deste livro são literalmente plágios de conversas pessoais e vida compartilhada. Sem ser exaustivo — eu agradeço: Elisabeth Beck-Gernsheim, por nosso dia a dia nada rotineiro, pelas ideias vividas em comum e pela obstinada irreverência; Maria Rerrich, por muitos impulsos de pensamento, conversas e complicados processamentos de material; Renate Schütz, por sua curiosidade intelectual celestialmente contagiosa e por suas inspiradoras visões; Wolfgang Bonß, por conversas especulativas coroadas de êxito sobre praticamente todas as partes do texto; Peter Berger, pela tarefa deixada a mim de registrar por escrito sua prestativa contrariedade; Christoph Lau, por pensar comigo e me proteger de argumentações oblíquas; Hermann Stumpf e Peter Sopp, por muitos conselhos e pela habilidosa localização de material bibliográfico e bancos de dados; Angelika Schacht e Gerlinde Müller, por sua confiabilidade e seu entusiasmo ao contribuir com a concepção e a escrita do texto.

Também pude contar com o notável encorajamento de meus colegas Karl Martin Bolte, Heinz Hartmann e Leopold Rosenmayr. O que ainda restar de repetições e imagens inadequadas no texto, declaro serem sinal de imperfeição deliberada.

Não se equivoca quem acreditar perceber aqui e ali entre as linhas o cintilar de um lago. Largas porções do texto foram escritas ao ar livre, sobre uma colina às margens do lago Starnberger, com seu vívido envolvimento. Assim, vários comentários feitos pela luz, pelo vento ou pelas nuvens foram imediatamente incorporados. Esse local de trabalho pouco usual — favorecido por um céu quase sempre radiante — foi possibilitado pelo cuidado hospitaleiro da sra. Ruhdorfer e de toda a sua família, que fizeram com que mesmo os animais pastando e as crianças brincando à minha volta se mantivessem à devida distância.

A Fundação Volkswagenwerk assegurou, por meio da concessão de uma Bolsa-Academia, os pressupostos para o ócio sem o qual a aventura desta argumentação jamais teria sido ousada. Os colegas de Bamberg Peter Gross e Laszlo Vaskovics concordaram em me favorecer com a protelação de seus semestres sabáticos. A todos eles — sem qualquer atribuição de culpa por meus erros e exageros — meus sinceros agradecimentos. Sejam especialmente contemplados também aqueles que não perturbaram meu sossego e suportaram meu silêncio.

Ulrich Beck

Bamberg/Munique, abril de 1986

PRIMEIRA PARTE

No vulcão civilizatório: os contornos da sociedade de risco

CAPÍTULO I

Sobre a lógica da distribuição de riqueza e da distribuição de riscos

Na modernidade tardia, a produção social de *riqueza* é acompanhada sistematicamente pela produção social de *riscos*. Consequentemente, aos problemas e conflitos distributivos da sociedade da escassez sobrepõem-se os problemas e conflitos surgidos a partir da produção, definição e distribuição de riscos científico-tecnologicamente produzidos.

Essa passagem da lógica da distribuição de riqueza na sociedade da escassez para a lógica da distribuição de riscos na modernidade tardia está ligada historicamente a (pelo menos) duas condições. Ela consuma-se, em primeiro lugar — como se pode reconhecer atualmente —, quando e na medida em que, através do nível alcançado pelas forças produtivas humanas e tecnológicas, assim como pelas garantias e regras jurídicas e do Estado Social, é objetivamente reduzida e socialmente isolada a *autêntica carência material*. Em segundo lugar, essa mudança categorial deve-se simultaneamente ao fato de que, a reboque das forças produtivas exponencialmente crescentes no processo de modernização, são desencadeados riscos e potenciais de autoameaça numa medida até então desconhecida.[1]

Na medida em que essas condições se impõem, ocorre que um tipo histórico de pensamento e ação é relativizado ou recoberto por um outro. O conceito de "sociedade industrial" ou "de classes" (na mais ampla vertente

[1] *Modernização* significa o salto tecnológico de racionalização e a transformação do trabalho e da organização, englobando para além disto muito mais: a mudança dos caracteres sociais e das biografias padrão, dos estilos e formas de vida, das estruturas de poder e controle, das formas políticas de opressão e participação, das concepções de realidade e das normas cognitivas. O arado, a locomotiva a vapor e o microchip são, na concepção sociocientífica da modernização, indicadores visíveis de um processo de alcance muito mais profundo, que abrange e reconfigura toda a trama social, no qual se alteram, em última instância, as *fontes da certeza* das quais se nutre a vida (Koselleck, 1977; Lepsius, 1977; Eisenstadt, 1979). Normalmente, distingue-se entre modernização e industrialização. Aqui, por razões de simplificação da linguagem, utilizaremos preponderantemente "modernização" como um conceito generalizante.

de *Marx* e *Weber*) gira em torno da questão de como a riqueza socialmente produzida pode ser distribuída de forma socialmente desigual *e ao mesmo tempo* "legítima". Isto coincide com o novo *paradigma da sociedade de risco*, que se apoia fundamentalmente na solução de um problema similar e no entanto inteiramente distinto. Como é possível que as ameaças e riscos sistematicamente coproduzidos no processo tardio de modernização sejam evitados, minimizados, dramatizados, canalizados e, quando vindos à luz sob a forma de "efeitos colaterais latentes", isolados e redistribuídos de modo tal que não comprometam o processo de modernização e nem as fronteiras do que é (ecológica, medicinal, psicológica ou socialmente) "aceitável"?

Não se trata mais, portanto, ou não se trata mais exclusivamente de uma utilização econômica da natureza para libertar as pessoas de sujeições tradicionais, mas também e sobretudo de problemas decorrentes do próprio desenvolvimento técnico-econômico. O processo de modernização torna-se "*reflexivo*", convertendo-se a si mesmo em tema e problema. Às questões do desenvolvimento e do emprego de tecnologias (no âmbito da natureza, da sociedade e da personalidade) sobrepõem-se questões do "manejo" político e científico — administração, descoberta, integração, prevenção, acobertamento — dos riscos de tecnologias efetiva ou potencialmente empregáveis, tendo em vista horizontes de relevância a serem especificamente definidos. A promessa de segurança avança com os riscos e precisa ser, diante de uma esfera pública alerta e crítica, continuamente reforçada por meio de intervenções cosméticas ou efetivas no desenvolvimento técnico-econômico.

Ambos os "paradigmas" de desigualdade social estão sistematicamente relacionados a fases específicas do processo de modernização. A distribuição e os conflitos distributivos em torno da riqueza socialmente produzida ocuparão o primeiro plano enquanto em países e sociedades (atualmente, em grande parte do assim chamado Terceiro Mundo) o pensamento e a ação das pessoas forem dominados pela evidência da carência material, pela "ditadura da escassez". Em tais circunstâncias, na sociedade da escassez, o processo de modernização encontra-se e consuma-se sob a pretensão de abrir com as chaves do desenvolvimento científico-tecnológico os portões que levam às recônditas fontes da riqueza social. Essas promessas de libertação da pobreza e da sujeição imerecidas estão na base da ação, do pensamento e da investigação com as categorias da desigualdade social, abarcando, na verdade, desde a sociedade de classes, passando pela sociedade estratificada, até a sociedade individualizada.

Nos Estados de Bem-Estar altamente desenvolvidos do Ocidente, ocorre um processo duplo: de um lado, a luta pelo "pão de cada dia" — em comparação com a subsistência material até a primeira metade do século XX e com o Terceiro Mundo, ameaçado pela fome — deixa de ter a urgência de um problema básico que lança sombra sobre tudo o mais. Em lugar da fome, surgem, para muitas pessoas, os "problemas" do "excesso de peso" (sobre o problema da "nova pobreza", ver pp. 133 ss.). Deste modo, porém, o processo de modernização é privado de seu fundamento de legitimidade até então vigente: o combate à miséria gritante, em razão do qual se dispunha a arcar com certos efeitos colaterais (já não inteiramente) imprevistos.

Paralelamente, dissemina-se a consciência de que as fontes de riqueza estão "contaminadas" por "ameaças colaterais". Isto, de forma alguma, é algo novo, mas passou despercebido por muito tempo em meio aos esforços para superar a miséria. Essa página negra, além do mais, ganha em importância com o superdesenvolvimento das forças produtivas. No processo de modernização, cada vez mais forças *destrutivas* também acabam sendo desencadeadas, em tal medida que a imaginação humana fica desconcertada diante delas. Ambas as fontes alimentam uma crescente crítica da modernização, que, ruidosa e conflitivamente, define os rumos das discussões públicas.

Argumentando sistematicamente, cedo ou tarde na história social começam a convergir na continuidade dos processos de modernização as situações e os conflitos sociais de uma sociedade "que distribui riqueza" com os de uma sociedade "que distribui riscos". Na República Federal, encontramo-nos — esta é minha tese —, pelo menos desde os anos setenta, no início dessa transição. Quer dizer: sobrepõem-se aqui ambos os tipos de temas e conflitos. *Ainda não* vivemos numa sociedade de risco, mas *tampouco somente* em meio a conflitos distributivos das sociedades da escassez. Na medida em que essa transição se consuma, chega-se então, com efeito, a uma transformação social que se distancia das categorias e trajetórias habituais de pensamento e ação.

O conceito de risco tem realmente a importância socio-histórica que lhe é aqui assinalada? Não se trata de um fenômeno originário de qualquer ação humana? Não serão os riscos justamente uma marca da era industrial, em relação à qual deveriam ser nesse caso isolados? É certo que os riscos não são uma invenção moderna. Quem — como Colombo — saiu em busca de novas terras e continentes por descobrir assumiu riscos. Estes eram, porém, riscos *pessoais*, e não situações de ameaça global, como as que surgem para toda a humanidade com a fissão nuclear ou com o acúmulo de lixo nuclear. A palavra "risco" tinha, no contexto daquela época, um tom de ousadia e aventura, e não o da possível autodestruição da vida na Terra.

Também as florestas são desmatadas há muitos séculos — inicialmente através de sua conversão em pastos e em seguida através da exploração inconsequente da madeira. Mas o desmatamento contemporâneo acontece *globalmente* — e na verdade como consequência *implícita* da industrialização — com consequências sociais e políticas inteiramente diversas. São afetados, por exemplo, também e especialmente países com ampla cobertura florestal (como Noruega e Suécia), que sequer dispõem de muitas indústrias poluentes, mas que têm de pagar pelas emissões de poluentes de outros países altamente industrializados com a extinção de florestas, plantas e animais.

Há relatos de que marujos que caíam no Tâmisa no século XIX morriam não afogados, mas intoxicados pelos vapores e gases tóxicos dessa cloaca londrina. Também um passeio pelos becos estreitos de uma cidade medieval deveria ser o equivalente de ter o nariz açoitado. "Os excrementos acumulam-se por toda a parte, nas ruas, ao pé das cancelas, nas carruagens [...] As fachadas das casas parisienses são carcomidas pela urina [...] A constipação socialmente organizada ameaça envolver Paris inteira num processo de asquerosa dissolução" (A. Corbin, Berlim, 1984, pp. 41 ss.). É de se notar, porém, que as ameaças de então, à diferença das atuais, agastavam somente o nariz ou os olhos, sendo portanto sensorialmente perceptíveis, enquanto os riscos civilizatórios atuais tipicamente escapam à percepção, fincando pé sobretudo na esfera das fórmulas físico-químicas (por exemplo, toxinas nos alimentos ou a ameaça nuclear). Uma outra diferença está relacionada a esse caso. Naquela época, elas podiam ser atribuídas a uma *sub*provisão de tecnologia higiênica. Hoje, elas têm sua causa numa *super*produção industrial. Os riscos e ameaças atuais diferenciam-se, portanto, de seus equivalentes medievais, com frequência semelhantes por fora, fundamentalmente por conta da *globalidade* de seu alcance (ser humano, fauna, flora) e de suas causas *modernas*. São riscos da modernização. São um *produto de série* do maquinário industrial do progresso, sendo *sistematicamente* agravados com seu desenvolvimento ulterior.

Os riscos do desenvolvimento industrial são certamente tão antigos quanto ele mesmo. A pauperização de grande parte da população — o "risco da pobreza" — prendeu a respiração do século XIX. "Riscos de qualificação" e "riscos à saúde" já são há muito tema de processos de racionalização e de conflitos sociais, salvaguardas (e pesquisas) a eles relacionados. Mesmo assim, aos riscos que em seguida serão abordados em detalhe e que há alguns anos inquietam o público corresponde uma nova característica. No que diz respeito à comoção que produzem, eles já não estão vinculados ao lugar em que foram gerados — a fábrica. De acordo com seu feitio, eles ameaçam *a vida* no planeta, sob *todas* as suas formas. Comparados com isto, os riscos profissionais da industrialização primária pertencem a uma outra era. Os perigos das forças produtivas químicas e atômicas altamente desenvolvidas suspendem os fundamentos e categorias nos quais nos apoiávamos até então para pensar e agir — espaço e tempo, trabalho e ócio, empresa e Estado Nacional, até mesmo as fronteiras entre blocos militares e continentes.

A arquitetura social e a dinâmica política de tais potenciais de autoameaça civilizatória são o mais importante aqui. A argumentação pode ser antecipada em *cinco teses*:

(1) Riscos, da maneira como são produzidos no estágio mais avançado do desenvolvimento das forças produtivas — refiro-me, em primeira linha, à radioatividade, que escapa completamente à percepção humana imediata, mas também às toxinas e poluentes presentes no ar, na água e nos alimentos e aos efeitos de curto e longo prazo deles decorrentes sobre plantas, animais e seres humanos —, diferenciam-se claramente das riquezas. Eles desencadeiam danos sistematicamente definidos, por vezes *irreversíveis*, permanecem no mais das vezes fundamentalmente *invisíveis*, baseiam-se em *interpretações causais*, apresentam-se portanto tão somente no *conhecimento* (científico ou anticientífico) que se tenha deles, podem ser alterados, diminuídos ou aumentados, dramatizados ou minimizados no âmbito do conhecimento e estão, assim, em certa medida, *abertos a processos sociais de definição*. Dessa forma, instrumentos e posições da definição dos riscos tornam-se posições-chave em termos sociopolíticos.

(2) Com a distribuição e o incremento dos riscos, surgem *situações sociais de ameaça*. Estas acompanham, na verdade, em algumas dimensões, a desigualdade de posições de estrato e classe sociais, fazendo valer entretanto uma lógica distributiva substancialmente distinta: os riscos da modernização cedo ou tarde acabam alcançando aqueles que os produziram ou que lucram com eles. Eles contêm um *efeito bumerangue*, que implode o esquema de classes. Tampouco os ricos e poderosos estão seguros diante deles. Isto não apenas sob a forma de ameaças à saúde, mas também como ameaças à legitimidade, à propriedade e ao lucro: com o reconhecimento social de riscos da modernização estão associadas desvalorizações e desapropriações ecológicas, que incidem múltipla e sistematicamente a contrapelo dos interesses de lucro e propriedade que impulsionam o processo de industrialização. Ao mesmo tempo, os riscos produzem *novos desníveis internacionais*, de um lado entre o Terceiro Mundo e os países industriais, de outro lado entre os próprios países industriais. Eles esquivam-se à estrutura de competências do Estado Nacional. Diante da universalidade e da supranacionalidade do fluxo de poluentes, a vida da folha de grama na floresta bávara passa a depender da assinatura e implementação de acordos internacionais.

(3) Ainda assim, a expansão e a mercantilização dos riscos de modo algum rompem com a lógica capitalista de desenvolvimento, antes elevando-a a um novo estágio. Riscos da modernização são *big business*. Eles são as necessidades insaciáveis que os economistas sempre procuraram. A fome pode ser saciada, necessidades podem ser satisfeitas, mas os riscos civilizatórios são um *barril de necessidades sem fundo*, interminável, infinito, autoproduzível. Com os riscos — poderíamos dizer com Luhmann —, a economia torna-se "*autorreferencial*", independente do ambiente da satisfação das necessidades humanas. Isto significa, porém: com a canibalização econômica dos riscos que são desencadeados através dela, a sociedade industrial produz as situações de ameaça e o potencial político da sociedade de risco.

(4) Riquezas podem ser *possuídas*; em relação aos riscos, porém, somos *afetados*; ao mesmo tempo, eles são *atribuídos* em termos civilizatórios. Dito de forma hiperbólica e esquemática: em situações relativas a classe ou camada social, a consciência é determinada pela existência, enquanto, nas situações de ameaça, *é a consciência que determina a existência*. O conhecimento adquire uma nova relevância política. Consequentemente, o potencial político da sociedade de risco tem de se desdobrar e ser analisado numa sociologia e numa teoria do surgimento e da disseminação do *conhecimento sobre os riscos*.

(5) Riscos socialmente reconhecidos, da maneira como emergem claramente, pela primeira vez, no exemplo das discussões em torno do desmatamento, contêm um peculiar ingrediente político explosivo: aquilo que até há pouco *era tido por apolítico torna-se político — o combate às "causas" no próprio processo de industrialização*. Subitamente, a esfera pública e a política passam a reger na intimidade do gerenciamento empresarial — no planejamento de produtos, na equipagem técnica etc. Torna-se exemplarmente claro, nesse caso, do que realmente se trata a disputa definitória em torno dos riscos: não apenas dos problemas de saúde resultantes para a natureza e o ser humano, mas dos *efeitos colaterais sociais, econômicos e políticos desses efeitos colaterais*: perdas de mercado, depreciação do capital, controles burocráticos das decisões empresariais, abertura de novos mercados, custos astronômicos, procedimentos judiciais, perda de prestígio. Emerge assim na sociedade de risco, em pequenos e em grandes saltos — em alarmes de níveis intoleráveis de poluição, em casos de acidentes tóxicos etc. —, o *potencial político das catástrofes*. Sua prevenção e seu manejo podem acabar envolvendo uma *reorganização do poder e da responsabilidade*. A sociedade de risco é uma sociedade *catastrófica*. Nela, o estado de exceção ameaça converter-se em normalidade.

1. Distribuição de poluentes de acordo com as ciências naturais e situações sociais de ameaça

A discussão em torno do teor de poluentes e toxinas no ar, na água e nos alimentos, assim como em torno da destruição da natureza e do meio ambiente em geral, ainda é exclusiva ou predominantemente conduzida de acordo com categorias e fórmulas das ciências *naturais*. Desse modo, permanece incógnito o fato de que é inerente às "fórmulas de pauperização" das ciências naturais uma relevância social, cultural e política. Em decorrência, persiste o perigo de que uma discussão ambiental conduzida de acordo com categorias químico-biológico-técnicas acabe sendo involuntariamente levada em consideração pelas pessoas unicamente como um mero *dispositivo orgânico*. Desse modo, porém, ela é ameaçada pela sobreposição do equívoco oposto ao equívoco pelo qual ela, com razão, repreendia o renitente otimismo com o progresso industrial: atrofiar-se numa discussão da natureza *sem* ser humano, sem questionar seu sentido social e cultural. Foram justamente as discussões da última década, nas quais todo o arsenal de argumentos críticos em relação à tecnologia e à indústria se viu novamente expandido e representado, que permaneceram essencialmente *tecnocráticas* e *naturalistas*. Elas esgotam-se na comutação e invocação de substâncias tóxicas no ar, na água e nos alimentos, coeficientes de crescimento demográfico, consumo de energia, carências alimentares, insuficiência de matérias-primas etc., com um tal ardor e incontrastabilidade, como se jamais tivesse havido alguém — um certo Max Weber, por exemplo — que houvesse perdido seu tempo demonstrando que, sem a integração das estruturas sociais de poder e de distribuição, das burocracias, das normas e racionalidades vigentes, isto tudo seria vazio ou absurdo, ou provavelmente ambas as coisas. Furtivamente, insinuou-se uma concepção segundo a qual a modernidade é reduzida ao arcabouço da tecnologia e da natureza no sentido de perpetrador e vítima. Assim abordada, escapam a essa ideia (também típica do movimento ambientalista) os conteúdos e consequências sociais, políticos e culturais dos riscos da modernização.

Ilustremos com um exemplo. O conselho de especialistas para questões ambientais afirma em seu laudo que "no leite materno são frequentemente encontrados beta-hexaclorociclohexano, hexaclorobenzeno e DDT em concentrações consideráveis" (Rat der Sachverständigen für Umweltfragen, 1985, p. 33). Essas toxinas estão presentes em pesticidas que, nesse ínterim, já foram retirados de circulação. Sua origem seria inexplicável (*ibid.*). Em outra passagem, afirma-se: "a exposição da população ao chumbo é, na média, inofensiva" (p. 35). O que se esconde por trás disto? Talvez — por analogia

— a seguinte distribuição: dois homens têm duas maçãs. Um come ambas. Logo, *na média*, cada um comeu uma. Adaptada à distribuição de alimentos em escala mundial, essa afirmação significaria: "na média", todos os seres humanos na Terra estão bem alimentados. O cinismo é evidente nesse caso. Numa parte do planeta, as pessoas morrem de fome, na outra, os efeitos decorrentes da sobrenutrição acabaram por se transformar num ônus de primeira ordem. Pode ser que em relação a poluentes e toxinas essa afirmação *não* seja cínica. Que, portanto, a exposição *média* também seja a exposição *real* de *todos* os grupos populacionais. Porém, temos certeza? Não será necessário, ao menos para que essa afirmação seja defensável, saber quantas toxinas mais as pessoas serão obrigadas a inalar e ingerir? Surpreendente é a *naturalidade* com que se demanda pela "média". Quem demanda a média já está desse modo excluindo as situações socialmente desiguais de ameaça. Mas é justamente disto que não se tem certeza? Existem talvez condições de vida e grupos para os quais um teor de chumbo-e-todo-o-resto "na média inofensivo" represente um *risco de vida*?

A frase seguinte do laudo afirma: "somente nos arredores de emissores industriais são encontradas por vezes concentrações críticas de chumbo entre as crianças". Neste, assim como em outros laudos de impactos ambientais e de contaminação, o que se destaca não é apenas a ausência de todo tipo de diferenciação social. Destaca-se também *o modo como* se diferencia: numa perspectiva *regional* em relação à origem das emissões e de acordo com diferenças *etárias* — ambos critérios que se assentam numa concepção *biológica* (ou mais amplamente: das ciências naturais). Isto não é de responsabilidade exclusiva das equipes de inspeção. Corresponde unicamente ao pensamento científico e social geral em relação aos problemas ambientais. Estes são amplamente considerados como uma questão de natureza e tecnologia, economia e medicina. O que surpreende nesse caso é o seguinte: o impacto ambiental da indústria e a destruição da natureza, que, com seus diversos efeitos sobre a saúde e a convivência das pessoas, surgem originalmente nas sociedades altamente desenvolvidas, são marcados por um *déficit do pensamento social*. Soma-se a esse déficit o grotesco: ninguém se dá conta dessa ausência — sequer os próprios sociólogos.

Questiona-se e examina-se a distribuição de poluentes, toxinas, impacto sobre a água, o ar, o solo, os alimentos etc. Os resultados, regionalmente diferenciados, são expostos ao público apavorado em "mapas ambientais" coloridos. Enquanto a situação do meio ambiente tiver de ser apresentada assim, essa forma de representação e de consideração será evidentemente adequada. Enquanto forem extraídas daí *consequências para as pessoas*, a concepção de fundo entrará em *curto-circuito*: ou bem se presume abrangentemente que *todas* as pessoas — independente de renda, educação, profissão e dos respectivos hábitos e possibilidades de alimentação, habitação e lazer — são igualmente expostas nos centros regionais de contaminação averiguados; ou então, em última instância, deixam-se inteiramente de lado as pessoas e o alcance de sua preocupação, tratando-se então unicamente das substâncias tóxicas, de seus efeitos e de sua distribuição regional.

Como consequência, a discussão sobre substâncias tóxicas, conduzida com categorias das ciências naturais, move-se entre a falácia de preocupações biológicas e sociais ou uma consideração da natureza e do meio ambiente que deixa de lado a preocupação seletiva das pessoas, assim como os significados sociais e culturais que elas lhe imputam. Ao mesmo tempo, continua-se a desconsiderar o fato de que *as mesmas* substâncias tóxicas podem ter um significado inteiramente distinto para pessoas *distintas*, conforme a idade, o sexo, os hábitos alimentares, o tipo de trabalho, os níveis de informação e educação etc.

Um problema especialmente grave é que investigações voltadas unicamente a substâncias tóxicas isoladas jamais podem dar conta das concentrações tóxicas *no ser humano*. Aquilo que pode parecer "inofensivo" num produto isolado talvez seja consideravelmente grave no "reservatório do consumidor final", algo em que o ser humano acabou por se converter no estágio avançado da mercantilização total. Trata-se, nesse caso, de uma *falácia categorial*: uma análise de toxicidade que tome por base a natureza de forma geral ou produtos isolados não tem condições de responder à questão da inocuidade, de todo modo não enquanto "gravidade" ou "inocuidade" tiverem algo a ver com as pessoas que ingerem ou aspiram a substância (ver com mais detalhe pp. 77 ss.). É sabido que a ingestão de vários medicamentos pode anular ou reforçar o efeito de cada um deles. Mas é sabido que (ainda) nem só de vários medicamentos vive o ser humano. Ele também inspira as substâncias tóxicas do ar, bebe as da água, come as dos alimentos etc. Em outras palavras: as inocuidades acumulam-se consideravelmente. Tornam-se elas desse modo — como é o caso comum das adições de acordo com as regras da matemática — sempre mais inócuas?

2. Da dependência cognitiva dos riscos da modernização

Riscos, assim como riquezas, são objeto de distribuição, constituindo igualmente posições — posições de *ameaça* ou posições de *classe*. Trata-se, entretanto, tanto num como noutro caso, de um bem completamente distinto e de uma outra controvérsia em torno de sua distribuição. No caso das riquezas sociais, trata-se de bens de consumo, renda, oportunidades educacionais, propriedade etc., como bens escassos cobiçados. Em contraste, as ameaças são um *sub*produto modernizacional de uma *abundância a ser evitada.* Cabe ou erradicá-la ou então negá-la, reinterpretando-a. A *lógica positiva da apropriação* é assim confrontada por uma *lógica negativa do afastamento pela distribuição*, rejeição, negação e reinterpretação.

Enquanto renda, educação etc. forem para o indivíduo bens consumíveis, tangíveis, a existência e a distribuição de ameaças e riscos serão *mediadas de modo invariavelmente argumentativo.* Aquilo que prejudica a saúde e destrói a natureza é frequentemente indiscernível à sensibilidade e aos olhos de cada um e, mesmo quando pareça evidente a olhos nus, exigirá, segundo a configuração social, o juízo comprovado de um especialista para sua asserção "objetiva". Muitos dos novos riscos (contaminações nucleares ou químicas, substâncias tóxicas nos alimentos, enfermidades civilizacionais) escapam inteiramente à capacidade perceptiva humana imediata. Cada vez mais estão no centro das atenções ameaças que com frequência não são nem visíveis nem perceptíveis para os afetados, ameaças que, possivelmente, sequer produzirão efeitos durante a vida dos afetados, e sim na vida de seus descendentes, em todo caso ameaças que exigem os "órgãos sensoriais" da ciência — *teorias, experimentos, instrumentos de medição — para que possam chegar a ser "visíveis" e interpretáveis como ameaças.* O paradigma dessas ameaças são os efeitos mutagênicos da radioatividade, que, imperceptíveis para os afetados, acabam — como mostra o caso do acidente do reator de Harrisburg — por submetê-los inteiramente, sob enormes sobrecargas nervosas, ao juízo, aos equívocos e às controvérsias dos especialistas.

Agregando o dissociado: suposições de causalidade

Essa dependência cognitiva e invisibilidade das situações de ameaça civilizacional não bastam, contudo, para sua definição conceitual; elas já contêm em si novos componentes. Declarações a respeito de ameaças jamais são redutíveis a meras declarações de fato. Constitutivamente, elas englobam tanto um componente *teórico* quanto um *normativo.* A constatação de "consideráveis concentrações de chumbo nas crianças" ou de "agentes pesticidas no leite materno" não chega a ser, *como tal*, uma situação de ameaça civilizacional, não mais que a concentração de nitrato nos rios ou o teor de dióxido de enxofre no ar. É preciso que se adicione uma explicação causal que faça com que isto seja visto como produto do modo de produção industrial, como efeito colateral sistemático de processos de modernização. Nos riscos socialmente reconhecidos, portanto, são previstos os atores e as instâncias do processo de modernização, com todos os seus interesses parciais e dependências, e colocados numa relação direta, concatenada segundo o modelo de causa e efeito, com ameaças e fenômenos nocivos inteiramente alheios no que diz respeito à dimensão social, de conteúdo, espacial ou temporal. A mulher que, em seu apartamento de três cômodos num subúrbio de Neuperlach, amamenta seu pequeno Martin de três meses de idade encontra-se desse modo numa "relação imediata" com a indústria química, que fabrica pesticidas, com os agricultores, que se veem obrigados, em razão das diretrizes agrícolas da Comunidade Europeia, a recorrer à produção massiva especializada e à sobrefertilização, e por aí afora. Até onde se podem ou devem buscar efeitos colaterais é algo que continua em grande medida incerto. Até mesmo na carne de pinguins antárticos foi encontrada recentemente uma superdose de DDT.

Esses exemplos mostram duas coisas: primeiro, que riscos da modernização emergem ao mesmo tempo vinculados espacialmente e *des*vinculadamente *com um alcance universal*; e segundo, quão *incalculáveis* e *imprevisíveis* são os intrincados caminhos de seus efeitos nocivos. Nos riscos da modernização, portanto, algo que se encontra conteudístico-objetiva, espacial e temporalmente apartado acaba sendo causalmente congregado e, desse modo, além do mais, colocado simultaneamente numa relação de responsabilidade social e jurídica. Suposições causais, no entanto, por definição escapam — como desde Hume já sabemos — à percepção. Elas são teoria. Sempre têm de ser conceitualmente adicionadas, presumidas como verdadeiras, acreditadas. Também nesse sentido os riscos são invisíveis. A causalidade suposta segue sendo algo mais ou menos incerto e provisório. Trata-se, nesse sentido, também no que diz respeito à consciência cotidiana do risco, de uma consciência *teórica* e portanto *cientificizada*.

Ética implícita

Tampouco é suficiente essa concatenação causal daquilo que está institucionalmente apartado. Riscos vividos pressupõem um *horizonte normativo* de certeza perdida, confiança violada. Desse modo, os riscos, mesmo quando irrompem calados, encobertos por cifras e fórmulas, continuam a estar em princípio *vinculados espacialmente*, como a condensação matemática de visões danificadas da vida digna de ser vivida. Por sua vez, estes precisam ser *acreditados*, isto é, não são tangíveis *por conta própria*. Riscos são, nesse sentido, imagens negativas objetivamente empregadas de utopias nas quais o elemento humano, ou aquilo que dele restou, é conservado e revivido no processo de modernização. Apesar de toda a desfiguração, não se pode afinal evitar que esse horizonte normativo, no qual o que há de arriscado no risco começa a se fazer visível, seja tematizado e experimentado. Por trás de todas as reificações, cedo ou tarde emerge a questão da *aceitação* e, com ela, a velha nova questão: *como queremos viver?* O que há de humano no ser humano, de natural na natureza, que é preciso proteger? Nesse sentido, o propalado discurso da "catástrofe" é a expressão exagerada, radicalizada, objetivante de que tal processo *não é desejado*.

Essas velhas-novas questões — o que é o ser humano? como seguir adiante com a natureza? — podem ser jogadas para lá e para cá entre o cotidiano, a política e a ciência. No estágio mais avançado do processo civilizatório, elas voltam a gozar de prioridade na ordem do dia — também ou *justamente* nos momentos em que se revistam com a camuflagem das fórmulas matemáticas e das controvérsias metodológicas. Constatações de risco são a forma sob a qual ressurgem — *nos* centros da modernização — na economia, nas ciências naturais, nas disciplinas técnicas a ética e, com ela, também a filosofia, a cultura e a política. Constatações de risco são uma ainda desconhecida e subdesenvolvida simbiose de ciências naturais e humanas, de racionalidade cotidiana e especializada, de interesse e fato. Ao mesmo tempo, não são nem apenas uma e nem apenas a outra coisa. São ambas e sob uma nova forma. Já não se podem mais especializar, isolar uma da outra, desenvolvendo e fixando seus próprios padrões de racionalidade. Pressupõem uma colaboração para além das trincheiras de disciplinas, grupos comunais, empresas, administração e política, ou então — o que é mais provável — acabam por explodir em meio a esses polos em definições contrapostas e *lutas em torno das definições*.

Racionalidade científica e social

Reside aqui a consequência fundamental e decisiva: nas definições de risco, *quebra-se o monopólio de racionalidade das ciências*. Existem sempre pretensões, interesses e pontos de vista concorrentes e conflitivos dos distintos atores da modernização e grupos de afetados, que acabam sendo forçosamente agregados nas definições de risco, no sentido de causa e efeito, autores e prejudicados. Muitos cientistas certamente põem mãos à obra com todo o ímpeto e a paixão de sua racionalidade objetiva, seus esforços objetivantes aumentam como que proporcionalmente ao teor político de suas definições. Mas, na essência de seu trabalho, eles continuam a depender de expectativas e valorações *sociais* que, como tais, *lhes são prescritas*: onde e como devem ser traçadas as fronteiras entre as sobrecargas que *ainda* e *já não mais* serão acumuladas? Qual a margem de negociação no que diz respeito aos parâmetros que para tanto se pressupõem? Deve ser levada em conta, por exemplo, a possibilidade de uma catástrofe ecológica para contemplar interesses econômicos? O que são necessidades, o que são *supostas* necessidades e o que são necessidades *a serem modificadas*?

A pretensão de racionalidade das ciências de determinar *objetivamente* o teor de risco do risco refuta-se a si mesma permanentemente: ela baseia-se, por um lado, num *castelo de cartas de conjecturas especulativas* e move-se unicamente no quadro de *asserções de probabilidade*, cujos prognósticos de segurança não podem, a bem da verdade, ser refutados sequer por acidentes *reais*. Por outro lado, é preciso ter assumido um ponto de vista *axiológico* para chegar a poder falar de riscos com alguma propriedade. Constatações de risco *baseiam-se* em *possibilidades* matemáticas e interesses sociais, mesmo e justamente quando se revestem de certeza técnica. Ao ocuparem-se com riscos civilizacionais, as ciências sempre acabaram por abandonar sua base de lógica experimental, contraindo um casamento polígamo com a economia, a política e a ética — ou mais precisamente: elas convivem numa espécie de "concubinato não declarado".

Essa heteronomia oculta na pesquisa sobre o risco acaba por revelar-se como um problema justamente por conta da contínua pretensão dos cientistas ao monopólio da racionalidade. Os estudos de segurança de reatores limitam-se à estimativa de determinados riscos *quantificáveis* em razão de acidentes *prováveis*. A dimensionalidade do risco é, portanto, de saída reduzida à *manuseabilidade técnica*. Para amplos setores da população e para os opositores da energia nuclear é, ao contrário, precisamente o *potencial catastrófico* da energia nuclear que está no centro da questão. Mesmo uma probabilidade de acidentes tão reduzida é alta demais quando *um* acidente significa extermínio. Com algum recuo, especificidades do risco desempenham nas discussões públicas um papel que sequer é abordado nos estudos sobre o risco, como por exemplo a proliferação de armas nucleares, a contradição entre humanidade (equívoco, fracasso) e segurança, longo prazo e irreversibilidade das decisões tomadas envolvendo grandes tecnologias e que colocam em jogo a vida das futuras gerações. Em outras palavras, tornam-se evidentes nas discussões de risco as fissuras e trincheiras entre racionalidade *científica e social ao lidar com* os potenciais de ameaça civilizacional. Todos ignoram-se mutuamente. De um lado, são colocadas questões que sequer chegam a ser respondidas pelos outros, enquanto, de outro lado, são oferecidas respostas e perguntas que, *desse modo*, sequer chegam ao fulcro daquilo que na verdade foi perguntado e que aviva os temores.

É certo que racionalidade científica e racionalidade social se distanciam uma da outra, mas ao mesmo tempo seguem interpoladas e referidas de múltiplas maneiras uma na outra. Rigorosamente falando, a própria diferenciação torna-se cada vez menos possível. O envolvimento científico com riscos do desenvolvimento industrial continua igualmente a referir-se a horizontes axiológicos e expectativas sociais, da mesma forma como, inversamente, a discussão e percepção sociais dos riscos em relação aos argumentos científicos. Ao mesmo tempo, a pesquisa sobre o risco acompanha ruborizada os rastros de questionamento da "tecnofobia", para cuja contenção foi convocada e por conta do qual, aliás, ela experimentou nos últimos anos um inesperado fomento material. A crítica e a inquietação pública vivem fundamentalmente da dialética da perícia e da contraperícia. *Sem* argumentos científicos e crítica anticientífica de argumentos científicos, ela fica *apática*, ou pior: pode mesmo nem chegar a perceber o objeto e o procedimento, no mais das vezes "invisíveis", de sua crítica e de seus temores. Para parafrasear uma expressão célebre: racionalidade científica sem racionalidade social fica *vazia*, racionalidade social sem racionalidade científica, *cega*.

Não se esboçará dessa forma uma imagem de harmonia universal. Ao contrário: trata-se de múltiplas pretensões de racionalidade concorrentes e conflitivas rivalizando por validade. Tanto num como noutro caso, são coisas distintas que se destacam, que são variavelmente definidas ou mantidas constantes. Se num dos casos o primado de transformação reside no modo de produção industrial, no outro caso residirá no manuseio tecnológico das probabilidades de acidentes, e por aí afora.

Diversidade definitória: cada vez mais riscos

O conteúdo teórico e o referencial axiológico dos riscos condicionam outros componentes: a *conflitiva pluralização e diversidade definitória de riscos civilizacionais* observável. Atinge-se, por assim dizer, uma superprodução de riscos, que em parte se relativizam, em parte se complementam, em parte invadem o terreno uns dos outros. Cada ponto de vista interessado procura armar-se com definições de risco, para poder dessa maneira rechaçar os riscos que ameacem seu bolso. Ameaças ao solo, à flora, ao ar, à água e à fauna ocupam uma posição especial nessa luta de todos contra todos em torno das definições de risco mais lucrativas, na medida em que dão espaço ao *bem comum* e às vozes daqueles que não têm voz própria (talvez só mesmo direitos eleitorais ativos e passivos estendidos às gramíneas e minhocas serão capazes de trazer as pessoas à razão). No que diz respeito aos referenciais dos riscos em termos de valores e interesses, tal pluralização é evidente: alcance, urgência e existência de riscos oscilam com a diversidade de valores e interesses. É menos claro se isto também afeta a interpretação do conteúdo dos riscos.

O nexo causal que se produz nos riscos entre as influências daninhas atuais ou potenciais e o sistema de produção industrial introduz uma diversidade quase infinita de interpretações específicas. No fundo, pelo menos a título experimental, pode-se relacionar tudo com tudo, decerto enquanto o modelo básico — modernização como causa, dano como efeito colateral — for mantido. Muito não poderá ser corroborado. E mesmo o já corroborado terá de se afirmar contra dúvidas sistemáticas e permanentes. Todavia, o essencial é que, mesmo em meio à imensa profusão de possibilidades interpretativas, são invariavelmente condições *isoladas* que são relacionadas umas às outras. Destaquemos o desmatamento. Enquanto o besouro-do-pinheiro, o esquilo ou o guarda florestal de plantão eram considerados como causas ou culpados, aparentemente não se tratava ainda de um "risco da modernização", e sim de uma sacudidela na gestão econômica das florestas ou de voracidade animal.

Abre-se uma arena inteiramente distinta de causas e culpados quando um tal erro de diagnóstico tipicamente local, que sempre precisa ser conflitivamente ultrapassado pelos riscos no caminho de seu reconhecimento, é finalmente superado e o desmatamento é percebido e reconhecido como um efeito da *industrialização*. Somente então é que passa a ser um problema que exige soluções de longo prazo, sistemicamente definidas, que não mais sejam revogáveis no nível local, mas que sejam antes *políticas*. Uma vez que uma tal mudança de perspectiva se tenha verificado, surge uma nova infinidade de possibilidades: é o dióxido de enxofre, o nitrogênio, seus compostos foto-oxidantes, os hidrocarbonetos ou qualquer outra coisa que ainda hoje nos é completamente desconhecida o que afinal nos presenteia com esse derradeiro e eterno outono — com a queda das folhas? Essas fórmulas químicas apenas aparentam responder por si mesmas. Por trás delas, são empresas, setores industriais, grupos econômicos, científicos e profissionais que entram na linha de fogo da crítica pública. Pois toda "causa" socialmente reconhecida submete-se a uma enorme demanda de mudança, e junto com ela o sistema de ação no qual ela surgiu. Mesmo quando essa pressão pública é rechaçada, reduzem-se as vendas, perdem-se mercados, a "confiança" dos consumidores precisa ser reconquistada e reassegurada por meio de grandes e caras campanhas publicitárias. É o automóvel o atual "maculador nacional" e, em decorrência, o verdadeiro "desmatador"? Ou é preciso finalmente instalar nas termoelétricas filtros de dessulfurização e de desnitrificação de qualidade e em sintonia com os padrões técnicos mais modernos? Ou então isto talvez de nada sirva, visto que o poluente que mata a floresta nos é trazido pelos mais diversos ventos das chaminés e canos de escape dos países vizinhos, sendo entregue, sem cobrar frete, "na porta (ou na árvore) de casa"?

Para onde quer que aponte o holofote que rastreia causas, irrompe o fogo, por assim dizer; é preciso que os "bombeiros argumentativos", rapidamente mobilizados e parcamente equipados, apaguem e salvem, com um forte jato de contrainterpretação, o que ainda der para apagar e salvar. Quem quer que subitamente se veja exposto no pelourinho da produção de riscos, acabará refutando, na medida do possível, com uma "contra-ciência" paulatinamente institucionalizada em termos empresariais, os argumentos que o prendem ao pelourinho, trazendo outras causas e portanto outros réus à tona. A imagem diversifica-se. O acesso à mídia torna-se crucial. A incerteza no interior da indústria aprofunda-se: ninguém sabe quem será o próximo sob o holofote da moral ecológica. Bons argumentos, ou pelo menos argumentos capazes de se impor publicamente, convertem-se em condição prévia do sucesso profissional. Os artesãos da esfera pública, os "carpinteiros argumentativos", têm sua grande chance profissional.

Correntes causais e circuitos daninhos: a ideia de sistema

Para dizer expressamente uma vez mais: todos esses efeitos produzem-se independentemente do quão sólidas pareçam as interpretações causais a partir de uma dada perspectiva científica. No mais das vezes, as opiniões a respeito no interior das ciências e das áreas em questão distanciam-se consideravelmente. *O efeito social das definições de risco não depende portanto de sua solidez científica.*

Sem embargo, essa diversidade interpretativa tem seu fundamento na própria lógica dos riscos da modernização. Para concluir, procuraremos relacionar aqui os efeitos nocivos com fatores específicos dificilmente isoláveis no complexo sistema do modo de produção industrial. A interdependência sistêmica dos altamente especializados atores da modernização na economia, na agricultura, no direito e na política corresponde à ausência de causas específicas e responsabilidades isoláveis: é a agricultura que contamina o solo ou os agricultores são apenas o elo mais fraco na corrente dos circuitos daninhos? Serão eles apenas mercados dependentes e subalternos para as vendas da indústria química de rações e fertilizantes, sendo nesse caso necessário empregar a enxada para uma prudente descontaminação dos solos? Mas as autoridades poderiam há muito ter proibido ou drasticamente limitado a venda de venenos. Contudo, não o fazem. Ao contrário: com o apoio da ciência, constantemente concedem patentes para "inofensivas" produções de veneno, que cada vez mais afetam mais do que apenas os nossos rins. Estará o mico preto, portanto, no meio da selva de autoridades, ciência e política? Mas elas, afinal de contas, não cultivam o solo. Então é mesmo dos agricultores a culpa? Mas eles acabaram sendo espremidos pela pinça da Comunidade Europeia, tendo de promover uma superprodução com uso intensivo de fertilizantes para poderem, por sua vez, sobreviver economicamente...

Em outras palavras: a altamente diferenciada divisão do trabalho implica uma cumplicidade geral e esta, por sua vez, uma irresponsabilidade generalizada. Todos são causa *e* efeito, e portanto uma *não* causa. As causas esfarelam-se numa vicissitude generalizada de atores e condições, reações e contrarreações. Isto confere evidência social e popularidade à ideia sistêmica.

Desse modo, evidencia-se exemplarmente onde reside a importância biográfica da ideia sistêmica: *pode-se fazer algo e continuar a fazê-lo sem ter de responder pessoalmente por isto*. Atua-se, por assim dizer, à própria revelia. Atua-se fisicamente, sem que se atue moral e politicamente. O outro generalizado — o sistema — atua em e através de cada um: esta é a moral civilizacional do escravo, segundo a qual se atua social e pessoalmente como se estivéssemos sob o jugo de um destino natural, da "lei universal da queda livre" do sistema. É dessa maneira que se joga, diante do iminente desastre ecológico, o "jogo do mico preto".

O teor de risco: o ainda-não evento que desencadeia a ação

Riscos não se esgotam, contudo, em efeitos e danos já ocorridos. Neles, exprime-se sobretudo um componente *futuro*. Este baseia-se em parte na extensão futura dos danos atualmente previsíveis e em parte numa perda geral de confiança ou num suposto "amplificador do risco". Riscos têm, portanto, fundamentalmente que ver com antecipação, com destruições que ainda não ocorreram mas que são iminentes, e que, justamente nesse sentido, já são reais hoje. Um exemplo a partir do laudo ambiental: o comitê que emite o laudo refere-se ao fato de que as altas concentrações de nitrato decorrentes da fertilização com nitrogênio até o momento infiltrou-se pouco ou sequer chegou a se infiltrar nas camadas profundas dos grandes aquíferos subterrâneos dos quais extraímos nossa água potável. Elas, em grande medida, decompõem-se no subsolo. Todavia não se sabe ainda como isto ocorre e por quanto tempo ainda ocorrerá. Muitas razões indicam que não se deve, sem mais reservas, projetar no futuro a continuidade do efeito filtrante das camadas protetoras do subsolo. "Teme-se que, após alguns anos ou décadas, as atuais eluviações de nitrato, com um retardamento correspondente à vazão, terão alcançado mesmo os lençóis freáticos mais profundos" (p. 29). Em outras palavras: a bomba-relógio está armada. Nesse sentido, os riscos indicam um futuro que precisa ser evitado.

Em oposição à evidência tangível das riquezas, os riscos acabam implicando algo *irreal*. Num sentido decisivo, eles são simultaneamente *reais e irreais*. De um lado, muitas ameaças e destruições já são reais: rios poluídos ou mortos, destruição florestal, novas doenças etc. De outro lado, a verdadeira força social do argumento do risco reside nas *ameaças projetadas no futuro*. São, nesse caso, riscos que, quando quer que surjam, representam destruições de tal proporção que qualquer ação em resposta a elas se torna impossível e que, já como suposição, como ameaça futura, como prognóstico sincreticamente preventivo, possuem e desenvolvem relevância ativa. O núcleo da consciência do risco não está no presente, e sim *no futuro*. Na sociedade de risco, o passado deixa de ter força determinante em relação ao presente. Em seu lugar, entra o futuro, algo todavia inexistente, construído e fictício como "causa" da vivência e da atuação presente. Tornamo-nos ativos hoje para evitar e mitigar problemas ou crises do amanhã ou do depois de amanhã, para tomar precauções em relação a eles — ou então justamente não. Em cálculos modelares, afunilamentos "prognosticados" do mercado de trabalho produzem imediatamente um efeito sobre o comportamento educacional: o desemprego antecipado, iminente é um determinante crucial das condições e posturas de vida atuais; a destruição prognosticada do meio ambiente e a ameaça nuclear colocam a sociedade de sobreaviso e conseguem levar amplos setores da geração jovem às ruas. Na discussão com o futuro, temos portanto de lidar com uma "variável projetada", com uma "causa projetada" da atuação (pessoal e política) presente, cuja relevância e significado crescem em proporção direta à sua incalculabilidade e ao seu teor de ameaça, e que concebemos (temos de conceber) para definir e organizar nossa atuação presente.

Legitimação: "efeitos colaterais latentes"

Isso pressupõe, além do mais, que os riscos tenham sido bem-sucedidos num processo de reconhecimento social. Contudo, riscos são inicialmente bens de rejeição, *cuja inexistência é pressuposta até prova em contrário* — de acordo com o princípio: "*in dubio pro* progresso", e isto quer dizer: na dúvida, deixa estar. Está igualmente associado a isto um modo de legitimação, que se diferencia claramente da distribuição desigual de riquezas sociais. Os riscos podem pois ser legitimados pelo fato de que sua produção não foi *nem prevista, nem desejada*. As situações de ameaça precisam, portanto, na civilização cientificizada, romper o privilégio da tabuização que as cerca e "nascer cientificamente". Isto ocorre no mais das vezes sob a forma de um "efeito colateral latente", que ao mesmo tempo admite e legitima a realidade da ameaça. O que não foi previsto tampouco podia ser evitado, tendo-se produzido com a melhor das intenções, revelando-se uma criança problemática, indesejada, sobre cuja aceitação será necessário agora decidir. O raciocínio esquemático do "efeito colateral latente" equivale assim a uma espécie de licença, a um *destino natural* civilizatório, que simultaneamente reconhece, distribui seletivamente e justifica efeitos a serem evitados.

3. Riscos específicos de classe

Tipo, padrão e meios da distribuição de riscos diferenciam-se sistematicamente daqueles da distribuição de riqueza. Isto não anula o fato de que muitos riscos sejam distribuídos de um modo *especificado* pela camada ou pela classe social. A história da distribuição de riscos mostra que estes se atêm, assim como as riquezas, ao esquema de classe — mas de modo inverso: as riquezas acumulam-se em cima, os riscos embaixo. Assim, os riscos parecem *reforçar*, e não revogar, a sociedade de classes. À insuficiência em termos de abastecimento soma-se a insuficiência em termos de segurança e uma profusão de riscos que precisam ser evitados. Em face disto, os ricos (em termos de renda, poder, educação) podem *comprar* segurança e liberdade em relação ao risco. Essa "lei" da distribuição de riscos determinada pela classe social e, em decorrência, do aprofundamento dos contrastes de classe através da concentração de riscos entre os pobres e débeis por muito tempo impôs-se, e ainda hoje se impõe, em relação a algumas dimensões centrais do risco: o risco de tornar-se desempregado é atualmente consideravelmente maior para quem não tem qualificações do que para os que são altamente qualificados. Riscos de sobrecarga, irradiação e contaminação, ligados à execução do trabalho nos correspondentes ramos da indústria, são distribuídos de modo desigual conforme a profissão. São principalmente as vizinhanças mais acessíveis aos grupos de menor renda da população, nas redondezas de centros de produção industrial, que são oneradas no longo prazo por conta de diversos poluentes no ar, na água e no solo. Com a ameaça da redução da renda, uma maior tolerância pode ser gerada.

Nesses casos, não é apenas esse efeito social de filtragem ou amplificação que produz inquietações específicas de classe. Também as possibilidades e capacidades de lidar com situações de risco, de contorná-las ou compensá-las, acabam sendo desigualmente distribuídas entre distintas camadas de renda e educação: quem dispõe do calço financeiro de longo prazo pode tentar contornar os riscos através da escolha do local e da configuração da moradia (ou através de uma segunda moradia, férias etc.). O mesmo vale para a alimentação, a educação e para as correspondentes posturas em relação à comida e à informação. Um bolso suficientemente cheio é capaz de colocar alguém em posição de refestelar-se com ovos de "galinhas felizes" e folhas de "alfaces felizes". Educação e uma postura sensível à informação abrem novas possibilidades de relacionamento e de esquiva. Podem-se evitar determinados produtos (por exemplo, fígados de vacas velhas, com altos teores de chumbo) e, por meio de técnicas nutricionais bem-informadas, variar o cardápio semanal de tal maneira que os metais pesados presentes no peixe do Mar do Norte sejam diluídos, complementados, relativizados (ou mesmo intensificados quem sabe?) pelos aditivos tóxicos presentes na carne suína e no chá. Cozinhar e comer convertem-se numa espécie de *química alimentar implícita*, numa espécie de cozinha do diabo com pretensão minimalizadora, se bem que conhecimentos bastante sofisticados são necessários para que se consiga, em termos de "tecnologia nutricional", passar a perna por conta própria na superprodução de toxinas e venenos na indústria química e na agricultura. Mas, ainda assim, é muito provável que, em reação às notícias de contaminação na imprensa e na televisão, surjam hábitos de alimentação e de vida "antiquímicos", distribuídos em relação à camada social. Essa "antiquímica" cotidiana (com frequência trazida aos consumidores propriamente embalada como produto secundário da indústria química) acabará por virar do avesso (e afinal já fez isto) todos os âmbitos do abastecimento — da comida à moradia, da enfermidade ao lazer — em meio às camadas educadas, "conscientes em relação à alimentação" e de maior renda. Poder-se-ia deduzir a partir disto que, justamente em razão dessa postura refletida e financeiramente lastreada em relação aos riscos, velhas desigualdades sociais são consolidadas num *novo* patamar. É justamente desse modo, contudo, que *não* se chegará à base da lógica distributiva dos riscos.

Paralelamente ao aprofundamento das situações de risco, reduzem-se as rotas de fuga e as possibilidades compensatórias de caráter privado, ao mesmo tempo em que se disseminam. A potenciação dos riscos, a impossibilidade de contorná-los, a abstinência política, assim como o anúncio e a venda de possibilidades privadas de escape, *implicam-se* mutuamente. É possível que esses dribles privados ainda ajudem em relação a *alguns* alimentos; mas já no fornecimento de água estão todas as camadas sociais interligadas pelo mesmo encanamento; e basta lançar um olhar às "florestas esqueléticas" dos "idílios campestres", distantes das indústrias, para que fique claro que as barreiras específicas de classe caem também por conta dos teores tóxicos do ar que todos respiramos. A única proteção realmente eficaz sob essas condições seria *não* comer, *não* beber, *não* respirar. E mesmo isto ajuda apenas em parte. Afinal todos sabem o que acontece às pedras — e aos cadáveres enterrados.

4. Globalização dos riscos civilizacionais

Reduzido a uma fórmula: *a miséria é hierárquica, o smog é democrático*. Com a ampliação dos riscos da modernização — com a ameaça à natureza, à saúde, à alimentação etc. —, relativizam-se as diferenças e fronteiras sociais. Isto ainda continua a provocar consequências bastante diversas. *Objetivamente*, porém, os riscos produzem, dentro de seu raio de alcance e entre as pessoas por eles afetados, um efeito *equalizador*. Nisto reside justamente sua nova força política. Nesse sentido, sociedades de risco simplesmente *não* são sociedades de classes; suas situações de ameaça não podem ser concebidas como situações de classe, da mesma forma como seus conflitos não podem ser concebidos como conflitos de classe.

Isto fica ainda mais claro se tivermos em conta o feitio peculiar, o padrão distributivo específico dos riscos da modernização: eles possuem uma *tendência imanente à globalização*. A produção industrial é acompanhada por um universalismo das ameaças, independente dos lugares onde são produzidas: cadeias alimentares interligam cada um a praticamente todos os demais na face da Terra. Submersas, elas atravessam fronteiras. O teor de acidez do ar carcome não apenas esculturas e tesouros artísticos, mas há muito corroeu também os marcos de fronteira. Mesmo no Canadá acidificam-se os mares, mesmo nos extremos setentrionais da Escandinávia morrem as florestas.

Essa tendência à globalização faz surgir suscetibilidades, que são por sua vez inespecíficas em sua universalidade. Quando tudo se converte em ameaça, de certa forma nada mais é perigoso. Quando já não há saída, o melhor afinal é não pensar mais na questão. O fatalismo ecológico do fim dos tempos faz o pêndulo dos ânimos oscilar em *todas* as direções. Agir é de todo modo algo ultrapassado. Talvez os ubíquos e perenes pesticidas possam ser contornados com o retorno aos insetos, ou com uma taça de champanhe?

O efeito bumerangue

Contido na globalização, e ainda assim claramente distinto dela, há um padrão de distribuição dos riscos no qual se encontra um material politicamente explosivo: cedo ou tarde, eles alcançam inclusive aqueles que os produziram ou que lucraram com eles. Em sua disseminação, os riscos apresentam socialmente um *efeito bumerangue*: nem os ricos e poderosos estão seguros diante deles. Os anteriormente "latentes efeitos colaterais" rebatem também sobre os centros de sua produção. Os atores da modernização acabam, inevitável e bastante concretamente, entrando na ciranda dos perigos que eles próprios desencadeiam e com os quais lucram. Isto pode ocorrer de diversas formas.

Tomemos novamente como exemplo a agricultura. O emprego de fertilizantes sintéticos cresceu, entre 1951 e 1983, de 143 para 378 kg/ha, o consumo de insumos químicos agrícolas cresceu entre 1975 e 1983 na Alemanha Ocidental de 25 mil para 35 mil toneladas. A produtividade por hectare também aumentou; de modo algum, porém, tão rápido como o emprego de fertilizantes e pesticidas. Ele foi duplicado para os cereais e crescem 20% para a batata. A um aumento da produtividade *aquém* das proporções em relação ao uso de fertilizantes e insumos químicos corresponde um aumento *além* das proporções dos danos à natureza, visíveis e penosos para os próprios agricultores: um traço marcante desse grave processo que se destaca é o forte declínio na população de diversas espécies da flora e da fauna silvestre. As "listas negras", que protocolam essa ameaça de extinção como uma "certidão de óbito" oficial, tornam-se cada vez mais longas.

> "Das 680 espécies de plantas encontradas nos campos, 519 estão ameaçadas. De forma dramática, reduzem-se as populações de espécies de pássaros vinculadas aos prados, como a cegonha-branca, o maçarico-real ou o cartaxo-nortenho; na Baviera, por exemplo, tenta-se salvar os últimos representantes dessas espécies por meio de um 'programa de incubadoras dos prados' [...] Entre os animais, são afetados os pássaros que fazem seus ninhos no chão, espécies no topo de cadeias alimentares, como aves de rapina e corujas, libélulas, assim como espécies especializadas em alimen-

tos rareantes, por exemplo, em grandes insetos ou no néctar disponível ao longo de todo o período de vegetação" (laudo, p. 20).

Os antigos "efeitos colaterais imprevistos" tornam-se assim efeitos principais visíveis, que ameaçam seus próprios centros causais de produção. A produção de riscos da modernização acompanha a *curva do bumerangue*. A agricultura intensiva de caráter industrial, fomentada com bilhões em subsídios, não somente faz aumentar dramaticamente em cidades distantes a concentração de chumbo no leite materno e nas crianças. Ela também solapa de múltiplas formas a base natural da própria produção agrícola: cai a fertilidade das lavouras, desaparecem espécies indispensáveis de animais e plantas, aumenta o perigo de erosão do solo.

Esse efeito socialmente circular de ameaça pode ser generalizado: sob a égide dos riscos da modernização, cedo ou tarde se atinge a *unidade entre culpado e vítima*. No pior, no mais inconcebível dos casos — o cogumelo atômico —, isto é evidente: ele aniquila inclusive o agressor. Torna-se claro, nesse caso, que a Terra se transformou num assento ejetável, que não mais reconhece diferenças entre pobre e rico, branco e preto, sul e norte, leste e oeste. O efeito, porém, só existe quando existir, e então ele não mais existirá, pois nada mais existirá. Essa ameaça apocalíptica não deixa portanto quaisquer rastros palpáveis *na imediatez* de sua ameaça (ver Gunther Anders, 1983). Isto é diferente no caso da crise ecológica. Ela também compromete as bases naturais e econômicas da agricultura e, em decorrência, o abastecimento de toda a população. São visíveis, nesse caso, efeitos que repercutem não apenas no âmbito da natureza, mas também nos cofres dos ricos e na saúde dos poderosos. À boca larga e independente de filiação partidária, o que se ouve são tons bastante estridentes, apocalípticos.

Desvalorização e desapropriação ecológicas

O efeito bumerangue não precisa se refletir, portanto, unicamente em ameaça direta à vida, podendo ocorrer também através de mediações: dinheiro, propriedade, legitimação. Ele não apenas atinge em repercussão direta o causador isolado. Ele também faz com que todos, globalmente e por igual, arquem com os ônus: o desmatamento causa não apenas o desaparecimento de espécies inteiras de pássaros, mas também reduz o valor econômico da propriedade da floresta e da terra. Onde quer que uma usina nuclear ou termoelétrica seja construída ou planejada, caem os preços dos terrenos. Áreas urbanas e industriais, autoestradas e vias de grande circulação sobrecarregam o solo em seu entorno. Mesmo que não se saiba ao certo se já agora ou somente num futuro próximo é que, por uma tal razão, 7% do território alemão estará em tal medida afetado por poluentes que já não será mais possível praticar, com a consciência limpa, qualquer tipo de cultivo nessas áreas. O princípio ainda é o mesmo: a propriedade é desvalorizada e, de formas furtivas, "*ecologicamente desapropriada*".

Esse efeito pode ser generalizado. Destruições e ameaças de destruição da natureza e do meio ambiente, notícias sobre teores tóxicos nos alimentos e em bens de consumo, acidentes químicos, tóxicos ou nucleares, iminentes ou, pior, ocorridos, tudo isto atua como uma furtiva ou galopante desvalorização e desapropriação dos direitos de propriedade. Através da produção desenfreada de riscos da modernização, acaba sendo praticada — em passos e saltos sempre contínuos, por vezes em crises catastróficas — uma *política da terra que se torna inabitável*. Aquilo que se combatia como "perigo comunista" realiza-se no conjunto das próprias ações, sob outra forma, seguindo o desvio da natureza contaminada. Para além das guerras ideológicas, na arena das oportunidades de mercado, todos praticam contra todos a política da "terra arrasada" — com um sucesso retumbante, mas raramente duradouro. Aquilo que é contaminado ou tido por contaminado — no que diz respeito ao declínio do valor econômico e social, essa diferença é praticamente irrelevante — pode pertencer a quem pertence ou a quem bem entender. Sem qualquer alteração do título de propriedade legal, torna-se inútil e sem valor. Trata-se, portanto, no caso da "desapropriação ecológica", de uma *desapropriação social e econômica com a manutenção da propriedade legal.* Isto vale também para os alimentos, assim como para o ar, o solo e a água. Vale para tudo o que neles vive e, sobretudo, para todos aqueles que vivem daquilo que neles vive. O discurso em torno dos "venenos do espaço doméstico" torna claro que tudo o que compõe nosso cotidiano civilizacional pode ser envolvido.

A ideia básica por trás disso é das mais simples: tudo o que ameaça a vida neste planeta, estará ameaçando também os interesses de propriedade e de comercialização daqueles que vivem *da* mercantilização da vida e dos víveres. Surge, dessa maneira, uma genuína *contradição*, que sistematicamente se aprofunda, entre os interesses de lucro e propriedade que impulsionam o processo de industrialização e suas diversas consequências ameaçadoras, que comprometem e desapropriam inclusive os lucros e a propriedade (para não falar da propriedade da própria vida).

Num acidente nuclear ou numa catástrofe química, surgem assim, no estágio mais avançado da civilização, novas "manchas brancas" no mapa, monumentos àquilo que nos ameaça. Inclusive acidentes tóxicos, depósitos de lixo tóxico subitamente descobertos transformam distritos em "distritos *do lixo tóxico*", a terra em torno em "terra *de ninguém*". Contudo, também existem diversas variantes preliminares e insidiosas. O peixe proveniente de águas contaminadas ameaça não apenas as pessoas que o comem, mas também, *por causa disto*, os muitos que *dele* vivem. Quando o alarme do *smog* é acionado, o país morre *temporariamente*. Regiões industriais inteiras convertem-se em cidades-fantasmas. O efeito bumerangue define: inclusive as engrenagens das indústrias poluentes param. Mas não só as suas. *O smog não leva em conta o princípio de causação*. Englobando-as e equiparando-as, atinge a todas, independente de sua parcela de contribuição na produção do *smog*. Assim, para as estâncias climáticas de tratamento de saúde, o *smog* certamente não representa boa publicidade e nem indica um estouro de vendas. Estipular em lei o dever de divulgar os picos de contaminação do ar (de forma semelhante como se faz com as temperaturas da água e do ar), de modo a atingir o grande público, acabaria fazendo com que as administrações de *resorts* e a indústria do lazer — até agora: partidárias de uma política de combate a definições — rapidamente se convertessem em defensoras convictas de uma política efetiva de combate à poluição.

Situações de risco não são situações de classe

Dessa forma, com a generalização dos riscos da modernização, é desencadeada uma dinâmica social que não mais pode ser abarcada e concebida em termos de classe. Propriedade de uns implica em privação de propriedade para outros e, em decorrência, numa relação de tensão e conflito social na qual podem-se formar e reforçar identidades sociais em contínua reciprocidade — "os lá de cima, nós aqui de baixo". Inteiramente distinto é o caso das situações de ameaça. Quem é afetado por perigos está com problemas, mas não chega a privar os outros, os não afetados, do que quer que seja. Sofrer o impacto e não sofrer o impacto não se polarizam como ter propriedade e não a ter. Expresso numa analogia: à "classe" dos afetados não se opõe uma "classe" dos não afetados. À "classe" dos afetados opõe-se, na melhor das hipóteses, a "classe" dos ainda-não-afetados. Por conta do aumento galopante dos preços da incolumidade, inclusive os que hoje ainda são "abastados" (em termos de saúde e bem-estar) serão impelidos amanhã às filas de "auxílio aos pobres" dos planos de saúde e, depois de amanhã, aos refúgios dos párias, inválidos e incapazes. A impotência das autoridades diante dos acidentes tóxicos e escândalos de lixo tóxico, assim como a avalanche de questões de legalidade, competência e indenização que irrompe nesses casos, fala uma língua bastante clara. Isto é: a imunidade em relação aos riscos converte-se do dia para a noite em impacto irreversível. Os conflitos que surgem em torno dos riscos da modernização inflamam-se a partir de *causas sistemáticas* congruentes com o motor do progresso e do lucro. Elas relacionam-se à dimensão e ao alcance das ameaças e das respectivas demandas resultantes por reparação e/ou por uma mudança geral de curso. Considerando-as, trata-se da questão sobre se podemos prosseguir com a dilapidação da natureza (a própria inclusive) e, consequentemente, se nossos conceitos de "progresso", "bem-estar", "crescimento econômico" e "racionalidade científica" ainda valem. Nesse sentido, os conflitos emergentes assumem o caráter de *disputas religiosas de vertente civilizacional* em torno do caminho correto para a modernidade. Estas assemelham-se sob certos aspectos mais às guerras religiosas da Idade Média do que aos conflitos de classe do século XIX e início do século XX.

Tampouco diante das fronteiras nacionais os riscos e dilapidações industriais demonstram qualquer respeito. Eles vinculam a vida de uma folha de grama da floresta bávara, em última medida, à eficácia do acordo sobre o combate à poluição transfronteiriça. A *supra*nacionalidade do fluxo de poluentes não pode mais ser confrontada unicamente no nível nacional. Daqui em diante, os países industriais precisam ser diferenciados também de acordo com suas "*balanças nacionais de emissão e imissão*". Em outras palavras, passam a surgir *desigualdades internacionais* entre diferentes países industriais, com "superávit", "equilíbrio" ou "déficit" na balança de poluentes, ou dito de forma mais clara: entre os "países poluentes" e aqueles que têm de arcar com o ônus da sujeira dos outros, com o aumento na taxa de mortalidade, desapropriações e desvalorizações. Até mesmo a "comunidade socialista de estados irmanados" terá de se confrontar em breve com essa diferenciação e com o material conflitivo nela contido.

Situação de ameaça como destino de ameaça

A intratabilidade supranacional dos riscos da modernização corresponde à forma de sua disseminação. Sua invisibilidade não deixa nem mesmo uma decisão aberta ao consumidor. Eles são "produtos casados", ingeridos e inspirados *a reboque* de outros. São *"passageiros clandestinos" do consumo normal.* Viajam com o vento e com a água. Podem estar em tudo e em todos, atravessando, junto com o essencial à vida — o ar que se respira, a comida, o vestuário, o mobiliário etc. —, todas as zonas de proteção da modernidade, de resto tão rigidamente controladas. Diferente das riquezas — atraentes, mas que podem igualmente repelir, diante das quais, contudo, é sempre necessário e possível escolher, comprar, decidir —, os riscos e danos esgueiram-se por toda a parte, furtivos e sem qualquer inibição diante do livre (!) arbítrio. Eles fazem emergir uma nova forma de destinação, um tipo de "imputabilidade civilizacional do risco". De um certo modo, faz lembrar o *destino associado ao estamento na Idade Média*. Agora existe uma espécie de *destino associado à ameaça na civilização avançada*, para o qual se nasce e do qual nem todo o esforço permite escapar, com a "pequena diferença" (sendo a que tem maior eficácia) de que *todos* nos confrontamos com ele de modo similar.

Na civilização avançada, que surgiu para abolir as destinações, para oferecer às pessoas possibilidades de escolha, para libertá-las de constrições naturais, acaba surgindo uma nova destinação, global, de alcance mundial, fundada na ameaça; destinação esta diante da qual possibilidade de escolha individual dificilmente se sustenta, pela razão de que, no mundo industrial, os poluentes e venenos estão entrelaçados com a base natural, com a consumação elementar da vida. A vivência dessa suscetibilidade ao risco *interdita à escolha* torna compreensível muito do impacto, da ira impotente e da "sensação de não haver amanhã" com que muitos, ambiguamente e exercendo uma crítica forçosamente construtiva, reagem à mais recente realização da civilização tecnológica: é possível chegar a estabelecer e manter uma distância crítica diante de algo de que não se pode escapar? deve-se abrir mão da distância crítica e refugiar-se no inevitável, com escárnio ou cinismo, indiferença ou júbilo, apenas *porque* se trata de algo de que não se pode escapar?

Novas desigualdades internacionais

A equalização mundial das situações de ameaça não deve, entretanto, camuflar as *novas* desigualdades sociais *no interior* da suscetibilidade ao risco. Estas surgem particularmente quando — ao menos em escala internacional — situações de classe e situações de risco *se sobrepõem*: o proletariado da sociedade do risco mundial instala-se ao pé das chaminés, ao lado das refinarias e indústrias químicas, nos centros industriais do Terceiro Mundo. A "maior catástrofe industrial da história" (*Der Spiegel*), o acidente tóxico na cidade indiana de Bhopal, chamou a atenção da opinião pública mundial para esse fato. As indústrias de risco foram transferidas para os países com mão de obra barata. Isto não aconteceu por acaso. Existe uma sistemática "força de atração" entre pobreza extrema e riscos extremos. No pátio de triagem da distribuição dos riscos, estações situadas em "rincões provinciais subdesenvolvidos" gozam de especial popularidade. E um tolo ingênuo ainda presumiria que os responsáveis pela triagem não sabem o que fazem. Também fala em favor desse processo a comprovada "alta aceitação" de uma população provincial desempregada (!) diante de "novas" tecnologias (capazes de gerar empregos).

Em escala mundial, isto ocorre de forma particularmente eloquente: miséria material e cegueira diante do risco coincidem. "Um especialista em desenvolvimento relata o manuseio imprudente com pesticidas, no caso, no Sri Lanka: 'o DDT é espalhado com as mãos, as pessoas ficam polvilhadas de branco.'" Na ilha caribenha de Trinidad (1,2 milhão de habitantes), foram registrados no ano de 1983 um total de 120 casos de morte por pesticida. "Um fazendeiro: 'se você não passa mal depois da pulverização, é porque não pulverizou o bastante'" (*Der Spiegel*, nº 50/1984, p. 119).

Para essas pessoas, as complexas instalações das indústrias químicas, com seus imponentes tubos e tanques, são símbolos caros do sucesso. A ameaça de morte nelas contida fica, em contraste, invisível. Para eles, os fertilizantes, inseticidas e herbicidas que elas produzem são vistos, antes de mais nada, sob a ótica da libertação da precariedade material. São pré-condições da "revolução verde", que — sistematicamente apoiada pelas nações industriais do Ocidente — aumentou nos últimos anos a produção de gêneros alimentícios em 30%, em alguns países da Ásia e da América Latina em até 40%. O fato de que, enquanto isto, a cada ano sejam "pulverizadas sobre pomares e campos de algodão, arroz e tabaco [...] várias centenas de milhares de toneladas de pesticidas" acaba sendo ofuscado por esses êxitos tangíveis. Na concorrência entre a morte pela fome, visivelmente iminente, com a morte por intoxicação, iminente mas invisível, impõe-se a premência do combate à miséria material. *Sem* o emprego em larga escala de substâncias químicas, a produtividade das lavouras cairia e os insetos e fungos devorariam a parte que lhes coubesse. *Com* a indústria química, os países pobres da periferia podem preencher seus próprios estoques de alimentos, alcançando uma certa independência em relação ao poder das metrópoles do mundo industrial. As indústrias químicas estabelecidas localmente reforçam a impressão de independência na produção e de independência de caras importações. A luta contra a fome e pela autonomia compõe o escudo atrás do qual os riscos, de todo modo imperceptíveis, são abafados, minimizados e, *em decorrência*, potencializados, disseminados e, finalmente, devolvidos aos ricos países industriais ao longo da cadeia alimentar.

Regulamentos de proteção e segurança não foram suficientemente desenvolvidos, sendo que, quando existem, são com frequência letra morta. A "ingenuidade industrial" da população local, que no mais das vezes é incapaz de ler ou escrever, quanto mais de usar adequadamente roupas de proteção, oferece aos administradores das empresas possibilidades insuspeitas, há muito indisponíveis nos círculos mais sensíveis ao risco dos países industriais, de manipulação legitimatória dos riscos: sabendo da impossibilidade de que se façam adotar regulamentos de segurança, podem-se isentar de cumpri-los. Dessa forma, eles podem "lavar as mãos" e, com a consciência tranquila e com baixos custos, transferir a responsabilidade pelos acidentes e casos de morte à "cegueira" cultural da população em relação aos riscos. No caso de catástrofes, o emaranhado de competências e as posições de interesse nos países pobres oferecem boas oportunidades para uma política de contenção definitória, de minimização e de encobrimento dos efeitos desastrosos. Condições de produção favoráveis em termos de custos, imunes às constrições legitimatórias, atraem os conglomerados industriais como ímãs, e acabam vinculando-se ao interesse próprio dos países em superar a carência material e em alcançar a autonomia nacional numa combinação explosiva, no mais verdadeiro sentido da palavra: *o diabo da fome é combatido com o belzebu da potenciação do risco*. Indústrias de risco particularmente elevado são transferidas para os países pobres da periferia. À pobreza do Terceiro Mundo soma-se o horror das impetuosas forças destrutivas da avançada indústria do risco. As imagens e relatos de Bhopal e da América Latina dizem-no em suas palavras.

> Vila Parisi
>
> "O município mais sujo do mundo encontra-se no Brasil [...] Todo ano, os moradores da favela precisam trocar o revestimento de zinco do telhado, pois a chuva ácida os corrói. Quem vive aqui tempo o bastante adquire pústulas, "pele de jacaré", como dizem os brasileiros.
>
> Os mais intensamente afetados são os moradores de Vila Parisi, uma favela de 15 mil habitantes, dos quais a maioria se aloja em modestos casebres feitos com tijolos de cimento. Máscaras de gás já são vendidas no supermercado. A maioria das crianças sofre de asma, bronquite, inflamações na garganta e nas vias respiratórias e eczema.
>
> Em Vila Parisi, pode-se facilmente orientar pelo cheiro. Numa esquina, o esgoto borbulha a céu aberto, na outra, escorre um córgo de limo esverdeado. Um fedor de penas de galinha queimadas anuncia a siderúrgica, o cheiro de ovos podres, a fábrica de produtos químicos. Um medidor de emissões de poluentes, instalado

pelas autoridades municipais, parou de funcionar em 1977, cerca de um ano e meio após sua inauguração. Certamente não foi capaz de dar conta da sujeira.

A história do município mais sujo do mundo começou em 1954, quando a Petrobras, a empresa brasileira de petróleo, escolheu a área de mangue como sede para sua refinaria. Logo vieram também a Cosipa, grande siderúrgica brasileira, e a Copebrás, uma indústria americano-brasileira de fertilizantes, multinacionais como Fiat, Dow Chemical e Union Carbide chegaram em seguida. Era a fase do milagre do capitalismo brasileiro. O governo militar convidou empresas estrangeiras a transferir para lá a fabricação de produtos nocivos ao meio ambiente. 'O Brasil ainda pode importar poluição', gabava-se o ministro do planejamento Paulo Velloso em 1972, ano da Conferência do Meio Ambiente de Estocolmo. O único problema ecológico no Brasil seria a pobreza.

'As causas principais das doenças são a subnutrição, o álcool e o cigarro', diz o porta-voz da Petrobras. 'As pessoas já vêm doentes de Cubatão', também é o que diz Paulo Figueiredo, diretor da Union Carbide, 'e quando a doença se agrava, põem a culpa em nós. Isto é simplesmente ilógico.' O governador de São Paulo tenta há dois anos trazer ar fresco à pestilenta Cubatão. Ele demitiu 13 funcionários da leniente Secretaria do Meio Ambiente e determinou o uso de computadores para controlar as emissões. Mas as tímidas multas de alguns poucos milhares de dólares não chegavam a incomodar os transgressores do meio ambiente.

Foi então que veio a catástrofe, no dia 25 de fevereiro deste ano. Em razão de negligência da Petrobras, 700 mil litros de petróleo acabaram sendo derramados no mangue que abrigava as palafitas da Vila Socó. Em menos de dois minutos, uma tormenta de fogo irrompeu pela favela. Mais de 500 pessoas foram incineradas. Os cadáveres das crianças pequenas não foram encontrados. 'Elas foram simplesmente pulverizadas pelo calor', disse um funcionário do governo" (*Der Spiegel*, nº 50/1984, p. 110).

Bhopal

"Os pássaros caíam do céu. Búfalos, vacas, cães jaziam mortos pelas ruas e campos — estufados depois de poucas horas devido ao calor da Índia Central. E por todo a parte as pessoas sufocavam — contorcendo-se, espumando pela boca, mãos contraídas cravadas na terra: eram 3 mil no fim da semana passada, e surgem sempre novas vítimas, as autoridades já deixaram de contabilizá-las. 20 mil pessoas provavelmente ficarão cegas. Cerca de 200 mil ficaram feridas. Na cidade de Bhopal, na noite de domingo para segunda, ocorreu um apocalipse industrial sem paralelo na história: uma nuvem venenosa vazou de uma indústria química, estendendo-se em seguida como uma mortalha por 65 quilômetros quadrados densamente habitados — quando finalmente se dissipou, espalhou-se o odor repulsivo da putrefação. A cidade transformou-se numa praça de guerra, em pleno período de paz. Os hindus incineravam em seus crematórios os mortos, 25 de cada vez. Logo passou a faltar madeira para a cremação ritual — assim, eram em labaredas de querosene que ardiam os corpos. O cemitério dos muçulmanos revelou-se demasiado estreito. Velhos túmulos precisaram ser abertos, mandamentos sagrados do Islã, desrespeitados. 'Eu sei', lamentava um coveiro, 'é pecado enterrar dois mortos no mesmo túmulo. Alá que nos perdoe — enterramos três, quatro e ainda mais'" (*ibid.*, pp. 108 ss.).

À diferença da pobreza, contudo, a pauperização do risco no Terceiro Mundo é contagiosa para os ricos. A potenciação dos riscos faz com que a sociedade global se reduza a comunidade de perigos. O efeito bumerangue também acaba por afetar os países ricos, que justamente se haviam livrado dos riscos através da transferência, mas que acabam reimportando-nos junto com os alimentos baratos. Com as frutas, grãos de cacau, rações animais, folhas de chá etc., os pesticidas voltam à sua altamente industrializada terra de origem. As extremas desigualdades internacionais e as interdependências do mercado global lançam os bairros pobres dos países periféricos às portas dos ricos centros industriais. Eles convertem-se em incubadoras de uma contaminação de alcance mundial, que — semelhante às doenças contagiosas dos pobres na densidade das cidades medievais — tampouco preservam os distritos ricos da aldeia global.

5. Duas épocas, duas culturas: da relação entre percepção e produção de riscos

Desigualdades de classe e desigualdades da sociedade de risco podem-se sobrepor, condicionar mutuamente, estas podem produzir aquelas. A distribuição desigual da riqueza social guarnece com anteparos e justificativas a produção de riscos. Nesse caso, é preciso justamente diferenciar a *atenção* cultural e política despertada pelos riscos de sua *efetiva* disseminação.

Sociedades de classe são sociedades nas quais, para além das trincheiras de classe, a disputa gira em torno da conspícua satisfação das necessidades materiais. Contrapõem-se fome e fartura, poder e impotência. A miséria não exige qualquer medida de autoafirmação. Ela existe. Sua imediatez e obviedade correspondem à evidência material da riqueza e do poder. As certezas das sociedades de classe são, nesse sentido, as certezas da cultura da *visibilidade*: a fome esquelética contrasta com a robusta saciedade, os palácios, com as choças, o fausto, com as migalhas.

Justamente essas evidências do tangível deixam de valer nas sociedades do risco. O visível incorre nas sombras de ameaças invisíveis. Aquilo que escapa à percepção já não coincide com o irreal, podendo chegar mesmo a possuir um grau elevado de concretude em termos de ameaça. A necessidade imediata rivaliza com o teor de risco. O mundo da carência ou fartura visíveis ensombrece-se sob o peso da superioridade de forças dos riscos.

A corrida disputada entre riqueza perceptível e riscos imperceptíveis não pode ser ganha por estes. O invisível não pode competir com o visível. O paradoxal é que, justamente *por isto*, os riscos invisíveis acabam ganhando a parada.

A indiferença diante dos riscos, de todo modo imperceptíveis, que sempre encontra na superação da carência palpável sua justificação — e, na verdade, *tem*-na (vide o Terceiro Mundo!) —, é o terreno cultural e político no qual os riscos e ameaças *florescem, crescem e frutificam*. Na sobreposição e concorrência entre as situações problemáticas da sociedade de classes, da sociedade industrial e da sociedade de mercado, de um lado, e aquelas da sociedade de risco, de outro, a lógica da produção de riqueza, dadas as relações de poder e os critérios de relevância vigentes, acaba por prevalecer — *e justamente por conta disto prevalece no fim das contas a sociedade de risco*. A evidência da carência ofusca a *percepção* dos riscos; mas, em compensação, apenas sua percepção, e não sua concretude e eficácia: riscos denegados prosperam particularmente bem e rápido. Num certo estágio da produção social, marcado pelo desenvolvimento da indústria química, mas também pelo da tecnologia de reatores, da microeletrônica, da tecnologia genética, a preponderância da lógica e dos conflitos da produção de riquezas, e consequentemente da invisibilidade social da sociedade de risco, não chega a ser uma prova de sua inconcretude, e sim o inverso: um motor mesmo de seu surgimento e, portanto, uma prova de sua concretização.

É o que nos ensina a sobreposição e as reviravoltas nas situações de classe *e* de risco no Terceiro Mundo; nada menos, porém, com relação ao pensamento e à ação nos países industriais ricos: a salvaguarda da prosperidade e do crescimento econômico mantém-se inabalada como primeira prioridade. A perda iminente de postos de trabalho é proclamada aos quatro ventos, de modo a manter frouxas as amarras das estipulações e controles de valores máximos para as emissões de poluentes ou para que sequer se investiguem certos resíduos tóxicos detectados nos alimentos. Em virtude da precaução diante dos possíveis efeitos econômicos, sequer se mantém registro de categorias inteiras de substâncias tóxicas; elas não existem juridicamente e, por isto mesmo, podem circular livremente. Nada se diz sobre a contradição no fato de que, nesse meio-tempo, o próprio combate aos riscos se tenha tornado um florescente ramo da indústria, garantindo a muitos milhões de pessoas na Alemanha emprego seguro (seguro até demais).

Ao mesmo tempo, afiam-se os instrumentos da "superação" *definitória* do risco e brandem-se os respectivos machados: aqueles que apontam os riscos são difamados como "estraga-prazeres" e produtores de riscos. Assume-se que sua demonstração dos riscos "não são comprovadas". Os efeitos para o ser humano e o meio ambiente por eles apontados são tomados por "exagero desmedido". Mais pesquisa seria necessária antes que se soubesse do que se trata e quais medidas poderiam ser tomadas. Somente um produto interno bruto em rápido crescimento garantiria os pressupostos para uma melhor proteção do meio ambiente. A confiança na ciência e na pesquisa é professada. Sua racionalidade teria sido capaz até hoje de encontrar soluções para todos os problemas. A crítica à ciência e as inquietações em relação ao futuro, em contraposição, são estigmatizadas como "irracionalismo". Elas seriam as verdadeiras causas de todo o mal. O risco seria simplesmente uma decorrência do progresso, da mesma forma como a onda de proa acompanha o navio em alto mar. Não seria uma invenção da era moderna. Ele seria verificável em muitos âmbitos da vida social. Os mortos nos acidentes de trânsito, por exemplo. Em decorrência deles, seria uma cidade média da Alemanha que a cada ano desapareceria, por assim dizer, sem deixar vestígios. Mesmo com isto já estaríamos acostumados. Ainda restaria muita margem e muito fôlego para acidentes tóxicos e para catastrofezinhas em menor escala com substâncias radioativas, ou com resíduos, ou seja com o que for (algo que, de todas as maneiras, em vista da tecnologia de segurança alemã, seria altamente improvável).

Mesmo o predomínio dessa interpretação não deve enganar quanto à sua irrealidade. Sua vitória é uma vitória de Pirro. Onde quer que prevaleça, ela produz aquilo que nega: as situações de perigo da sociedade de risco. Reside aí, no entanto, não algo que console, e sim o inverso: um aumento do perigo.

6. A utopia da sociedade mundial

Acaba surgindo, portanto, precisamente na negação e na desconsideração, a *comunhão objetiva* de uma situação de perigo global. Por trás da pluralidade de interesses, está iminente e cresce a concretude do risco, que já não respeita qualquer diferença ou fronteira social e nacional. Por trás dos muros da indiferença, grassa o perigo. Isto obviamente não significa que, em decorrência dos crescentes riscos civilizacionais, brote a harmonia. É justamente *ao* lidar com os riscos que se origina uma multiplicidade de novos conflitos e diferenciações. Estes não se atêm mais ao esquema da sociedade de classes. Eles surgem sobretudo da ambivalência dos riscos na sociedade de mercado desenvolvida: os riscos não são nesse caso apenas riscos, são também *oportunidades de mercado*. É precisamente com o avanço da sociedade de risco que se desenvolvem como decorrência as oposições entre aqueles que são *afetados* pelos riscos e aqueles que *lucram* com eles. Da mesma forma, aumenta a importância social e política do *conhecimento*, e consequentemente do acesso aos meios de forjar o conhecimento (ciência e pesquisa) e disseminá-lo (meios de comunicação de massa). A sociedade do risco é, nesse sentido, também a sociedade *da ciência, da mídia* e *da informação*. Nela, escancaram-se assim novas oposições entre aqueles que *produzem* definições de risco e aqueles que as *consomem*.

Essas tensões, entre subtração do risco e comércio, produção e consumo de definições de risco, atravessam todos os âmbitos de atuação social. Encontram-se aí as origens primárias das *"disputas definitórias" em torno da extensão, do grau e da urgência dos riscos*.

A canibalização mercantilizante dos riscos favorece um vaivém generalizado entre velamento e desvelamento de riscos — com o resultado de que, no fim das contas, ninguém mais sabe se o "problema" não é afinal a "solução" ou vice-versa, quem lucra com o quê, quando é que autorias são estabelecidas ou ocultadas por conta de especulações causais, ou então se todo o discurso em torno do risco não é expressão de uma dramaturgia política deslocada, que pretende na verdade algo inteiramente distinto.

Apesar de tudo, diferente das riquezas, os riscos polarizam *de modo invariavelmente parcial*, isto é, a partir das vantagens que eles *também* produzem, e num estágio mais recuado de seu desenvolvimento. Tão logo o teor de ameaça se torne visível e cresça, dissolvem-se as vantagens e diferenças. Cedo ou tarde, os riscos ensejam também ameaças, que relativizam e comprometem por sua vez as vantagens a eles associadas e que, justamente em razão do aumento dos perigos e atravessando toda a pluralidade de interesses, fazem com que a comunhão do risco também se torne realidade. Nessa medida, sob o "teto" da suscetibilidade ao risco — independente do seu alcance — e por trás de todas as oposições, emerge também um terreno comum: para evitar ameaças decorrentes da energia atômica, do lixo tóxico ou de inegáveis dilapidações da natureza, representantes de distintas classes, partidos, grupos profissionais e faixas etárias organizam-se em iniciativas da sociedade civil.

Nesse sentido, a sociedade de risco produz novas oposições de interesse *e* um novo tipo de solidariedade diante da ameaça, sem porém que se saiba ainda quanta carga ela pode comportar. Na medida em que as ameaças da modernização se acentuam e generalizam, revogando portanto as zonas residuais de imunidade, a sociedade de risco (em contraposição à sociedade de classes) desenvolve uma tendência à unificação objetiva das suscetibilidades em situações de ameaça global. Assim, amigo e inimigo, leste e oeste, em cima e embaixo, cidade e campo, preto e branco, sul e norte são todos submetidos, no limite, à pressão equalizante dos riscos civilizacionais que se exacerbam. Sociedades de risco não são sociedades de classes — mas isto ainda é pouco. Elas contêm em si uma *dinâmica evolutiva de base democrática que ultrapassa fronteiras*, através da qual a humanidade é forçada a se congregar na situação unitária das autoameaças civilizacionais.

A sociedade de risco dispõe, nessa medida, de novas fontes de conflito e de consenso. Em lugar da *superação da carência*, entra a *superação do risco*. Ainda que a consciência e as formas de organização política para tanto (ainda) não existam, pode-se, no entanto, dizer que a sociedade de risco, na dinâmica de ameaça que ela desencadeia, *impugna tanto as fronteiras nacionais quanto as fronteiras dos sistemas federais e dos blocos econômicos*. Enquanto as sociedades de classes são organizáveis em Estados Nacionais, as sociedades de risco fazem emergir "comunhões de ameaça" objetivas, que em última instância somente podem ser abarcadas no marco da sociedade global.

O potencial de autoameaça civilizacional desenvolvido no processo de modernização faz assim com que também a utopia de uma sociedade global se torne um pouco mais real, ou ao menos mais premente. Exatamente como quando as pessoas do século XIX precisaram, sob pena de naufragar economicamente, aprender a submeter-se às condições da sociedade industrial e do trabalho assalariado — da mesma forma, elas também precisarão, hoje e no futuro, sob o açoite do apocalipse civilizacional, aprender a sentar-se à mesa e a encontrar e a implementar soluções para as ameaças autoinfligidas capazes de atravessar todas as fronteiras. Uma pressão nessa direção já se faz sentir. Problemas ambientais somente podem ser solucionados de forma objetiva e razoável em negociações transfronteiriças e acordos internacionais, e o caminho até aí passa consequentemente por conferências e arranjos que atravessem inclusive as fronteiras das alianças militares. A ameaça decorrente da estocagem de armas nucleares com inimaginável força destrutiva inquieta as pessoas em ambos os hemisférios militares e faz com que surja uma comunhão de ameaça, que, no entanto, ainda precisa demonstrar quanta carga é capaz de comportar.

O vácuo político

Mas tais tentativas de extrair do terror inconcebível ao menos um sentido político não se podem esquivar do fato de que essas recém-surgidas solidariedades objetivas da ameaça até agora não fazem mais do que flutuar num vácuo político-organizatório. Ao contrário: elas colidem contra os egoísmos nacionais e contra as organizações partidárias e fundadas nos interesses que ainda predominam no interior das sociedades. Não existe lugar na selva da sociedade corporativa para tais riscos globais que atravessam as fronteiras dos grupos. Cada organização tem ali sua clientela e seu "ambiente social", composto por sócios e aliados que precisariam ser ativados e jogados uns contra os outros. A solidariedade diante das situações de ameaça coloca a estrutura organizatória dos interesses diante de problemas quase insolúveis, desorganizando os hábitos de compromisso já acordados e assentados.

É verdade: as ameaças intensificam-se, mas elas não se convertem politicamente num conjunto de medidas *preventivas* de superação do risco, e mais: não se sabe ao certo qual o tipo de política e de instituições políticas que estariam em condições de adotá-las. O que surge, na verdade, é uma solidariedade ininteligível, correspondente à ininteligibilidade dos riscos. Ela segue sendo, porém, antes um ideal que uma realidade. Ao mesmo tempo, surge com essa fissura um vácuo em termos de competência política e institucionalidade, até mesmo em termos de representações a respeito. A franqueza da questão sobre como as ameaças podem ser manejadas politicamente encontra-se em flagrante desajuste com as crescentes demandas por ação e política.

Por trás disso se esconde, juntamente com muitas outras, também a questão a respeito do *sujeito político*. Teóricos das sociedades de classes do século XIX haviam elegido para tanto, com boas razões, o proletariado. Eles tinham, e continuam a ter ainda hoje, muitas dificuldades com isto. A evidência social e política dessa concepção, justamente *porque* esteve correta, é declinante. As conquistas do movimento trabalhista político e sindical foram grandes, tão grandes que elas chegam mesmo a solapar seu antigo papel de indicativo do futuro. Ele passa a ser antes um guardião do que já foi obtido, mas que vem sendo corroído pelo futuro, do que manancial de imaginação política, capaz de buscar e encontrar saídas para as situações de ameaça da sociedade de risco.

Ao sujeito político da sociedade de classe — o proletariado — corresponde, na sociedade de risco, a mera *suscetibilidade de todos em razão de imensos perigos mais ou menos palpáveis*. Algo assim sempre pode ser facilmente reprimido. Competentes para tanto são todos e ninguém. Todos, aliás, com apenas um dos pés. O outro está na arena da luta pelo *seu* emprego (sua renda, sua família, sua casinha, seus cuidados com o carro, suas férias dos sonhos etc. Quando isto se perde, o indivíduo — com ou sem toxina — está na pior). Isto repõe as questões: é possível que as impalpáveis suscetibilidades globais cheguem a ser organizadas politicamente? "Todos" são politicamente subjetiváveis? Não se deduz demasiado precipitada e levianamente a comunhão de uma vontade e de uma ação políticas a partir da globalidade da situação de ameaça? Não serão a globalidade e a suscetibilidade global na verdade razões para *não* perceber ou perceber *enviesadamente* situações problemáticas, para passá-las adiante? Não serão elas as fontes das quais se alimentam as construções de bodes expiatórios?

Da solidariedade da carência à solidariedade por medo?

Ainda que a expressão política seja incerta, as consequências políticas são ambíguas. Na transição da sociedade de classes para a de risco, começa a diferenciar-se a *qualidade da solidariedade*. Dito de maneira esquemática, sistemas axiológicos inteiramente diversos são alavancados nesses dois tipos de sociedades modernas. Em sua dinâmica evolutiva, as sociedades de classes continuam referidas ao ideal da *igualdade* (em suas várias formulações, da "igualdade de oportunidade" até as variantes de modelos socialistas de sociedade). Não é o caso da sociedade de risco. Seu contraprojeto normativo, que lhe serve de base e de impulso, é a *segurança*. O lugar do sistema axiológico da sociedade "desigual" é ocupado assim pelo sistema axiológico da sociedade "*insegura*". Enquanto a utopia da igualdade contém uma abundância de metas conteudístico-*positivas* de alteração social, a utopia da segurança continua sendo peculiarmente *negativa* e *defensiva*: nesse caso, já não se trata de alcançar efetivamente algo "bom", mas tão somente de *evitar* o pior. O sonho da sociedade de classes é: todos querem e devem *compartilhar* do bolo. A meta da sociedade de risco é: todos devem ser *poupados* do veneno.

Consequentemente, diferencia-se também a instituição social básica na qual as pessoas se situam, se associam, que as move e distancia ou congrega. A força motriz na sociedade de classes pode ser resumida na frase: *tenho fome!* O movimento desencadeado com a emergência da sociedade de risco, ao contrário, é expresso pela afirmação: *tenho medo!* A *solidariedade da carência* é substituída pela *solidariedade do medo*. O modelo da sociedade de risco marca, nesse sentido, uma época social na qual a *solidariedade por medo* emerge e torna-se uma força política. Até onde chega a tenacidade das solidariedades do medo? Que motivações e forças de ação são liberadas? Como se comporta essa nova comunidade solidária dos medrosos? A força social do medo detona de fato o cálculo de utilidade individual? Em que medida estão abertas ao compromisso as amedrontadoras solidariedades surgidas da ameaça? Sob quais formas de atuação elas se organizam? O medo leva as pessoas ao irracionalismo, ao extremismo e ao fanatismo? O medo não representou até o momento um fundamento de ação racional. Mesmo essa suposição deixa de valer? Não será o medo — diferente da carência material — uma base demasiado movediça para os movimentos políticos? Será que não basta um leve sopro de contrainformações para que a solidariedade do medo desabe?

CAPÍTULO 2

Teoria política do conhecimento da sociedade de risco

Quem quer que se sinta movido por essas perguntas, certamente se interessará — juntamente com o *know-how* técnico-químico-biológico-médico — pelo *potencial social e político* da sociedade de risco. É nele que nos concentraremos. Com isto em mente, o ponto de partida que se apresenta é uma analogia com o século XIX. Minha tese é a seguinte: trata-se, também na sociedade de risco, de uma forma de *pauperização*, comparável, sem que no entanto de fato o seja, com a pauperização das massas trabalhadoras nos centros da industrialização nascente. Por que e em que sentido "pauperização"?

1. Pauperização civilizacional?

Tanto agora como então, a maioria das pessoas associava consequências vividas como desastrosas com o processo social de industrialização e modernização. Trata-se, em ambas as situações, de intervenções drásticas e ameaçadoras nas condições de vida das pessoas. Estas acompanham determinados estágios do desenvolvimento das forças produtivas, do entrelaçamento de mercados, assim como as relações de propriedade e de poder. Pode ser que sejam consequências diversas conforme a situação — naquela então: pauperização material, carência, fome, condições deploráveis de habitação; hoje: ameaça e destruição das bases naturais da vida. Também existem paralelos: o teor de ameaça e a *sistemática* da modernização com que este é produzido e alimentado. Reside aí a dinâmica específica: nenhuma vontade maligna, e sim mercado, concorrência, divisão do trabalho — só que hoje algo mais global. Tanto agora como então havia no princípio a latência ("efeitos colaterais"), que tanto agora como então precisa ser superada de forma inicialmente conflitiva. Antes, como agora, as pessoas saíam às ruas para protestar, havia uma estrondosa crítica ao progresso, crítica à tecnologia, luddismo — e a contra-argumentação.

Então — o que hoje também se observa —, a paulatina admissão dos problemas. Cada vez mais daquilo que é sistematicamente produzido em termos de sofrimento e opressão se torna visível, tendo de ser reconhecido por aqueles que o negavam. O direito ajusta suas velas — de modo algum voluntariamente, e sim com o vigoroso apoio das ruas e da política — na direção em que sopra o vento: sufrágio universal, direitos sociais, direitos trabalhistas, direitos de participação. Os paralelos com o presente são evidentes: o que era inofensivo acaba revelando-se como perigoso — vinho, chá, macarrão etc. Fertilizantes convertem-se em venenos de longa duração com efeitos que se estendem mundialmente. As anteriormente celebradas fontes de riqueza (energia atômica, indústria química, tecnologia genética etc.) transformam-se em imprevisíveis fontes de perigos. A evidência dos perigos oferece cada vez mais resistência aos habituais procedimentos de minimização e encobrimento. Os agentes da modernização — na economia, na ciência e na política — veem-se colocados na desconfortável posição de um réu que pleiteia inocência diante de uma série de indícios que lhe fazem suar frio.

Poder-se-ia quase dizer: tudo isso já foi visto. Nada de novo. Mas as diferenças sistemáticas saltam igualmente aos olhos. A imediatez da miséria pessoal e socialmente vivida opõe-se atualmente à intangibilidade das ameaças civilizacionais, que só se apresentam ao conhecimento cientificizado e que não se referem diretamente a experiências primárias. São as ameaças que se servem da linguagem das fórmulas químicas, dos nexos biológicos e dos conceitos da diagnose médica. Essa constituição cognitiva não os torna porém menos perigosos. Ao contrário: intencionalmente ou não, por acidente ou catástrofe, em paz ou guerra, entram nas casas de um amplo setor da população calamidades e destruições diante das quais nos fogem as palavras, fracassa a imaginação e falha todo e qualquer conceito médico e moral. É o absoluto e ilimitado NÃO que se encontra iminente, o *"in" por excelência*, inimaginável, inconcebível, in-, in-, in-.

Porém: apenas *iminente*. Apenas? Indica-se assim uma outra diferença essencial: trata-se hoje de uma *possibilidade iminente*, que, um pouco por toda a parte, mostra à humanidade horrorizada que não consiste numa mera possibilidade, mas sim num fato *sob encomenda* (e não apenas numa alucinação delirante).

Essa diferença específica entre realidade e possibilidade ainda é complementada pelo fato de que — ao menos na Alemanha, e é desse caso que trato aqui — a pauperização decorrente de ameaças coincide com o *oposto* da pauperização material (ao menos se tivermos em conta as imagens do século XIX e dos países esfomeados do Terceiro Mundo): as pessoas não estão empobrecidas; ao invés disto, vivem frequentemente na afluência, numa sociedade do consumo de massa e da abundância (o que pode de todo modo ser acompanhado lado a lado por um aprofundamento das desigualdades sociais), são no mais das vezes bem formadas e informadas, mas têm medo, sentem-se ameaçadas e mobilizam-se para não permitir, para deliberadamente impedir que chegue a ocorrer a única verificação possível de suas visões de futuro realístico-pessimistas. Uma confirmação da ameaça seria um irreversível autoaniquilamento, e é justamente este o argumento mobilizador que converte a ameaça projetada numa ameaça *real*. Nessa medida, os problemas surgidos nesse caso tampouco podem — como no século XIX — ser superados pelo aumento da produção, pela redistribuição, pela extensão das garantias sociais etc., exigindo, em lugar disto, seja uma específica e massiva "política da contrainterpretação", seja uma fundamental reelaboração e reprogramação do paradigma vigente da modernização.

Tais diferenças também fazem com que se manifeste claramente por que são bastante distintos os grupos que então eram e que hoje são afetados: então, a suscetibilidade se pretendia vinculada ao destino de classe. Nascia-se nela. Ela aderia ao indivíduo. Estendia-se da juventude até a velhice. Cravava-se em tudo: onde e no que quer que você trabalhasse, onde e o que quer que você comesse, como e com quem quer que você vivesse, fossem quais fossem seus colegas e amigos ou aqueles que você maldissesse e contra os quais você fosse às ruas para protestar, caso isso fosse necessário.

Situações de ameaça, em contraste, implicam numa forma inteiramente diversa de perplexidade. Nada nelas é evidente. Elas são, de certo modo, universais e inespecíficas. Ouve-se falar delas, lê-se sobre elas. Essa transmissão de conhecimento significa: aparecem como afetados grupos que são mais *bem formados* e *ativamente informados*. A disputa em torno da carência material remete a uma outra característica: é sobretudo onde a pressão da subsistência imediata se afrouxa ou se desfaz, ou seja, em situações (e países) mais ricos e mais bem salvaguardados, que a consciência do risco e a mobilização se desenvolvem. O feitiço da invisibilidade do risco também pode ser quebrado através de experiências pessoais: quem sabe através dos sinais que prenunciam a morte de uma árvore de estimação; a usina nuclear que se planeja construir na região; um acidente com lixo tóxico; a circulação de notícias a respeito disto ou daquilo que seja capaz de sensibilizar para novos sintomas: resíduos tóxicos nos alimentos etc. Esse tipo de suscetibilidade não gera qualquer tipo de unidade social que seja visível aos próprios olhos ou aos olhos dos outros. Nada que se possa qualificar ou organizar como camada, grupo ou classe social.

Essa diferença na suscetibilidade de situações de classe e de risco é fundamental. Dito de maneira extremada e esquemática: nas situações de classe, é o ser que determina a consciência, enquanto nas situações de risco é o inverso, *a consciência (conhecimento) determina o ser*. Decisivo nesse caso é o tipo de conhecimento, ou seja, sua inverificabilidade e a extensão da dependência cognitiva que envolve todas as dimensões da definição de ameaça. O potencial ameaçador que reside nas determinantes da situação de classe — na perda do emprego, por exemplo — é evidente para qualquer dos afetados. Isto não exige qualquer instrumento cognitivo especial: nenhum procedimento de medição, nenhuma amostragem estatística, nenhum questionamento de validade, nenhuma consideração sobre margens de erro. A suscetibilidade é clara e, nesse sentido, cognitivamente *in*dependente.

Quem se dá conta de que seu chá de cada dia contém DDT e sua recém-adquirida cozinha contém formaldeído encontra-se numa situação totalmente diferente. Com seus próprios instrumentos cognitivos e possibilidades experienciais, sua suscetibilidade *não é decidível*. Se há DDT em seu chá ou formaldeído em sua cozinha e em que concentração é algo que escapa a seu acesso cognitivo, tanto quanto a pergunta sobre se e em que concentrações essas substâncias terão efeitos nocivos de curto ou longo prazo. *Como*, porém, essas perguntas serão respondidas é o que define sua suscetibilidade numa ou noutra direção. No que concerne à existência ou não, o grau, a extensão e as formas de manifestação da ameaça sob a qual se encontra, ele é por princípio *dependente do conhecimento alheio*. Situações de ameaça geram, desse modo, dependências que situações de classe não reconhecem: os afetados tornam-se *incompetentes* nas questões que se referem à sua suscetibilidade. Eles perdem uma parcela decisiva de soberania cognitiva. O nocivo, ameaçador e hostil espreita por toda a parte e, seja maléfico ou benigno, escapa à faculdade de juízo do indivíduo, continua abandonado às suposições, métodos e controvérsias de terceiros produtores de conhecimentos. Em situações de ameaça, consequentemente, as coisas da vida cotidiana convertem-se, *praticamente da noite pro dia*, em "cavalo de Troia", do qual se precipitam os perigos, e com eles os especialistas do risco, para anunciar, em meio a pelejas mútuas, do que é que se deve ter medo e do que não. Até a decisão a respeito de se cabe mesmo pedir ou aceitar conselho não depende mais dos afetados. Os afetados já não vão atrás dos especialistas do risco, são estes que podem escolher os afetados. Eles podem entrar nas casas com porta e tudo. Pois as ameaças podem ser presumidas objeto adentro em todos os objetos da vida cotidiana. E é ali que elas estão metidas — invisíveis e ainda assim demasiado presentes, chamando pelos especialistas para que deem respostas às perguntas que elas a plena voz propõem. Situações de ameaça são, nesse sentido, *fontes a partir das quais jorram perguntas para as quais os afetados não conhecem qualquer resposta.*

Por outro lado, isto também significa que todas as decisões tomadas no quadro da produção de conhecimentos sobre riscos e ameaças civilizacionais jamais consistem em meras decisões sobre o conteúdo do conhecimento (questionamentos, hipóteses, medições, métodos, limites máximos etc.), mas também, *concomitantemente*, em decisões *sobre suscetibilidades*: sobre alcance, tipo e teor de ameaça, círculo de pessoas afetadas, efeitos retardados, medidas a tomar, responsáveis, demandas de reparação. Se hoje for comprovado de forma social vinculante que formaldeído, DDT etc., nas concentrações em que essas substâncias químicas são encontradas nos objetos de uso cotidiano e nos alimentos, têm efeitos danosos à saúde, essa constatação seria equivalente a uma catástrofe, pois elas estão presentes por toda parte.

Isto torna claro *que, com o potencial de ameaça das forças produtivas, a margem de manobra para a pesquisa científica torna-se cada vez mais estreita.* Hoje em dia, admitir que se cometeu um erro na estipulação de tetos para a tolerância aos pesticidas — o que, no fundo, é o que normalmente acontece na ciência —, equivale ao desencadeamento de uma catástrofe *política* (ou econômica), devendo por isto mesmo ser evitada. As forças destrutivas, com as quais os cientistas também têm de lidar atualmente em todos os campos temáticos, impõem-lhes a desumana *lei da infalibilidade*, uma lei que, para além de seu descumprimento representar uma qualidade das mais humanas, também se encontra em clara contradição com seus ideais de progresso e crítica (ver a respeito pp. 269 ss.).

Diferente das notícias sobre reduções do nível de renda etc., notícias sobre teores tóxicos nos alimentos, nos bens de consumo etc. provocam um *duplo choque*: à ameaça propriamente dita, soma-se a *perda de soberania* sobre a avaliação dos perigos, aos quais se está irremediavelmente entregue. Toda a burocracia do conhecimento se abre, com seus longos corredores, suas salas de espera e seus incompetentes, semicompetentes e incompreensíveis funcionários enfastiados e presunçosos. Há portas de entrada frontais, laterais e secretas, dicas e (contra-)informações: como se chega ao conhecimento, como ele deveria ser feito, mas acaba sendo improvisado, remexido, revirado do avesso e finalmente apresentado limpo, de modo a não dizer aquilo que ele no fundo quer dizer, e acaba querendo dizer algo sobre o que teria sido melhor manter-se calado. Tudo isto não seria tão dramático e poderia ser facilmente ignorado, não se tratasse justamente de ameaças tão rentes.

Por outro lado, as investigações dos pesquisadores do risco também acontecem, por uma transposição paralela, na cozinha, na adega e no armário de todos. Cada uma de suas decisões cognitivas centrais — se de repente passarmos por cima de toda a divisibilidade do trabalho — faz com que o nível de veneno no sangue da população salte, por assim dizer, para cima ou para baixo. Em situações de ameaça, portanto, diferente do que ocorre nas situações de classe, *situações de vida e produção de conhecimento são diretamente situadas uma na outra e limitadas uma à outra.*

Disso decorre: a sociologia e a teoria política da sociedade de risco são em seu cerne *sociologia do conhecimento*; não sociologia da ciência, mas precisamente sociologia de *todos* os amálgamas, incorporações e atores cognitivos, em suas conflitivas absorções e enfrentamentos mútuos, seus fundamentos, suas pretensões, seus erros, suas irracionalidades, suas verdades e suas impossibilidades, o conhecimento que eles alegam conhecer. Resumamos: a atual crise de futuro não é visível; ela é uma possibilidade no caminho da realização. Em se tratando, no entanto, de possibilidades: uma *insinuação* que esperamos que *não* se concretize. A falsidade da afirmação reside portanto na intenção do prognóstico. Ela é uma pauperização invisível confrontando uma exuberante riqueza, em última medida com uma suscetibilidade global e sem sujeito político. E ainda assim: clara e inequivocamente uma *pauperização*, se tivermos em boa conta o que há de comum e de distinto em relação ao século XIX. Ao lado de listas de mortos, registros de poluentes e estatísticas de acidentes, há ainda outros indicadores em prol da tese da pauperização.

A fase de latência das ameaças do risco chega ao fim. As ameaças invisíveis tornam-se *visíveis*. Os danos e destruições infligidos à natureza já não se realizam apenas na esfera inverificável das cadeias de efeitos químico-físico-biológicos, mas aguilhoam de modo cada vez mais pungente os olhos, o nariz e os ouvidos. Apenas os fenômenos mais chamativos: a esqueletização das florestas que avança a passos largos, as águas interiores e os mares cobertos de espuma, carcaças de animais besuntadas de óleo, *smog*, erosão arquitetônica de edifícios e monumentos decorrente da poluição, a sucessão de acidentes, escândalos e catástrofes causadas por materiais tóxicos, assim como a respectiva cobertura da mídia a respeito. Os balanços da presença de substâncias poluentes e tóxicas nos alimentos e nos bens de consumo tornam-se cada vez mais extensos. Os diques representados pelos limites máximos assemelham-se mais às exigências em relação ao queijo suíço (quanto mais buracos melhor) do que às da proteção à saúde da população. As retratações desmentidas dos responsáveis fazem sempre *mais* barulho e apresentam *menos* argumentos. Algo disto ocupará aqui a posição de *tese*, a ser fundamentada com argumentos. Entretanto, já nessa lista de pontos de vista fica claro: o *fim da latência* tem dois lados: o risco *e sua percepção (pública)*. Nunca fica claro se foram os riscos que se aguçaram ou se foi o *olhar* sobre eles. Ambos os lados coincidem, condicionam-se, reforçam-se, não sendo, por conta de os riscos serem riscos *no conhecimento*, duas coisas distintas, mas uma e a mesma coisa.

Somam-se assim à lista de mortos da flora e da fauna a aguçada consciência *pública* do risco, a realçada sensibilidade para ameaças civilizacionais, que aliás não deve ser confundida com tecnofobia e, como tal, demonizada: são justamente os jovens *interessados* na tecnologia que veem e nomeiam essas ameaças. Essa consciência ampliada dos riscos fica evidente em pesquisas comparativas de opinião em nível internacional, aplicadas às populações dos países industriais, assim como no aumento da importância atribuída aos respectivos relatos e notícias nos meios de comunicação de massa. Essa perda da latência, essa crescente conscientização dos riscos civilizacionais, que uma década atrás ainda era um fenômeno totalmente inconcebível, chegou a se tornar um fator político de primeira ordem não tanto como resultado de um processo geral quanto em razão de se haver por sua vez apoiado em outros processos *sistemáticos*.

Primeiro, intensifica-se a *cientificização* dos riscos; e segundo — uma coisa leva à outra —, a *comercialização* do risco se intensifica. Erra-se o alvo ao se considerar o assinalamento de ameaças e riscos do desenvolvimento civilizacional como *mera* crítica; ele é *também* — mesmo com toda a *resistividade* e as *acrobacias da demonização* — um *fator de fomento econômico de primeira ordem*. Isto torna-se patente no desenvolvimento dos setores e ramos econômicos correspondentes, assim como no aumento dos gastos públicos com a proteção do meio ambiente, o combate às enfermidades civilizacionais etc. O sistema industrial *tira proveito* dos inconvenientes que produz, e não é pouco proveito (ver M. Jänicke, 1979).

Através da produção de riscos, as necessidades desprendem-se definitivamente de seu ancoramento residual na natureza e, portanto, de sua finitude e satisfazibilidade. A fome pode ser aplacada, as necessidades, satisfeitas; riscos são um "barril sem fundo de necessidades", que não pode ser encerrado e nem esgotado. Diferente das necessidades, os riscos podem não apenas ser invocados (por meio da publicidade etc.), prorrogados de modo a favorecer as vendas, em resumo: manipulados. Por meio de definições cambiantes de riscos, podem ser *geradas* necessidades inteiramente novas — e por decorrência, mercados inteiramente novos. Antes de tudo o mais, a necessidade de evitar o risco — aberta à interpretação, construtível em termos causais, replicável ao infinito. Produção e consumo são levados, portanto, com a implementação da sociedade de risco, a um novo patamar. Em lugar das necessidades preestabelecidas e manipuláveis como marco referencial para produção de mercadorias, entra em cena o risco *autofabricável*.

Se não hesitarmos em recorrer a uma comparação um tanto ousada, é possível dizer: na produção de riscos, o capitalismo tardio absorveu, generalizou e normalizou a força destrutiva da guerra. Semelhante ao que ocorre nas guerras, riscos civilizacionais dos quais se vai tomando consciência "destroem" modos de produção (por exemplo: automóveis com altos níveis de emissões, excedentes agrícolas), superando assim crises de vendas e conquistando mercados que, além de novos, ampliam-se de novas formas. A produção de riscos e seus agentes cognitivos — crítica da cultura, crítica à tecnologia, crítica ecológica, dramatização e investigação midiáticas do risco — são uma forma normalizada e sistemicamente imanente do revolucionamento das necessidades. Com os riscos — poderíamos recorrer a Luhmann —, a economia torna-se "*autorreferencial*", independente das condições de satisfação das necessidades humanas.

Mas o que conta decisivamente em favor disso é uma *sintomática e simbólica* "superação" do risco. Os riscos precisam *aumentar* com sua superação. Na verdade não devem ser superados em suas causas, em suas fontes. Tudo deve acontecer no âmbito da *cosmética* do risco: embalagem, mitigações sintomáticas da poluição, instalação de filtros purificadores ao mesmo tempo em que se mantêm as fontes poluidoras. Ou seja, nada *preventivo*, mas apenas uma indústria e uma política simbólicas de superação da multiplicação dos riscos. O "como se" deve prevalecer, deve converter-se em agenda. Para isto, são necessárias as "matracas alternativas", assim como os cientistas do risco e os anticientistas, críticos e tecnologicamente orientados. Todos eles, em parte financiando-se a si mesmos ("autoajuda"!), em parte recorrendo a fundos públicos, acabam representando, por assim dizer, "agências de publicidade preliminar" para a geração de novos mercados de venda para os riscos.

Ficção? Polêmica? Uma tendência evolutiva nessa direção já pode ser atualmente verificada. Caso ela se confirme, também esta seria uma *vitória de Pirro*: pois, a despeito de toda a cosmética, os riscos de fato aumentariam e, com eles, *a ameaça global a todos*. Emergiria nesse caso uma sociedade na qual a força explosiva do risco estragaria e contaminaria completamente o proveito que *todos* pudessem tirar de seus ganhos. No entanto, a mera *possibilidade* já ilustra a ideia crucial: a sociedade industrial — tanto a capitalista quanto a "socialista" —, na potenciação e na canibalização econômica dos riscos, acaba por *sistematicamente* produzir as ameaças que a afligem e por colocar-se a si mesma em questão. A situação histórico-social e sua dinâmica são perfeitamente comparáveis à situação reinante no declínio da era feudal, na passagem para a sociedade industrial: da mesma forma como o nobre feudal vivia da burguesia econômica (através da outorga, a título oneroso, de privilégios de comércio e de uso, assim como da cobrança de tributos comerciais), favorecendo-a por interesse próprio e, assim, indesejada e compulsoriamente, criando um sucessor cada vez mais poderoso, dessa mesma forma "alimenta-se" a sociedade industrial avançada dos riscos que ela produz, gerando assim situações de ameaça social e potenciais políticos que colocam em questão os fundamentos da modernização como a conhecemos.

2. Erros, fraudes, equívocos e verdades: da concorrência das racionalidades

Quando o excedente de riscos suplanta em muito o excedente de riqueza, a aparentemente inofensiva diferenciação entre riscos e *percepção* dos riscos ganha em importância — e: ao mesmo tempo perde sua razão de ser. Com essa diferenciação, sustenta-se, para em seguida ruir, o monopólio de racionalidade da definição científica do risco. Pois com ela se pressupõe a possibilidade de que os riscos sejam especificados e, com a autoridade conferida pela área do conhecimento, objetiva e peremptoriamente estipulados. A ciência "estipula riscos", e a população "percebe riscos". Desvios dessa regra revelam uma medida de "irracionalidade" e "tecnofobia". Nessa bipartição do mundo entre especialistas e leigos está igualmente contida uma imagem do espaço público. A "irracionalidade" da "percepção" pública do risco que seja "desviante" consistirá no fato de que, aos olhos dos técnicos, a maioria da população ainda se comporta como estudantes do primeiro semestre de engenharia, ou ainda pior. São de fato ignorantes, mas mostram boa vontade, esforçam-se, sem contudo ter a mínima ideia. Nessa imagem, a população é formada por um bando de aspirantes de engenheiro isolados, que ainda não dispõem dos conhecimentos necessários. Basta empanturrá-la com detalhes técnicos para que ela então se associe ao ponto de vista e à avaliação dos especialistas sobre o manejo técnico e, portanto, sobre como os riscos não representam qualquer risco. Protestos, temores, crítica e resistência no espaço público são todos um *mero problema de informação*. Se as pessoas ao menos soubessem o que os técnicos sabem e como eles pensam, elas ficariam mais calmas — do contrário, já se podem considerar irremediavelmente irracionais.

Essa visão está *errada*. Mesmo em seus trajes matemático-estatísticos ou tecnológicos, declarações sobre os riscos contêm asserções do tipo: *é assim que queremos viver* — asserções, portanto, sobre as quais é possível uma decisão *isolada* apenas caso se *rompam permanentemente as fronteiras* entre natureza e ciências tecnológicas. Com isto, porém, vira-se a mesa: a rejeição da definição científica do risco não é algo que se possa reprovar à população como "irracionalidade", mas, justamente ao contrário, aponta para o fato de que as premissas da aceitação cultural implicadas nas asserções técnico-científicas de risco *são falsas*. Os técnicos especialistas em riscos estão errados a propósito da justeza empírica de suas premissas axiológicas implícitas, ou seja, a propósito de suas pressuposições a respeito do que parece aceitável à população e do que não. O discurso sobre uma percepção "errada e irracional" do risco entre a população coroa esse equívoco: os cientistas esquivam-se de suas concepções *de segunda mão* sobre a aceitação cultural da crítica empírica, elevam suas concepções sobre as concepções dos outros à posição de dogma e elevam-se ao cambaleante posto do juiz que decidirá sobre a "irracionalidade" da população, cuja concepção eles na verdade deveriam averiguar e assumir como fundamento de seu trabalho.

Também é possível ver isso de outra maneira: ao lidar com os riscos, os cientistas naturais acabaram, sem perceber e sem querer, *privando-se* a si mesmos de um pouco *do seu poder*, *impondo-se a democracia*. Asserções sobre riscos envolvem, em suas concepções axiológicas e culturais implícitas sobre uma vida digna de ser vivida, *um pouco de participação*, contra a qual a percepção científico-tecnológica do risco — como os senhores feudais contra a introdução do direito de voto — pode bem querer se defender por meio da reversão da suposição de irracionalidade, apesar de haver se aferrado a ela, se quiser escapar à contínua e sistemática contradição em relação a suas próprias pretensões à justeza empírica de suas suposições.

A diferenciação entre *estipulação* científica (racional) do risco e *percepção* (irracional) do risco também vira de cabeça para baixo o papel da racionalidade científica e social no surgimento de uma consciência civilizacional do risco. Ela implica em um falseamento histórico. O conhecimento atualmente reconhecido sobre os riscos e ameaças da civilização científico-tecnológica somente se impôs inicialmente *a contrapelo de negações massivas*, enfrentando a *resistência* frequentemente encarniçada de uma "racionalidade científico-tecnológica" satisfeita consigo mesma e obtusamente embaraçada na crença no progresso. Por todo o lado, a investigação científica do risco claudica no rastro da crítica social do meio ambiente, do progresso e da cultura dirigida ao sistema industrial. Nesse sentido, sem dúvida existe hoje no envolvimento científico-tecnológico com os riscos civilizacionais uma boa parcela de inconfesso *proselitismo da crítica da cultura*, e a pretensão das ciências tecnológicas ao monopólio da racionalidade na percepção do risco equivaleria assim à pretensão de infalibilidade de um papa convertido à fé evangélica.

A conscientização dos riscos precisa ser reconstruída como uma luta entre pretensões de racionalidade concorrentes, em parte contrapostas, em parte sobrepostas. Não se pode pressupor uma hierarquia de credibilidade e racionalidade, mas se deve questionar, no exemplo da percepção do risco, como a "racionalidade" *surge socialmente*, como portanto se passa a acreditar nela, como se torna questionável, como é definida, redefinida, obtida e descartada. Nesse sentido, tanto a *(i)lógica* quanto a contraposição e a interpenetração de percepção e avaliação científicas e sociais dos riscos civilizacionais devem ser desdobradas. Nesse processo, podem-se seguir questões tais como: quais são as fontes de falhas e erros sistemáticos presentes na percepção *científica* do risco, que somente no horizonte referencial de percepção social do risco se tornam visíveis? E inversamente: em que medida a percepção social do risco continua a depender da racionalidade científica mesmo quando esta é sistematicamente renegada e criticada, ameaçando emborcar numa ressurreição de poderes da fé pré-civilizatórios?

Esta é minha *tese*: a origem da crítica e do ceticismo em relação à ciência e à tecnologia encontra-se não na "irracionalidade" dos críticos, mas no *fracasso* da racionalidade científico-tecnológica diante de riscos e ameaças civilizacionais crescentes. Esse fracasso não é mero passado, e sim um presente urgente e um futuro ameaçador. Tampouco é o fracasso de disciplinas ou cientistas isolados, mas se encontra fundado *sistematicamente* na abordagem institucional-metodológica das ciências em relação aos riscos. As ciências, portanto, da maneira como estão constituídas — em sua ultraespecializada divisão do trabalho, em sua compreensão de métodos e teorias, em sua heterônoma abstinência da práxis —, *não estão em condições* de reagir adequadamente aos riscos civilizacionais, de vez que têm destacado envolvimento em seu surgimento e expansão. Antes de mais nada, elas tornam-se — em parte com a boa consciência da "pura cientificidade", em parte com peso na consciência — as *madrinhas legitimatórias* de uma poluição e contaminação industrial em escala mundial do ar, da água, dos alimentos etc., assim como da decrepitação generalizada com ela associada e da morte de plantas, animais e seres humanos.

Como isso pode ser demonstrado? A consciência dos riscos da modernização impôs-se contra a *resistência* da racionalidade científica. O caminho até ela é largo e está coberto de erros científicos, avaliações equivocadas e subestimações. A história da conscientização e do reconhecimento social dos riscos coincide com a história da *des*mistificação das ciências. O outro lado do reconhecimento é a *refutação* do "nada vejo, nada ouço, nada cheiro, nada sei" científico.

Cegueira econômica em relação ao risco

O erro originário a respeito do teor de risco de uma tecnologia reside na desconsideração e subestimação dos *riscos nucleares*. O leitor de hoje não acredita em seus olhos quando lê o que, em 1959, era aconselhado às pessoas num panfleto oficial do governo federal sobre "como se conduzir em caso de ataque aéreo":

> "Um clarão intensamente ofuscante é o primeiro sinal da detonação de uma ogiva nuclear. O calor gerado provoca queimaduras.
>
> Portanto [...] partes sensíveis do corpo, como olhos, rosto, pescoço e mãos devem ser imediatamente cobertas!
>
> Saltar imediatamente num buraco, fosso ou vala!
>
> Se estiver num meio de transporte, agachar-se instantaneamente abaixo da altura das janelas, parar o veículo, lançar-se ao chão do veículo e, curvando-se sobre si mesmo, proteger rosto e mãos!
>
> Se possível, abrigar-se sob uma mesa sólida, uma escrivaninha, uma bancada, uma cama ou atrás de outros móveis!
>
> Você terá no porão mais chance de sobreviver do que nos andares superiores. Nem todos os tetos de porão desabarão!
>
> Se armas atômicas, biológicas ou químicas forem empregadas, vestir imediatamente a máscara de proteção!
>
> Se você não tiver uma máscara de proteção, procure não respirar fundo, proteja suas vias respiratórias mantendo um lenço, se possível úmido, diante da boca e do nariz!
>
> Conforme às circunstâncias, procure limpar-se, descontaminar-se, desinfetar-se e desintoxicar-se!
>
> Evite o pânico e a afobação imprudente, mas aja!"[1]

[1] *Wehrpolitische Information, Wehrberichterstattung aus aller Welt*, Köln, 1959, citado em Günther Anders, *Die atomare Bedrohung*, Munique, 1983, pp. 133 ss.

A catástrofe apocalíptica é devidamente reduzida às dimensões da "assimilabilidade privada". O "fim do comparativo" (Gunther Anders), que reside em *toda* ameaça nuclear, é inteiramente ignorada e subestimada. Os conselhos seguem involuntariamente uma bem-humorada lógica do horror: "Se você estiver morto — Cuidado! O perigo é iminente!" (G. Anders, *ibid.*).

Esse pecado original da física e tecnologia nucleares não se deu por acaso. Não foi especificamente induzido e tampouco representa um "acidente de percurso" excepcional de uma disciplina das ciências naturais. Ele traz à tona, antes de mais nada, justamente por conta de sua radicalidade, a raiz institucional dos equívocos da ciência tecnológica no tratamento dos riscos autoproduzidos: *no esforço pelo aumento da produtividade, sempre foram e são deixados de lado os riscos implicados*. A primeira prioridade da curiosidade científico-tecnológica remete à *utilidade produtiva*, e só então, num segundo passo, e às vezes nem isto, é que se consideram também as ameaças implicadas.

A produção de riscos e sua interpretação equivocada têm, portanto, seu primeiro fundamento numa "*miopia econômica*" da racionalidade técnica das ciências naturais. Seu olhar está dirigido às vantagens produtivas. Ele incide assim juntamente com uma *cegueira em relação aos riscos* que é sistematicamente provocada. Enquanto as possibilidades de aplicabilidade econômica são claramente previstas, desenvolvidas, testadas e, de acordo com todas as regras da arte, esclarecidas, no caso dos riscos é sempre necessário tatear no escuro e então deixar-se surpreender e consternar profundamente com seu aparecimento "imprevisto" ou mesmo "imprevisível". A concepção inversa, segundo a qual as vantagens produtivas são assumidas em retrospecto como efeitos colaterais latentes "imprevistos" e "involuntários" de um deliberado controle de risco estabelecido a despeito das resistências de uma ciência natural orientada pelo risco, parece completamente absurda. Isto torna claro uma vez mais o grau de obviedade com que se valida historicamente, no desenvolvimento tecnológico conduzido pelas ciências naturais, um (para citar Habermas) *interesse cognitivo que aumenta a produtividade*, que se refere à lógica da produção de riqueza e segue vinculado a ela.

As vozes dos "efeitos colaterais"

Aquilo que por um lado gera efeitos gera por outro lado *doenças*. Os pais cujos filhos sofrem de crises de laringite aguda batem com a cabeça, até verter sangue, nas paredes da declaração científica da inexistência de riscos da modernização. Todos os que já passaram a noite em claro, ouvindo seu filho tossir aos prantos e vendo-o estirado em sua cama, com os olhos esbugalhados de pavor no esforço de respirar, falam de uma angústia infindável. A partir do momento em que percebem que os poluentes do ar ameaçam não somente árvores, solo e água, mas sobretudo bebês e crianças, eles deixam de aceitar os ataques de tosse como golpes do destino. Em 1984, eles se associaram em mais de cem iniciativas coletivas através de toda a Federação. Sua demanda: "Mais dessulfurização, menos conversa fiada!" (ver U. König, *Stern*, abril de 1985).

Eles não precisam refletir muito sobre a situação problemática em que se encontram. Aquilo que para a ciência são "efeitos colaterais latentes" e "contextos inseguros", são para eles suas "crianças aos prantos", que, quando quer que o tempo fique nebuloso, começam a ficar roxas e a arquejar em busca de ar. Do seu lado da cerca, os "efeitos colaterais" têm *voz, olhos, rosto e lágrimas*. Isto faz com que as declarações de irrelevância titubeiem, praticamente virando as questões do avesso. E, no entanto, eles logo acabam descobrindo que suas próprias declarações e experiências não têm qualquer validade, enquanto estiverem em conflito com a consagrada candura científica. As vacas dos camponeses que vivem nos arredores da recém instalada refinaria química podem-se tingir de amarelo, mas enquanto isto não for "cientificamente comprovado" não se pode tocar no assunto.

Assim, eles próprios acabam-se convertendo em antiespecialistas, privados e modestos, para assuntos relacionados aos riscos da modernização. Riscos para eles não são riscos, e sim crianças lastimavelmente aflitas, berrando arroxeadas. Eles lutam por seus filhos. Num sistema altamente profissionalizado, onde todos têm suas competências, mas ninguém é competente para lidar com os riscos da modernização, estes têm um *advogado*: os pais começam a acumular dados e argumentos. Sob sua incidência cognitiva, as "manchas brancas" correspondentes aos riscos da modernização, que continuam sendo "imprevistos" e "inseguros" para a racionalidade científica, tomam forma rapidamente. Eles descobrem, por exemplo, que os limites máximos estipulados para os poluentes na Alemanha são demasiado altos. Apesar de pesquisas haverem demonstrado que, mesmo com uma curta exposição a uma concentração de 200 microgramas de dióxido de enxofre por metro cúbico de ar, as crianças adoecem com ostensiva frequência de laringite aguda, tolera-se de acordo com os limites máximos na Alemanha um teto que é o dobro disto, ou o quádruplo do que estipula a Organização Mundial da Saúde como limite aceitável de curto prazo. Os pais demonstram que os resultados das medições se encontram na faixa do "tolerável" apenas porque os picos de contaminação das áreas mais sobrecarregadas da cidade são mitigados com valores das áreas habitacionais arborizadas, sendo dessa forma "totalizados para longe do perigo". "Mas nossas crianças", dizem eles, "não adoecem em decorrência do valor médio".

A revelação da "trapaça" dos cientistas indica uma diferença conceitual entre as racionalidades científica e social na consideração dos riscos.

A revogação causal dos riscos

No princípio estão as *distintas suscetibilidades*. Encontramo-nos nos dois lados da mesma cerca. Se um equívoco escapa ao cientista, na pior das hipóteses isto arranhará o esmalte de sua reputação (se o "equívoco" for conveniente para os negócios, pode chegar mesmo a lhe assegurar uma promoção). Do lado dos afetados, a mesma coisa manifesta-se de uma forma bem diferente. Um equívoco na definição de limites de tolerância significa, conforme o caso, danos irreversíveis ao fígado, risco de câncer. De forma correlata, também as urgências, os horizontes temporais e as normas pelas quais a equivocidade dos equívocos é medida são diferentes.

Os cientistas insistem na "qualidade" de seu trabalho e mantêm elevados os critérios teórico-metodológicos, tudo para assegurar suas carreiras e sua subsistência. Precisamente disto resulta uma peculiar ilogia ao lidar com os riscos. A insistência a respeito de contextos precários pode muito bem convir a um cientista e, no geral, ser até louvável. Mas ao lidar com riscos, para os afetados isto se inverte: *isto potencia os riscos*. É invariavelmente de ameaças que se trata, que devem ser evitadas, mas cuja reduzida probabilidade já produz efeitos ameaçadores. Se então o reconhecimento do risco é denegado, em razão de um nível de conhecimento "incerto", isto significa que a reação necessária permanece irrealizada e *o perigo aumenta*. Por meio da fixação elevada dos critérios de cientificidade, o círculo dos riscos reconhecidos e, portanto, relevantes para a ação é *reduzido ao mínimo*, e por conseguinte são implicitamente *conferidas concessões para a exploração da potenciação dos riscos*. Dito de forma extremada: a insistência a respeito da "*pureza*" da análise científica conduz à *poluição e contaminação* do ar, dos alimentos, da água e do solo, da flora, da fauna e do ser humano. Obtém-se assim uma coalizão secreta entre estrita cientificidade e, *por meio dela*, ameaças à vida devidamente homologadas ou fomentadas.

Não se trata apenas de um contexto genérico e, nessa medida, abstrato. Existem nesse caso instrumentos cognitivos concretos. Algo que se reveste de importância decisiva é a constatação da suposição de *causalidade* inscrita nos riscos da modernização, cuja comprovação é, por razões teórico-científicas, se não impossível, bastante difícil (para um sumário da questão, ver W. Stegmüller, 1970). O que interessa aqui é a controlabilidade do processo de reconhecimento de riscos por meio da "alavanca de qualidade" da prova de causalidade: quanto mais alto estiverem fixados os critérios de qualidade, tanto menor será o círculo dos riscos reconhecidos e tanto maior o engarrafamento dos não reconhecidos. E além disto: tanto mais se ampliam, por trás dos muros do reconhecimento, os riscos. A insistência a respeito da "qualidade" é portanto uma *construção altamente eficaz e legitimada da melhor maneira possível*, destinada a conter e canalizar a torrente de riscos da modernização, contando aliás com um anteparo embutido, que, em proporção inversa à "refutação" dos riscos obtida, reforça a própria ampliação dos riscos.

Uma liberalização da prova de causalidade equivaleria, nessas condições, ao rompimento de um dique e, consequentemente, a uma inundação de ameaças e riscos a serem reconhecidos, que sacudiriam toda a estrutura social e política da Alemanha com a amplitude de seu efeito. Desse modo, também aqui e como sempre — numa delicada harmonia entre ciência e direito —, o suposto "*princípio de causação*" é utilizado *como eclusa de reconhecimento ou refutação*: sabe-se que geralmente os riscos da modernização, em razão de sua estrutura, *não* podem ser suficientemente interpretados segundo o princípio de causação. No mais das vezes, não existe *o* causador, mas justamente poluentes no ar, vindos de muitas chaminés e, além disto, correlatos de males inespecíficos, a respeito dos quais se consideram uma multiplicidade de "causas". Quem quer que, sob tais condições, insista numa prova causal *estrita*, maximiza a refutação e minimiza o reconhecimento de contaminações e enfermidades civilizacionais de origem industrial. Com a inocência da "pura" ciência, os pesquisadores do risco defendem a "fina arte da demonstração causal", bloqueiam assim protestos dos cidadãos, sufocam-nos ainda no ninho da "insuficiente" prova causal, parecem poupar custos à indústria, livrar as costas dos políticos e manter na verdade as eclusas abertas a uma ameaça generalizada à vida.

Isso é simultaneamente um bom exemplo de como a "racionalidade" pode-se converter em "irracionalidade", dependendo de o mesmo pensamento e a mesma ação serem vistos em relação à produção de riqueza ou então em relação à produção de riscos. A insistência em torno da prova causal estrita é um nódulo da racionalidade das ciências naturais. Para ser mais preciso nesse caso e para "evitar ser complacente" consigo mesma e com os outros, vale dizer que ela pertence ao núcleo axiológico do *ethos* das ciências naturais. Ao mesmo tempo, no entanto, esse princípio deriva de outros contextos problemáticos e possivelmente de outra era conceitual. Seja como for, ele é *em princípio inadequado* para os riscos da modernização. Se as cargas de poluentes somente podem ser apreendidas e medidas se forem levados em conta a circulação internacional de mercadorias e as respectivas balanças de comércio e serviços, é evidentemente impossível estipular uma relação direta causal entre produtores isolados de substâncias específicas e certas enfermidades frequentemente induzidas ou agravadas por outros fatores. Isto seria o equivalente de tentar acompanhar nos dedos da mão os cálculos matemáticos de que um computador é capaz. Quem quiser insistir nisto, acabará *repudiando* a concretude das relações, que nem por isto deixarão de existir. Pois, afinal, não é porque os cientistas naturais não são capazes de detectar causas específicas para danos específicos que o nível de poluentes no ar e nas vias respiratórias se reduzirá, que as irritações das vias respiratórias causadas pelo efeito do *smog* regredirão, ou que baixe a mortalidade, consideravelmente elevada quando quer que a concentração de dióxido de enxofre ultrapassa a marca dos 300 microgramas por metro cúbico.

Em outros países, outras normas estão em vigor no que concerne à validade das provas causais. Estas tiveram aliás de ser originalmente introduzidas por meio de conflitos sociais. No Japão, os juízes decidiram, em face do entrelaçamento global dos riscos da modernização, não mais interpretar a impossibilidade de uma rígida comprovação causal nos termos das ciências naturais em prejuízo das suscetibilidades ao risco, o que implicaria dizer, em prejuízo de todos. Eles já admitem uma relação causal se *correlações estatísticas* entre teores de poluentes e enfermidades específicas puderem ser comprovadas. As empresas que emitirem tais poluentes poderão então ser judicialmente imputadas e condenadas a pagar as indenizações correspondentes. Com base nisto, no Japão, uma série de empresas foram obrigadas a pagar aos afetados indenizações gigantescas em espetaculares processos ambientais. Aos afetados na Alemanha, a *revogação causal* dos danos e dores vividos deve parecer escárnio puro e simples. Diante do bloqueio dos argumentos por eles compilados e apresentados, experimentam a *perda de concretude* de uma racionalidade e práxis científicas, que de mais a mais sempre se manteve alheia e cega diante dos riscos e ameaças por ela mesma produzidos.

Feitiço fajuto: limites de tolerância

Há ainda outras "eclusas cognitivas venenosas", em cujas válvulas se assentam os cientistas do risco. Eles também recorrem ao grande feitiço: abracadabra, abracadabra! É celebrado em certas regiões também como "dança da chuva ácida". Em língua clara: definição de limites de tolerância ou estipulação de valores máximos. Uma outra palavra para o fato de não termos a menor ideia. Dado que os cientistas jamais deixam de ter ideias, eles têm muitas palavras para quando não têm ideia, muitos métodos, muitas cifras. Uma expressão fundamental para também-não-sei ao lidar com os riscos é o termo "limite de tolerância". Soletremos.

Limites de tolerância para vestígios poluentes e tóxicos "admissíveis" no ar, na água e nos alimentos têm, em relação à distribuição de riscos, um significado comparável ao que tem o princípio de desempenho para a distribuição desigual de riqueza: eles simultaneamente admitem as emissões tóxicas *e* legitimam-na dentro dos limites que estipula. Quem quer que limite a poluição, estará fatalmente *consentindo com ela*. Aquilo que ainda é admissível é, por sua definição em termos sociais, "inofensivo" — independente do quão daninho seja. Pode muito bem ser que os limites de tolerância evitem o pior, mas eles nem por isto deixam de ser um "álibi" para envenenar *um pouquinho* a natureza e o ser humano. O que importa saber é o quão grande pode chegar a ser esse "pouquinho". É a questão sobre se é *pequeno* ou *grande* o pouquinho de veneno que flora, fauna e ser humano suportam, e o *quão* grande é o pouquinho, e o que significa "suportar" nesse caso — são essas questões encantadoramente terríveis, saídas da sofisticada cozinha dos venenos e antídotos civilizacionais, que estão implicadas na definição de limites de tolerância.

Não pretendemos discutir aqui o fato de que originalmente os limites, inclusive os limites de tolerância, não eram uma questão de química, e sim de *ética*. Temos de lidar, portanto, com a "estipulação de teores máximos para pesticidas e outros aditivos presentes sob qualquer forma em alimentos e produtos do tabaco" — na seca linguagem dos burocratas —, com a *ética biológica residual* da civilização industrial avançada. Uma ética que segue sendo particularmente negativa. Ela faz valer o preceito, outrora óbvio, de não nos envenenar mutuamente. Mas, para ser mais preciso, ele deveria enunciar: não envenenar *plenamente*. Pois, ironicamente, ela viabiliza precisamente o célebre e controverso pouquinho. Não se trata, assim, nessa "estipulação", de uma *vedação* ao envenenamento, e sim da *medida admissível* de envenenamento. *Que* o envenenamento seja admissível é algo que, com base nessa estipulação, já não está em questão. Portanto, limites de tolerância são, nesse sentido, linhas de recuo de uma civilização que se aprovisiona com um excesso de materiais poluentes e tóxicos. Por meio dos limites de tolerância, a exigência que na verdade pareceria óbvia, de não envenenar, é refutada como *utópica*.

Com os limites de tolerância, o "pouquinho" de envenenamento a ser estipulado converte-se em *normalidade*. Ele desaparece por trás dos limites de tolerância. Estes viabilizam um *racionamento de longo prazo do envenenamento coletivo normalizado*. O envenenamento que eles admitem é ao mesmo desfeito por eles, na medida em que o envenenamento que acontece é declarado *in*ofensivo. Se quem envenena se mantém dentro dos limites de tolerância, para todos os efeitos ele *não* terá envenenado — independente de quanto material tóxico esteja de fato contido nos alimentos que ele produziu.

Se pudéssemos nos pôr de acordo a respeito do preceito, não de todo irrealista, de não nos envenenar *de modo algum*, não haveria qualquer problema. Tampouco seriam necessárias quaisquer "estipulações de teores máximos". O problema reside, portanto, no caráter de recuo, na dupla moral, na ambivalência de uma "estipulação de teores *máximos*". Já não é de questões éticas que se trata, mas de até onde se pode ir ao *infringir* uma das regras mais básicas da convivência — qual seja, não se envenenar mutuamente. Em última instância, trata-se de saber até onde envenenamento não é envenenamento e a partir de onde envenenamento passa a ser envenenamento. É sem dúvida uma questão importante — importante demais para ser deixada unicamente aos especialistas. Dela depende, não apenas em sentido figurado, a vida no planeta. Uma vez que se desça a escorregadia ladeira de um "envenenamento admissível", a questão de quanto envenenamento é "admissível" adquire a importância que outrora o jovem Hamlet — algo drástico — dera à escolha de "ser ou não ser". Isto se esconde na "estipulação de valores máximos" — um documento típico desta época. Não é isto, porém, que se discutirá aqui. Queremos lançar-nos ao terreno propriamente dito da definição de limites de tolerância e questionar sua lógica ou ilogia, ou seja, questionar se ela realmente é capaz de saber o que presume saber.

Se o envenenamento chega a ser admitido, é preciso uma estipulação de limites de tolerância. Mas, então, aquilo que *não* se encontra nela é ainda mais importante do que o que nela se encontra. Pois aquilo que não se encontra nela, sequer chega a ser abarcado por ela, *não é considerado tóxico* e pode *ser colocado em circulação livre* e *desenfreadamente*. O silêncio da estipulação de limites de tolerância, suas "manchas brancas", são suas asserções mais perigosas. Aquilo de que não fala é o que mais nos ameaça. Com a estipulação dos teores máximos, portanto, a *definição de pesticida*, junto com todas as "substâncias tóxicas não pesticidas" que em razão dela deixam de ser registradas, revelam-se indicações no caminho de um envenenamento de longo prazo do ser humano e da natureza. A disputa em torno de definições, por mais intra-acadêmica que ainda seja, tem mais ou menos consequências venenosas para todos.

Aquilo que não cabe numa ordenação conceitual, pois os fenômenos ainda não foram claramente abordados ou são ainda muito complexos, aquilo que atravessa o esquema conceitual, para o que ainda é preciso esperar por mais pesquisa — tudo isto acaba sendo abarcado pela pretensão definitória da estipulação e *absolvido da suspeita de toxicidade que adviria do fato de não haver sido mencionado*. A "estipulação de teores máximos" está, portanto, na base de uma altamente duvidosa e perigosa *falácia tecnocrática*: o que (ainda) não está registrado ou (ainda) não é registrável não é venenoso, ou formulado de outra maneira: em caso de dúvida, favor manter o veneno fora do alcance ameaçador do ser humano.

O acaso (!?) quis que a estipulação de teores máximos na Alemanha — também em comparação com outros países industriais — apresentasse *lacunas gigantescas*. Categorias inteiras de substâncias venenosas estão ausentes da lista, visto que não se trata de "pesticidas" no sentido legal. A atualização da lista de substâncias tóxicas segue claudicante, tanto em termos de conteúdo quanto temporais, no rastro da produção e do emprego de substâncias químicas. A autoridade ambiental americana há anos já advertiu para o perigo de superestimar os parâmetros de toxicidade *registrados*, especialmente se comparados às inúmeras substâncias químicas sobre cuja toxicidade se tem pouca clareza, cujas concentrações não podem ser medidas e cujos potenciais efeitos tóxicos nenhum regulamento pode mitigar. A referência aponta para os copiosos 4 milhões de fórmulas químicas cujo número aumenta continuamente. "Sabemos muito pouco sobre os possíveis efeitos dessas novas fórmulas sobre a saúde [...], mas basta o número [...], a diversidade de seus usos e os efeitos negativos que no caso de algumas delas já se fazem sentir, para que seja cada vez mais provável que substâncias químicas tóxicas se tenham tornado em nosso meio ambiente um significativo fator determinante da saúde e da expectativa de vida humana" (*Environmental Quality — 1975*, 6º relatório do CEQ, Washington, p. 326, citado em M. Jänicke, *Wie das Industriesystem von seinen Missständen profitiert*, p. 60).

Até que novas fórmulas cheguem a ser consideradas, passam-se em regra de três a quatro anos. Nesse meio-tempo, as substâncias potencialmente tóxicas podem, em todo caso, ser utilizadas livremente.

Essas lacunas do silêncio seguem adiante. Continua sendo um segredo dos arquitetos dos limites de tolerância de que modo afinal é possível *fixar limites de tolerância a substâncias específicas*. De acordo com uma concepção não de todo apanhada no ar, no que concerne aos limites de tolerância, estamos lidando com noções de tolerância *para o ser humano e a natureza*. Estas são, todavia, o *receptáculo* de todas as substâncias poluentes e tóxicas possíveis, presentes no ar, na água, no solo, na comida, nos móveis etc. Quem quiser realmente determinar tetos de tolerância, terá de contemplar esse *acúmulo*. Quem contudo fixa limites de tolerância com base em substâncias tóxicas isoladas, ou parte da suposição completamente equivocada de que a pessoa ingere apenas essa substância, ou então afasta da abordagem de seu raciocínio e de sua investigação a possibilidade de considerar limites de tolerância para *os seres humanos*. Quanto mais substâncias tóxicas forem postas em circulação, quanto mais limites de tolerância forem fixados em relação a substâncias isoladas e quanto mais complacentes forem as fixações desses valores, tanto *mais absurdo* se torna o feitiço todo do limite de tolerância, pois a ameaça tóxica global a que se submete a população se amplia — com a condição de que seja válida a equação simples segundo a qual o volume total de diferentes substâncias isoladamente venenosas signifique também um nível mais alto de envenenamento total.

De modo inteiramente análogo, pode-se argumentar também pela *interação* entre as substâncias tóxicas isoladas. De que ajuda saber que esta ou aquela substância tóxica, nesta ou naquela concentração, é ou não prejudicial, se ao mesmo tempo nada se souber sobre que reações são desencadeadas pela interação desses muitos resíduos tóxicos? É sabido na área médica, por exemplo, que interações podem reduzir ou reforçar o efeito de cada medicamento. Não é de todo infundado supor que algo semelhante ocorra também com os inumeráveis envenenamentos parciais admitidos pelos limites de tolerância. Sua estipulação tampouco oferece resposta para essa questão crucial.

Mas nenhuma das brechas lógicas nesse caso é casual, ao contrário, elas baseiam-se em problemas que se evidenciam sistematicamente a partir do momento em que nos situamos sobre o plano inclinado dos possíveis envenenamentos parciais. Pois soa insolente, senão cínico, definir limites de tolerância, por um lado, permitindo assim parcialmente o envenenamento, e por outro lado não dedicar qualquer esforço de pensamento a verificar que consequências acarreta o *acúmulo* das substâncias tóxicas em sua *interação*. Isto faz lembrar a história de uma quadrilha de envenenadores que, desmascarados, com ar inocente confrontavam o juiz com a demonstração aritmética de que, como cada um deles se manteve muito aquém do envenenamento parcial admitido pelo regulamento que estipulava os limites de tolerância, todos teriam de ser absolvidos!

Muitos dirão: belas demandas, só que não vingarão, e por uma questão de princípio. Temos apenas um conhecimento especializado de substâncias tóxicas isoladas. Um conhecimento que coxeia pateticamente no rastro da multiplicação industrial das fórmulas e substâncias químicas. Faltam-nos recursos humanos, capacidade de pesquisa e mais isto e mais aquilo. Mas sabemos então do que estamos falando? O que desse modo se oferece em termos de conhecimento sobre limites de tolerância não avança nem um pouquinho que seja. Continua sendo hipocrisia fixar limites de tolerância com base em substâncias tóxicas isoladas, se ao mesmo tempo se liberam milhares de substâncias nocivas, sobre cujas interações se silencia totalmente!

Se isso de fato não funciona de outra maneira, então o que se diz com isto na verdade não é nada menos que: o sistema de superespecialização profissional, juntamente com sua organização burocrática, *fracassa* diante dos riscos desencadeados pelo desenvolvimento industrial. Ainda que sirva ao desenvolvimento da produtividade, não serve à contenção dos perigos. Nas situações de ameaça civilizacional em que se encontram, as pessoas são pura e simplesmente intimidadas não por substâncias tóxicas isoladas, mas *integralmente*. Responder à pergunta que lhes é imposta, a respeito da ameaça *integral* que as aflige, com tabelas de limites de tolerância baseadas em substâncias isoladas equivale a zombar delas coletivamente, com efeitos tóxicos fatais, que já deixaram de ser apenas latentes. Pode ser que um erro tal pudesse ser cometido nos idos da crença generalizada no progresso. Mas insistir nele hoje, diante da difusão de protestos e estatísticas de doentes e mortos — e ainda ao abrigo legitimatório da "racionalidade científica dos limites de tolerância" —, excede em muito as dimensões de uma crise de crenças, exigindo que o procurador de justiça seja chamado.

Mas deixemos essas considerações de lado por ora. Consideremos a arquitetura científica de um limite de tolerância. Em termos puramente lógicos, é claro. Para ser breve: toda definição de limites de tolerância se apoia em *pelo menos* duas falácias, a saber:

Primeiro, *é um equívoco estender os resultados de um experimento com animais às reações dos seres humanos*. Tomemos o exemplo do veneno de Seveso, o TCCD (ver Umweltbundesamt, *Berichte*, 5/1985, assim como M. Urban, "Wie das Sevesogift wirkt", *Süddeutsche Zeitung*, 30/5/1985). Ele surge durante a produção de um grande número de produtos químicos, como por exemplo, conservantes de madeira, herbicidas e desinfetantes. Além disto, pode emanar como resíduo do processo de incineração do lixo, e em quantidade tanto maior quanto menor for a temperatura de incineração. Os efeitos cancerígenos do TCCD foram comprovados em duas espécies animais. A substância foi-lhes empurrada goela abaixo. Mas então a metódica pergunta-chave, saída da oficina do diabo: quanto disto o ser humano é capaz de suportar? Mesmo entre animais de pequeno porte, as reações foram *muito variadas*: porcos-da-índia, por exemplo, foram de *dez a vinte vezes* mais resistentes que os camundongos e de *3 mil a 5 mil vezes* mais sensíveis que os hamsters. Os resultados dos leões ainda não foram divulgados, em relação aos elefantes, os exames já estão sendo encaminhados...

Resta ainda por revelar o segredo dos malabaristas dos limites de tolerância, como é possível extrair de resultados assim a tolerância dos seres humanos a essa toxina. Admitamos que seja mesmo possível falar "do" ser humano. Lancemos todos, bebês, crianças, idosos, epiléticos, comerciantes, grávidas, próximos ou distantes, gente do subúrbio industrial, camponeses alpinos e berlinenses, no grande saco pardo "do" ser humano. Admitamos que o rato de laboratório reaja exatamente do mesmo modo que o rato de igreja. Ainda assim, resta a pergunta: como se chega de A a B, das extremamente inconstantes reações dos animais às reações humanas, inteiramente desconhecidas e que jamais serão passíveis de dedução a partir das reações dos outros animais?

Para resumir: somente seguindo o *modelo da loteria* — marcar os números e esperar. Como na loteria, cada um tem seu "método". Na loteria dos limites de tolerância, ele é chamado de "*fator de segurança*". No que consiste um "fator de segurança"? No que consiste um fator de segurança é algo que a "*práxis*" ensina (ver "Höchstmengen", *Natur*, 4/1985, pp. 46-51). Isto é: não basta marcar os números, é preciso também esperar. Mas isto é algo que já se podia saber de saída. Para isto não era necessário maltratar os animais. Para que se diga uma vez mais: com base nos resultados dos experimentos com animais, que de todo modo somente em circunstâncias *artificiais* são capazes de oferecer respostas a questões já *limitadas* e com frequência evidenciam oscilações extremas nas reações, apenas faculdades de *clarividência* seriam capazes de conduzir à "presumível" dose venenosa para "o" ser humano. Os construtores de limites de tolerância são videntes, possuem o "terceiro olho", são magos tardios da química industrial, trabalhando com a balbúrdia de séries experimentais e coeficientes. Tudo isto continua sendo, mesmo sob o mais bem-intencionado ponto de vista, uma forma bastante prolixa, verborrágica e recheada de números de dizer: tampouco temos a *mínima* ideia. Resta esperar. A práxis ensina. Chegamos assim ao segundo ponto.

Os limites de tolerância certamente desempenham a função de uma descontaminação *simbólica*. Ao mesmo tempo, são sedativos simbólicos contra as notícias que se acumulam a respeito de contaminações. Eles sinalizam que alguém pelo menos se esforça e toma conta. *Faticamente*, seu efeito é fazer com que o ponto a partir do qual se fazem experimentos com seres humanos seja um pouco adiado. Mas nenhum caminho passa ao largo disto: *somente quando a substância é colocada em circulação é que se pode descobrir que efeitos tem*. E é justamente aí que se encontra a segunda falácia, que a bem da verdade não é propriamente uma falácia, mas um escândalo:

O efeito *sobre* o ser humano em última medida só pode ser estudado de maneira confiável *com* o ser humano. Não queremos contudo discutir novamente sobre questões éticas, e sim debruçarmo-nos inteiramente sobre a lógica experimental. A substância é trazida até as pessoas por todos os caminhos imagináveis: ar, água, cadeias alimentares, cadeias de bens de consumo etc. E? Onde está a falácia? Justamente: nada ocorre. *O experimento que ocorre com o ser humano não ocorre*. Ou mais precisamente: ele ocorre na medida em que a substância é administrada às pessoas, como aos animais, em certa dosagem. Não ocorre no sentido em que as reações das pessoas sejam registradas e avaliadas. O tipo de efeito sobre os animais de laboratório não teve de fato qualquer valor preditivo para o ser humano, mas apesar disto ele foi cuidadosamente protocolado e cotejado. Por precaução, as reações no próprio ser humano sequer são levadas em consideração — a não ser que alguém se apresente e possa demonstrar que de fato *esta* toxina lhe é prejudicial! O experimento com o ser humano ocorre na verdade, mas justamente de forma invisível, *sem* controle científico sistemático, *sem* levantamento de dados, *sem* estatística, *sem* análise de correlações, sob o manto da *ignorância* dos afetados — e com o ônus da prova *invertido*, no caso de alguém acabar notando algo.

Não é que não se *possa* saber como o racionamento tóxico, isoladamente ou como resultado do acúmulo, atua no ser humano. Não se *deseja* saber! Isto é algo que as pessoas devem descobrir por conta própria! Organiza-se, por assim dizer, um experimento permanente, no qual a cobaia humana precisa, num movimento de autoajuda, coletar os dados a respeito de seus próprios sintomas de intoxicação e fazê-los valer *contra* a ranzinzice crítica dos especialistas. Mesmo as estatísticas já existentes sobre doenças, desmatamento etc. parecem obviamente não ser convincentes o bastante para os magos dos limites de tolerância.

Trata-se assim de um grande experimento permanente, com a participação compulsória da humanidade tomada involuntariamente como cobaia, sobre os efeitos de intoxicação que se acumulam em meio a ela, com o ônus da prova invertido e bastante dificultado, de modo que os argumentos nem precisam ser levados em conta *já que existem limites de tolerância que são respeitados*! Os limites de tolerância, que somente poderiam ser definidos com base nas reações das pessoas, são valorizados de modo a rechaçar os temores e enfermidades das cobaias humanas afetadas! E isto tudo em nome da "racionalidade científica"! Não que os acrobatas dos limites de tolerância não saibam qual seja o problema. Uma confissão de ignorância seria benfazeja. O fato de não saberem, mas fazerem de conta que sabem, é que é exasperador e perigoso, e o fato de ainda insistirem dogmaticamente em seu "conhecimento" sobre o que não é passível de ser conhecido, mesmo já tendo podido há tempos dar-se conta disto.

Racionalidade científica na virada

A emergência da consciência do risco na civilização industrial não é de fato uma página gloriosa na história das ciências (naturais). Emergiu a despeito da contínua negação científica e, como sempre, continua a ser reprimida; até o presente, a maioria dos cientistas se posiciona no lado oposto a ela. A ciência *converteu-se em gerenciadora de uma contaminação global do ser humano e da natureza*. Nesse sentido, não é exagero algum dizer que as ciências, em razão da maneira com que lidam com os riscos civilizacionais em muitos âmbitos, *desperdiçaram por ora seu crédito histórico em termos de racionalidade*. "Por ora", isto é: até que tenha percebido a origem de seus erros e déficits ao lidar com os riscos, aprendido com eles, a partir de uma postura autocrítica e efetiva em termos práticos, e assumido as consequências (ver a respeito Cap. 7, pp. 235 ss.).

O aumento de produtividade está casado com a filosofia de uma divisão do trabalho sempre mais filigranada. Os riscos, por sua vez, apresentam uma cobertura *abrangente*. Eles colocam aquilo que conteudística, espacial e temporalmente se encontra afastado em relação direta e ameaçadora. Eles passam pela peneira da superespecialização. Eles são aquilo que se encontra *entre* as especializações. A superação dos riscos exige uma visão geral, uma cooperação que atravesse todas as fronteiras cuidadosamente estabelecidas e mantidas. Os riscos passam *através* da diferença entre teoria e práxis, *através* das fronteiras funcionais e disciplinares, *através* das competências especializadas e das responsabilidades institucionais *através* da diferença entre valor e fato (e, portanto, da diferença entre ética e ciência natural), e *através* dos âmbitos, aparentemente diferenciados em termos institucionais, da política, do espaço público, da ciência e da economia. Nessa medida, os problemas sistêmico-teóricos e sistêmico-organizacionais fundamentais na sociedade de risco são a *des*diferenciação dos subsistemas e dos âmbitos funcionais, a *reintegração* dos especialistas e a *confluência* do trabalho de modo a conter os riscos.

Ao mesmo tempo, a produção irrefreada de riscos inevitavelmente carcome os modelos de *produtividade* sobre os quais se assenta a racionalidade científica.

"A política ambiental tradicional, fundamentalmente voltada ao combate de sintomas e a preocupações objetivas, não pode satisfazer no longo prazo *nem* a critérios ecológicos *nem* a critérios econômicos. De um ponto de vista ecológico, ela em última medida corre invariavelmente atrás dos processos produtivos prejudiciais ao meio ambiente que se antecipam a ela; de um ponto de vista econômico, surge o problema de custos crescentes de reabilitação, com o simultâneo recuo dos sucessos ecológicos. Quais são as razões dessa dupla ineficiência?

Uma razão decisiva poderia provavelmente ser encontrada no fato de que a política ambiental tradicional é implementada ao final do processo produtivo, e não no início, quer dizer, no momento em que se selecionam as tecnologias, as instalações, as matérias-primas, os insumos e os combustíveis dos produtos a serem produzidos [...] Trata-se, nesse caso, de uma reparação a posteriori dos danos ao meio ambiente, pelo emprego de tecnologias de tratamento secundário: é em associação com a tecnologia nociva ao meio ambiente disponível que se pretende evitar, até uma certa medida, uma propagação no meio ambiente das substâncias poluentes e residuais que são produzidas; por meio da introdução de tecnologias de descarga no final do processo produtivo, emissões potenciais são retidas na fábrica e armazenadas sob uma forma concentrada. Exemplos típicos disto são os equipamentos de filtragem que retêm os poluentes antes de sua entrada na atmosfera, como, por exemplo, os equipamentos de dessulfurização e desnitrogenação, ou ainda os equipamentos de tratamento do lixo e do esgoto, mas também a tecnologia de catalisadores, intensamente discutida atualmente. [...]

Contudo, é certo que em (praticamente) todos os âmbitos da proteção ao meio ambiente os custos de purificação (no sentido de custos de retenção e armazenamento de substâncias poluentes) crescem *desproporcionalmente* conforme *aumentam* os níveis de purificação — algo que atinge também os procedimentos produtivos que envolvem a reciclagem. E isto quer dizer: do ponto de vista da economia como um todo, para que tenha continuidade o crescimento econômico e para que seja assegurado um determinado nível de emissão *sem* uma reestruturação de base da estrutura produtiva e tecnológica, é preciso que uma parcela sempre crescente dos recursos econômicos nacionais seja canalizada, passando então a não mais estar disponível para fins de consumo. Reside aí o perigo de um desenvolvimento do sistema industrial que, no cômputo geral, é contraproducente" (C. Leipert, U. E. Simonis, *Arbeit und Umwelt: Forschungsbericht*, Berlim, 1985).

As ciências tecnológicas estão cada vez mais claramente diante de uma *virada histórica*: ou bem elas continuam trabalhando e pensando ao longo das veredas já trilhadas no século XIX, confundindo assim as situações problemáticas da sociedade de risco com as da sociedade industrial, ou então enfrentam o desafio de uma genuína e preventiva supressão do risco. Para tanto, elas precisam rever e alterar suas próprias concepções de racionalidade, cognição e práxis, assim como as estruturas institucionais nas quais essas concepções são aplicadas (ver a respeito Cap. 7).

3. A consciência pública do risco: inexperiência de segunda mão

Para a consciência civilizacional crítica da ciência, vale o inverso: aquilo contra o que se argumenta, aquilo em que, em última instância, se sustenta, a partir do que se obtém a própria justificação: a racionalidade científica. Antes do que se espera, acaba-se esbarrando na dura lei: enquanto os riscos não forem cientificamente reconhecidos, *eles não "existem"* — em todo caso, não em termos jurídicos, medicinais, tecnológicos e sociais, não sendo portanto evitados, manejados, corrigidos. Contra isto, nenhum lamento ou ranger de dentes coletivo ajuda. Somente a ciência. O monopólio de verdade do juízo científico obriga assim que os próprios afetados façam uso de todos os meios e métodos da análise científica para implementar suas demandas. E obriga ademais que eles ao mesmo tempo os *modifiquem*. A desmistificação da racionalidade científica por eles promovida adquire, nesse sentido, justamente para os críticos do industrialismo, um significado altamente ambivalente: por um lado, o abrandamento das pretensões cognitivas da ciência é necessário para que se abra espaço para a apresentação do próprio ponto de vista. Passa-se a conhecer ao longo de argumentações científicas e a manejar a chave que comanda as mudanças de trilhos e que encaminha o trem ora na direção da desconsideração, ora na direção da consideração dos riscos. Por outro lado, cresce com as incertezas do juízo científico a zona de penumbra das suposições de risco não reconhecidas. Se, de todo modo, é impossível definir inequívoca e peremptoriamente relações causais, se a ciência é somente um equívoco camuflado até segunda ordem, se "vale tudo", com base em que é que se suprime o direito de "acreditar" em certos riscos e não em outros? É, portanto, justamente a crise da autoridade científica que pode favorecer uma *atomização generalizada dos riscos*. A crítica da ciência também é *contra*producente em relação ao reconhecimento dos riscos.

Como consequência, a consciência do risco por parte dos afetados, que se exprime de variadas formas no movimento ambientalista, na crítica à indústria, aos especialistas e à civilização, é no mais das vezes ambas as coisas: *crítica e crédula* em relação à ciência. Um sólido pano de fundo em termos de credulidade na ciência faz parte do paradoxal aparato básico da crítica da modernização. Assim, a consciência do risco não é nem tradicional e nem laica, e sim uma consciência no fundo determinada e orientada cientificamente. Pois: para que se possa chegar a perceber riscos como riscos e convertê-los em referenciais para o próprio pensamento e ação, é preciso que relações causais, por definição invisíveis, estabelecidas entre circunstâncias no mais das vezes distantes entre si em termos objetivos, temporais e espaciais, assim como projeções menos especulativas, sejam tornadas *críveis* e *imunes* justamente em relação a objeções que sempre podem ser interpostas. Isto implica dizer, porém: o invisível, ou mais: aquilo que por definição escapa à percepção, aquilo que apenas teoricamente é agregado e calculado *passa a integrar na consciência da crise civilizacional o repertório incontroverso do pensamento, da percepção e da experiência pessoal*. A "lógica experiencial" do pensamento cotidiano é simultaneamente invertida. Já não se induzem juízos gerais a partir das próprias experiências, mas, ao contrário, é o conhecimento geral independente da própria experiência que se torna a base determinante da experiência pessoal. Fórmulas e reações químicas, invisíveis concentrações de poluentes, ciclos biológicos e reações em cadeia precisam dominar a visão e o pensamento para engrossar as barricadas contra os riscos. Nesse sentido, a consciência do risco não consiste mais em "experiências de segunda mão", e sim em "*in*experiências de segunda mão". E até mais: em última instância, *ninguém* é capaz de conhecer os riscos, enquanto conhecer quiser dizer tê-los deliberadamente experimentado.

Uma era especulativa

Esse traço teórico fundamental da consciência do risco tem um significado *antropológico*: as ameaças da civilização fazem surgir uma espécie de novo "reino das trevas", comparável com os deuses e demônios da Antiguidade, que se ocultavam por trás do mundo visível e ameaçavam a vida humana no planeta. Hoje em dia, não nos comunicamos mais com os "espíritos" que se escondem nas coisas, mas nos vemos expostos a "irradiações", ingerimos "teores tóxicos" e somos perseguidos até nos sonhos pelos temores de um "holocausto nuclear". Em vez de uma interpretação antropomórfica da natureza e do meio ambiente, temos uma consciência do risco civilizacional com sua causalidade latente — imperceptível e ainda assim presente por toda a parte. Por trás das fachadas inofensivas se escondem agentes químicos perigosos e hostis. Tudo deve ser visto uma segunda vez, e somente na segunda vez é que pode ser corretamente compreendido e julgado. O mundo das coisas visíveis precisa ser questionado, relativizado e avaliado em termos de uma realidade presumida, mas também de uma segunda realidade, oculta. Os critérios da avaliação encontram-se nesta última, e não na que é propriamente visível. Quem simplesmente utiliza as coisas, tomando-as como elas se lhe apresentam, tão somente respirando, comendo, sem se perguntar sobre a realidade tóxica oculta, é não apenas ingênuo, mas ignora as ameaças que o assolam, expondo-se, assim, imprecavido, a elas. A tranquilidade, o prazer imediato e a existência pura e simples foram interrompidos. Por toda a parte riem-se dissimuladamente as substâncias poluentes e tóxicas, aprontando suas malvadezas como os demônios da Idade Média. As pessoas estão quase irremediavelmente entregues a elas. Respirar, comer, morar, vestir — tudo foi transfixado por elas. Fugir para longe ajuda no fim das contas tão pouco quanto comer granola. Aonde quer que se chegue, elas estarão esperando, da mesma forma como se escondem dentro dos grãos. Elas invariavelmente — como o ouriço na corrida com a lebre — já chegaram lá. Sua invisibilidade não é prova alguma de sua inexistência, muito pelo contrário — visto que é em todo caso na esfera do invisível que sua realidade tem lugar —, garante à sua malvadeza um espaço praticamente ilimitado.

Assim, com a consciência do risco, crítica em relação à civilização, sobe ao palco da história mundial uma consciência teoricamente definida da realidade que incide em todos os âmbitos do cotidiano. Como o olhar do exorcista, também o olhar dos modernos, toxicamente flagelados, está dirigido ao invisível. Com a sociedade do risco, portanto, irrompe uma era *especulativa* da percepção e do pensamento cotidianos. Sempre houve disputas em torno de interpretações concorrentes da realidade. Nesses casos, a realidade foi progressivamente buscada em interpretações teóricas ao longo do desenvolvimento da filosofia e da teoria da ciência. Hoje, no entanto, acontece algo distinto. Na alegoria da caverna de *Platão*, o mundo visível se converte numa mera sombra, projeção de uma verdade que por definição escapa a nossas faculdades cognitivas humanas. O mundo visível é, dessa forma, globalmente depreciado, sem que contudo seja abandonado como referencial. Algo semelhante vale também para a visão de *Kant* de que "as coisas em si", *por definição*, escapam ao nosso conhecimento. Isto se dirige contra o "realismo ingênuo" que duplica a própria percepção como "mundo em si". Mas isto em nada altera o fato de que o mundo se nos apresenta desta ou daquela forma. A maçã que seguro em minha mão, ainda que seja apenas uma coisa *para mim*, nem por isto deixa de ser avermelhada, arredondada, contaminada, suculenta etc.

Somente com o passo dado na direção da consciência de risco civilizacional é que pensamento e representação cotidianos *se libertam das ancoragens no mundo das coisas visíveis*. Na disputa em torno dos riscos da modernização, o que está em jogo já não é o estatuto teórico-cognitivo daquilo que se nos revela à percepção. O que de fato tem seu teor de realidade disputado é antes de mais nada aquilo que a consciência prosaica *não* vê, *não é capaz de perceber*: a radioatividade, os poluentes, as ameaças ao futuro. Com essa estrutura teórica carente de experiência própria, a discussão a respeito dos riscos civilizacionais jamais deixa de se mover sobre o fio da navalha, ameaçando converter-se numa espécie de "*magia negra moderna*", com os instrumentos da análise (anti)científica:

O papel dos espíritos é assumido pelas invisíveis, porém ubíquas, substâncias poluentes e tóxicas. Todos acabam tendo suas relações de hostilidade com substâncias especial e diabolicamente tóxicas, seus rituais de esconjuro, fórmulas de evocação, humores, premonições e certezas. *Uma vez abertas as portas ao invisível, em breve já não haverá somente os espíritos poluentes a definir o pensamento e a vida das pessoas.* Tudo isto pode ser contestado, polarizado e aglutinado. Novas comunidades e anticomunidades acabam emergindo, cujas perspectivas, normas e premissas se agrupam em torno de um núcleo de ameaças invisíveis.

Solidariedade das coisas vivas

Seu núcleo é o *medo*: que tipo de medo? De que maneira o medo pode catalisar a formação de grupos? Em que visão de mundo se apoia? A sensibilidade, a moral, a racionalidade e a responsabilidade, que são em parte violadas e em parte cultivadas na conscientização da suscetibilidade ao risco, já não se fazem depreender, como na sociedade burguesa e industrial, a partir do entrelaçamento de interesses *do mercado*. O que se articula nesse caso não são interesses privados, orientados pela concorrência e juramentados pela "mão invisível" do mercado (Adam Smith) como a garantia do bem comum de todos. Esse pavor e suas formas de manifestação não se apoiam em qualquer cálculo de utilidade. Demasiado conveniente, demasiado precipitado se pretendêssemos enxergar também nele um interesse autoconstitutivo da razão por mais razão, um interesse que se articularia de uma forma nova e direta nas violações às bases naturais e humanas da vida.

Na consciência generalizada da suscetibilidade, que se manifesta social e politicamente de forma bastante abrangente no movimento ambientalista e pacifista, mas também na crítica ecológica ao sistema industrial, há também outros estratos de experiência que vêm à tona: quando árvores são derrubadas e espécies animais extintas, as *próprias* pessoas se sentem de certa forma afetadas, "feridas". As ameaças à vida no desenvolvimento civilizatório revolvem comunhões de experiência da vida orgânica, que vinculam as necessidades vitais do ser humano às das plantas e animais. Com a morte das florestas, o ser humano percebe-se a si mesmo como "ser natural com pretensão moral", como coisa móvel e frágil em meio a outras coisas, como parcela natural de um *todo* natural ameaçado, pelo qual ele é responsável. Acabam sendo feridos e despertados níveis de uma *consciência natural do ser humano*, que solapam e impugnam o dualismo de corpo e espírito, natureza e humanidade. Na ameaça, o ser humano percebe que respira como as plantas e que vive *da* água como os peixes *na* água. A ameaça de contaminação faz com que sinta que, com seu corpo, faz parte das coisas — um "processo metabólico com consciência e moral" — e, consequentemente, pode acabar erodindo sob a chuva ácida, como as pedras e árvores. Uma comunhão entre a Terra, as plantas, os animais e os seres humanos se torna perceptível, uma "*solidariedade das coisas vivas*", que envolve tudo e a todos igualmente na mesma ameaça (ver R. Schütz, 1984).

A "sociedade do bode expiatório"

A suscetibilidade à ameaça não precisa necessariamente desembocar na conscientização da ameaça, podendo provocar também o inverso: *negação movida pelo medo*. Nessa possibilidade de supressão da própria suscetibilidade à ameaça, diferenciam-se e entrecruzam-se distribuição de riqueza e de riscos: a fome não pode ser saciada por meio da negação, já os perigos podem sempre ser desinterpretados (enquanto não se concretizarem). Na experiência da miséria material, suscetibilidades reais e vivência e sofrimento subjetivos são indissolúveis. O mesmo não acontece com os riscos. Típico deles é o contrário, que precisamente a suscetibilidade *possa induzir* a inconsciência: juntamente com a dimensão do perigo, cresce a probabilidade de sua negação e minimização.

Sempre há boas razões para tanto. Os riscos certamente surgem por meio do conhecimento, podendo ser, portanto, por meio do conhecimento, reduzidos, ampliados ou simplesmente removidos do painel da consciência. Aquilo que o alimento é para a fome, é para a consciência do risco a superação dos riscos *ou sua desinterpretação*. Na medida em que aquela não seja (pessoalmente) possível, esta ganha em importância. O processo de conscientização dos riscos é, portanto, invariavelmente *reversível*. A épocas e gerações perturbadas e conturbadas podem-se seguir outras, para as quais o medo se torne, domesticado por meio de interpretações, parte integrante de seu pensamento e vivência. Nesse caso, as ameaças são mantidas na jaula cognitiva de sua (sempre lábil) "inexistência", sendo nessa medida até mesmo possível se divertir, com a razão outorgada pela posteridade, sobre o porquê de os "velhos" terem se preocupado tanto. A ameaça representada pelas armas nucleares, com um poder destrutivo inimaginável, não se altera. Sua percepção é que oscila radicalmente. Décadas a fio isto significou: "viver com a bomba". Então ela volta a levar milhões de pessoas às ruas. Inquietação e tranquilização podem ter *a mesma causa*: a *inimaginabilidade* de um perigo com o qual, contudo, é preciso viver.

Diferente do que acontece com a fome e a miséria, no caso dos riscos é mais fácil recorrer à possibilidade de *desvios interpretativos* das incertezas e temores provocados. Aquilo que aqui foi gerado não precisa ser necessariamente superado aqui, pode ser desviado para lá ou então para acolá e procurar e encontrar os locais, objetos e sujeitos simbólicos de sua superação do medo. Na consciência do risco, pensamento *deslocado*, ação *deslocada* e conflitos sociais *deslocados* são possíveis e demandados com particular leveza. A sociedade de risco envolve assim, justamente com a ampliação dos perigos e a simultânea inércia política, uma tendência imanente à "sociedade do *bode expiatório*": subitamente deixam de ser as ameaças e passam a ser aqueles que as revelam os que provocam a inquietação generalizada. A riqueza visível não é sempre confrontada por riscos invisíveis? Tudo isto não passa de uma *quimera intelectual*, um porta-lembretes dos alarmistas intelectuais e dos dramaturgos do risco? Não são os espiões da Alemanha Oriental, os comunistas, os judeus, os árabes, as mulheres, os homens, os turcos, os imigrantes, que em última instância estão por trás disto? É justamente a inabarcabilidade e o desamparo diante das ameaças que, com sua ampliação, favorecem *reações e correntes políticas radicais e fanáticas*, que transformam os estereótipos sociais e os grupos por eles atingidos em verdadeiros "para-raios" para as ameaças que se mantêm invisíveis, inacessíveis à ação.

O trato com a incerteza: uma qualificação biográfica e política decisiva

Para sobreviver na velha sociedade industrial, é essencial a capacidade das pessoas de combater a carência material e evitar o descenso social. Nela, o pensamento e a ação orientam-se pela meta coletiva da "solidariedade de classe", tanto quanto pelas metas individuais da trajetória educacional e do planejamento de carreira. Na sociedade de risco, outras capacidades suplementares tornam-se cruciais para a sobrevivência. Nela, adquire peso decisivo a *capacidade de antecipar perigos, de suportá-los, de lidar com eles em termos biográficos e políticos*. Em lugar de medo do descenso, consciência de classe ou esforços de ascensão, com os quais aprendemos mais ou menos a lidar, entram em cena as questões básicas: como podemos lidar com os destinos ameaçadores que nos são *atribuídos* e com os temores e incertezas que os acompanham? Como podemos superar o medo, se não podemos superar as causas do medo? Como podemos viver sobre o vulcão civilizatório, sem que o ignoremos deliberadamente, mas também sem que os temores — e não apenas pelos vapores que ele expele — nos asfixiem?

Têm perdido importância as formas tradicionais e institucionais de supressão do medo e da insegurança no interior da família, no casamento, nos papéis de gênero, na consciência de classe e nas instituições e partidos políticos nela apoiados. Na mesma medida, sua superação passa a ser exigida dos sujeitos. A partir dessas exigências crescentes de *auto*processamento da insegurança, poderão também emergir, cedo ou tarde, novas demandas dirigidas às instituições sociais, em termos de educação, terapia e política (ver a respeito Segunda Parte). Na sociedade de risco, saber lidar de tal modo biográfico e político com o medo e a insegurança se convertem numa *qualificação civilizacional decisiva*, fazendo com que o aperfeiçoamento das capacidades correspondentes se tornem uma atribuição básica das instituições pedagógicas.

4. A dinâmica política dos riscos da modernização reconhecidos

O desflorestamento fez com que os primeiros indícios se tornassem visíveis: a partir do momento em que os riscos da modernização tenham passado com sucesso pelo processo social de seu (re)conhecimento, *altera-se a ordem mundial* — mesmo que inicialmente pouco tenha ocorrido em termos de ação. As prateleiras das competências especializadas despencam. O espaço público passa a assumir o controle dos detalhes técnicos. Empresas que, em bons termos com a economia de mercado, foram por muito tempo afagadas por suas boas ações no pagamento de impostos e seu amor ao próximo na geração de empregos, veem-se subitamente no banco dos réus, ou mais precisamente: atadas ao pelourinho e confrontadas com inquéritos semelhantes aos que teriam sido usados antigamente para maltratar envenenadores capturados em flagrante delito.

Se fosse apenas disso que se tratasse. Na verdade, porém, mercados entram em colapso, custos transbordam, proibições e processos judiciais fazem-se iminentes, surgem exigências de renovação completa do sistema técnico-produtivo — e os eleitores fogem, ninguém sabe para onde. Onde ainda há pouco havia confiança mútua — nos detalhes técnicos, econômicos e jurídicos —, todos passam a dar seus palpites, e afinal não com máximas similares ou análogas, e sim a partir de um sistema referencial totalmente distinto: os pormenores econômicos e tecnológicos são colocados sob a luz de uma *nova moral ecológica*. Quem declarou guerra aos poluentes precisará passar as empresas pelo pente fino ecológico-moral. Antes de mais nada, os que controlam as empresas, ou melhor: os que as deveriam controlar. E em seguida aqueles que lucram com os erros que sistematicamente ocorrem nesses casos.

Quando os riscos da modernização são "reconhecidos" — e isto quer dizer muito, não apenas o conhecimento a respeito deles, mas o conhecimento *coletivo* a respeito deles, a crença neles e a exposição política das cadeias de causas e efeitos com eles associadas —, eles desenvolvem uma dinâmica política sem precedentes. Eles perdem tudo: sua latência, sua apaziguante "estrutura de efeito colateral", sua inescapabilidade. Repentinamente, os problemas estão ali sem justificativa e como pura e explosiva instigação à ação. Saindo de trás das condições e constrições objetivas, apresentam-se as pessoas. *Causas* convertem-se em *autores* e oferecem explicações. "Efeitos colaterais" pedem a palavra, organizam-se, vão aos tribunais, exercem influência e não se deixam mais enganar. Como já foi dito: o mundo mudou.

Aquilo que entra em movimento nesse caso deve evidentemente ser evitado com a defesa do reconhecimento. Isto lança uma vez mais uma luz característica sobre aquilo que de fato está em jogo no processo de reconhecimento de riscos da modernização. Fundamentais, porém, não são, ou melhor, não são apenas os efeitos sobre a saúde, sobre a vida das plantas, dos animais e seres humanos, mas *os efeitos colaterais sociais, econômicos e políticos desses efeitos colaterais*: colapso de mercados, desvalorização do capital, desapropriações furtivas, novas responsabilidades, transferência de mercados, constrições políticas, controle de decisões empresariais, reconhecimento de demandas indenizatórias, custos gigantescos, processos judiciais, perda de prestígio.

Os efeitos ecológicos e sanitários podem ser tão hipotéticos, tão justificados, tão menosprezados ou tão dramatizados quanto bem quiserem. Quando se *acredita* neles, passam a ter as consequências sociais, econômicas, políticas e jurídicas mencionadas. Também é possível formular isto da seguinte forma: se as pessoas vivenciam os riscos como algo real, *eles são reais*. Se eles são, contudo, reais nesse sentido, eles reviram a estrutura de competências sociais, políticas e econômicas. Com o reconhecimento de riscos da modernização, forma-se portanto, sob a pressão de perigos crescentes, uma peculiar carga de dinamite política. Àquilo que ainda ontem era possível aplicam-se hoje fronteiras repentinas: quem hoje em dia ainda quiser menosprezar o desflorestamento terá de enfrentar a acusação pública de cinismo. "Ônus aceitáveis" convertem-se em "inaceitáveis fontes de perigos". Aquilo que há pouco se encontrava muito além das possibilidades de acesso político, entra no raio de ação da política. Revela-se a *relatividade* dos limites de tolerância e das *variáveis politicamente inacessíveis*. A importância relativa e as fronteiras do político e do apolítico, do necessário e do possível, do predeterminado e do maleável são redefinidas. Sólidas "constantes" técnico-econômicas — como as emissões de poluentes, a "irrenunciabilidade" da energia nuclear — são refundidas em maleáveis variáveis políticas.

Mas já não é unicamente o instrumentário consolidado da política que está em jogo — o controle do mercado pela política econômica, a redistribuição de renda, as garantias sociais —, mas também *o apolítico* — a supressão das causas das ameaças no próprio processo de modernização — *torna-se político*. Questões que se encontram em território soberano do gerenciamento empresarial: detalhes da configuração do produto, dos processos produtivos, modalidades de energia e de tratamento de resíduos deixaram de ser somente questões relacionadas ao gerenciamento empresarial, convertendo-se ademais em *"vespeiro" da política governamental*, capaz de concorrer na mente dos eleitores até mesmo com os problemas do desemprego em massa. Com a ameaça, dissolvem-se as antigas urgências, e paralelamente amplia-se a *política dirigista do estado de exceção*, que da circunstância iminente extrai suas ampliadas competências e possibilidades de intervenção. A partir do momento em que o perigo se converte em normalidade, ela assume uma forma firmemente institucionalizada. Desse modo, os riscos da modernização acabam preparando o campo para uma parcial *redistribuição do poder* — em parte com a manutenção das competências formais e em parte com seu rearranjo explícito.

Quanto mais enfática for a ampliação dos perigos no processo de modernização, quanto mais conspícua for a ameaça aos valores básicos do público geral e quanto mais evidente isto passar a ser na consciência de todos, tanto mais profundamente é abalada, na relação entre economia, política e esfera pública, a estrutura funcional de poder e de competências baseada na divisão do trabalho, e é tanto mais provável que, sob a égide do perigo iminente, responsabilidades sejam redefinidas, competências de atuação centralizadas e todos os pormenores do processo de modernização cobertos por controles e planejamentos burocráticos. Sob a forma de *impacto*, consuma-se, no reconhecimento dos riscos da modernização e com a ampliação dos perigos neles contidos, *uma certa medida de mudança sistêmica*. Isto ocorre, porém, não abertamente, mas sob a forma de uma "revolução *silenciosa*", como consequência da mudança de consciência de *todos*, como subversão *sem* sujeito, sem substituição das elites e com a manutenção da velha ordem.

No desenfreado desenvolvimento civilizatório, são simultaneamente *designadas* situações semirrevolucionárias. Elas surgem como "*destino* civilizacional", outorgado pela modernização, e em consequência, por um lado sob o manto da *normalidade* e, por outro, com o *penhor de catástrofes*, perfeitamente capaz, por conta da ampliação dos perigos, de igualar e ultrapassar o raio constitutivo de uma revolução. A sociedade de risco não é, portanto, um sociedade revolucionária, mas mais do que isto: uma sociedade *catastrofal*. Nela, o *estado de exceção ameaça converter-se em normalidade*.

Sabemos demasiado bem, com base na história alemã deste século, que a catástrofe presente ou iminente não é uma mentora em assuntos relacionados à democracia. Quão ambivalente e volátil é o explosivo resultante fica involuntariamente evidente, por exemplo, já no laudo dos "sábios do meio ambiente". A urgência dos perigos ambientais descritos, no que diz respeito à vida de plantas, animais e seres humanos, "legitima" os autores, com a boa consciência da moral ecológica, a recorrer a uma linguagem na qual pululam expressões como "controle", "sanção oficial" e "monitoramento governamental". Tipicamente, em função da gravidade dos danos ambientais, são arrogados mecanismos e direitos gradativamente abrangentes de intervenção, planejamento e controle (p. 45). Fala-se ali de uma "expansão do sistema de informação e monitoramento da 'agricultura'" (p. 45). São destacados os desafios de um "abrangente planejamento paisagístico", com "mapeamentos de biótopos" e "programas de proteção de áreas", apoiados em "inventários cientificamente acurados e com precisão ajustada ao nível do lote de terra" e "a serem implementados a despeito de demandas de uso concorrentes" (pp. 48 ss.). O conselho recomenda, para a implementação de sua política de "restauração" (p. 51), "despojar as áreas mais importantes [...] inteiramente do interesse de cultivo em seus domínios" (p. 49). Os agricultores devem ser "financeiramente [...] induzidos ao abandono de determinadas práticas ou à adoção de medidas impositivas de precaução" (p. 49). Fala-se da concessão de "licenças de fertilização", "compulsoriedade de planos de fertilização, estipulando concretamente o tipo, a extensão e a data da inspeção" (p. 53). Essa "fertilização planificada" (p. 59), como outras "medidas de proteção", exige um sistema diferenciado de "monitoramento ambiental", que precisa ser aplicado no nível da unidade produtiva, assim como nos níveis regional e suprarregional (p. 61), e que "exige um ajuste e uma ampliação dos parâmetros jurídicos" (p. 64). Em resumo, esboça-se o panorama de um *autoritarismo científico-burocrático*.

O camponês, que por séculos foi considerado membro do "estamento nutridor", que fazia "frutificar" o solo, de quem dependiam a vida e a sobrevivência de todos, começa a ter sua imagem revertida. A agricultura transforma-se, nessa perspectiva, em estação de transbordo para venenos que ameaçam a vida de plantas, animais e seres humanos. Para escapar dos perigos iminentes no alto nível de produtividade agrícola alcançado, exigem-se, sob os auspícios da ciência, a desapropriação e/ou planejamentos e controles que governam até os mínimos detalhes. Não apenas essas exigências em si (tampouco a naturalidade com que são anunciadas) são o mais impressionante, mas o fato de que elas *habitam a lógica da defesa diante do perigo* e que não seria tão simples, em face dos perigos que se anunciam, indicar *alternativas políticas* que realmente evitassem aquilo que tem de ser evitado sob a ditadura do perigo.

Justamente com a ampliação dos perigos surgem na sociedade de risco *desafios inteiramente novos à democracia*. A sociedade de risco abarca uma tendência a um *totalitarismo "legítimo" da defesa diante do perigo*, que, com a incumbência de evitar o pior, acaba provocando, como todos sabem ser praxe, algo ainda pior. Os "efeitos colaterais" políticos dos "efeitos colaterais" civilizacionais ameaçam o sistema político-democrático em seu domínio. Ele vê-se confrontado com o desagradável dilema de ou bem fracassar diante de perigos produzidos sistematicamente ou então revogar, por meio de "esteios" autoritários derivados do poder de polícia do Estado, princípios básicos da democracia. Romper com esse dilema é uma das tarefas cruciais do pensamento e ação democráticos, tendo em vista o atual futuro da sociedade de risco (ver a respeito Cap. 8, pp. 275 ss.).

5. Perspectiva: natureza e sociedade no fim do século XX

Com a degradação industrialmente forçada das bases ecológicas e naturais da vida, desencadeia-se uma dinâmica evolutiva social e política sem precedentes históricos, até agora totalmente incompreendida, e que também acaba impondo com sua tenacidade uma reconsideração da relação entre natureza e sociedade. Essa tese exige uma sinóptica elucidação teórica. À guisa de conclusão e de uma perspectiva panorâmica, alguns indicadores do caminho e sinais de advertência ainda devem, com a ousadia da precariedade, ser apresentados aqui.

As considerações precedentes indicam em seu conjunto: *o fim da contraposição entre natureza e sociedade*. Isto é: a natureza não pode mais ser concebida *sem* a sociedade, a sociedade não mais *sem* a natureza. As teorias sociais do século XIX (e também suas modificações no século XX) conceberam a natureza como algo essencialmente predeterminado, designado, a ser subjugado; assim, porém, sempre como algo contraposto, estranho, *a*ssocial. O próprio processo de industrialização refutou estas suposições, ao mesmo tempo em que as tornou *historicamente falsas*. No final do século XX, a "natureza" *nem* é predeterminada e *nem* designada, tendo-se transformado em produto social e, sob as condições naturais de sua reprodução, na combalida ou ameaçada estrutura *interna* do universo civilizatório. Todavia, isto implica dizer: destruições da natureza, integradas à circulação universal da produção industrial, deixam de ser "meras" destruições da natureza e passam a ser elemento constitutivo da dinâmica social, econômica e política. O imprevisto efeito colateral da socialização da natureza é a *socialização das destruições e ameaças incidentes sobre a natureza*, sua transformação em contradições e conflitos econômicos, sociais e políticos: danos às condições naturais da vida convertem-se em ameaças globais para as pessoas, em termos medicinais, sociais e econômicos — com desafios inteiramente novos para as instituições sociais e políticas da altamente industrializada sociedade global.

É precisamente essa transformação de ameaças civilizacionais à natureza em ameaças sociais, econômicas e políticas sistêmicas que representa o real desafio do presente e do futuro, o que justifica o conceito de sociedade de risco. Enquanto o conceito da sociedade industrial clássica se apoiava na contraposição entre natureza e sociedade (no sentido do século XIX), com o conceito da sociedade (industrial) de risco parte-se da "natureza" integrada à civilização, ao mesmo tempo em que se acompanha, passando por todos os subsistemas sociais, a metamorfose das violações sofridas. No que consiste a "violação" nesse caso é algo sujeito aos termos da natureza secundária, industrializada, e — como vimos — às definições científicas, anticientíficas e sociais. Essa controvérsia foi retraçada aqui seguindo os passos do surgimento e da conscientização dos *riscos da modernização*. Ou seja: os "riscos da modernização" são o arranjo conceitual, o enquadramento categorial no qual violações e destruições da natureza inerentes à civilização são socialmente concebidas, com base no qual são tomadas decisões a respeito de sua validade e urgência e definida a modalidade de sua eliminação e/ou de seu manejo. Eles são a "moral secundária" cientificizada, por referência à qual as violações à natureza-que-deixou-de-ser, consumida industrialmente, são socialmente negociadas "de forma legítima", isto é, com a pretensão de ser uma reparação ativa.

A consequência central: a sociedade, com todos os seus subsistemas, economia, política, família, cultura, justamente na modernidade tardia, deixa de ser concebível como "autônoma em relação à natureza". Problemas ambientais *não* são problemas do meio *ambiente*, mas problemas completamente — na origem e nos resultados — *sociais*, *problemas do ser humano*, de sua história, de suas condições de vida, de sua relação com o mundo e com a realidade, de sua constituição econômica, cultural e política. A "natureza interior" do universo civilizatório, industrialmente transformada, precisa ser claramente concebida como um típico meio *não* ambiente, como meio *interno*, que *capitula* diante de todas as nossas cultivadas possibilidades de distanciamento e exclusão. No final do século XX, vale dizer: natureza *é* sociedade, sociedade (também) é "*natureza*". Quem quer que hoje em dia fale da natureza como negação da sociedade, discorre em categorias de um outro século, incapazes de abarcar nossa realidade.

Por toda a parte temos de lidar hoje em dia com um alto grau de incidência do produto artificial natureza, com uma "natureza" artificial. Nela, nenhum fio de cabelo, nenhuma migalha mais é "natural", se "natural" significar o deixado-por-conta-própria da natureza. Mesmo os cientistas naturais deixam de se confrontar apenas em termos científicos com o artefato "natureza", que lhes cabe investigar com tenacidade científica e profissional. Naquilo que fazem e descobrem, são *executores* da pretensão socialmente generalizada de submissão da natureza. Ao se debruçarem sobre sua matéria, por conta própria ou em amplos laboratórios de pesquisa, todos espiam de certa forma por cima de seus ombros. Ao moverem suas mãos, são as mãos de uma instituição e, portanto, em certa medida as mãos de todos nós. E aquilo que, nesse caso, é transformado enquanto "natureza", é algo interno, extraído no processo civilizatório a partir da "natureza secundária" e, portanto, em todos os sentidos carregada e sobrecarregada com muito pouco em termos de funções e sentidos sistêmicos "naturais": sob tais condições, o que quer que os cientistas façam, meçam, questionem, admitam, verifiquem, acaba *fomentando ou prejudicando* saúde, interesses econômicos, direitos de propriedade, competências e autoridades. Em outras palavras, a natureza *politizou-se porque* e na medida em que é natureza que circula e é empregada no interior do sistema, mesmo nas mãos objetivas dos cientistas (naturais). Resultados de medições aos quais nenhum pingo de valoração foi adicionado, por menor que seja, nenhum sinal de exclamação normativo, que se movem com a objetividade mais objetiva do mundo através do deserto terminológico dos números, frente aos quais, portanto, nosso Max Weber poderia sentir uma alegria realmente genuína, mesmo eles podem conter uma carga política explosiva jamais igualada pelas formulações apocalípticas de cientistas sociais, filósofos e éticos.

Visto que seu objeto é de tal forma "carregado" em termos sociais, os cientistas naturais acabam trabalhando em um *forte campo magnético político-econômico-cultural*. Eles percebem isto, reagem a isto *em* seu trabalho: no desenvolvimento de procedimentos de medição, decisões a respeito de níveis de tolerância, acompanhamento de hipóteses causais etc. As linhas de força desse campo magnético podem chegar mesmo a dar o tom de seu trabalho. Elas encarrilham o questionamento em trilhos a serem fundados em termos de evidência e, em seguida, exclusivamente em termos de conteúdo. E elas provavelmente são também a fonte de energia que alimenta em determinados cruzamentos da argumentação a intermitente lâmpada vermelha dos semáforos que administram o fluxo das carreiras. Tudo isto é apenas uma indicação de que, sob condições de uma natureza socializada e mantida aparentemente inalterada toda a sua objetividade, as ciências naturais e tecnológicas *converteram-se, sob as roupagens de cifras, numa sucursal da política, da ética, da economia e da jurisprudência* (ver a respeito Cap. 7).

As ciências naturais resvalam historicamente para uma situação de trabalho e experiência que as ciências sociais, com o caráter invariavelmente político de seu "objeto", já conhecem desde sempre. Ocorre, ao mesmo tempo, uma aproximação científica, se bem que esta se encontra ironicamente invertida na politização do objeto e não ali onde inicialmente se poderia supor: na aproximação da semicientificidade das ciências sociais ao superego representado pelas ciências naturais. No futuro, será decisivo para o papel de *todas* as ciências a visão de que é necessário uma *espinha dorsal institucionalmente reforçada e político-moralmente assegurada para que ainda se possa praticar a pesquisa científica de maneira minimamente séria*. Pesquisa essa que, aliás, deverá então conscientemente assumir e arcar com o ônus das implicações políticas. De certo modo, qualidade de conteúdo e importância política do trabalho científico poderiam em algum momento chegar a coincidir, se isto significar, antes de mais nada, que a disposição institucionalmente gerada cresça em medida inversamente proporcional às zonas tabus, que se ampliam com o concurso de sensibilidades políticas, para que se rompa de modo impetuoso e competente com a pretensão primordial de conhecimento e para que, desse modo, luz seja lançada sobre as rotinas e rituais institucionalmente arraigados e cientificamente mediados de encobrimento do cabedal de riscos da civilização.

Sob tais condições, o acúmulo de ameaças protocoladas pelas ciências naturais e geradas pelo processo de modernização, configurado e dirigido econômico-tecnologicamente, pode, ao ser de tal forma destacado e iluminado, pelo descaso das zonas tabus surgidas com a politização, acabar conferindo à crítica científica uma nova qualidade. Fórmulas químicas, biológicas, físicas e medicinais ameaçadoras convertem-se furtivamente em "premissas axiológicas objetivas" para análises críticas da sociedade. Isto remete à questão de como se relacionam mutuamente a crítica do risco e a crítica sociológica da cultura.

A crítica sociocultural da modernidade tem invariavelmente de lutar também com a sabedoria (sociológica) de botequim, segundo a qual as normas tradicionais passam a ser violadas na marcha da modernidade. Contradições entre normas ainda tão evidentes e o desenvolvimento social são o cerne do prosaísmo mais prosaico. A ponta de lança da crítica cultural das ciências sociais está invariavelmente cega sob os critérios das ciências sociais. É preciso *também* ser um mau sociólogo para ser capaz de insistir em validar contra a malícia da modernidade as belas pretensões que culminam na razoabilidade da razão.

Algo distinto ocorre com a demonstração sociológica de que grupos são excluídos, desigualdades sociais intensificadas, crises econômicas se superam umas às outras. É sabido que aí reside muita força explosiva, tendo em vista os grupos de pressão organizados. Contudo, há nesse caso também um paralelo que liga essas figuras de pensamento ao que foi anteriormente mencionado e que as diferencia do protocolo de risco das ciências naturais: violações de valores são *seletivas* e podem ser *institucionalizadas no longo prazo*. O mesmo vale para as desigualdades sociais. *Não* vale para os efeitos da modernização que ameaçam a *sobrevivência*. Estes encontram-se de acordo com atributos universais e igualitários. Sua institucionalização, que aliás é possível, como temos visto, incide com danos irreversíveis sobre a saúde de todos. "Saúde" é certamente um valor cultural altamente estimado, mas ele também é — mais que isto — justamente condição prévia da vida (e da sobrevivência). A universalização das ameaças à saúde gera um acúmulo constante e ubíquo de ameaças, que, com firmeza característica, trespassam o sistema econômico e político. Nesse caso, portanto, não são violadas apenas premissas culturais e sociais, com as quais passa a ser possível viver, como mostra o caminho da modernidade, apesar de todas as lágrimas derramadas por conta disto. Nesse caso, ao menos na dimensão mais profunda, que também é violada, levanta-se a questão sobre por quanto tempo ainda as listas negras das espécies vegetais e animais ameaçadas de extinção poderão ser limitadas a espécies vegetais e animais. Pode ser que estejamos no início de um processo histórico de acomodação. Pode ser que a próxima geração, ou a seguinte, já nem se inquiete com as imagens de bebês deformados, semelhantes às que atualmente correm o mundo mostrando peixes e pássaros repletos de tumores, como é o caso hoje em dia diante de valores violados, da nova pobreza e dos constantemente altos níveis de desemprego em massa. Não seria a primeira vez que se perderiam os critérios em decorrência da violação. Resta ainda a motivada suposição de que isto não acontece de modo a que, ao contrário, com a natureza industrializada, as destruições da natureza sejam universalizadas e percebidas como autoameaças industriais. (Sobre o que, também no interesse de uma profissionalização da crítica, não deve haver, de modo algum, qualquer exultação.)

Pode soar paradoxal aos ouvidos sociológicos desabituados à formalização. Mas o recuo a fórmulas químico-biológico-medicinais de risco — sejam elas no caso (anti)científicas ou fundadas no que quer mais que seja — pode servir muito bem para elaborar premissas críticas normativas à análise das ciências sociais. Inversamente, seu conteúdo implícito torna-se igualmente reconhecível somente em seu prolongamento sistemático no âmbito social e político. Isto obviamente também significa que os cientistas sociais, diante da evolução dos riscos da modernização, também dependem, exatamente como qualquer outra pessoa, da *"inexperiência de segunda mão" controlada por estranhos ao ofício* — com todos os pinos que possam porventura se soltar da inexistente coroa de sua autonomia profissional. Tem poucas chances de concorrer com isto o que quer que as ciências sociais tenham, de lavra própria, para oferecer.

SEGUNDA PARTE

Individualização da desigualdade social: sobre a destradicionalização das formas de vida da sociedade industrial

A lógica distributiva dos riscos da modernização, conforme desenvolvida no capítulo anterior, é uma dimensão crucial da sociedade de risco, mas é apenas *uma* de suas dimensões. As situações globais de risco surgidas dessa maneira e a dinâmica de conflito e desenvolvimento social e político nelas contida são algo novo e considerável. Entretanto, sobrepõem-se-lhes riscos e inseguranças sociais, biográficas e culturais que rarefizeram e reconverteram a estrutura social imanente da sociedade industrial — classes sociais, formas familiares, posições de gênero, casamento, paternidade, profissão — e a obviedade dos modos de conduzir a vida nela entranhados. Esse segundo aspecto passa a partir de agora a ocupar o centro de nossa atenção. É a junção dos dois aspectos, a soma dos riscos e inseguranças, sua intensificação ou neutralização recíproca, que constitui a dinâmica social e política da sociedade de risco. A suposição teórica assumida por ambas as perspectivas pode ser assim formulada: na virada para o século XXI, o processo de modernização desencadeado não apenas superou a suposição de uma natureza contraposta à sociedade, como também fez desmoronar o sistema intrassocial de coordenadas da sociedade industrial: sua compreensão da ciência e da tecnologia, os eixos entre os quais se estende a vida das pessoas: família e profissão, a distribuição e a separação entre política democraticamente legitimada e subpolítica (no sentido de economia, tecnologia e ciência).

Ambivalências: a libertação dos indivíduos sob as condições de um mercado de trabalho desenvolvido

No centro deste capítulo figura a tese segundo a qual somos testemunhas oculares de uma transformação social no interior da modernidade, ao longo da qual as pessoas são *libertadas* das formas sociais da sociedade industrial — classe, estrato, família, estatutos de gênero para homens e mulheres — de forma semelhante como ocorrera no curso da reforma protestante, quando haviam sido "liberadas" do domínio da Igreja para entrar na sociedade. Antecipamos a argumentação em sete teses:

(1) Em todos os países industriais ocidentais ricos — e de maneira especialmente evidente na República Federal Alemã — consumou-se na modernização do Estado de Bem-Estar Social posterior à Segunda Guerra um *impulso social individualizatório* com um alcance e uma dinâmica desconhecidos até então (e na verdade sob relações de desigualdade em grande medida constantes). Quer dizer, sobre o pano de fundo de um padrão de vida material comparativamente alto e de uma seguridade social bastante avançada, as pessoas foram dissociadas, numa ruptura da continuidade histórica, de condicionamentos tradicionais de classe e de referenciais de sustento ligados à família, e remetidas a si mesmas e ao seu próprio destino individual no mercado de trabalho, com todos os seus riscos, oportunidades e contradições.

O processo individualizatório havia sido até agora reclamado predominantemente pela burguesia ascendente. Mas também sob outra forma ele é característico do "trabalhador livre assalariado" do capitalismo moderno, da dinâmica dos processos laborais sob as condições da democracia de massas do Estado de Bem-Estar Social. Com o ingresso no mercado de trabalho estão associadas sempre novas liberações — em relação aos vínculos familiares, de vizinhança e profissionais, assim como à vinculação a uma cultura e a uma paisagem regionais. Esses impulsos individualizatórios competem com experiências do destino coletivo no mercado de trabalho (desemprego em massa, desqualificação etc.). Eles conduzem, porém, da forma como se desenvolveram na Alemanha, à *libertação do indivíduo* de vínculos sociais de classe e de posições de gênero de homens e mulheres.

(2) Em relação à interpretação da *desigualdade social* surge uma situação ambivalente da seguinte maneira: tanto para o teórico marxista das classes como para o investigador da estratificação, possivelmente nada de essencial se alterou. As distâncias na hierarquia de renda e as determinações fundamentais do trabalho assalariado continuam sendo as mesmas. Por outro lado, a vinculação a classes sociais passa curiosamente ao segundo plano na ordem de relevância para a ação das pessoas. Os ambientes sociais marcados pela estratificação e as formas de vida cultural definidas pela classe desvanecem-se. De modo tendencial, surgem formas e situações existenciais individualizadas, que obrigam as pessoas a colocarem-se a si mesmas — por conta de sua própria sobrevivência material — no centro da criação e da execução de seus próprios planos de vida. Nesse sentido, a individualização

acarreta a suspensão dos fundamentos vitais de um pensamento baseado em categorias tradicionais da sociedade dos grandes agrupamentos — ou seja, classes, estratos ou estamentos.

Nas teorias marxistas, o confronto de classes foi de uma vez por todas atado com a "essência" do capitalismo industrial. Esse pensamento, que amalgama aquilo que foi historicamente experimentado, pode ser formulado como o *princípio do terceiro excluído* do desenvolvimento da sociedade industrial. *Ou bem* o capitalismo deixa a cena da história mundial, com o *big bang* revolucionário, pela porta que ainda lhe resta aberta — a luta de classes que se intensifica — e volta a entrar, uma vez tendo transformado as relações de propriedade, pela porta de trás como sociedade socialista. *Ou então* as classes lutam e lutam e lutam. A tese da individualização sustenta o terceiro excluído: a dinâmica do mercado de trabalho regulado pelo Estado Social diluiu ou dissolveu as classes sociais *no* capitalismo. Defrontamo-nos cada vez mais — em termos marxistas — com o fenômeno (ainda incompreendido) de um capitalismo *sem* classes, mas com todas as estruturas e problemas de desigualdade social a ele ligadas.

(3) Essa tendência no sentido da "ausência de classes" em meio à desigualdade social manifesta-se exemplarmente na distribuição do desemprego de massa. Por um lado, a parcela daqueles que estão desempregados há muito tempo cresce paralelamente ao número daqueles que foram definitivamente excluídos do mercado de trabalho ou que sequer chegaram a entrar nele. Por outro lado, a constância do número de desempregados na Alemanha — mais de 2 milhões — não corresponde à constância dos casos registrados e das pessoas afetadas. Nos anos entre 1974 e 1983, cerca de 12,5 milhões haviam estado uma ou mais vezes desempregados, ou seja, *um terço* da população economicamente ativa. Ao mesmo tempo, crescem as zonas cinzentas entre o desemprego que se registra e o desemprego de que não se toma notícia (donas de casa, jovens, aposentados precoces), assim como entre o emprego e o subemprego (flexibilização da jornada de trabalho e das modalidades de trabalho). A ampla dispersão do desemprego mais ou menos temporário coincide com um número crescente de desempregados permanentes e de novas formas mistas de desemprego e trabalho. A isso não correspondem quaisquer contextos de vida nos termos culturais da divisão de classes. A intensificação *e* a individualização das desigualdades sociais se entrelaçam. Como consequência, problemas sistêmicos se convertem em fracassos pessoais e se decompõem politicamente. Nas formas de vida destradicionalizadas surge uma *nova imediação entre indivíduo e sociedade*, a imediação entre crise e enfermidade, na medida em que as crises sociais surgem

como se fossem individuais, sendo que somente sob uma série de condições e mediações seu caráter social pode ser percebido.

(4) Essa libertação em relação a classes sociais marcadas pela estratificação é sobreposta por uma libertação em relação a *posições de gênero*. Isso se reflete marcadamente na mudança da posição das *mulheres*. Os dados mais recentes falam claramente: nem educação deficiente, nem origem social são o que leva as mulheres a cair na "nova pobreza", mas sim o *divórcio*. Expressa-se aí o grau de libertação, irreversível, em relação ao casamento e ao trabalho doméstico. A espiral individualizatória alcança assim também o *interior* da família: mercado de trabalho, educação, mobilidade — tudo agora duplicado ou triplicado. A família tende a tornar-se um malabarismo constante com desgastantes ambições de multiplicação entre demandas profissionais, obrigações educacionais, cuidados com as crianças e a monotonia do trabalho doméstico. Surge o modelo da "família negociada a longo prazo", na qual posições individuais autonomizadas assumem, até nova ordem, um controverso acordo de metas para regular o intercâmbio emocional.

(5) Aquilo que se reveste com a forma privada de "problemas de relacionamento" são na verdade — para usar os termos da teoria social — as *contradições de uma modernidade partida ao meio no projeto da sociedade industrial*, que desde sempre dividiu os indivisíveis princípios da modernidade — liberdade individual e igualdade por sobre as limitações de nascença — e, conforme o nascimento, privava um gênero daquilo que concedia ao outro. A sociedade industrial não é nem *jamais* foi possível como uma sociedade *unicamente* industrial, mas somente como sociedade meio industrial e *meio estamental*, cuja dimensão estamental não constitui um vestígio tradicional, mas sim um *produto* e um *fundamento* da sua dimensão industrial. Nessa medida, já com a consolidação da sociedade industrial entra em ação a suspensão de sua moralidade familiar, dos destinos que reserva a cada um segundo o gênero, dos seus tabus relativos ao casamento, à paternidade e à sexualidade, uma reunificação, enfim, do trabalho aquisitivo e do trabalho doméstico.

(6) Isso evidencia as especificidades do surto individualizatório contemporâneo (em comparação com processos semelhantes, ou mesmo inteiramente distintos, típicos do Renascimento ou do início da industrialização). O que há de novo está em meio às consequências. Dito de forma bastante esquemática: no lugar dos estamentos, já não entram as classes sociais; no lugar das classes sociais, já não entra o quadro referencial estável da família. O *indivíduo mesmo (homem ou mulher) converte-se em unidade reprodutiva do social no mundo da vida*. Dito de outra forma: tanto dentro como fora da família, os indivíduos convertem-se em agentes que asseguram existencial-

mente sua mediação pelo mercado e a organização e o planejamento biográficos com ela relacionados.

Essa diferenciação de situações individuais no mercado de trabalho das sociedades desenvolvidas não deve, contudo, ser confundida com uma emancipação bem-sucedida. Nesse sentido, individualização não se refere ao início de uma autoprodução do mundo a partir do indivíduo restaurado. Pelo contrário, ela vem acompanhada por tendências de *institucionalização* e *padronização* de estilos de vida. Os indivíduos libertados se tornam dependentes do mercado de trabalho e, *consequentemente*, também da educação, do consumo, de regulações e provimentos previdenciários, do planejamento viário, de ofertas ao consumo, de novas possibilidades e de modismos no âmbito do aconselhamento e do acompanhamento médico, psicológico e pedagógico. Isso tudo remete à peculiar estrutura de controle das "posições individuais institucionalmente dependentes", que também se revelam permeáveis a (implícitas) determinações e orientações políticas.

(7) *Em* consequência, a individualização é aqui entendida como um *processo de socialização* historicamente contraditório. É, entretanto, difícil compreender a que vêm a coletivização e a padronização dos planos existenciais individualizados emergentes. Mesmo assim, são precisamente a emergência e a percepção dessa contradição que podem levar ao surgimento de *novos terrenos comuns socioculturais*. Quer se formem iniciativas civis e movimentos sociais em função dos riscos da modernização e de situações de ameaça; quer sejam sistematicamente evocadas, no curso de processos individualizatórios, expectativas de "um pouco de vida própria" (concebida material, espacial e temporalmente e em decorrência da configuração de relações sociais), que, no entanto, precisamente no processo de seu desenvolvimento, esbarra em limitações e resistências sociais e políticas. Dessa maneira, surgem sempre *novos movimentos de busca*, que em parte põem à prova modos experimentais de abordar as relações sociais, a própria vida e o próprio corpo, segundo diversas variantes de subculturas alternativas e juvenis. Assim, não é casual que comunidades sejam formadas no bojo de formas e experiências de protesto que se desencadeiam em reação a intervenções na esfera privada e na "vida pessoal" e desenvolvem nesse confronto sua força agressiva. Nesse sentido, os novos movimentos sociais (ambientalismo, pacifismo, feminismo) são, por um lado, a expressão das novas situações de ameaça na sociedade de risco e das contradições emergentes entre os sexos; por outro lado, suas formas de politização e suas instabilidades resultam de processos de *formação social da identidade* em mundos da vida destradicionalizados e individualizados.

CAPÍTULO 3

Para além da classe e do estrato

Quem hoje em dia se coloca a pergunta crucial pela realidade de classes e estratos nas sociedades avançadas, vê-se confrontado com circunstâncias aparentemente contraditórias: de um lado, a estrutura da desigualdade social nos países desenvolvidos apresenta todos os atributos de uma surpreendente *estabilidade*. Os resultados das pesquisas correspondentes ensinam que, apesar de todas as transformações técnicas e econômicas, apesar de todos os esforços reformistas das últimas três décadas, as *relações* de desigualdade entre os grandes grupos de nossa sociedade basicamente não se modificaram, exceto por algumas acomodações isoladas, adotadas em decorrência do desemprego massivo dos anos setenta e oitenta.

Por outro lado, questões de desigualdade foram socialmente apaziguadas no mesmo período. Sequer houve protestos quando as cifras de desemprego ultrapassaram a marca dos 2 milhões, o que há poucos anos teria sido considerado traumático. Questões de desigualdade de fato adquiriram novamente nos últimos anos uma importância considerável (por exemplo, na discussão sobre "a nova pobreza"), emergindo em outros contextos e sob formas provocativas (na luta pelos direitos das mulheres, em campanhas contra a energia atômica, na percepção de desigualdades intergeracionais, em conflitos regionais e religiosos). Mas se a discussão pública e política é assumida como o termômetro decisivo do desenvolvimento real da questão, impõe-se então a seguinte conclusão: apesar de subsistirem e ressurgirem desigualdades, vivemos hoje na Alemanha sob circunstâncias que estão *além* da sociedade de classes, cuja imagem é sustentada apenas por falta de melhor alternativa.[1] Esse contraste pode ser dissolvido caso se examine a questão

[1] Isto não é igualmente válido para todos os Estados ocidentais industrializados. O desenvolvimento da Alemanha diferencia-se, por exemplo, do desenvolvimento na Grã-Bretanha e na França. Assim, na Grã-Bretanha, o pertencimento a uma classe social segue sendo claramente perceptível no cotidiano e segue sendo objeto de uma identificação consciente,

sobre em que medida se alterou nas últimas três décadas, sob o umbral da atenção que as pesquisas sobre a desigualdade geraram, o *significado social* das desigualdades. Esta é minha tese: de um lado, as relações de desigualdade social permaneceram em grande medida *constantes* ao longo de todo o desenvolvimento pós-guerra na Alemanha. De outro lado, as condições de vida da população alteraram-se radicalmente. A peculiaridade do desenvolvimento socioestrutural na Alemanha é o "*efeito elevador*": a "sociedade de classes" foi movida *em conjunto* um andar acima. Apesar de todas as desigualdades que se produzem e que se mantêm, existe um *plus coletivo* em termos de renda, educação, mobilidade, direitos, ciência e consumo de massa. Em consequência, as identidades e os vínculos subculturais de classe são diluídos ou dissolvidos. Ao mesmo tempo, põe-se em marcha um processo de *individualização* e *diversificação* de situações e estilos de vida que ilude o modelo hierárquico das classes e estratos sociais e suspende-o no que diz respeito à sua efetividade.

1. A EVOLUÇÃO CULTURAL DAS FORMAS DE VIDA

Assim, ainda que as estruturas de desigualdade permaneçam constantes, o caráter *socialmente* classista das condições e formas de vida pode se perder devido a renivelamentos. De fato, amplos setores da população experimentaram, por conta da elevação dos padrões de vida no curso da reconstrução econômica dos anos cinquenta e sessenta e da expansão do sistema educacional nos anos sessenta e setenta, alterações e melhorias nas suas condições de vida, o que, do ponto de vista da sua própria experiência, era mais radical do que o efeito que provocava a manutenção das distâncias em relação aos outros grupos. Isto era especialmente válido para os grupos desfavorecidos na base da hierarquia social. Se a remuneração real média dos trabalhadores industriais foi mais que *triplicada* entre os anos 1880 e 1970 (sendo que o grande salto ocorreu no período posterior a 1950), então o fato persistente de que as diferenças de renda entre trabalhadores e funcionários tenham permanecido iguais diz muito pouco sobre as condições efetivas de vida dos trabalhadores.

As consequências dessa "elevação de renda revolucionária em termos

que se concretiza no estilo linguístico (sotaque, modo de expressão, vocabulário), na marcada separação de áreas habitacionais segundo a classe ("*housing classes*"), nas formas de escolarização, no vestuário e em tudo aquilo que conforma o conceito de "estilo de vida".

de história social" para as condições de vida dos grupos trabalhadores podem ser seguidas detalhadamente (ver a respeito J. Mooser, 1983). Somente nos anos cinquenta, e ainda mais claramente nos sessenta, os trabalhadores se livraram do jugo da "estreiteza proletária", que até então havia ditado o rumo da vida. Até 1950, alimentação, vestuário e moradia devoravam três quartos do orçamento doméstico, enquanto, em 1973, essa fração havia passado a corresponder — num nível qualitativamente mais alto — a apenas 60%. Simultaneamente ocorria uma espécie de "democratização" de bens de consumo simbólicos — aparelhos de rádio e televisão, a tão ridicularizada geladeira e o automóvel. As casas se tornaram maiores e mais bem equipadas. A sala de estar substituiu a cozinha de estar proletária. O excedente em dinheiro inaugurou uma nova liberdade de movimento. A viagem de férias, que antes somente era acessível ao burguês afluente, em todo caso está hoje ao alcance de mais da metade dos trabalhadores. É possível até mesmo adquirir algum patrimônio pessoal. Sem que se hajam modificado as distâncias em relação aos outros grandes grupos relacionados à renda, os trabalhadores abandonaram o nível de "famélico proletário": a porção da renda líquida disponível correspondente à poupança aumentou consideravelmente, de 1% a 2% em 1907 para 5,6% em 1955, e duplicou novamente até 1974, chegando a 12,5%. Já não se tratava mais dos esparsos "tostões", guardados para os casos de necessidade; agora, poupava-se para a aquisição de bens de consumo de alto valor, muitos puderam mesmo realizar o "sonho da casa própria". Se em 1950 eram apenas 6% das famílias trabalhadoras que podiam satisfazer seu desejo de tê-la, em 1968 esse número havia chegado a 32% e em 1977 a 39%.

A elevação do padrão de vida material é apenas uma de muitas possibilidades de alterar as condições de vida das pessoas, mantendo-se constantes (em termos estatísticos) as desigualdades. Somente com a interação de toda uma série de componentes produz-se o impulso individualizatório que libera as pessoas dos tradicionais vínculos de classe e as converte — em nome de sua própria sobrevivência material — em agentes de sua própria carreira, mediada pelo mercado de trabalho.

O "efeito elevador"

Tempo de vida, *jornada de trabalho* e *renda assalariada* — com o desenvolvimento da Alemanha, esses três componentes modificaram-se fundamentalmente em prol do desdobramento das oportunidades de vida: a expectativa média de vida *alargou-se em vários anos* (ao longo do século passado, em cerca de dez anos para os homens e treze para as mulheres), a jornada ativa de trabalho média foi reduzida em *mais de um quarto* (sem contar a entrada em média dois anos mais tarde na vida economicamente ativa e a aposentadoria em média três anos mais cedo), e ao mesmo tempo *foi multiplicada a remuneração real* (ver acima). Com um vigoroso arranque histórico, a vida das pessoas na sociedade do trabalho assalariado foi assim em boa medida liberada do jugo do trabalho assalariado (ao mesmo tempo em que se intensificava o trabalho). No cômputo geral, mais tempo de vida, menos tempo de trabalho e maior margem de manobra financeira — são essas as vigas mestras em que se sustenta o "efeito elevador" no talhe biográfico das pessoas. Sob relações constantes de desigualdade, ocorreu uma *revolução na relação entre trabalho e vida*. O tempo ocioso foi prolongado e consideravelmente mais bem guarnecido em termos materiais, com a condição de que se trabalhe remuneradamente. Trata-se portanto de um impulso liberador que colocou as condições de vida das pessoas em movimento, não dentro, mas *fora* do âmbito do trabalho assalariado. As novas possibilidades materiais e temporais de desenvolvimento coincidem com as seduções do consumo de massa e fazem desaparecer os contornos de formas de vida e ambientes sociais tradicionais.

O excedente em dinheiro, assim como o excedente em tempo ocioso, colidem com os tradicionais tabus da vida definida pela classe e pela família. O *dinheiro* mistura os círculos sociais de uma nova forma e, ao mesmo tempo, faz com que se diluam no consumo de massa. Como sempre, existem lugares onde "alguns" podem ser encontrados e "outros" não. Mas as zonas de congruência crescem e as fronteiras entre associações e tabernas, encontros juvenis e asilos de idosos, que no período do Império e da República de Weimar costumavam dispor a vida em "mundos de classe" separados, inclusive fora do ambiente de trabalho, são suspensas ou tornam-se irreconhecíveis. Surgem em seu lugar *estilos de consumo desiguais* (no mobiliário, no vestuário, nos meios de comunicação, na encenação pessoal etc.) que no entanto — apesar de toda a marcadamente demonstrativa diferenciação — descartaram os atributos culturais de classe. Essa diferenciação de posições pessoais também pode ser demonstrada em dois componentes ulteriores do mercado de trabalho: (a) *mobilidade* e (b) *educação*.

Mobilidade

Numa comparação histórica entre séculos, salta aos olhos o fato de que a propalada "Revolução Industrial" — ao menos em relação às correntes de mobilidade que desencadeou — não foi afinal tão revolucionária como seu nome sugeriria: tanto assim que, na Prússia, a porcentagem de trabalhadores industriais entre 1822 e 1861 passou de 3% para apenas 7%. Também no que diz respeito à mobilidade, o verdadeiro salto ocorreu somente no período pós-guerra. Através da expansão do setor de serviços nos anos sessenta e setenta, havendo-se mantido ainda as distâncias em relação aos outros grupos de empregados e funcionários, as chances de ascensão social entre o terço inferior da hierarquia social foram consideravelmente ampliadas. Precisamente os filhos e filhas egressos de famílias trabalhadoras foram beneficiados com a expansão dos serviços do Estado de Bem-Estar e com as transformações na estrutura empregatícia que a acompanharam. Em 1971, cerca de metade dos empregados e funcionários de nível médio e inferior foram recrutados entre os nascidos entre 1920 e 1936, assim como quase um terço dos empregados de nível superior provieram de famílias trabalhadoras, sendo 15% filhos de trabalhadores não escolarizados, 23% filhos de trabalhadores semiqualificados, 31% filhos de trabalhadores qualificados e 45% filhos de mestres e contramestres.

A mobilidade social — como aliás também a mobilidade geográfica ou mesmo a mobilidade cotidiana entre a família e o local de trabalho — confunde os caminhos e as posições na vida das pessoas. A todos esses expedientes de mobilidade, e em especial à combinação de todos eles, estão ligados repetidos surtos individualizatórios, relacionados com os vínculos familiares, entre vizinhos, entre colegas de trabalho, entre profissionais do mesmo ramo e da mesma empresa, assim como os vínculos a uma determinada cultura ou paisagem regional. Os caminhos que as pessoas seguem na vida se autonomizam em relação às condições e aos vínculos a partir dos quais elas surgiram ou sob os quais acabaram de ingressar, e adquirem frente a eles uma realidade própria, distinta, que os torna presenciáveis somente como um *destino pessoal*.

No excedente em dinheiro que se coloca à disposição do orçamento doméstico se esconde uma porção substancial de *excedente em termos de atividade produtiva da mulher*. É verdade que exteriormente a cota de mulheres em todas as atividades produtivas permaneceu surpreendentemente constante em torno de 36% por cerca de um século. Mas grande parte delas abriu mão do estatuto híbrido de "ajudante pago" e — em relação ao casamento — tornou-se por assim dizer "independente" através do trabalho remunerado. Entre 1950 e 1980, a porcentagem de "ajudantes" entre as mulheres casadas caiu de 15% para 4%; inversamente, o número de mulheres casadas economicamente ativas e independentes subiu de 9% para 36% (paralelamente, cresce continuamente o número de mulheres que, também após o casamento e mesmo ao longo da gravidez, seguem economicamente ativas).

O "dinheiro ganho por conta própria" não tem unicamente seu valor material, senão também valor social e simbólico. Ele *altera as relações de poder no casamento e na família*. É verdade que traz consigo os ônus do trabalho assalariado. Mas esses ônus são assumidos em face do que seria inevitável sem eles: a imersão completa nas tarefas domésticas. O dinheiro "próprio" se desdobra em seu potencial socialmente explosivo precisamente ali onde se é, sob as condições de seu valor social, dele privado: na situação semifeudal de provimento doméstico e conjugal da mulher. O caráter da relação social que é assim conservada tem seu fundamento decisivo na impossibilidade de dispor de renda própria. Isso é comprovado em inúmeras entrevistas com mulheres economicamente ativas dos mais variados grupos de renda, que somente por meio do dinheiro ganho por conta própria se viram em posição de poder afrouxar seus vínculos familiares e conjugais ou mesmo de poder fazer-se ouvir no interior da família.

Isso é ainda reforçado pelo fato de que, paralelamente à redução da jornada de trabalho e ao aumento da participação das esposas e mulheres no provimento familiar, o incessante fado da *ociosidade doméstica do homem* se converte em tema de discussão familiar. O "dinheiro próprio", por meio do qual as mulheres finalmente abandonaram o estatuto que lhes foi atribuído de "mobília que até mesmo fala", exige por sua vez educação, mobilidade, percepção dos próprios interesses etc. e assim estende o surto individualizatório para dentro do contexto familiar.

Sob as condições da atribuição tradicional de papéis, poder-se-ia partir do fato de que, para o homem, mobilidade profissional e familiar coincidem. De fato, as demandas de mobilidade associadas ao mercado de trabalho revelam-se também como *solvente familiar*. Levada às últimas consequências, essa cunha penetra na família: ou bem correspondem ambos ao que exige o mercado de trabalho (quer dizer, mobilidade absoluta), correndo-se o risco de ver a família convertida numa "família esparramada", ou então um dos dois (já sabemos de qual dos dois se trata) permanece "imóvel em decorrência de uma paralisia matrimonial", com todas as desvantagens e prejuízos implicados. Justamente nesse ponto torna-se evidente como a consolidação inegociável da sociedade industrial ameaça ou suspende os seus próprios fundamentos vitais, no caso, a desigualdade de gênero "maritalmente estamental" no interior da família nuclear.

Educação

Também do ponto de vista da *educação* oferece-se o mesmo panorama: relações de classe mantidas estáveis até o desenvolvimento do período pós-guerra, após o qual, com a expansão do sistema educacional nos anos sessenta e setenta, entram em ação mudanças radicais, e aqui não se trata unicamente da elevação do nível educacional geral, mas também de marcantes alterações nas relações de desigualdade. Ao longo de todo o século XIX, houve, por mais dramático que haja sido, apenas um salto de desenvolvimento: o recuo do analfabetismo. No mais, os contrastes entre um ínfima minoria de "letrados" e uma ampla maioria de "iletrados" mantiveram-se consideravelmente estáveis (com pequenas diferenciações no quadro da educação popular e da educação suplementar profissionalizante, sendo esta em especial relativamente imune a diferenças de classe e movida pela oferta de emprego). Os efeitos da "revolução educacional" refletem-se em parte na perda de importância em termos quantitativos das escolas populares e dos diplomas de ensino secundário e na crescente importância adquirida pelas escolas superiores. Enquanto em 1952 cerca de 81% das meninas de treze anos e 78% dos meninos da mesma idade haviam deixado a escola com um diploma secundário, em 1981 apenas 35% das meninas e 42% dos meninos interrompiam seus estudos nesse nível. Em outras palavras, isto quer dizer que, num período de cerca de três décadas, o número daqueles que obtiveram uma formação *superior* (bacharelado ou formação profissional superior) quase *duplicou*, no caso dos meninos, e quase triplicou, no caso das meninas.

Bastante similares são as mudanças no outro extremo da pirâmide educacional, nas escolas superiores. Assim, desde 1960, no curso da expansão educacional, havendo aumentado continuamente o número global de estudantes, a parcela dos calouros cujos pais eram trabalhadores mais que *quadruplicou*. Em 1928, eram 2,1%; em 1951, 4%; em 1967, já eram 9,2% e, finalmente, em 1982, 17,3%. Ao mesmo tempo, no acesso à universidade, as mulheres quase igualaram-se aos homens. Enquanto na formação ginasial elas haviam chegado inclusive a obter uma ligeira preponderância desde meados dos anos setenta, a cota de mulheres que ingressam na universidade permanecia em 1983 ainda abaixo da metade, por volta de 43% (eram 25% em 1960 e em 1975 chegaram a 34%). Fica assim evidente: a expansão educacional foi na essência também uma expansão educacional para as mulheres. De qualquer maneira, a entrada no sistema educacional foi bem-sucedida. Mas isso alterou até agora tão pouco no "jugo feudal" do trabalho doméstico, quanto foi capaz de afastar as inseguranças e desigualdades na integração profissional. A partir daí emerge sobretudo a questão sobre como foi possível essa abertura (no fundo, bastante precipitada, do ponto de vista dos homens) à *feminização da educação* nos anos sessenta.

Nesse sentido, o consumo em massa da educação superior, independentemente de que seja ou não conversível em moeda profissional, provocou na Alemanha pós-guerra uma *ruptura intergeracional*, que se torna paulatinamente visível, em termos do alcance e da profundidade de seus efeitos, no relacionamento entre os sexos, no modelo educacional adotado pelos pais e na cultura política, em especial com os novos movimentos sociais. Foi assim que se consumou um abandono parcial dos vínculos culturais de classe e da predestinação decorrente da origem social. Com o prolongamento da formação escolar, as orientações, os hábitos de pensamento e os estilos de vida tradicionais passaram a ser relativizados ou suprimidos através de condições e conteúdos de ensino e aprendizado universalistas. A educação permite alcançar — dependendo da duração e do conteúdo — um padrão minimamente razoável em termos de processos reflexivos e de autodescoberta. A educação está, além de tudo, relacionada com um *processo seletivo* e, nessa medida, exige orientações de ascensão individual, que continuam a ser eficazes mesmo nos casos em que "a ascensão pela educação" é ilusória e a educação precisa ser convertida em instrumento para evitar a descensão social (como aconteceu no decurso da expansão educacional, ver pp. 223 ss.). Finalmente, os processos educacionais formais podem ser concluídos com sucesso somente através do "funil individualizante" de provas, trabalhos e procedimentos de aferição de aprendizado que, por seu turno, abrem possibilidades de acesso a carreiras profissionais e certificados escolares individualizados.

Em relação ao entorno social proletário daqueles oriundos da classe trabalhadora — que até os anos trinta estava acostumada a ser dividida conforme sua "visão de mundo", social-democrata, católica, evangélica etc. —, isso representa uma quebra de continuidade, que emerge paulatinamente a partir da mudança geracional. Anteriormente, integrar-se ao movimento operário era para o indivíduo um "processo natural", que se baseava primeiramente na vivência familiar e do "destino de classe" que nela (interpretativamente) se espelhava e, em seguida, nas referências da vizinhança, do clube esportivo etc., até que a socialização fabril, *igualmente predestinada*, chegasse a incorporá-lo a uma das correntes do movimento trabalhista. Hoje, esses amplos vínculos de experiência e controle a partir de um entorno social marcado por uma cultura de classe foram de diversas maneiras rompidos, e o indivíduo precisa, contando apenas consigo mesmo, antes de mais nada descobrir os elementos de um "destino de classe".

No caso das mulheres, com a equiparação educacional, surgiu uma situação ainda mais precária. O caminho de ascensão profissional, considerando a estabilidade das cifras do desemprego em massa (e o alto contingente de "exércitos de reserva" em postos de trabalho especificamente femininos), parece bloqueado, assim como o caminho de volta à dependência do provimento conjugal e familiar (e não somente por conta dos crescentes índices de divórcio). Tudo é possível, e nada ao mesmo tempo, quer se tome esta decisão ou aquela. A desigualdade entre homens e mulheres é, *a partir de agora, indelevelmente transparente*. A formação escolar equivalente das mulheres é sua medida viva. Suponhamos que as mulheres comecem a abandonar o mercado de trabalho e a voltar ao seio da família. Então, pessoas com formação (quase) *idêntica* trabalham como antigamente, sob encargos e atribuições *extremamente desiguais* e, mesmo sabendo disso, precisam suportar essa aberta contradição, incidente tanto sobre a esfera pública quanto sobre a esfera privada. Só a formação escolar não garante nada. Mas a igualdade entre homens e mulheres na formação escolar assegura que os desníveis em suas posições na família e no trabalho acarretem advertências biográficas onde quer que surjam. O argumento "mas elas não são *capazes*!" foi superado historicamente. Elas são capazes, eram os homens que lhes impediam! A desigualdade tornou-se pessoal, cotidiana e *i*legítima e, como consequência, *política* (no sentido tradicional *e* em termos privados). A feminização da educação *já* alterou o mundo da família e o do trabalho, pois evidenciou a desigualdade e transformou-a em injustiça. A partir de agora, vale a regra: "em caso de serem igualmente bem-preparados...".

Fecha-se o círculo. A fase expansiva do Estado de Bem-Estar Social provocou, mantendo inalteradas as relações de desigualdade, uma erosão cultural e desencadeou uma evolução das condições de vida, que, no fim das contas, fez com que a desigualdade entre homens e mulheres se evidenciasse. Essa é a dinâmica do processo individualizatório, que, na interação com todos os componentes mencionados — mais tempo ocioso, mais dinheiro, maior mobilidade, mais educação etc. —, aperfeiçoou sua intensidade estruturalmente transformadora e fraturou as circunstâncias de base da classe social *e* da família.

2. Individualização e formação de classe: Karl Marx e Max Weber

"Individualização da desigualdade social" — com isto, não se trata afinal de fazer com que tudo seja esquecido, menosprezado, jogado ao léu: o caráter de classe, a imperiosidade sistêmica, a sociedade de massas, as interdependências do capital, as ilusões ideológicas, a alienação, as constantes antropológicas e a diferenciação da realidade socio-histórica? Não é uma decorrência necessária do conceito de processo individualizatório que a sociologia acabe morrendo prematuramente?

Isto exige alguma precisão teórica: em que se distinguem esses desenvolvimentos do surgimento do indivíduo burguês nos séculos XVIII e XIX? A individualização *burguesa* repousava essencialmente sobre a possessão de capital e desenvolvia sua identidade social e política na luta contra a ordem jurídica feudal e suas formas de dominação. Face a isso, emergiu na Alemanha uma individualização *pelo mercado de trabalho*, que se desenvolveu — como já vimos — na elevação dos padrões de vida, no aumento da mobilidade, na expansão da educação etc. Por que e em que sentido "*individualização* pelo mercado de trabalho"? A venda da mercadoria força de trabalho sempre representou e continua a representar para muitos precisamente *o* momento em que é determinado o contraste entre as classes no capitalismo. Por que e como o motor da *formação* de classes se converte em uma *individualização* das classes sociais?

Nesse caso também, a diferença reside na novidade que surge com o desenvolvimento da Alemanha — as "amortizações" do trabalho assalariado promovidas pelo direito trabalhista e por medidas administrativas do Estado de Bem-Estar Social. Os mesmos fatores tiveram, em realidade, efeitos contrários no século XIX e na segunda metade do século XX. Hoje, sob a pressão da miséria e da alienação vividas no trabalho e nos distritos proletários das cidades em expansão, as pessoas já não são, como era o caso no século XIX, forjadas em grandes grupos — "classes" social e politicamente ativas. Pelo contrário, elas são, sobre o pano de fundo dos direitos sociais e políticos conquistados nesse meio-tempo, liberadas dos contextos classistas e vigorosamente remetidas de volta a si mesmas para a obtenção dos meios materiais de sua existência. Regulada pelo Estado de Bem-Estar, a expansão do trabalho assalariado converte-se numa *individualização* das classes sociais. Esse desenvolvimento não foi dado de presente pelos generosos samaritanos capitalistas à classe trabalhadora que eles mesmos haviam lançado à miséria. Ele foi obtido à força, como resultado e expressão da luta de um movimento operário forte, que gerou, *através dos seus êxitos*, a alteração das suas próprias condições de existência. Foi a *realização* dos (ao menos dos mais decisivos) objetivos do movimento operário que alterou as premissas de seu sucesso e possivelmente colocou em perigo sua continuidade, ao menos enquanto movimento "operário".

Karl Marx: o "indivíduo isolado"

Precisamente Marx pode ser considerado, sem forçar a letra, um dos mais decididos "teóricos da individualização", ainda que tenha interrompido prematuramente seus argumentos a esse respeito, de forma perfeitamente coerente com sua perspectiva histórico-política. Pois em muitas passagens de sua obra, Marx enfatiza repetidamente que, com a expansão do moderno capitalismo industrial, entra em curso um processo historicamente inédito de *emancipação*. Não apenas a libertação dos vínculos e das relações de dependência feudais é um pressuposto para o estabelecimento das relações de produção capitalistas, como também *no* capitalismo as pessoas são libertadas, em ondas sucessivas, de vínculos tradicionais, familiares, comunitários, profissionais e culturais e veem suas trajetórias de vida convertidas numa constante reviravolta.

Marx não seguiu adiante, entretanto, com as variantes aqui indicadas de desenvolvimento de uma sociedade em processo de individualização. Para ele, esse processo permanente de isolamento e liberação sempre existiu no sistema capitalista, através da *coletivização da miséria* e da *dinâmica da luta de classes* desencadeada dessa maneira. Se eu não me engano, Marx argumentava da seguinte maneira: justamente porque o processo de liberação se realiza *em massa* e porque ele está ligado a uma contínua *deterioração* das condições de vida dos trabalhadores no capitalismo, ele acaba conduzindo não à fragmentação, mas à *solidarização* e à coesão organizada da classe trabalhadora. Dessa forma, o isolamento é suspenso com a experiência coletiva da pauperização, dentro e fora do âmbito do trabalho: a "classe em si" reconhece-se e organiza-se como "classe para si". A questão que surge de seu próprio argumento — como é possível a formação de vínculos estáveis de solidariedade entre os proletários subjugados ao mercado, enquanto suas trajetórias vitais são sistematicamente reviradas no capitalismo — não é sequer uma questão para Marx, pois ele já suspende de saída qualquer processo individualizatório nesse sentido, convertendo-os em processos de formação de classes por meio da miséria e da alienação vividas em comum no trabalho. Em essência, essa parece ser ainda a posição de muitos teóricos de classe contemporâneos.

O teorema da individualização pode ser examinado mais de perto agora, refletindo a argumentação marxiana. No sentido aqui mencionado, os processos individualizatórios têm lugar na medida exata em que as condições para a formação de classes, conforme antecipadas por Marx, *são superadas* mediante pauperização e alienação. Assim, o surgimento de tendências individualizatórias está vinculado a *circunstâncias (sociais, econômicas, jurídicas e políticas) que dizem respeito à sociedade como um todo*, circunstâncias essas que, até o presente, somente foram realizadas (se é que tanto) em poucos países e, mesmo ali, somente numa fase bastante tardia do desenvolvimento dos seus sistemas de bem-estar social. Como já vimos, é ali que têm lugar a prosperidade econômica geral e suas decorrências, o pleno emprego, a construção do Estado Social, a institucionalização da representação dos interesses sindicais, a expansão do sistema educacional, a ampliação do setor de prestação de serviços e das oportunidades de mobilidade com ele relacionadas, a redução da jornada de trabalho etc.

Tomemos como exemplo o *direito trabalhista*. É evidente que nesse caso se estabeleceu palpavelmente, com a autonomia salarial, a luta de classes "domesticada" como programa de ação coletiva. O indivíduo pode acompanhar a atuação dos grandes grupos e perceber diretamente no seu bolso os resultados das mudanças nas relações de forças. Desse modo, ainda restam limites evidentes à individualização. Surgem ao mesmo tempo, com a imposição jurídica dos interesses dos trabalhadores, diversos direitos *individuais* — a garantia de aviso prévio, o seguro-desemprego, a educação continuada etc. — que o indivíduo pode ver assegurados com uma visita à sede mais próxima do Ministério do Trabalho ou, sendo o caso, recorrendo ao tribunal do trabalho. A juridicização *transferiu* o movimento trabalhista, por assim dizer, *das ruas para os corredores das repartições públicas*, onde se mobiliza em torno de ações tais como esperar, sentar, esperar mais um pouco, sentar outra vez, preencher um formulário, preencher outro formulário e comparecer a uma sessão de aconselhamento com o funcionário (parcialmente ou nem isso) encarregado, que despacha (e/ou encaminha conforme a instância correspondente) aquilo que antes havia sido "destino de classe" para as categorias jurídicas apropriadamente individualizadas do "caso específico".

Surgem daí duas consequências. Por um lado, formulado em poucas palavras, sob as condições do Estado de Bem-Estar, impele-se a *dissolução* da sociedade de classes tradicional com a *consolidação* do trabalho assalariado. De fato, desde que a Alemanha é República Federal, a incorporação de pessoas (mulheres, jovens) ao trabalho assalariado só faz aumentar. Assim, no período de 1950 a 1976, a parcela de trabalhadores autônomos caiu de 14,5% para 9%, enquanto no mesmo período a parcela de ocupação em bases dependentes cresceu de 71% para 86%. Essa incorporação de pessoas ao mercado de trabalho — em termos marxianos, esse crescimento objetivo da classe trabalhadora assalariada — realiza-se no entanto sob as condições dadas como uma *generalização da individualização*, mas *somente até novo aviso*. Pois, por outro lado, essa supressão das classes está vinculada a condições específicas e pode, por sua vez, também ser suprimida, caso cessem essas condições. Aquilo que, ontem como hoje, individualizou as classes pode converter-se ainda, amanhã ou depois de amanhã, sob outras condições — talvez a radicalização das desigualdades (desemprego massivo, ganhos desproporcionais dos empregadores com a automação) —, em "processos de *formação* de classes" com um novo formato, que pressuponham a individualização já alcançada, mas que já não sejam compreensíveis em termos tradicionais. "Capitalismo *sem* classes", quer dizer, sem as classes trazidas dos séculos XIX e XX, definidas em última instância em termos estamentais e, portanto, *sem* classe "operária"; mas isto também quer dizer: sem excluir a possibilidade de processos de formação de "classes" de novo tipo, *não* tradicionais, capazes de *atravessar* as fronteiras sociais de classe, sob as condições, por exemplo, de uma crise sistematicamente intensificada do mercado de trabalho. É mesmo verdade: a terceira via jamais está excluída.

Max Weber: entornos sociais mediados pelo mercado

Max Weber tinha diante de si uma época que o predestinou mais que a qualquer outro a compreender em seu significado histórico a libertação dos homens de formas de vida tradicionais, que havia sido desencadeada com a modernidade. Para ele, na virada para o século XX, figurava no centro o desprendimento em relação ao mundo tradicional dos vínculos religiosos, no qual ainda se fundiam o aquém e o além. Ele via como a perda do além vinculado à igreja havia convertido o aquém numa laboriosidade infinita. Numa existência ditada pelo retraimento, pela incompreensibilidade e pela inexistência de Deus, os homens foram abandonados a um isolamento infinito e remetidos de volta a si mesmos. Em termos religiosos, só lhes restava um caminho para ainda poder alcançar o Deus retraído em sua inalcançabilidade. Eles precisavam fazer surgir de si mesmos aquilo que haviam perdido, precisavam combater a incerteza emergente com a produção de certezas terrenas. Eles precisavam penetrar o mundo, transformá-lo, "desencantá-lo", "modernizá-lo", descobrir seus tesouros ocultos por meio da educação e do emprego de todas as faculdades humanas e acumulá-los sob a forma de capital, de modo a encontrar num mundo subjugado e apropriado o impossível refúgio em face da inexistente proteção divina. Ele via essa tentativa vã em ação no incansável capitalismo industrial do século XIX e do início do século XX, que, em sua superioridade produtiva, transforma e desencanta todas as predeterminações tradicionais. A autonomização do progresso e seu avanço desenfreado para além das mãos que o haviam produzido não é nada mais que o esforço fugidio e sistematizado para empilhar no prato mundano da balança tanta certeza materializada, produzida por si mesma ou racionalmente extraída, para contrabalançar o vazio do outro lado, o que se perdeu para sempre em termos de conhecimento inútil.

Max Weber analisou e criticou a modernidade que ele viu surgir e aperfeiçoar-se. Ademais, colocou-a nos trilhos da sociedade industrial. Sobre eles, ela transforma tudo. Os trilhos — ou seja, a dominação racional-burocrática, o *ethos* profissional, a família, a diferenciação e a diversidade de classes — são entretanto preservados da dinâmica transformadora. Nesse sentido, ele concebeu a modernidade *nas* formas e estruturas da sociedade industrial que se sustinham ou surgiam diante de seus olhos. A possibilidade de uma *autorrevisão* da modernidade, à qual se alude de diversas maneiras em seus escritos e pela qual os modernos *felahin* do Egito global moderno abandonam ou simplesmente afrouxam as algemas da obediência a que sua própria atuação os condenou, precisa de qualquer modo ser posteriormente complementada. Que as pessoas, do mesmo modo como em finais da Idade Média se haviam encaminhado dos braços temporais da Igreja aos labores do capitalismo industrial, tenham sido liberadas das formas e vínculos da sociedade industrial surgida assim num impulso ulterior do mesmo movimento e tenham sido assim, ainda de uma nova maneira, remetidas de volta a si mesmas num isolamento pós-industrial, tudo isto está implicitamente contido em seus livros, mas não expressamente.

Nessa medida, Weber enxerga de fato a incessante dinâmica de renovação. Ela permanece calculável, no entanto, no âmbito do tipo de calculabilidade que ela mesma traz ao mundo. Como renovação, não intervém no raio de alcance da renovação; não renova aquilo que se considera "calculável". No que diz respeito ao campo da desigualdade social, isto significa: Max Weber via — de modo inteiramente diverso de Marx — diferenciações plurais da estrutura social. Suas calibrações conceituais precisas refletem o pluralismo que ele via (surgir) e procuram abarcá-lo categorialmente. Mas o contrário também é verdade. Para ele, as tendências de parcelamento anulavam-se também na *continuidade e na validade das tradições e subculturas estamentais*. No sistema da sociedade industrial capitalista, estas haviam-se fundido com a posse de competências e com oportunidades de mercado e convertiam-se assim em "posições sociais de classe" realmente discerníveis.

Desse modo, em Max Weber já se alude àquilo que em finais dos anos sessenta foi percebido em detalhe pelos historiadores sociais do movimento operário inspirados pelo marxismo: que os estilos de vida e as normas e valores do mundo da vida característicos das pessoas que viveram o desdobramento do capitalismo industrial são, do ponto de vista de sua origem, antes *relíquias* plurais de tradições *pré*-capitalistas e *pré*-industriais que o produto da formação de classes (no sentido de Marx) do período industrial. "O capitalismo como cultura" é, nesse sentido, menos uma criatura autônoma e mais, em certa medida, uma cultura "estamental *tardia*", que foi "modernizada", "consumida" e, dessa forma, transformada e aproveitada no sistema industrial capitalista. Assim, o "desencantamento" jamais foi empregado sobre si mesmo. Continua a ser o desencantamento de estilos de vida e de hábitos *não* modernos, tradicionais, que, na medida em que seguem representando aquilo que deve ser desencantado, continuam a renovar-se, a preservar-se e encontram-se infinitamente à disposição como combustível do desencantamento em sua marcha infinita. Operantes de diversas maneiras, as individualizações permanecem sempre encerradas, sob a forma de classes sociais estamentalmente tingidas e sustentadas por mediações do mercado, em tendências de enclausuramento que se renovam industrialmente.

De fato, ainda até a primeira metade do último século, muitos indícios falavam *em favor* dessa interpretação weberiana da estrutura social: apesar de todas as rupturas, permanece em larga medida ininterrupta na primeira metade do último século a continuidade dos "entornos sociomorais" e dos estilos e orientações de vida tradicionais. O mesmo vale para a efetividade das barreiras intergeracionais à mobilidade, de extração estamental, assim como para as "experiências coletivas" relacionadas ao entorno social e vinculadas àquelas barreiras, para a homogeneidade das redes de contato, para as relações de vizinhança, para os círculos matrimoniais etc.

Isso vale para o desenvolvimento que se estendeu até os anos cinquenta; *já não vale porém para o desenvolvimento posterior, que se estende desde então até o presente*. Aqui começa a fragmentar-se a unidade complexa e precária da "comunidade mediada pelo mercado" e marcada por divisões estamentais que Max Weber resumiu sob o conceito de "classes sociais". Seus diversos elementos (a situação material mediada através de oportunidades de mercado específicas, a efetividade das tradições e dos estilos de vida "tardo-estamentais" e a consciência vivenciada dessa unidade em termos de condicionantes comunitárias e redes de contato) são diluídos ou alterados, ao ponto de não poderem mais ser reconhecidos, por meio da dependência crescente em relação à educação, das imposições e oportunidades de mobilidade, da expansão das relações de concorrência etc.

Diferenciações internas tradicionais e "entornos sociomorais" (como ainda eram típicos dos trabalhadores alemães na época imperial e na República de Weimar) vão desaparecendo continuamente desde os anos cinquenta — se é que já não foram intencionalmente anulados sob a ditadura nazista. Diferenças entre os trabalhadores industriais urbanos e rurais são niveladas (por exemplo, o modelo existencial industrial-campesino de "economia mista", até então amplamente difundido). Paralelamente, com a reforma educacional que se impõe, cresce em todas as partes a *dependência educacional*. Grupos cada vez mais amplos são carregados na esteira da aspiração educacional. No impulso dessa crescente dependência educacional, surgem novas diferenciações *internas*, que, apesar de acolher antigas linhas de delimitação tradicionais, diferenciam-se destas substancialmente, por estarem mediadas pela educação. Desse modo, manifestam-se *novas formas sociais de "hierarquização interior"*, que ainda não foram corretamente reconhecidas em termos do seu significado para as perspectivas de vida e para as maneiras de conduzi-la (uma vez que não alcançam nem tampouco transgridem as fronteiras traçadas sob a perspectiva de grandes grupos).

Esse desenvolvimento não se detém nas linhas sociais de classe; pelo contrário, prolonga-se até a esfera privada, até a família. No mesmo período, as relações e as estruturas tradicionais de habitação vão sendo mais e mais substituídas pelos *novos assentamentos "urbanos"*. Em lugar das formas residenciais e de assentamento que ultrapassam os limites da família, orientadas em grande medida pelas dimensões municipais, entram em cena nas grandes e pequenas cidades os condomínios modernos, com sua típica composição social mista e suas relações de vizinhança e de camaradagem muito mais frouxas. Vizinhanças anteriormente estabelecidas acabam por dissolver-se dessa forma, e as relações sociais e redes de contato assim surgidas precisam ser produzidas e conservadas *individualmente*. Isto pode significar: "ausência de relações", isolamento social; mas também: *redes* de vizinhança, camaradagem e amizade selecionadas e construídas por cada um. Na transição de uma geração a outra, podem também surgir novas formas de residência, um *novo retorno à vizinhança comunal*, às moradias coletivas etc., com as oportunidades que desse modo se abrem à experimentação e à convivência social.

Em fases de relativa segurança social e de "destradicionalização", abre-se assim um amplo *espectro histórico de possibilidades* para desenvolvimentos na esfera privada, entre os quais se inclui a passagem das pretensões de desenvolvimento para o âmbito da política, o fenômeno inédito de um "*privatismo político*". Quer dizer: uma extensão internamente coerente e externamente chocante das liberdades privadas surgidas historicamente para além das fronteiras sociais e jurídicas nelas contidas, e um comportamento de experimentação de novas relações sociais e formas de vida, desdobrado em torno de pontos críticos do culturalmente "aceito-proibido" — com todos os efeitos (políticos) de oscilação e processos de formação e atribuição de identidades resultantes, até o limite da dissociação entre cultura e "contracultura", entre sociedade e sociedade "alternativa", conforme vivenciamos repetidas vezes ao longo dos últimos vinte anos.

A partir dos anos oitenta, sobre o pano de fundo da bem-sucedida expansão educacional e do constante desemprego massivo, percebem-se *novas tendências de enclausuramento*, no sentido de Max Weber: em face da sobreoferta de diplomas e da escassez de postos de trabalho, surge uma *paradoxal desvalorização e revalorização* desses mesmos diplomas. *Sem* títulos de formação superior, as chances no mercado de trabalho são quase nulas. *Com* eles, obtém-se apenas o direito a participar da concessão de oportunidades de conseguir um posto de trabalho, mas não um posto de trabalho. De um lado, os títulos tornam-se cada vez mais *insuficientes* para assegurar uma vida profissional, e são, nessa medida, desvalorizados. De outro lado, tornam-se *sempre mais necessários*, para poder participar da luta pelos postos de trabalho cada vez mais escassos, e são, nessa medida, revalorizados. Se a fase inicial da Alemanha Federal foi marcada por uma *ascensão coletiva*, os anos oitenta foram definidos por um *descenso coletivo*: os mesmos títulos de formação educacional (diploma secundário, bacharelado, formação profissional) que até os anos setenta ainda garantiam oportunidades seguras no mercado de trabalho, já não são mais sequer garantia da obtenção de um posto de trabalho que possa assegurar a existência. No entanto, esse "efeito elevador" *para baixo* confere um novo significado a antigos critérios seletivos "*estamentais*". Somente o diploma já não basta; é preciso adicionar "postura", "relações", "domínio de idiomas", "lealdade" — ou seja, critérios *extra*funcionais subliminares, que comprovem a pertença a "círculos sociais" que deveriam ter sido superados justamente através da expansão educacional (ver p. 228 para uma abordagem mais detida).

E no entanto, no desenvolvimento pós-guerra, pôs-se em marcha na Alemanha uma dinâmica socioestrutural que não pode ser suficientemente abarcada *nem* na tradição da "formação de classes" de Karl Marx, *nem* na tradição da comunitarização estamental das classes sociais mediada pelo mercado de Max Weber. Os dois grandes "diques", que, na perspectiva de *Marx* e *Weber*, contêm as tendências de desoneração e de individualização operantes na sociedade de mercado desenvolvida — formação de classes através da pauperização ou da comunitarização estamental —, rompem com o desenvolvimento do Estado de Bem-Estar. Em consequência, o pensamento e a investigação segundo as categorias tradicionais de grandes grupos — estamentos, classes ou camadas sociais — tornam-se questionáveis.

3. Fim da sociedade tradicional de grandes grupos?

No trato com os conceitos de classe e de camada social, descrição e prognóstico, teoria e política entrelaçam-se de maneira peculiar. Isto confere à decisão sobre o emprego dos conceitos uma dramaticidade implícita, dificilmente controlável apenas por meio de referências empíricas e teóricas. Ao colocarmos em dúvida aqui o teor de realidade social do paradigma de classe *e* camada social, tomamos por base uma compreensão bastante determinada. Falamos aqui de "classes" sempre fundamentalmente no sentido do século XIX e do início do século XX, ou seja, no sentido de uma experiência histórica, no sentido do discurso ao qual esse conceito deve seu conteúdo social e político.

No centro, situam-se a matriz estamental e a (auto)perceptibilidade social das classes, no sentido de grandes grupos realmente relacionados uns aos outros em sua atuação e em sua vida, grupos que se delimitam interiormente através de círculos de contato, de matrimônio e de ajuda mútua e que invariavelmente buscam e definem sua peculiaridade, consciente e vivenciada, em processos de atribuição recíproca de identidade com relação a outros grandes grupos. Estamos indicando assim um conceito de classe cuja marca distintiva central consiste na impossibilidade de ser invocado *apenas como um conceito científico oposto* à autocompreensão da sociedade. Pelo contrário, referimo-nos a uma situação na qual somente se pode falar de classes nos termos de uma *duplicação* social *e* científica. A sociedade entende-se e ordena-se a si mesma em "classes", e o conceito sociológico assume isso, reflete a respeito e critica as suposições ali contidas. Isto não precisa, nem mesmo pode suceder de forma congruente. Entretanto, ao deixar de ser socialmente perceptível, por conta do desenvolvimento socioestrutural, o conceito de classe torna-se *solitário*, desgraçadamente solitário. Tem de arcar sozinho com todo o fardo dos conteúdos que ele mesmo implica, mesmo que *a despeito* da realidade à qual se dirige. Precisa, ademais, através de uma insolvência teórica, coproduzir, sob os suplícios da abstração, seu próprio teor de realidade. É um trabalho exaustivo sobre o conceito, sortilégio de um conceito que conjura a realidade, mas do qual a realidade social se evade. Ou seja, uma sociedade que já não atua sob categorias de classe socialmente perceptíveis encontra-se *à procura de uma outra estrutura social* e não pode ser varrida a contrapelo de volta à categoria de classe sem o ônus de uma arriscada perda de realismo e relevância.

O conceito de camada social é, nesse sentido, um conceito de classe *liberalizado*, um conceito de classe *que já está de saída*, um conceito de transição, entre cujos dedos escapa a realidade social das classes, mas que ainda não se atreve a reconhecer seu próprio desconcerto e que, então, consente que façam consigo aquilo que os cientistas fazem de bom grado quando se desconcertam: afiar suas ferramentas. Que se riam os tolos! A realidade *tem* que se adaptar a elas! Tornar os conceitos um pouco mais redondos, macios, abertos para tudo aquilo que neles já não cabe, apesar de ser esse obviamente seu lugar. Essa geleia operacionalmente superequipada — esse é o conceito "moderno" de camada social. Notam-se-lhe as massas de dados que precisam ser assimiladas ou acondicionadas, de um modo ou de outro — com o recurso a uma "camada inferior baixa superior" ou a uma "camada média alta inferior" —, sob condições de permanente desdobramento de todos os seus vínculos com a realidade. Algo assim deixa marcas! Só resta então uma coisa: desacoplar os dados da questão da realidade. Selecioná-los *de alguma maneira*. E seguir chamando o resultado de "camadas". Para tanto, existirá sempre a carta-branca de uma ciência bem institucionalizada, que sabe como lidar com seus problemas a longo prazo. Nesse caso, isto quer dizer: *classificação*. Partindo da classe, passando pela camada social, o último passo para chegar à real irrealidade da "pura" classificação, na qual, por um lado, o conceito de classe ainda se preserva, mas que acaba deixando ao bel-prazer da ciência todo o espaço imaginável. Enquanto sentença da ciência em causa própria, classificações não podem ser propriamente verdadeiras nem tampouco falsas.

"Camadas" são, portanto, o estágio intermediário indeciso entre classes e classificações. São, em última medida, classificações de última hora, com uma pretensão de realidade que, se para fora ainda não foi cancelada, para o consumo interno já foi exonerada. Em quantidades massivas, os dados devem recuperar a realidade que as categorias subjacentes perderam. A massa faz a realidade (na sociedade de massas, a massa tem peso). As operacionalizações servem como rede auxiliar de captura. Com o auxílio de seu requinte, a irrealidade classificatória das categorias de camada social acabará por ser "recauchutada em segundo plano"...

Face a polêmicas dessa natureza, sempre se pode objetar que os fundamentos essenciais de um pensamento em categorias de classe e camada social *permaneceram intactos* ao longo do desenvolvimento da República Federal Alemã. As distâncias entre (supostos) grandes grupos não foram reduzidas em dimensões significativas e a origem segue valendo como fator determinante para a atribuição de oportunidades sociais desiguais. O debate público e científico sobre o desenvolvimento socioestrutural na Alemanha é caracterizado por esse vai e vem entre a *constância* das relações de desigualdade social e as *oscilações de nível*. Isto já havia levado nos anos sessenta a controvérsias em torno do "*aburguesamento* da classe operária" ou também a discussões em torno da "*sociedade nivelada pela classe média*", que Helmut Schelsky via se formar na Alemanha. Em contraste com essas concepções e debates, a tese da individualização da desigualdade social pode refinar-se ainda mais.

O pensamento em categorias definidas por grandes grupos de classe e camada social apresenta dificuldades peculiares para conceber o "efeito elevador", típico do período do desenvolvimento da Alemanha. Por um lado, é preciso levar em conta mudanças globais no nível das condições de vida de toda uma época. Por outro lado, para esse pensamento, isto só é possível se as mudanças forem relacionadas ao padrão de vida de um grande grupo e então interpretadas como uma tendência de *assimilação do padrão de vida de uma classe ao de outra*. Isto colide, no entanto, com a constância das relações. Como é possível que a classe operária se tenha aproximado do padrão de vida da burguesia se os números indicam claramente o contrário: as diferenças entre operários e burgueses mantiveram-se idênticas ou mesmo aumentaram em alguns pontos. Por certo a cesura histórica alterou *de alguma forma* a situação das pessoas, mas é "evidente" que de uma forma irrelevante do ponto de vista das classes e camadas sociais: as antigas distâncias restabelecem-se nos novos níveis alcançados.

No pensamento e na investigação segundo categorias de classe e de camada social, confunde-se precisamente aquilo que com a tese da individualização da desigualdade social se pretende manter separado: de um lado, a questão das *distâncias* entre supostos grandes grupos — o aspecto relacional da desigualdade social — e, de outro, a questão do *caráter de classe ou de camada* da estrutura social. Incide-se, consequentemente, no erro de inferir a constância das classes e camadas sociais a partir da constância da relação (ou vice-versa, elevações de nível são erroneamente interpretadas como aproximações entre classes). Em oposição a isto, o crucial aqui é que as relações de desigualdade social e o caráter de classe socialmente definido *se possam modificar independentemente umas do outro*: mantendo-se constantes as distâncias em termos de renda etc., as classes sociais foram destradicionalizadas e diluídas no curso dos processos individualizatórios do período de desenvolvimento e de bem-estar do pós-guerra. E vice-versa: sob outras condições (como o desemprego em massa), a diluição das classes (camadas) sociais pode ser acompanhada por um *agravamento* das desigualdades sociais. Esse "efeito elevador" *para baixo* passou a ganhar envergadura a partir dos anos oitenta.

4. Individualização, desemprego em massa e a nova pobreza

Será que o "fim da sociedade dos grandes grupos" valia ontem e hoje já não vale mais? Será que com o desemprego em massa e a nova pobreza não estamos vivendo o futuro da sociedade de classes *após* o anúncio de seu fim?

De fato, a desigualdade social volta a crescer, e numa medida aterradora. As cifras do Instituto Federal de Estatística (Statistisches Bundesamt) demonstram como, pelo menos desde 1975, mas mais claramente nos anos oitenta, a renda dos trabalhos autônomos e das empresas (em especial da promissora indústria eletrônica) cresceu rapidamente. A renda dos funcionários, empregados, operários e aposentados acompanha paralelamente, mas com determinados matizes, a média de desenvolvimento. As cifras dos que recebem seguro-desemprego e benefícios sociais vão para baixo. Em que pese toda a diversidade de leituras possíveis dos números, dois movimentos no nível de renda ficam claros: um afastamento geral entre, de um lado, empresários e trabalhadores autônomos, e de outro, todos os demais trabalhadores. Isto vai acompanhado de uma proteção crescente da parte da população que está firmemente integrada no mercado de trabalho, que globalmente se contrai, e de uma minoria cada vez menos minoritária que, na zona cinzenta da desocupação, do subemprego e do desemprego permanente, vive às expensas de recursos públicos sempre mais escassos ou do trabalho "informal" ou clandestino. As projeções sobre este último grupo, que vive em torno da fronteira do auxílio social e da pobreza, são amplamente divergentes — não se poderia esperar outra coisa, considerando a inconstância das condições de provimento. Elas oscilam entre 2 e mais de *5 milhões*. Por mais que esse grupo cresça continuamente, conforme demonstra o aumento de *um terço* no número dos desempregados (registrados!) que não recebem seguro-desemprego (2,2 milhões em números do outono de 1985). O significado para a política empregatícia de vínculos "alternativos" de trabalho não se revela quantitativamente tão importante quanto faz parecer sua ressonância pública. Algumas projeções supõem que existam no flutuante cenário alemão cerca de 30 mil grupos ativos, compostos por algo entre 300 e 600 mil pessoas (jovens, na maioria).

A individualização não contradiz, pelo contrário, *explica* a peculiaridade dessa "nova pobreza". Sob as condições da individualização, as pessoas são sobrecarregadas com o desemprego em massa como se fosse um destino pessoal. Os que são afetados já não o são de modo socialmente visível e coletivo, mas de uma forma *específica de acordo com as fases*. Os afetados têm de arcar por conta própria com algo para o que a experiência da pobreza e os contextos da vida definidos pela classe ofereciam e manejavam contrainterpretações de consolo e formas de defesa e apoio. Nas situações da vida individualizadas e carentes de vínculos de classe, o destino coletivo converteu-se mais e mais em destino *pessoal*, em destino *individual*, com um caráter social ainda perceptível apenas estatisticamente, mas não mais vivenciável, e, para escapar a essa fragmentação no âmbito pessoal, teria de ser restaurado como destino coletivo. A unidade referencial atingida pelo raio do desemprego e da pobreza já não é o grupo, a classe ou a camada social, mas o *indivíduo de mercado* em suas circunstâncias específicas. Segue a pleno vapor a divisão da nossa sociedade entre uma maioria decrescente de detentores de postos de trabalho e uma minoria crescente composta por desempregados, aposentados precoces, trabalhadores ocasionais e por pessoas que sequer podem mais contar com algum tipo de acesso ao mercado de trabalho. Isto evidencia-se na estruturação do desemprego e nas crescentes zonas cinzentas vigentes entre o desemprego de que se tem registro e o desemprego que não se registra (para uma abordagem mais detida, ver Büchtemann, 1984):

O contingente dos desempregados de longo prazo cresce continuamente. Em 1983, já eram 21% dos desempregados, chegando mesmo em 1984 a 28% para os que ficavam mais de um ano sem emprego e a 10% para os que ficavam mais de dois anos desempregados. Isto também se mostra nas drásticas mudanças de percentagem entre aqueles que recebem seguro-desemprego e aqueles que recebem auxílio social. Ainda há menos de dez anos, dentre os 76% dos desempregados que recebiam algum tipo de auxílio, 61% recebiam seguro-desemprego e 15% auxílio social. Em 1985, essa proporção deteriorou-se dramaticamente. Apenas 65% dos desempregados registrados continuam a receber "alguma forma de auxílio" — como se diz no jargão burocrático — e, destes, apenas 38% ainda recebem seguro-desemprego, mas já são 27% os que recebem auxílio social.

Apesar de sua ampla dispersão, o *desemprego concentra-se em torno de grupos já desfavorecidos em sua situação profissional*. O risco de tornar-se e permanecer desempregado aumenta para pessoas com baixa ou nenhuma formação profissional, mulheres, trabalhadores mais velhos, estrangeiros, assim como para pessoas com problemas de saúde e para os jovens. Nesse caso, desempenha também um papel-chave o *tempo de serviço*. Isto explica também o alto percentual de desemprego entre os mais jovens. Ainda mais determinante que o tempo de serviço, mudanças frequentes de posto de trabalho e sobretudo uma *experiência anterior de desemprego* aumentam o risco de tornar-se (de novo) desempregado. Por seu turno, sob as condições momentâneas do mercado de trabalho, "jovens homens qualificados, cuja dispensa tenha ocorrido não por razões pessoais, mas unicamente em virtude de decisões empresariais", são os únicos que ainda têm boas chances de recolocação (Büchtemann, *ibid.*, p. 80).

Simultaneamente, *ampliam-se as zonas cinzentas para o desemprego clandestino e não registrado*, o que se torna claro, entre outras coisas, pelo número vertiginosamente crescente de pessoas que, em consequência do desemprego, a) são provisória ou definitivamente empurradas para a "reserva oculta" (31 mil em 1971, 322 mil em 1982), b) tomam parte por algum tempo em cursos de aperfeiçoamento, formação continuada ou reciclagem (8 mil em 1970, 130 mil em 1982), c) retiram-se para o âmbito das "demais atividades não laborais" (na maioria dos casos, trabalhos domésticos) (6 mil em 1970, 121 mil em 1982) ou d) são "exportadas" (6 mil em 1970, 171 mil em 1982).

Essa evidente *estruturação social* do desemprego, que se torna cada vez mais dura, é acompanhada por uma *ampla dispersão* do desemprego, que há tempos o liberou objetivamente do estigma de uma "questão de classe", gerando sua "normalização".

Ao (já considerável) número constante de desempregados — mais de 2 milhões — *contrapõe-se um número muito maior de afetados*. Assim, nos anos entre 1974 e 1983, cerca de 12,5 milhões de pessoas estiveram uma ou mais vezes desempregadas. Formulado de outra forma: *uma em cada três* pessoas economicamente ativas experimentou pessoalmente o desemprego pelo menos uma vez nesse período.

Nenhum grupo de qualificação profissional pode mais *oferecer proteção em face do desemprego*. O fantasma do desemprego aninhou-se onde menos se esperava. Segundo números da Agência Federal do Trabalho (Bundesanstalt für Arbeit), o desemprego entre trabalhadores qualificados aumentou (de 108 mil em 1980 para 386 mil em 1985) tanto quanto entre engenheiros (civis, mecânicos, elétricos etc.: de 7.600 em 1980 para 20.900 em 1985) ou médicos (de 1.434 em 1980 para 4.119 em 1985).

Isso tudo não deve contudo ser entendido como se todos fossem afetados pelo desemprego *na mesma medida* (ver acima). Apesar dessa distribuição horizontal diferenciada segundo o grupo, *dois terços* da população economicamente ativa, durante o mesmo período, não tiveram de experimentar pessoalmente *sequer uma vez* o desemprego. Os 33 milhões de casos registrados referem-se a "apenas" 12,5 milhões de pessoas — isto quer dizer, novamente: cada afetado ficou na média pelo menos 1,6 vez desempregado.

Essa *ambivalência* é marca registrada do desemprego em massa: por um lado, o risco de ficar e permanecer desempregado afeta com pleno rigor os grupos que *já são de qualquer modo desfavorecidos* (mães trabalhadoras, pessoas sem formação profissional, enfermos, idosos e estrangeiros, assim como jovens pouco qualificados). Um número crescente destes já não é sequer englobado nas estatísticas de desemprego. Entretanto, esses fatores de risco — por mais que neles se expresse também a marca da origem social — *não correspondem a nenhum contexto da vida social*, nem mesmo a uma "cultura da pobreza". Nesse caso, portanto, coincidem mais e mais o desemprego (e em consequência de sua continuidade: a pobreza) e uma *individualização independente* de contextos de classe. Por outro lado, a constância das cifras engana — mais de 2 milhões já há vários anos e com projeções estáveis para os anos noventa —, fazendo pensar que o desemprego não chega de pronto como fato duradouro, mas entra aos poucos na vida das pessoas, não raro *com o passo leve do provisório*, vem e vai, vai e vem, até que num dia qualquer se estabelece, instalando-se porém no mais íntimo da pessoa, com o peso de uma *frustração* insuperável.

Para recorrer à imagem proposta por Schumpeter: o ônibus do desemprego em massa está ocupado por um grupo de desempregados habituais que se acostumaram a ficar sentados, ao ponto de cristalizarem-se em seus assentos. No mais, prevalece um ir e vir geral. Sempre há gente nova que embarca e outros que desembarcam. Nesse pra-lá-e-pra-cá geral, pode-se notar certamente, desde um ponto de vista externo — digamos, desde o ponto de vista de um pássaro ou de um helicóptero —, alguns traços de grupo característicos e as proliferações correspondentes. Para os implicados na percepção imediata, trata-se de uma multidão casualmente congregada de casos individuais, fugazmente sentados lado a lado, enquanto esperam que sua parada chegue, para que possam desembarcar. É como no metrô. Sobe-se numa estação, desce-se algumas estações adiante. Ao embarcar, já se pensa no desembarque. Os encontros são marcados pelo embaraço. O desejo de desembarcar que *todos* carregam consigo, assim como as histórias específicas sobre a razão de embarcar que *todos* têm na ponta da língua, nada disto serve para aproximar as pessoas. Somente à noite, quando o trem para, aqueles que não conseguiram encontrar em meio ao acotovelamento as portas de saída, que se fecham automática e rapidamente, começam a aproximar-se uns dos outros e, com mãos prudentes estendidas através do gradil da autocomiseração, a trocar algumas palavras (são precisamente aqueles que, como relata o observador externo com palavras pouco consoladoras, "estatisticamente" não puderam alcançar a saída — as cifras são altas e constantes).

A grande maioria dos desempregados, para si mesmos e para os outros, continua — ainda — na *zona cinzenta do vai e vem*. O destino de classe fragmentou-se em sua menor unidade — em "*segmentos passageiros da vida*" —, perfurando biografias, emergindo aqui e ali (atravessando fronteiras que lhe eram antes sagradas), escapando uma vez mais, decidindo ficar por mais um tempo, tornando-se intransigente, mas ao mesmo tempo praticamente convertendo-se, nesses "recortes da vida", num evento "normal" da biografia profissional padronizada de toda uma geração. É essa *existência nomádica, característica de uma fase da vida*, o que o desemprego em massa produz, sob as condições dessa individualização (com tendências de sedentarização cada vez mais consideráveis) que ao mesmo tempo torna possível a contradição: massificação *e* individualização do "destino", cifras de magnitude e constância vertiginosas, que entretanto de certo modo se deformam, um destino humano despedaçado, introspectivo, que, em sua ininterrupta pungência e com a voz do fracasso pessoal, oculta ao indivíduo seu montante no nível dos milhões e arde na consciência individual.

Em relação à estatística do desemprego, isto quer dizer: os *casos* de desemprego registrados no Ministério do Trabalho não permitem *qualquer inferência sobre as pessoas*. De um lado, muito mais pessoas do que sugere a constância das cifras podem ser eventualmente afetadas pelo desemprego. De outro, as mesmas pessoas podem registrar-se como desempregadas várias vezes, com intervalos, ao longo de um determinado período. Remetendo ao exemplo do metrô: o limite de lotação e o número de assentos não coincidem com a torrente humana que vai e vem. Mas há por vezes no entra e sai caras conhecidas e alguns passageiros habituais, de modo que a contagem dos fluxos de afetados não diz diretamente muita coisa: *os casos, as entradas, as saídas e as pessoas são discrepantes na distribuição especificada por fases da vida*. A latitude dos efeitos é correspondentemente ampla. Em sua distribuição como destino individual especificado por fases da vida, o desemprego já não é um destino de classe ou de grupos marginais, uma vez que foi generalizado e normalizado.

A distribuição especificada por fases da vida caracteriza também a *nova pobreza*. Ela torna compreensível a ambivalência na qual ela se amplia e se aprofunda e atrás da qual, ao menos no âmbito privado, permanece oculta.

Nesse caso, o que é passageiro não precisa necessariamente passar; para cada vez mais pessoas, o passageiro não passa de fato: ele *surge*, entretanto, antes de tudo, como um evento passageiro. As *mulheres*, de modo especial, são ameaçadas com a queda na pobreza. De modo revelador, isto não ocorre devido a carências educacionais ou à origem. Antes de mais nada, o *divórcio* tornou-se um fator essencial a forçar, em especial as mulheres com filhos, na direção de padrões de vida inferiores ao mínimo necessário à existência. Aqui também cabe ressaltar que muitas não vivem sob as condições que correspondem ao estereótipo da camada inferior. A pobreza é para elas *eventual*. Encontram-se (em sua autoimagem, mas também parcialmente de fato) a apenas "um casamento de distância" da superação da pobreza. Quando já não é mais possível se livrar da pobreza, encontram-se muito mais expostas a ela, uma vez que não estão familiarizadas com os mecanismos de proteção e com as formas de manejo de uma cultura que sabe conviver com a pobreza.

Correspondentemente, a pobreza esconde-se atrás das paredes da própria casa das pessoas; ela permanece ativamente oculta no caráter estridentemente escandaloso de que se reveste o acontecimento. Não está claro o que é pior — ser descoberto ou não o ser, precisar receber auxílio ou continuar a prescindir dele. Os números estão à vista. Mas ninguém sabe onde estão essas pessoas. Há pistas. O telefone bloqueado. A saída inesperada do clube. Mas essas pistas remetem tão somente aos muros do aparentemente provisório de que ainda se rodeia a nova pobreza, mesmo ali onde já se tornou definitiva.

Isto é um desenvolvimento de tal forma ambíguo que só se pode propriamente falar dela em frases duplicadas, que afirmem sempre também o seu contrário. Deflagra-se assim o escândalo do desemprego mantido constante sobre o pico dos 2 milhões e com perspectivas de manter-se assim a longo prazo. Decomposto em fases intermediárias (aparentemente) temporárias, o desemprego em massa é varrido para baixo do tapete da normalidade. O desemprego nessa magnitude é aceito sem mais comoção política, para ser em seguida *afastado pela individualização*. Ele emerge de certa forma como "pólvora inerte", cujo poder explosivo permanece contudo intacto, podendo saltar pelos ares a qualquer momento.

Sob essas condições de um desemprego escandaloso, essa modalidade distributiva tem também aspectos atenuantes. Nos casos em que o desemprego revela-se realmente provisório, ele é repartido sobre vários ombros, já não afeta uma classe com todo o seu rigor, sendo em certa medida democratizado. Também os "de cima" já não estão tão seguros diante dele. Não custa dizer novamente que ao mesmo tempo se esconde aí uma vez mais o veneno que imobiliza e mutila as forças políticas. Dito de outra forma, nesse fragmento de democratização do desemprego em massa reside também um tanto de *repartição da carência*, um tanto de nivelamento de oportunidades *por baixo*.

A isto corresponde um determinado modelo biográfico de distribuição. O que antes era consignado como destino coletivo, é hoje — com muitas ressalvas — *distribuído biograficamente de modo transversal*, por assim dizer. Dito esquematicamente: as contradições da desigualdade social emergem novamente como contradições entre momentos da vida *no interior* de uma biografia. Isto está, é óbvio, excessivamente formulado, exagerando a tendência que se pode observar de que, com a individualização, os currículos se tornam mais diversificados, mais contrastantes, mais fraturados, mais inseguros, mais propensos a irrupções catastróficas, mas também mais variados, mais abrangentes, mais contraditórios, até consumar-se o fato de que uma parcela crescente da população está exposta, ao menos "de forma passageira", ao desemprego (e à pobreza).

O outro lado da provisoriedade da qual se reveste o desemprego é a *metamorfose da causalidade externa em culpa própria, de problemas sistêmicos em fracasso pessoal*. A precariedade que ao longo de contínuas tentativas se converte em desemprego duradouro é a *via crucis da autoconfiança*. Na contínua exclusão do possível, o desemprego, algo externo portanto, penetra passo a passo na pessoa, convertendo-se num atributo seu. A nova pobreza é sobretudo, mas não apenas, um problema material. É também essa autodestruição que, aceita em silêncio, consumada no decurso ritual das vãs tentativas de evitá-la, prolifera nos subterrâneos de um destino coletivo.

Pode ser que esse contexto seja também atenuado pelo conhecimento de suas causas, pela comprovação do caráter massivo do desemprego, mas não é na verdade interrompido desse modo. A referência ao "condicionamento social" não é mais que uma referência, não corresponde a qualquer contexto da vida. *As cifras e a vida* distanciam-se uma da outra. Casos não são pessoas. As cifras falam de uma vida que elas mesmas já não são capazes de interpretar ou de abordar. Elas oferecem indicações de uma *segurança perdida*, de uma miséria em expansão, mas não as reagrupam, não anulam seu isolamento. São o modo pelo qual os indícios são protocolados, pelo qual se deixa para trás o isolamento coletivo. Também por isto são o denominador abstrato por meio do qual os indivíduos podem tomar conhecimento (ou mais exatamente, ouvir falar) de seu próprio caráter coletivo. As cifras tornam-se a *imitação* de uma realidade social que não se conhece a si mesma. São as "cascas de classe" que sobram, que se contraem na abstração das estatísticas. O que se esconde por trás dos números é o que, com a individualização, desapareceu atrás dos muros do caso específico, e é cada vez mais difícil tirar o que quer que seja dali.

Finalmente, as tentativas de romper com os clichês do "feminino" e do "masculino" e de obter um pouco de autodeterminação sobre a própria vida oferecem o pano de fundo sobre o qual as ameaças de desemprego podem também converter-se numa *oportunidade*. Aquilo que o século XIX chamava de "proletarização" também adquire assim *o brilho de uma passagem a uma "outra" sociedade*. As novas desigualdades sociais que surgem se fraturam parcialmente num horizonte de expectativas socioculturalmente distinto, que já não compartilha tão firmemente as obviedades de uma ideia de ascensão orientada pelo estatuto e pela renda, uma ideia que, em última medida, sustenta a constatação da desigualdade social. Competem aqui com os valores da segurança econômica e da noção de estatuto pretensões de conteúdo quanto ao "sentido do trabalho", quanto à sua utilidade social, quanto ao que se denomina uma "vida plena". No caso extremo, inclusive o pouco de trabalho cheio de sentido, de um sentido atribuído por conta própria, que possa haver sido arrancado em face da superioridade de forças das circunstâncias, mesmo esse pouco pode ser mobilizado contra o "esvaziamento de sentido" de um ganha-pão industrial e burocrático seguro e orientado pelo estatuto. Resulta daí que as desigualdades afundam um pouco mais no curso da transformação sociocultural dos estilos e formas de vida, bem como no curso da flutuação de padrões compreendida por essa transformação. Ao fim e ao cabo, não fica muito claro se a alienação de uma existência econômica e socialmente segura não era afinal maior que as alienações que residem na luta economicamente insegura por novas formas de vida. Essa transformação cultural e a *atenuação dos padrões distributivos* que nos últimos séculos haviam tornado a crítica da desigualdade em arma social são assim justamente o véu por trás do qual se diluem até mesmo desigualdades que se ampliam, um véu que, ao absorver resistências, contribui por sua vez para ampliar ainda mais essas desigualdades.

5. Cenários de desenvolvimentos futuros

O que acontece exatamente — esta é a questão que passa a ser central — quando, no curso do desenvolvimento histórico, a identidade mundana das classes sociais se decompõe *ao mesmo tempo* em que as desigualdades sociais se agravam? Quando os riscos do trabalho assalariado se ampliam, mas não segundo o modelo de grandes grupos da "proletarização", e sim reduzidos a fases passageiras e já não mais passageiras da vida, marcadas pelo desemprego, pelo subemprego e pela pobreza? Será esse o *fim* das classes ou o *início* de uma nova e não tradicional formação de classes? Será ainda possível conceber num modelo hierárquico a situação de uma estrutura social desigual em processo de individualização? Será que as individualizações geram ou favorecem novos tipos de formação de grupos (por exemplo, mediados pela mídia de massa), não apenas seguindo um ritmo inteiramente distinto, como também tendo um alcance inteiramente distinto? Em que direções segue a busca por novas identidades sociais e formas de vida e de participação política desencadeada pelas individualizações, e a que conflitos e contradições estão estas vinculadas?

Três variantes de desenvolvimento, de modo algum mutuamente excludentes, serão confrontadas aqui:

1. O fim da sociedade tradicional de classes é o início da *emancipação das classes em relação às restrições regionais e particulares*. Inicia-se um novo capítulo da história das classes, que antes de mais nada precisa ser ainda escrito e decifrado. À destradicionalização das classes no capitalismo de bem-estar social poderia corresponder uma modernização da formação de classes que desse conta do nível de individualização até agora alcançado, ao mesmo tempo em que o recompilasse de um modo social e politicamente novo.

2. No curso do desenvolvimento resenhado, tanto fábrica quanto posto de trabalho perdem importância enquanto local da formação de conflitos e identidades, instituindo-se um novo local de onde surgem os vínculos e conflitos sociais: *a disposição e a configuração das relações sociais e formas de vida e trabalho provadas*; em decorrência, produzem-se novas redes, identidades e movimentos sociais.

3. Produz-se cada vez mais marcadamente uma separação entre o pleno emprego e um *sistema de subemprego flexível, plural e individualizado*. As desigualdades agravam-se e permanecem na zona cinzenta. O ponto central da vida transfere-se do posto de trabalho e da fábrica para a configuração e experimentação de novas formas e estilos de vida. Os confrontos entre homens e mulheres surgidos do rompimento com a forma familiar passam ao primeiro plano.

Surgimento de solidariedades de classe não estamentais

Em seu silêncio, a nova pobreza oculta-se e cresce. É uma situação tão escandalosa quanto precária, que exige urgentemente tutela política e organizativa. Sem isto, o próprio fato permanece incógnito em sua autoconsciência deficiente. A pobreza que se desenvolve porém a partir dos vasos socioestruturais de captação das classes e de suas organizações políticas e que se agrava ao dissolver-se na individualização *está por isto mesmo longe ainda de desaparecer*. Pelo contrário: ela torna-se a expressão de *uma precarização massiva* das condições existenciais no capitalismo de bem-estar social, cuja eficácia política é tão inédita quanto incalculável e global. Em que se apoia então a impressão de que esse desenvolvimento é "inofensivo"? Ela está pendurada por dois fios de seda: no vai e vem aos milhões do desemprego e no concurso entre o desemprego e uma fase de experimentação sociocultural historicamente decretada, na qual as trajetórias de vida precisam tornar-se frágeis e voltar a ser "vividas" (no sentido ativo da palavra). Mas ambos os fios podem ser invertidos: pelo menos *um terço* da população economicamente ativa não só é ameaçada pelo desemprego, como também já o sentiu pelo menos uma vez na própria pele. As cifras registradas de desemprego de longo prazo indicam uma forte tendência ascendente. Às profundas inseguranças em relação às coisas mais básicas da vida (relacionamentos entre os sexos, casamento, família e situações ameaçadoras em termos civilizatórios) soma-se uma insecurização material global com respeito à condução da vida, da qual as cifras constantes de desemprego acima dos 2,5 milhões representam apenas a ponta do iceberg. O alarmante não é somente a atual irrupção material expressa pelo aumento no número dos que recebem auxílio social e dos ociosos. Soma-se essencialmente a isto o choque global da insecurização material por trás das fachadas ainda intactas da existência normal, até nas mais bem integradas e acomodadas famílias de trabalhadores especializados e de empregados de nível superior. Esse efeito de dispersão e ressonância do desemprego em massa torna-se intuitivamente claro no desgarramento dos muito mais de *14 milhões* de afetados e especialmente para os mais de 2,5 milhões de "casos mais especificamente afetados". O outro lado da democratização do desemprego é sua exportação para os paraísos da oferta de emprego de outrora. *É o ocaso do joão sem braço do desemprego*. Como um espectro, o desemprego aninha-se por (quase) toda a parte e começa a assombrar também os bairros e as casas de campo mimados pelo bem-estar. Pelo contrário: não se pode expulsar o medo com o fato de que, na pior das hipóteses, ainda se pode receber um auxílio social com cujo montante um indiano médio poderia apenas sonhar. Ele surge das ameaças tanto ao Mercedes quanto ao Volkswagen usado. E a espessura do medo — e não a ilusão do bem-estar social para as pessoas do Terceiro Mundo — é o fator político determinante do futuro *na* Alemanha, a (antiga) terra do milagre econômico.

Tampouco sobre esse pano de fundo ganha em conteúdo real o discurso das categorias tradicionais de classe. A discussão em torno da classe trabalhadora e do movimento operário na segunda metade do século XX é marcada por uma *falsa alternativa*. De um lado, assinala-se com argumentos sempre novos que a situação do operariado no capitalismo melhorou consideravelmente (bem-estar material, ampliação das oportunidades educacionais, organização sindical e política e os direitos e garantias sociais conquistadas através dessa organização). De outro lado, diz-se que, para além de todas as melhorias, a situação de classe, ou seja, a relação de assalariamento e as dependências, alienações e riscos aí contidos permaneceram intocados, ou pior, que se ampliaram e agravaram (desemprego massivo, desqualificação etc.). O objetivo da argumentação é comprovar, no primeiro caso, a *dissolução* da classe trabalhadora, e no segundo, sua *continuidade* — com as valorações políticas respectivamente associadas a cada caso.

Em ambos os casos, menospreza-se o desenvolvimento que aqui se encontra no centro: que na verdade *se dissolve a simbiose histórica de estamento e classe, de tal modo que, por um lado, as subculturas estamentais desaparecem e ao mesmo tempo, por outro lado, traços fundamentais do caráter de classe são generalizados*. Com essa destradicionalização das classes sociais no Estado de Bem-Estar, é cada vez menos possível fixar o surgimento de solidariedades em termos específicos ao grupo *trabalhador* na matriz histórica do "trabalhador proletário da linha de produção". O discurso da "classe trabalhadora", da "classe dos empregados" etc. perde sua evidência no mundo da vida, com o que desaparecem fundamentos e pontos de referência para o infinito intercâmbio de argumentos sobre se o proletariado foi "aburguesado" ou se os empregados foram "proletarizados". Ao mesmo tempo, a dinâmica do mercado de trabalho envolve círculos sempre mais amplos da população; o grupo dos que não recebem salário torna-se cada vez mais estreito e o grupo dos que se lançam ao mercado de trabalho (mulheres!) só faz aumentar. Consideradas todas as diferenças, aumentam também os compartilhamentos, em especial os *compartilhamentos de riscos*, para além dos distintos níveis de renda e de escolarização.

Consequentemente, a clientela potencial e real dos sindicatos *amplia-se* por um lado, mas por outro, é *ameaçada* de um modo novo: na imagem da proletarização, está também contemplada a congregação dos afetados em face da evidência da pauperização material e da experiência de alienação. Os riscos do trabalho assalariado não produzem por sua vez *quaisquer* compartilhamentos. Para sua superação, são necessárias medidas sociopolíticas e jurídicas que gerem por seu turno individualizações de demandas sociais e que precisam antes de mais nada tornar-se reconhecíveis em seu aspecto coletivo — e, na verdade, em contraposição a formas terapêuticas de tratamento individual. Desse modo, as formas sindicais e políticas de tratamento acabam competindo com acompanhamentos e compensações jurídica, médica e psicoterapeuticamente individualizantes, que são capazes de superar, de um modo muito mais concreto e evidente para os afetados, as cargas e os danos surgidos.

Do privatismo familiar ao privatismo político

Nos anos cinquenta e sessenta, várias investigações sociológicas demonstraram como, em relação a todos os países industrializados, o enfoque das pessoas sobre o trabalho somente pode ser compreendido no contexto global da vida familiar e da existência laboral. Torna-se assim inteiramente visível como, também para os trabalhadores da indústria, o fulcro da vida se encontra na família, e não na experiência do trabalho assalariado e fabril.

Esse ambivalente desdobramento da esfera privada, forçado pela indústria cultural e do lazer, não é uma mera ideologia, mas um processo e uma oportunidade igualmente *reais* de autoconfiguração das condições de vida. Esse processo tem somente seu início num privatismo familiar, como fora bastante típico nos anos cinquenta e sessenta. Ele pode, porém, como entrementes ficou claro, assumir variadas formas de manifestação e desenvolver uma dinâmica própria, que finalmente — na mudança de sentido da família e da sexualidade, do casamento e da paternidade, mas também na acelerada transformação das culturas alternativas — também faz com que o privatismo se carregue politicamente e expanda ou mesmo desfaça as fronteiras entre a privacidade e a publicidade. De modo inteiramente novo e talvez com alcance mais profundo que através de tentativas políticas de reforma, uma erosão e uma evolução permanentes das formas socioculturais de vida pressionam nesse caso o tecido sociopolítico no sentido da mudança e da adaptação, através de uma prática permanente de "fazer diferente as pequenas coisas". Nesse sentido, a destradicionalização das últimas décadas desencadeou um processo de aprendizado sobre cujos efeitos históricos (sobre, por exemplo, a educação e as relações sexuais) há uma expectativa ansiosa.

Nos anos cinquenta e sessenta, as pessoas respondiam clara e inequivocamente à questão sobre que objetivos buscavam: nos termos de uma vida "feliz" com a família, com planos para a casa própria, o carro novo, uma boa educação para as crianças e com a elevação do padrão de vida. Hoje, muitos falam uma outra língua, que — forçosamente vaga — se revolve em torno da "realização pessoal", da "busca da própria identidade", com objetivos tais como "o desenvolvimento das potencialidades pessoais" ou "estar sempre em movimento". Isto não se aplica de modo algum a todos os grupos populacionais na mesma medida. Essa mudança é fundamentalmente um produto da geração mais jovem, de uma melhor educação e de uma renda mais alta, enquanto as porções mais velhas, mais pobres e menos educadas da população permanecem claramente ligadas ao sistema de valores dos anos cinquenta. Para muitos, os símbolos convencionais de sucesso (renda, carreira, status) já não saciam as novas demandas de autodescoberta e autoafirmação, sua ânsia por uma "vida plena".

A consequência é que as pessoas acabam, de forma sempre mais gritante, caindo no labirinto do autodesconcerto, da autoindagação e da autoasserção. O regresso (infinito) às questões "sou realmente feliz?", "sinto-me realmente realizado?" e "quem é que aqui na verdade diz e pergunta 'eu'?" conduz a modos sempre novos de respondê-las, que das mais diversas maneiras são convertidos em mercados para especialistas, indústrias e movimentos religiosos. Na busca por autorrealização, as pessoas seguem os catálogos de turismo até os cantos mais remotos da Terra. Desfazem os melhores casamentos e partem rapidamente para novos relacionamentos. Fazem-se reciclar. Jejuam. Correm. Passam de um grupo de terapia a outro. Possuídos pelo objetivo da autorrealização, arrancam-se a si mesmos da terra para comprovar se suas raízes são realmente sadias.

Esse sistema de valores da individualização contém ao mesmo tempo indícios de uma nova ética, que repousa sobre o princípio dos "deveres para consigo mesmo". Isto representa um contraponto com relação à ética tradicional, de vez que os deveres têm necessariamente um caráter social e harmonizam a atuação do indivíduo com o todo, integrando-a nele. Por conta disto, essas novas orientações axiológicas são facilmente (mal-)entendidas como uma forma de egoísmo e narcisismo. Mas desse modo se despreza o núcleo da novidade que surge aqui. Ele dirige-se ao autoesclarecimento e à autoliberação, como um processo de destreza vital ativado com as próprias mãos; isto inclui a busca por novos vínculos sociais na família, no trabalho, na política.

O poder político dos trabalhadores e dos sindicatos repousa sobre a abstenção do trabalho organizada sob a forma de greve. Em contraposição, o potencial político da esfera privada que se amplia reside na percepção das possibilidades de autoconfiguração, no fato de danificar e superar, através da ação direta do fazer diferente, evidências culturais enraizadas. Para ilustrar isto com um exemplo: o "poder" do movimento feminista repousa *tam-*

bém sobre a reconfiguração do cotidiano e de obviedades que se estendem, a partir do dia a dia da família, até as mais diversas instâncias decisórias, passando por todos os âmbitos do trabalho formal e do sistema jurídico, e demanda, com uma política de alfinetadas, mudanças dolorosas no fechado e "estamental" mundo masculino. Em termos gerais, na ameaça vívida que, conscientemente percebida e expansivamente interpretada, incide sobre os espaços privados de ação e decisão, reside portanto a faísca que atualmente (à diferença dos mundos da vida determinados pela cultura de classe) acende os conflitos e movimentos sociais.

A sociedade individualizada dos "não autônomos"

O motor da individualização move-se a todo vapor e, por isto mesmo, não há maneira de saber como podem ser fundados novos e duradouros contextos de vida social, comparáveis com a estrutura de fundo das classes sociais. Pelo contrário, é possível que justamente nos próximos anos sejam postas em funcionamento, para combater o desemprego e reativar a economia, inovações sociais e tecnológicas que abrirão novas dimensões ao processo individualizatório. Isto vale para a flexibilização das relações trabalhistas e, em especial, para a introdução de novas regulamentações da jornada de trabalho; também vale, porém, para a introdução de novas tecnologias de informação e comunicação. Se essa avaliação estiver correta, surgirá um peculiar estágio transitório, no qual desigualdades herdadas ou intensificadas coincidam com elementos de uma "sociedade pós-classes" destradicionalizada e individualizada, que não terá nada que ver com as visões de uma sociedade livre de classes, no sentido de Marx:

(1) As instituições sociais — partidos políticos, sindicatos, governos, serviços sociais etc. — *tornam-se cada vez mais os conservadores de uma realidade social que existe cada vez menos*. Enquanto os modelos de trajetória da classe, da família, da profissão, da mulher e do homem perdem em conteúdo real e em capacidade de direcionar o futuro, nas "instituições tutelares", eles são conservados e revalidados *contra* desenvolvimentos e tendências "desviantes". A falta de consciência de classe é repassada em cursos de adestramento. Os eleitores que "traem" politicamente seus partidos são chamados de volta às fileiras com as súplicas de uma "democracia de estados de espírito". Uma sociedade situada *além* da sociedade industrial dissocia-se de uma sociedade industrial conservada nas instituições e que já não compreende o que acontece com o mundo. Parafraseando Brecht, poderíamos dizer: estamos cada vez mais próximos de uma situação em que os go-

vernos se veem obrigados a não reeleger o povo, e os sindicatos tampouco podem evitar despedir seus membros.

(2) As diferenças sociais de classe perdem sua feição no mundo da vida e, com sua perda, *desvanece-se a noção de mobilidade social*, no sentido de uma troca de indivíduos entre os grandes grupos perceptíveis, algo que ainda durante uma boa parte do século XX fora um tema social e político de grande força na geração de identidades. Isto não significa de modo algum a superação das desigualdades, mas somente sua redefinição, segundo os termos de uma *individualização dos riscos sociais*. Em consequência, os problemas sociais convertem-se imediatamente em disposições psíquicas: em insuficiência pessoal, sentimentos de culpa, angústias, conflitos e neuroses. De modo suficientemente paradoxal, surge uma *nova imediação* de indivíduo e sociedade, a imediação de crise e enfermidade, no sentido de que crises sociais se manifestam *como* crises individuais e já não são percebidas em sua dimensão social, ou somente o são com muitas mediações. Reside aí também uma raiz da atual "onda psicológica". Na mesma medida, noções individuais de desempenho ganham em significado, de modo que se pode dizer que, no futuro, a *sociedade da prestação de serviços* se desdobrará em todas as suas possibilidades de legitimação (aparente) das desigualdades sociais e que somente então toda a sua problemática virá à tona.

(3) Desse modo, as pessoas também são obrigadas a recorrer a coalizões sociais e políticas para superar situações socialmente problemáticas. Estas já não precisam contudo seguir um esquema, como por exemplo o esquema das classes. Em lugar disto, o isolamento das existências privadas, autonomizadas umas em relação às outras, pode ser rompido através dos eventos e desenvolvimentos mais variados. Correspondentemente, as coalizões com os grupos mais diversos e a partir das posições mais diversas são acordadas e por sua vez dissolvidas de uma forma pontual e inteiramente cambiante, de acordo com a situação e com o tema. Pode-se simultaneamente, por exemplo, combinar forças com os vizinhos numa campanha contra o ruído dos aviões, ser membro do sindicato dos metalúrgicos e votar na direita. Nesse sentido, as coalizões são alianças com um fim específico, dependentes da situação e das pessoas, que têm seu lugar na luta individual pela existência que se desenrola em campos de batalha distintos e socialmente assinalados. Torna-se assim reconhecível como as linhas e os temas conflitivos experimentam uma *pluralização peculiar* no curso dos processos individualizatórios. Na sociedade individualizada, prepara-se o terreno para novos e diversificados conflitos, ideologias e coalizões, que fazem explodir as esquematizações anteriores: são mais ou menos variáveis de acordo com o tema, mas de modo algum

unitários, e sim relacionados às situações e às pessoas. A estrutura social emergente torna-se propensa *a temas da moda e modas conflitivas impostos pela mídia de massa.*

(4) Linhas de conflito duradouras surgem cada vez mais ao longo de sinais distintivos "*assinalados*", que continuam vinculados à discriminação: raça, cor da pele, sexo, afiliação étnica (imigrantes), idade, deficiências físicas. Desigualdades sociais desse tipo, "praticamente conferidas pela natureza", obtêm, sob condições de individualização avançada, oportunidades especiais de organização e politização precisamente por conta de sua inevitabilidade, de sua constância temporal, de sua contraditoriedade com o princípio do desempenho, de sua concreção e visibilidade imediata e dos processos de identificação desencadeados dessa forma. Junto a isto, dois temas decisivos passam ao primeiro plano: as situações de ameaça para a sociedade (mundial) de risco (ver Primeira Parte) e os confrontos entre homens e mulheres, que até então se haviam mantido circunscritos à família.

CAPÍTULO 4

Eu sou eu: sobre o um sem o outro, o um com o outro e o um contra o outro na relação entre os sexos dentro e fora da família

Os barômetros linguísticos anunciam tempestades: "a *guerra* pela família" (Berger, Berger), "a *batalha* dos sexos" (Ehrenreich), "*terror* da intimidade" (Sennet). Para caracterizar o estado das coisas entre os sexos, recorre-se cada vez mais a um vocabulário pouco disposto à paz. Quem quer que tome a realidade pela linguagem, acreditará que amor e intimidade se converteram em seu contrário. É certo que se trata de exageros linguísticos na competição por visibilidade pública. No entanto, eles também remetem ao profundo desconcerto, à vulnerabilidade e ao "desespero armado" com que homens e mulheres se confrontam no dia a dia do casamento e da família (ou do que restou de ambos).

Se ainda se tratasse somente de casamento e família... Quem no entanto associa as relações entre os sexos apenas àquilo que elas parecem ser (algo associado com os temas sexualidade, ternura, casamento, paternidade etc.), deixa de considerar que elas, ao mesmo tempo em que são isto tudo, são também tudo o mais: trabalho, profissão, desigualdade, política, economia. É essa implicação desequilibrada de tudo aquilo que é mais contraditório o que complica as questões. Quem fala de família, tem de falar também de trabalho e dinheiro, quem fala de casamento, tem de falar também de educação, profissão e mobilidade, e especialmente de repartição *des*igual, mesmo que entrementes os pré-requisitos educacionais se tenham nivelado (consideravelmente).

1. Sobre a situação de homens e mulheres

Essa dimensionalidade universal da desigualdade entre homem e mulher começou mesmo a mudar há uma ou duas décadas na Alemanha? Os dados são dúbios. De um lado, consumaram-se alterações de dimensões históricas

— em especial nos âmbitos da sexualidade, do direito e da educação. No conjunto, porém, (com exceção da sexualidade) são mudanças na *consciência* e no *papel*. De outro lado, há uma *constância na relação e nas posições* de homens e mulheres (especialmente no mercado de trabalho, mas também na seguridade social). Isto gera o efeito — aparentemente paradoxal — de que o ganho em igualdade torna ainda mais evidente à consciência as desigualdades que seguem existindo e aumentando. Essa situação historicamente surgida, essa miscelânea de nova consciência e velhas situações é explosiva num duplo sentido: as mulheres jovens construíram — com a equiparação educacional e com a conscientização de sua situação — expectativas de mais igualdade e companheirismo no trabalho e na família, que se chocam com desenvolvimentos *em sentido contrário* no mercado de trabalho e no comportamento dos homens. Por sua vez, os homens cultivaram uma *retórica da igualdade*, sem que suas palavras sejam seguidas por atos. De ambos os lados, o gelo das ilusões tornou-se mais fino: com a equiparação dos pré-requisitos (na educação e no direito), as posições de homens e mulheres tornam-se ao mesmo tempo *mais* desiguais, *mais* conscientes e *mais carentes* de legitimação. As contradições entre a expectativa feminina de igualdade e a realidade feminina de desigualdade, entre o discurso masculino do compartilhamento e a insistência em antigas atribuições, essas contradições agravam-se e determinam o desenvolvimento futuro com a diversidade antitética de suas formas de tratamento. Estamos portanto — com todos os contrapontos, oportunidades e contradições — somente no *início* da libertação com respeito às atribuições "estamentais" do sexo. A consciência antecipou-se às relações. Mas é improvável que os relógios da consciência possam ser atrasados. Muito se fala em favor da *prognose de um longo conflito*: a contraposição dos sexos determina os anos que estão por vir. Essa tese será primeiro exposta empiricamente, com o auxílio de dados sobre a "dimensionalidade universal" das situações de vida de homens e mulheres, para que em seguida possa ser teoricamente aprofundada.

Casamento e sexualidade

Em todos os países ocidentais industrializados, há sinais de *números crescentes de divórcios*. Apesar de a Alemanha — em comparação, por exemplo, com os EUA — ainda parecer moderada nesse aspecto, também entre nós já se divorciam de um tempo para cá *um terço* dos casais (nas cidades grandes, metade dos casais separam-se, nas cidades pequenas e nas áreas rurais, um quarto) — e a tendência é ascendente. Até 1984, era possível contrapor ao número de divórcios um balanço positivo de segundos casamentos. Desde então, no entanto, são cada vez menos divorciados que se decidem a contrair um segundo matrimônio. Isto é o que diz a tendência geral de decréscimo no número de matrimônios. Confrontado com isto, a cota de divórcios para casais que voltaram a se casar cresce tanto quanto para casais com filhos. Como resultado, a selva das relações de paternidade torna-se mais densa: os meus, os teus, os nossos filhos, com a diversidade de regras, suscetibilidades e áreas de conflito que isto acarreta para todos os afetados.

Os dados da estatística oficial de divórcios e casamentos ainda são (provavelmente) superados pela realidade do *número vertiginosamente crescente de "casais não casados"*. Estimativas falam que hoje em dia na Alemanha algo entre 1 e 2,5 milhões de pessoas vivem em parceria não matrimonial. Mas nenhuma estatística cobre as separações ocorridas entre casais que não contraíram matrimônio. Quanto a esse aspecto, não apenas a parcela dessa forma de convivência se multiplicou na última década. Também esse "concubinato", controverso e combatido até pelo menos os anos sessenta, passou nesse meio-tempo a ser surpreendentemente aceito como algo evidente. Essa semi-institucionalização de formas extrajurídicas e extrafamiliares de convivência sinaliza, talvez mais que o próprio fenômeno, o ritmo da mudança.

Ainda nos anos sessenta, família, casamento e profissão como eixo dos planos e situações de vida e de biografias geravam ainda uma vinculação de amplo alcance. No meio-tempo, abriram-se possibilidades e obrigações eletivas sob todos os pontos de referência. Já não é evidente se duas pessoas se casarão, quando se casarão, se viverão juntas e não se casarão, se se casarão e não viverão juntas, se terão ou criarão filhos dentro ou fora da família, com a pessoa junto a quem se vive ou com a pessoa a quem se ama, mas que vive com outra pessoa, antes ou depois de fazer carreira, ou mesmo durante. Tampouco é claro como isso tudo pode ser combinado, a curto ou longo prazo, ou mesmo temporariamente, com as obrigações ou ambições de manutenção, carreira e profissão de todos os envolvidos. Todas as planificações e acordos dessa natureza são por princípio revogáveis e, portanto, nos encargos mais ou menos desiguais que acarretam, dependentes de legitimação. Isto pode ser compreendido como *desacoplamento e diferenciação* dos elementos da vida e do comportamento (anteriormente) congregados na família e no casamento. Consequentemente, torna-se cada vez mais difícil integrar conceito e realidade. A unidade e a constância dos conceitos — família, casamento, paternidade, mãe, pai etc. — mascaram e ocultam a *crescente diversidade* das posições e situações que se encontram por trás deles (por exemplo, pais divorciados, pais de filhos únicos, pais solteiros, pais que nunca se casaram, pais estrangeiros, padrastos, pais desempregados, donos de casa, pais que vivem em moradias comunitárias, pais de fim de semana, pais casados com mulheres que trabalham etc.; ver M. Rerrich, 1986, p. 44).

Nesse âmbito, o sentido do desenvolvimento é sinalizado através da composição dos lares: *cada vez mais gente vive sozinha*. O percentual de lares unipessoais já superou na Alemanha a marca de *um quarto* (30%). Em 1900, viviam em cerca de 44% dos lares cinco ou mais pessoas. Em 1981, a cifra correspondente limitava-se a apenas 9%. Em compensação, a convivência em lares bipessoais cresceu de 15% em 1900 para 29% em 1981. Já no início dos anos oitenta, cerca de 7,7 milhões de pessoas (por volta de 12,5 % da população) viviam sozinhas na Alemanha — e a tendência era ascendente. Além disso, trata-se de pessoas que apenas parcialmente correspondem ao estereótipo da "vida de solteiro": jovens celibatários que trabalham; pelo contrário, são na maioria pessoas mais velhas, enviuvadas, predominantemente mulheres (ver Statistisches Bundesamt, 1983, p. 54 ss.).

Contudo, essas tendências de desenvolvimento não devem ser interpretadas linearmente no sentido de uma *crescente anarquia e fuga dos compromissos* na relação entre homens e mulheres. Também há uma tendência em sentido contrário. Há ainda *dois terços* de casais *não* divorciados (seja o que for que se esconda por trás desses números) que se contrapõem às cifras de divórcios alçadas a *um terço*. De fato, no intervalo de uma geração — em especial, entre as garotas — consumaram-se consideráveis transformações no comportamento sexual. Assim, se antes somente aos garotos era concedido acumular experiências sexuais — ainda que apenas oficiosamente, com uma piscadela de olho —, hoje bem mais da metade das garotas (61%) concordam que é importante para as mulheres acumular experiências sexuais. Ademais, metade delas acha estimulante ter dois namorados ao mesmo tempo (Seidenspinner, Burger, 1982, p. 30). Isto não deve porém desviar a atenção do fato de que o comportamento sexual liberal também é estritamente regrado. Em sua maioria, os jovens não aspiram *a uma vida sem laços*, ainda que coloquem em dúvida o valor que possam ter os modelos de casamento e família. O ideal de um relacionamento estável permanece ainda hoje em primeiro plano, "a prática da fidelidade surge com frequência como algo evidente — mas sem as legitimações e obrigações oficiais do direito estatal e da moral eclesiástica" (K. Allerbeck, W. Hoag, p. 105). O desenvolvimento é portanto ambivalente. A questão intensamente discutida sobre se casamento e família pertencem a uma época ultrapassada só pode ser respondida com um *sonoro "sim e não"*.

Educação, mercado de trabalho e ocupação

A equiparação jurídica da mulher está firmemente ancorada na Lei Fundamental da República Federal Alemã. Porém, desigualdades substantivas no posicionamento jurídico somente foram desmontadas em 1977, com o novo direito matrimonial e de família. No papel já não vigora qualquer lei que trate homens e mulheres diferentemente. Às mulheres que se casam é concedida a possibilidade de manterem seus nomes de solteiras. A atribuição das tarefas domésticas e familiares às mulheres, até então estabelecida *por lei*, foi revogada e a decisão sobre a condução do lar deixada aos cônjuges. Ambos estão igualmente autorizados a trabalhar. O cuidado dos filhos cabe ao pai e à mãe, que, em caso de opiniões divergentes — assim diz a letra da lei —, "devem procurar chegar a um acordo" (ver *Frauenlexikon*, 1983, p. 79).

Paralelamente a essa equiparação jurídica de dimensões consideráveis entre homem e mulher, o evento mais notável no desenvolvimento recente da Alemanha é justamente a *revolucionária equiparação das oportunidades educacionais* (a respeito desse tópico, assim como do desenvolvimento da atividade laboral feminina, ver p. 117): até o início dos anos sessenta, era patente a discriminação das garotas na escola (surpreendentemente mais intensa nos níveis superiores que em todos os outros níveis). Em 1983, as garotas chegaram mesmo a superar os garotos em alguns pontos (por exemplo, mais garotas que garotos prestam o exame de ingresso à universidade, enquanto na disputa em níveis inferiores os garotos superam as garotas). Também há desenvolvimentos no sentido contrário. Assim, uma comparação dos títulos de formação profissional segue mostrando uma clara diferença (no início dos anos oitenta, 40% das mulheres economicamente ativas e apenas 21% dos homens não possuíam qualquer título de formação profissional). Também a disposição para os estudos universitários entre as garotas que concluíam o ensino secundário regrediu de 80% para 63% nos últimos dez anos (entre os garotos, de 90% para 73%). Em algumas carreiras, as mulheres continuam desproporcionalmente representadas (mais de 70% escolhem carreiras ligadas às humanidades, letras ou pedagogia), e são também as mulheres que mais se qualificam para as escolas "inferiores".

Entretanto, partindo da situação inicial, não parece exagerado falar de uma *feminização* da educação nos anos sessenta e setenta. Mas a essa revolução educacional *não* se seguiu uma revolução no mercado de trabalho e no sistema empregatício. Pelo contrário, as portas que foram abertas na educação "voltam a ser fechadas [...] no mercado empregatício e de trabalho" (G. Seidenspinner, A. Burger, 1982, p. 11). O escasso incremento na presença de garotas nas "profissões masculinas" é contraposta por uma entrada massiva das garotas em todos os outros âmbitos. A "integração da mulher no trabalho", exigida (e promovida) nos anos setenta, acompanha de perto a *"legitimidade sexual-estamental" da hierarquia invertida*: quanto mais "central" um âmbito é (definido) para a sociedade, quanto mais "poderoso" o grupo, tanto menos representadas estarão ali as mulheres; e vice-versa: quanto mais "marginal" se considera um âmbito de atuação, quanto "menos influente" o grupo, tanto maior a probabilidade de que as mulheres tenham conquistado oportunidades ocupacionais nesses campos. Isto é o que mostram os dados correspondentes em todos os âmbitos — política, economia, ensino superior, meios de comunicação etc.

Nas posições de cúpula na *política*, a presença de mulheres continua sendo uma exceção. Por um lado, a representação das mulheres em colegiados de decisão política melhorou continuamente a partir de 1970; por outro lado, sua presença diminui quanto mais se aproximam dos centros decisórios. A entrada mais visível foi nos colegiados partidários (de 14% em 1970 para uma média de 20,5% em 1982). Nesse aspecto, sua influência é marcadamente maior entre os verdes (até 50%). Nos parlamentos, a participação das mulheres aumenta conforme se desce na ordem de importância; no nível municipal é onde é maior (a percentagem de mulheres nos parlamentos estaduais oscila entre 6% e 15%; nos parlamentos distritais e municipais, as mulheres estão representadas em algo entre 9,2% e 16,1%). Na *economia*, a percentagem de mulheres em posições de poder é muito baixa, em torno de 2,7%, enquanto sua representação em âmbitos de menor influência das empresas (por exemplo, no setor de recursos humanos) é maior. No âmbito do *judiciário*, os números são em grande medida similares. A presença de mulheres é aqui muito maior (em 1977, cerca de 11% de juízas, 10% de procuradoras e 7% de advogadas). Mas nos tribunais federais, "que é onde as decisões fundamentais de nossa jurisprudência são tomadas, onde os rumos do nosso sistema judiciário são traçados para os próximos decênios, as mulheres (quase) não têm lugar" (B. Wiegmann, 1979, p. 130). Nas instituições de *ensino superior*, as mulheres ainda são exceção no topo da pirâmide, nas cátedras do grupo salarial C4 (em 1980, das cerca de 9.431 cátedras, apenas 239 eram ocupadas por mulheres), se bem que mais abaixo a percentagem cresce continuamente (já é pelo menos o dobro nas cadeiras de nível C3 e muito maior nas inseguras posições intermediárias de assistentes acadêmicos — especialmente nas "disciplinas marginais"). Também nos *meios de comunicação* a figura é similar: quanto mais se ascende, tanto mais raro que as mulheres tenham voz. Quando trabalham na televisão, as mulheres estão predominantemente em "níveis intermediários" e nos setores "de variedades" — bem menos, no entanto, nos "importantes" setores temáticos da política e da economia e quase nunca no Conselho de Radiodifusão (Rundfunkrat). A participação das mulheres nas posições de comando das emissoras públicas alcançava em 1978 a marca dos 3% (ver *Frauen 80*, editado pelo Ministério Federal da Juventude, Família e Saúde — Bundesministerium für Jugend, Familie und Gesundheit, p. 31).

O *trabalho profissional qualificado* das mulheres jovens permanece intacto. As mulheres jovens são bem-preparadas e obtiveram, em relação a suas mães (e em parte também em relação a seus pais!), um *claro avanço* (ver acima, p. 117). Mas nesse caso a tranquilidade também engana. Em vários âmbitos da vida profissional, *as mulheres conquistaram "canoas furadas"*. Frequentemente as profissões tipicamente femininas são aquelas cujo futuro é incerto: secretárias, vendedoras, professoras, trabalhadoras industriais qualificadas. Justamente os setores em que as mulheres desempenham as funções centrais foram afetados de forma especialmente dura ou são setores que sustentam — no melhor jargão sociológico — "consideráveis reservas de racionalização". Isto vale precisamente para o trabalho industrial. A maioria dos postos de trabalho "femininos" — na indústria eletrônica, alimentícia, têxtil e de confecções — é marcada em parte por "barreiras à mecanização", mas também por "lacunas de mecanização" ou mesmo por "atividades residuais" remanescentes em sistemas de produção alta ou parcialmente mecanizados, que provavelmente desaparecerão em futuras ondas microeletrônicas de racionalização.

Essa eliminação das mulheres das relações profissionais já se reflete no desenvolvimento do *desemprego*. O número de mulheres registradas como desempregadas tem sido sempre superior ao dos homens nos últimos anos — com tendência ascendente. Em 1950, a taxa de desemprego entre as mulheres era de 5,1% (entre os homens era de 2,6%); em 1982, subiu para 8,6% (entre os homens, para 6,8%). Dos mais de 2,5 milhões de desempregados na Alemanha desde 1983, *metade* são mulheres — mas sua participação no mercado de trabalho é um terço menor que a dos homens. Entre 1980 e 1982, o desemprego entre universitários chegou a crescer 39% entre as mulheres, enquanto entre os homens o crescimento foi de 14%. Não estão incluídas as mulheres que — mais ou menos voluntariamente — se afastam da vida economicamente ativa, optando pela vida doméstica. Desse modo, multiplicou-se nos últimos anos o número de pessoas que se retiram, em decorrência do desemprego, para "outros tipos de atividade não laboral" — em geral, trabalhos domésticos (eram 6 mil em 1970, mas em 1982 já eram 121 mil!). Em outras palavras, tudo aumenta entre as mulheres: sua *participação* na vida econômica ativa, o *desemprego* e o desemprego *oculto*.

Esse deprimente desenvolvimento do mercado de trabalho encontra-se em clara contradição com as expectativas que a nova geração de mulheres construiu e manifesta. Um dos resultados fundamentais do estudo *Mädchen 82*, publicado por G. Seidenspinner e A. Burger, é "o fato de que, para as garotas com idade entre quinze e dezenove anos, a *realização dos sonhos profissionais figura em primeiro lugar*" — e situa-se acima do casamento e da maternidade (p. 9). Essa alta motivação profissional e educacional das mulheres jovens topa com tendências de desenvolvimento no sentido contrário e é preciso esperar para ver como esse "*choque de realidade*" será assimilado, a curto e a longo prazo, no âmbito privado e também público.[1]

A libertação com respeito às atribuições "estamentais" de papéis de gênero jamais afeta apenas um dos lados — a mulher. Ela vingará na exata medida em que os *homens* também alterarem sua concepção de si mesmos e seu comportamento. É algo que se revela não apenas nas novas barreiras construídas para bloquear a entrada no sistema empregatício, como também ao longo de outros eixos do "trabalho tradicionalmente feminino": trabalho cotidiano, trabalho com os filhos, trabalho na família.

A emancipação feminina e o trabalho na família na perspectiva dos homens

"Der Mann", o representativo estudo empírico publicado por S. Mety-Göckel e U. Müller no outono de 1985, delineia um cenário ambivalente, mas amplamente inequívoco em sua ambivalência. A visão harmônica dos homens sobre a ordem sexual descrita por Hegel Pross ainda em meados dos anos setenta — "o homem é mais forte, quer trabalhar e manter sua família; a mulher é mais fraca, quer manter seu atual papel familiar e apenas par-

[1] Essa imagem sombria de como as mulheres são prejudicadas no trabalho é completada por uma *remuneração pior*, na média. Em 1982, com um salário de 11,38 marcos por hora, as trabalhadoras da indústria recebiam 73% da remuneração dos homens (15,66 marcos). Uma comparação estendida até 1960 mostra que as diferenças de remuneração bruta entre homens e mulheres diminuíram relativamente. Porém, mesmo que tenham as mesmas qualificações educacionais e a mesma idade, os homens recebem em geral mais que as mulheres. Em 1979, por exemplo, 29% dos homens com mais de quarenta anos, qualificados para o trabalho de vendas no varejo, recebiam mais que 3.000 marcos por uma jornada de trabalho integral, enquanto esse percentual era de 9% entre as mulheres (ver *Quintessenzen 1984: Frauen und Arbeitsmarkt*, pp. 33 ss.).

cialmente obter um trabalho, obviamente despretensioso, e quer que o homem tome conta das coisas" (1978, p. 173) — deu lugar a uma *franqueza verbal associada à rigidez do comportamento* dos homens. "Os homens dividem-se em suas reações. Não fazem na prática aquilo que defendem em teoria. Escondem por trás dos *slogans* do companheirismo a desigualdade fática" (p. 18). Especialmente com relação às antigas atribuições de tarefas domésticas e de cuidados dos filhos nada ou bem pouco mudou. "Os pais não cozinham, não lavam, não limpam o chão. Praticamente não participam do trabalho doméstico. Satisfazem-se com uma contribuição financeira para a manutenção da casa e para a educação dos filhos" (p. 21). Portanto, "o papel de dono de casa, amplamente aceito, vale apenas para os *outros* homens" (p. 63). Com uma certa esperteza, insiste-se sobre as velhas atribuições, mesmo que a linguagem se tenha tornado mais lábil. Defender sua própria "imunidade em relação ao trabalho doméstico" *e* aceitar os direitos iguais da mulher não lhes parece contraditório. Novos argumentos são mobilizados:

Há dez anos, a maioria dos homens ainda explicava a discriminação da mulher na vida profissional como uma decorrência da carência de qualificações. Uma vez que, em função da expansão educacional, esse argumento já não é mais sustentável, recorre-se hoje em dia a outros muros de contenção: o *papel de mãe*.

> "61% dos homens veem nos encargos familiares da mulher o obstáculo decisivo para a carreira profissional [...] Perguntados sobre como uma família com crianças (menores de dez anos) pode repartir da melhor maneira profissão, tarefas domésticas e educação dos filhos, a grande maioria dos homens alemães sustenta o modelo: a mulher fica em casa, o homem trabalha (80%) [...] Na percepção dos homens, nada disto representa propriamente uma discriminação das mulheres, mas uma lei da natureza... Transformar a questão da mulher na questão dos filhos é o bastião mais estável contra a equiparação das mulheres" (pp. 26-7).

A ironia histórica faz com que, ao mesmo tempo, uma parcela pequena mas crescente dos homens — os pais solteiros e os donos de casa — ajude a enterrar essa postura regressiva.

As autoras descrevem com ironia redobrada a contraditoriedade da nova imagem que os homens fazem da mulher. "O 'aconchego junto ao fogão' já saiu de moda. Os homens atribuem um grande valor à autonomia de decisões das mulheres. A mulher autônoma, que sabe o que quer, é desejada. Essa nova autonomia é a de uma mulher que resolve seus assuntos (e os dos outros membros da família) autônoma e responsavelmente, contribuindo desse modo para aliviar os ônus do homem [...] Os homens veem afinal nessa variante da emancipação muitos pontos positivos. Eles só veem problemas com a 'autonomia' da mulher quando ela ameaça dirigir-se também contra eles, opor-lhes exigências ou fazer prevalecerem interesses à sua custa" (pp. 22-3).

Investigações iniciais sobre a exígua minoria de homens que consumaram a troca de papéis e se tornaram *novos pais* e *donos de casa* refinam a figura (ver A. Hoof, J. Scholz, 1985). Conforme suas próprias declarações, trata-se de uma decisão apenas em parte voluntária. Eles "atenderam o desejo ou a exigência de suas *companheiras* de poder seguir trabalhando. Chegava mesmo, em casos específicos, a ser uma condição imposta por elas para a gravidez" (p. 5). Reveladoramente, a velha ideologia masculina da imunidade em relação ao trabalho doméstico já não é compartilhada pelos homens que às palavras fizeram seguir-se ação. "Uma das experiências dos donos de casa que mais se destaca é o isolamento no trabalho doméstico e a insatisfação que gera com sua rotina monótona" (p. 17). Os *donos* de casa padecem da síndrome de *dona* de casa: invisibilidade do trabalho, carência de reconhecimento, carência de autoconfiança. Um deles diz:

> "[...] o pior é a limpeza, o mais desagradável, isto é mesmo asqueroso [...] Isto você não conhece realmente até que você tenha que fazer todos os dias; quando você limpa, digamos, algo na sexta-feira e na semana seguinte, à mesma hora, no mesmo lugar, está a mesma sujeira. E isto é o que afinal é de fato quase humilhante, senão ao menos irritante, nessa atividade [...] Você poderia mesmo dizer que é um tipo de luta contra moinhos de vento" (pp. 17-8).

Em face dessa experiência, mesmo os homens que trocaram conscientemente o "alienante trabalho profissional" pelo trabalho doméstico revisam sua imagem do trabalho remunerado, reconhecem sua importância tanto para a autoafirmação quanto para o reconhecimento pelos outros e acabam buscando pelo menos uma ocupação parcial (pp. 8 e 43). Por menos socialmente reconhecido que seja esse tipo de intercâmbio de papéis até o momento, destaca-se o fato de que os homens são louvados em seu entorno por fazê-lo, enquanto os olhares sombrios recaem sobre a esposa. Ela vê-se exposta à reprovação como uma "mãe desnaturada" (p. 16).

Resumindo: por trás das fachadas do ideal de parceria cultivado de lado a lado, acumulam-se as *contradições*. De acordo com a direção em que se olhe, podem-se discernir avanços e retrocessos. Tratemos primeiro das mulheres. Não cabe dúvida de que se abriram *novos espaços livres* nas dimensões centrais da vida das mulheres jovens — em comparação com a geração de suas mães; no âmbito do direito, da educação e da sexualidade, mas também na situação profissional (para um sumário abrangente, ver E. Beck-Gernsheim, 1983). Mas um olhar sobre o desenvolvimento atual e sobre o desenvolvimento futuro que se anuncia também mostra que esses espaços livres em grande medida não estão *socialmente assegurados*. As tendências de desenvolvimento do trabalho remunerado e a coesão estamental do mundo masculino na política, na economia etc. sustentam a suposição de que, até hoje, todos os desacordos eram ainda harmoniosos e que a fase do conflito ainda está por começar.

A situação inicial e a perspectiva correspondente estão imersas em múltiplas ambivalências. Na comparação geracional, as mulheres em geral não figuram mal (melhor educação e, por isto mesmo, melhores *chances* profissionais também). Ao mesmo tempo, ultrapassaram seus próprios maridos, que têm mais ou menos o mesmo nível de formação, mas acabam permanecendo condenadas à pena de "trabalhos domésticos perpétuos". Contudo, ao interesse das mulheres em assegurar sua autonomia econômica e em realizar uma atividade profissional individualizadora contrapõe-se como sempre o interesse pelo relacionamento com um companheiro e pela *maternidade*, também e justamente entre as mulheres que sabem o que isso representa para suas chances profissionais e o que acarreta em termos de dependência econômica do marido. Com uma nova consciência, o vai e vem entre a "própria vida" e o "existir para os outros" mostra a *hesitação do processo feminino de individualização*. Além disso, o "gênio da igualdade" já não se deixa mais prender de volta na lâmpada. Da perspectiva dos homens, foi uma estratégia extraordinariamente míope e ingênua abrir os olhos das mulheres através da educação e acreditar que depois disso elas não veriam o que está por trás das transparentes "justificações" masculinas da ordem sexual estamental na família, no trabalho e na política e que as aceitariam para sempre.

Nos últimos dez anos, também do lado dos *homens* algo começou a mover-se. O velho clichê do "homem durão" já não serve. Em sua maioria, os homens também querem demonstrar sentimentos e fraquezas. Já não se considera mais ridículo que um homem chore (Metz, Göckel, Müller, p. 139). Eles começam a desenvolver um novo tipo de relação com a sexualidade. Esta "já não emerge como um impulso isolado, mas como um componente a mais de sua personalidade. A companheira passa a ser tratada com deferência" (p. 139). No entanto, os homens encontram-se numa outra situação. A palavra "equiparação" tem para eles um outro significado. Não significa — como para as mulheres — *mais* educação, *melhores* oportunidades profissionais, *menos* trabalho doméstico, mas sim, pelo contrário: *mais concorrência, renúncia à carreira, mais trabalho doméstico*. A maioria dos homens entrega-se à ilusão de que o bolo pode ser comido duas vezes. Assumem como compatíveis, sem mais problemas, a equiparação de mulher e homem *e* a preservação da antiga divisão do trabalho (especialmente no próprio caso). De acordo com a regra largamente aceita segundo a qual, onde quer que a igualdade seja iminente, cabe recorrer à natureza, iludem-se, para além das contradições entre suas palavras e ações, por meio do recurso a justificações biológicas para as desigualdades vigentes. A partir da fertilidade da mulher, inferem sua responsabilidade pelos filhos, pelo trabalho doméstico e pela família, impondo-se-lhes, a partir daí, a renúncia à carreira e a subordinação no trabalho.

Nesse contexto, os conflitos que surgem afetam de modo especialmente sensível os homens. Em conformidade com o tradicional estereótipo do papel sexual masculino, o "sucesso" do homem é substantivamente vinculado ao sucesso econômico e profissional. Apenas uma renda segura pode assegurar-lhe que possa realizar o ideal da masculinidade como um "bom provedor" e um "marido e pai de família diligente". Nesse sentido, também a satisfação de necessidades sexuais está definitivamente vinculada ao sucesso economicamente mensurável. Reversivamente, isto também quer dizer que, para a obtenção desses objetivos e para a satisfação dessas expectativas, o homem deve dar "o máximo de si" no trabalho, internalizar constrições da carreira, deve entregar-se, "explorar-se". Essa estrutura da "faculdade *masculina* de trabalhar" é, por um lado, o pré-requisito para que tenham êxito as estratégias empresariais de disciplinamento relacionadas à recompensa e à punição. Quem tem mulher e filhos faz o que lhe mandam fazer. Por outro lado, a oferta da força de trabalho masculina continua referida ao "lar harmonioso", pelo qual responde a mulher. Assim, a personificação do "profissionalismo" torna os homens em certa medida *emocionalmente dependentes*. Eles integram-se numa divisão do trabalho que os faz delegar à mulher aspectos fundamentais de sua individualidade e de suas capacidades no trato consigo mesmos. Paralelamente, aumenta a pressão para harmonizarem-se em todos os assuntos relativos à relação entre os sexos. Os homens desenvolvem uma notável capacidade de não se inteirar dos conflitos que fermentam ao seu redor. Na mesma medida, tornam-se vulneráveis através da privação dosada ou definitiva do intercâmbio emocional contido na sua concepção de relacionamento. Se a relação com a mulher já não é harmônica, mas conflitiva, sofrem duplamente: à privação soma-se o desamparo e a incompreensão.

Teses

Os temas e conflitos entre homens e mulheres não são, porém, *apenas* aquilo que parecem ser: temas e conflitos entre homens e mulheres. Neles rompe-se *também* uma estrutura social da vida privada. Aquilo que emerge como "conflito no relacionamento" tem um aspecto universal, sociológico, que será desenvolvido aqui em três teses:

(1) A atribuição de caracteres de gênero é *basilar* para a sociedade industrial, e não uma relíquia tradicional de fácil renúncia. Sem a distinção dos papéis de mulheres e homens, não haveria família nuclear. Sem família nuclear, não haveria sociedade industrial em seu esquematismo de vida e trabalho. A imagem da sociedade industrial baseia-se numa mercantilização incompleta (ou, mais precisamente, *cortada pela metade*) da capacidade humana para o trabalho. Industrialização plena, mercantilização plena *e* família, com suas formas e atribuições tradicionais, excluem-se mutuamente. Por um lado, o trabalho remunerado pressupõe o trabalho doméstico, a produção mediada pelo mercado exige as formas e atribuições da família nuclear. A sociedade industrial refere-se, nessa medida, às posições desiguais de homens e mulheres. Por outro lado, essas posições desiguais estão em contradição com os princípios da modernidade e, na continuidade dos processos de modernização, tornam-se problemáticas e conflitivas. Mas no curso da equiparação *efetiva* de homens e mulheres, os fundamentos da família (casamento, sexualidade, paternidade etc.) são colocados em questão. Quer dizer, na fase de modernização posterior à Segunda Guerra Mundial, realização *e* supressão da sociedade de mercado coincidem. O universalismo do mercado tampouco conhece seus tabus próprios e autoimpostos, e compromete a integração das mulheres no "destino estamental" industrialmente produzido da vinculação ao trabalho doméstico e do sustento conjugal. Com isto, tanto a sintonia biográfica de produção e reprodução quanto as normas e a divisão de trabalho na família tornam-se frágeis, as lacunas na segurança social das mulheres, visíveis, e por aí afora. Nos conflitos que hoje em dia se desencadeiam entre homens e mulheres, numa sociedade industrial que, na modernização e na individualização de fundo, anula simultaneamente os fundamentos modernos *e* estamentais de sua vida em comum, é necessário portanto que as contradições, tornadas pessoais, sejam reguladas.

(2) A dinâmica individualizatória que liberta as pessoas das culturas de classe tampouco se detém diante dos portões da família. Com uma violência que não chegam a compreender e cuja encarnação mais íntima são elas mesmas, apesar de todo o estranhamento com que se lança sobre elas, as pessoas são libertadas dos enquadramentos de gênero, de seus atributos e prescrições estamentais, ou então, sacudidas até no mais íntimo da alma. A lei que lhes sobrevém decreta: *eu sou eu*, e em seguida: sou mulher. Eu sou eu, e em seguida: sou homem. Há mundos nessa distância entre o eu e a mulher *exigida*, o eu e o homem *exigido*. Nesse caso, o processo individualizatório acarreta consequências em grande medida opostas nas relações entre os sexos: de um lado, na busca por uma "vida própria", homens e mulheres são *libertados* das tradicionais formas e atribuições de papéis. De outro, as pessoas são *levadas* pela diluição das relações sociais à comunhão a buscar a felicidade com outra pessoa. A necessidade de compartilhar a intimidade, conforme prescrito pelo ideal do casamento e da união, não constitui uma necessidade originária. Ela *surge* com as perdas causadas pela individualização, como o inverso de suas possibilidades. Em consequência, o caminho que sai diretamente do casamento e da família conduz, antes do que se imagina, de volta a ela — e vice-versa. Aquilo que está para além do gozo e da dor do sexo é sempre outra vez gozo e dor do sexo, aquilo que coloca um contra o outro, um sobre o outro, um sob o outro, um junto ao outro, um sem o outro, um pelo outro — ou tudo ao mesmo tempo.

(3) Em *todas* as formas da vida em comum de homens e mulheres (antes, durante, à margem ou depois do casamento) explodem os *conflitos do século*. Mostram ali sempre a sua face privada, pessoal. Mas a família é *apenas o lugar* em que isto ocorre, e não *a razão* para que ocorra. É possível mudar de cenário. A peça encenada continua a mesma. A implicação dos sexos começou a balançar com toda a sua multiplicidade de níveis (trabalho, paternidade, amor, profissão, política, desenvolvimento e realização pessoal, tudo isto obtido com e contra o outro). Nas relações conjugais (e extraconjugais), a conscientização dos conflitos acende-se com as *possibilidades eletivas* emergentes (p. ex., a mobilidade profissional dos cônjuges em direções divergentes, a repartição do trabalho doméstico e do cuidado com as crianças, o tipo de método anticoncepcional, a sexualidade). Com as decisões, os efeitos e riscos, distintos e opostos para homens e mulheres, e consequentemente a *oposição de suas posições* tornam-se conscientes. Assim, por exemplo, juntamente com a decisão sobre a responsabilidade pelas crianças, decide-se sobre a carreira profissional dos cônjuges e também sobre sua atual e futura dependência ou independência econômica, com todas as diversas

consequências para homens e mulheres que disto decorrem. Estas possibilidades decisórias têm um aspecto pessoal *e* um institucional. Quer dizer, a falta de soluções institucionais (p. ex., falta de creches e jornadas de trabalho inflexíveis, insuficientes garantias sociais) potencializa conflitos nas relações privadas, e vice-versa: medidas institucionais aliviam a discórdia privada entre os sexos. Estratégias privadas *e* políticas de solução precisam portanto ser consideradas em seu devido contexto.

As três teses fundamentais — o "caráter estamental" da sociedade industrial, as tendências individualizatórias em contextos femininos e masculinos da vida, assim como as situações de conflito tornadas conscientes a reboque de oportunidades e obrigações eletivas — precisarão agora ser sucessivamente desenvolvidas e explicadas.

2. A SOCIEDADE INDUSTRIAL É UMA SOCIEDADE ESTAMENTAL MODERNA

As peculiaridades e confrontos nas situações de vida de homens e mulheres podem ser teoricamente determinados por meio de sua delimitação segundo as posições de classe. Os confrontos de classe foram desencadeados no século XIX na pauperização de amplos setores do operariado. Foram publicamente expostos. Os confrontos entre os sexos surgidos com a destradicionalização da família emergem fundamentalmente na vida em comum, têm seu cenário de disputa na cozinha, na cama e no quarto das crianças. Seu ruído de fundo e seu signos são as eternas discussões sobre a relação ou a muda confrontação no casamento; refugiando-se na solidão e refugiando-se dela; perdendo a confiança no outro, que de repente já não se pode compreender; sofrendo com a separação; deificando as crianças; lutando por uma porção de vida própria, que deve ser arrancada ao outro e, ainda assim, com ele dividida; percebendo a opressão no ridículo do dia a dia, a opressão que se *é* para si mesmo. Dê-se a isto o nome que se queira: "entrincheiramento dos sexos", "recuo à subjetividade", "era do narcisismo". Este é precisamente o modo pelo qual uma *forma social* — a trama estamental da sociedade industrial — implode no âmbito privado.

Os confrontos de classe surgidos com o sistema industrial são, por assim dizer, "imanentemente modernos", baseados no próprio modo de produção industrial. Os confrontos entre os sexos, no entanto, não se curvam *nem* ao esquema dos modernos confrontos de classe, *nem tampouco* constituem um mero resquício tradicional. São algo distinto. São, assim como os confrontos entre capital e trabalho, *produto* e *fundamento* do sistema industrial, pois que trabalho remunerado *pressupõe* trabalho doméstico e as esferas e formas de produção e família foram separadas e *criadas* no século XIX. Ao mesmo tempo, as posições assim surgidas de homens e mulheres sustentam-se em *atribuições* de nascença. Nessa medida, são um híbrido bizarro: "*estamentos modernos*". Com eles estabelece-se na modernidade uma hierarquia *socioindustrial* estamental. Seu potencial explosivo e sua lógica conflitiva são extraídos da *contradição* entre modernidade e antimodernidade *na* sociedade industrial. Assim, as atribuições e confrontos estamentais de gênero não surgem como os confrontos de classe, na fase inicial da modernização industrial, mas em sua fase *tardia*, num momento, portanto, em que as classes sociais já foram destradicionalizadas e a modernidade já não se detém diante dos portões e formas da família, do casamento, da paternidade e do trabalho doméstico.

No século XIX, o estabelecimento da sociedade industrial cunha as formas da família nuclear que atualmente são por sua vez destradicionalizadas. Trabalho familiar e produção são subordinados a princípios organizativos contrapostos (ver M. Rerrich, 1986). Valendo aqui as regras e o poder do *mercado*, presume-se ali a realização obviamente *gratuita* do trabalho cotidiano. À formalidade *contratual* das relações, contrapõe-se a *comunitariedade* coletiva de casamento e família. Concorrência individual e mobilidade, exigidas no âmbito produtivo, enfrentam na família uma exigência contrária: sacrificar-se em função dos outros, submergir no projeto comunitário coletivo da família. Assim, sob o formato da reprodução na família e da produção vinculada ao mercado, são soldadas no projeto da sociedade industrial duas épocas distintas — modernidade e antimodernidade. Com princípios organizativos e sistemas axiológicos contrapostos, elas complementam-se, condicionam-se *e* contradizem-se.

Coerentemente, as situações de vida geradas e assinaladas com a separação entre família e produção também são distintas em termos históricos. Existe, portanto, mais que apenas um sistema de desigualdade que se baseia na produção: diferenças de remuneração, de profissão, de posicionamento em relação aos meios de produção etc. Existe também um sistema de desigualdades que *atravessa* e abarca, por um lado, as diferenças epocais entre as "situações familiares" em sua relativa igualdade e, por outro lado, a pluralidade das posições produtivas. Os trabalhos produtivos são mediados pelo mercado de trabalho e executados em troca de dinheiro. Encarregar-se deles converte as pessoas — apesar de todos os vínculos do trabalho subordinado — em autoprovedores. Elas tornam-se portadoras de processos de mobilidade, dos planos relacionados com esses processos etc. O trabalho não remunerado na família é atribuído como um dote natural decorrente do casamento. Encarregar-se dele significa de saída *in*suficiência para sustentar-se. Quem dele se encarrega — e sabemos quem é que o faz —, administra dinheiro de "segunda mão" e permanece subordinado aos vínculos do casamento como porta de acesso à autossuficiência. A distribuição desses trabalhos — e nisso residem os fundamentos feudais da sociedade industrial — segue imune à decisão. São atribuídos em decorrência do nascimento e do sexo. Em princípio, *o fado já está num dos pratos da balança na sociedade industrial*: trabalho doméstico vitalício ou condução da vida determinada pelo mercado de trabalho. Esses "destinos sexuais" estamentais são suavizados, suspensos, intensificados e ocultos através do amor que também os trespassa. O amor cega. Já que o amor surge também como a saída da miséria que ele mesmo cria, a desigualdade realmente existente pode não o ser. Mas ela existe, e faz o amor arrefecer e esvaziar-se.

Do ponto de vista da teoria e da história social, aquilo que surge e é lamentado como "terror da intimidade" são, portanto, as *contradições de uma modernidade bisseccionada no projeto da sociedade industrial*, que desde sempre fragmentou os indivisíveis princípios da modernidade — liberdade individual e igualdade, para além das limitações de nascença — e, desde o nascimento, atribuiu-os a um dos sexos, vedando-os ao outro. A sociedade industrial *jamais* foi e continua não sendo possível como sociedade puramente industrial, mas apenas como sociedade semi-industrial e semi*estamental*, cuja dimensão estamental é, em lugar de resquício tradicional, *produto* e *fundamento* da própria dimensão industrial dessa sociedade, inserida no esquema institucional de trabalho e vida.

Na modernização do Estado de Bem-Estar posterior à Segunda Guerra, sucede um fenômeno duplo: por um lado, as demandas de uma biografia normalizada, dependente do mercado, são estendidas também ao contexto da vida feminina. Com isso, nada de novo se consuma, apenas a aplicação dos princípios da sociedade de mercado desenvolvida por sobre as linhas de gênero. Por outro lado, porém, são amplamente estabelecidas desse modo situações inteiramente novas no interior da família e entre homens e mulheres, ou seja, são dissolvidos os fundamentos estamentais da vida na sociedade industrial. Com a *consolidação* da sociedade industrial de mercado para além de sua bissecção específica de gênero, opera-se na mesma medida a *supressão* de sua moral familiar, de seus destinos sexuais, de seus tabus relacionados ao casamento, à paternidade e à sexualidade, ocorrendo até mesmo a reunificação de trabalho profissional e doméstico.

O edifício da hierarquia estamental da sociedade industrial compõe-se de vários elementos: divisão das esferas de trabalho entre família e produção e sua organização conflitante, atribuição das situações de vida correspondentes em função do nascimento, acobertamento do universo de relações com as promessas de delicadeza e antissolidão do amor, do casamento e da paternidade. Considerado retrospectivamente, esse edifício também teve de ser construído e consolidado contra resistências. Assim, até o presente momento, a modernidade foi vista de forma demasiado unilateral. Ela tem uma dupla face. Paralelamente ao surgimento da sociedade industrial no século XIX, foi erigida a *moderna* ordem de estamentos sexuais. Nesse sentido, no século XIX, a modernização vai acompanhada de uma *contra*modernização. As diferenças e contrapontos temporais entre produção e família são estabelecidos, justificados e transfigurados em elementos perenes. Um vínculo entre filosofia de inspiração masculina, religião e ciência ata isto tudo à "essência" da mulher e à "essência" do homem.

Desse modo, a modernização não dissolve apenas as relações feudais da sociedade agrária, mas também produz outras e nos dias de hoje retoma ainda outra vez sua dissolução. Uma mesma coisa — a modernização —, sob o marco de circunstâncias distintas, no século XIX e no fim do século XX, gerou consequências *opostas*: naquela época, a *separação* entre trabalho doméstico e trabalho profissional; hoje, a disputa em torno de novas formas da sua *reunificação*; lá, a vinculação das mulheres à *provisão conjugal*; hoje, sua pressão sobre o *mercado de trabalho*; lá, a *consolidação* de estereótipos femininos e masculinos; hoje, a *libertação* das pessoas em relação às noções estamentais de gênero.

Esses são indícios de que atualmente a modernidade se alastra sobre o âmbito da contramodernidade que ela havia inserido na sociedade industrial: vêm-se rompendo as relações de gênero, soldadas à separação entre produção e reprodução e mantidas na tradição coesa da família nuclear, com tudo o que ali está contido em termos de comunidade concentrada, predeterminações e emotividade. Tudo torna-se repentinamente incerto: a forma de convivência, quem faz o quê, onde e como, as noções de sexualidade e amor e sua vinculação com o casamento e a família, a instituição da paternidade decai na oposição entre maternidade e paternidade; os filhos, com a intensidade crescentemente anacrônica do vínculo que representam, convertem-se nos únicos parceiros que não partem. Inicia-se uma luta e uma experimentação geral com "formas de reunificação" de trabalho e vida, de trabalho doméstico e profissional etc. Em resumo, o privado torna-se político e irradia-se por todas as esferas.

Isto indica, no entanto, apenas o sentido do desenvolvimento. O ponto decisivo dessas considerações reside no seguinte: as situações problemáticas da sociedade de mercado *estabelecida* não podem ser superadas sob as formas de vida social e sob as estruturas institucionais da sociedade de mercado *bissecada*. Se homens e mulheres têm de levar e querem levar uma vida economicamente independente, isto não pode dar certo *nem* nas tradicionais atribuições de papéis da família nuclear *nem* nas estruturas institucionais do trabalho profissional, dos direitos sociais, do planejamento urbano, escolas etc., que *pressupõem* precisamente a figura tradicional da família nuclear com seus fundamentos estamentais de gênero.

Os "conflitos do século", que explodem nas relações de gênero através de culpabilizações pessoais e decepções, também têm seu fundamento no fato de que, sob a *constância* das estruturas institucionais, ainda se procura testar a libertação dos estereótipos sexuais (em grande medida) *apenas* no confronto privado entre homens e mulheres, *no* quadro da família nuclear. Isto equivale à tentativa de consumar *na* família uma mudança social com a continuidade das estruturas sociais. O que acaba restando é um *intercâmbio de desigualdades*. A *libertação* feminina do trabalho doméstico e da dependência conjugal tem de ser obtida através do retrocesso dos homens a essa "vida feudal moderna", precisamente àquilo que as mulheres rechaçam. Isto equivaleria — historicamente — à tentativa de fazer dos nobres servos dos camponeses. Contudo, nem homens nem mulheres atenderão ao comando de "voltar à cozinha" (ninguém melhor que as mulheres saberá disto!). Este é apenas um aspecto. Crucial é esta ideia: *a equiparação entre homens e mulheres não será obtida nas estruturas institucionais que pressupõem a desigualdade entre homens e mulheres*. Não podemos forçar as pessoas novas, "redondas", a caberem nos caixotes antigos, "quadrados", das noções de mercado de trabalho, sistema empregatício, habitação urbana, seguridade social etc. Se tentarmos por aí, não surpreenderá a ninguém que a relação privada entre os sexos se torne o cenário de conflitos que apenas deficitariamente poderão ser "resolvidos" por homens e mulheres nas provas de fogo da "troca de papéis" ou dos "papéis mistos".

3. Libertação dos papéis de homens e mulheres?

As perspectivas esboçadas acima contrastam de modo peculiar com os dados anteriormente expostos, que também, de uma forma impressionante, documentam a contratendência da *renovação* da hierarquia estamental dos sexos. Em que sentido se pode falar de "liberação"? Serão as mulheres, na mesma medida que os homens, libertadas das ideias estereotipadas de seu "destino de gênero"? Que condições atuam a favor disto? Quais atuam contra?

Como demonstram os dados resumidamente expostos acima, rupturas decisivas nas últimas décadas libertaram um pouco mais as mulheres das atribuições tradicionais de feminilidade. Em meio a elas, destacam-se cinco condições, que de forma alguma se relacionam de modo causal:

Primeiro, o *prolongamento da expectativa de vida* alterou a trama biográfica, a sucessão das fases da vida. Conforme demonstrado especialmente por Arthur E. Imhof em seus estudos de história social, isto levou a uma "libertação *demográfica* das mulheres". Dito de forma esquemática, se nas décadas anteriores o intervalo que durava a vida das mulheres bastava para trazer ao mundo e educar um número socialmente "desejável" de crianças saudáveis, hoje esses "deveres maternos" terminam por volta do 45° ano de vida. "Viver para as crianças" tornou-se uma fase *passageira* da vida das mulheres. Sobrevêm-lhe ainda outras *três décadas* em média de "ninho vazio" — mais além do fulcro vital das mulheres. "Vivem assim na Alemanha de hoje mais de 5 milhões de mulheres na 'flor da idade' em parceria pós-paternal [...], frequentemente [...] sem qualquer ocupação concreta" (Imhof, 1981, p. 181).

Segundo, processos de modernização *reestruturaram* também o *trabalho doméstico*, em especial na fase posterior à Segunda Guerra Mundial. Por um lado, o *isolamento social* do trabalho doméstico não é de maneira alguma uma marca estrutural nele implícita como tal, mas sim o resultado de desenvolvimentos históricos, da destradicionalização dos mundos da vida. No curso dos processos individualizatórios, a família nuclear intensifica sua demarcação de fronteiras, e configura-se uma "existência insular", que se autonomiza em relação aos vínculos remanescentes (cultura de classe, vizinhança, amizade). Somente então surge na existência das donas de casa a existência laboral isolada por excelência. Por outro lado, *processos de racionalização técnica* incidem sobre o trabalho doméstico. Inúmeros aparelhos, máquinas e ofertas de consumo aliviam e esvaziam o trabalho na família. Ele se torna invisível e uma forma de "trabalho residual" que nunca acaba, entre produção industrial, prestação de serviços remunerada e manutenção do lar tecnicamente aperfeiçoada. Ambos tomados em conjunto — isolamento e racionalização —, produz-se uma "*des*qualificação do trabalho doméstico" (Claus Offe), que remete as mulheres à busca por uma vida "plena" no trabalho remunerado extradoméstico.

Terceiro: se é certo que a maternidade segue sendo o vínculo mais forte com o papel tradicional da mulher, então o significado dos *métodos anticoncepcionais* assim como das *possibilidades jurídicas de interromper a gravidez* (§ 218) para a libertação das mulheres em relação às ideias tradicionais dificilmente poderá ser exagerado. Filhos e, consequentemente, maternidade (com todas as suas consequências) já não são um "destino natural", mas — em princípio — filhos *desejados*, maternidade *desejada*. Os dados também mostram que a maternidade *sem* dependência econômica do marido e *sem* responsabilidade da família permanece uma *utopia* para muitas mulheres. Entretanto, a jovem geração de mulheres — diferente de suas mães — pode (co)determinar se, quando e quantas crianças terão. Ao mesmo tempo, a sexualidade feminina é libertada do "fato consumado da maternidade" e pode ser assertivamente descoberta e desenvolvida mesmo *contra* as normas masculinas.

Quarto, as cifras crescentes de divórcio remetem à *fragilidade do sustento conjugal ou familiar*. As mulheres estão com frequência a apenas "um marido de distância" da pobreza. Quase 70% das mães solteiras têm de passar o mês com menos de 1.200 marcos. Elas e as aposentadas são a clientela mais frequente do auxílio social. Nesse sentido, as mulheres são "liberadas", isto é, *afastadas* da garantia vitalícia de segurança econômica obtida através do marido. O assédio estatisticamente documentável das mulheres ao mercado de trabalho (que jogará no lixo todos os prognósticos sobre a redução do desemprego nos anos noventa), também mostra que muitas mulheres compreenderam o sentido dessa lição histórica e souberam extrair dela consequências.

Na mesma direção, atua, *em quinto lugar*, a equiparação das oportunidades educacionais, que também é expressão de uma forte motivação *profissional* por parte das mulheres jovens (ver acima).

Em tudo isto — libertação demográfica, desqualificação do trabalho doméstico, contracepção, divórcio, participação no âmbito educacional e profissional — exprime-se cada vez mais o grau de *libertação das mulheres das prescrições decorrentes de seu destino estamental moderno, feminino, algo que já não poderá ser reinstaurado*. Desse modo, contudo, evidencia-se a espiral da individualização: mercado de trabalho, educação, mobilidade, planejamento da carreira, tudo acontece dupla ou triplamente ao mesmo tempo numa mesma família. A família torna-se um contínuo malabarismo com múltiplas ambições divergentes, divididas entre a profissão, com suas demandas de mobilidade, premissas educacionais, deveres para com as crianças que atravessam todos os âmbitos e a monotonia do trabalho doméstico.

Mas em face dessas condições conducentes à individualização situam-se outras, que remetem as mulheres de volta às atribuições tradicionais. A sociedade do mercado de trabalho realmente *estabelecida*, que possibilita a *todos* os homens e mulheres a garantia de uma existência econômica autônoma, faria as já escandalosas cifras de desemprego subirem exponencialmente. Quer dizer: sob condições de desemprego em massa e de expulsão do mercado de trabalho, é certo que as mulheres são libertadas *do* sustento conjugal, mas não são libertadas *para* uma existência autônoma garantida através do trabalho profissional. Mas isto também quer dizer que elas continuam, como antes, em grande medida *vinculadas* às garantias econômicas providas pelo marido, que contudo já *não* são garantias quaisquer. Esse estágio intermediário entre "liberdade de" mas sem "liberdade para" relações trabalhistas assalariadas reais é ainda reforçado pela vinculação à *maternidade*. Enquanto as mulheres continuarem a ter filhos, a amamentá-los, a sentir-se responsáveis por eles e verem neles uma parte essencial de sua vida, os filhos seguirão sendo "impedimentos" voluntários na competição profissional e aliciadores para uma decisão consciente *em detrimento* da carreira e da autonomia econômica.

Dessa forma, as mulheres são arrebatadas de lá para cá em meio à contradição entre libertação e vinculação às antigas atribuições da existência feminina. Isto reflete-se também em sua consciência e em seu comportamento. Elas escapam do trabalho doméstico agarrando-se à profissão, ou vice-versa, e tentam "por todos os meios", através de decisões contrastantes ao longo de diversos segmentos de suas biografias, conservar em alguma medida intactas as condições cada vez mais divergentes de suas vidas. As contradições do meio em que vivem reforçam as suas próprias contradições: diante do juiz de família que decidirá sobre seu divórcio, as mulheres têm de responder por que negligenciaram seu sustento profissional. No âmbito da família, têm de responder por que não deram conta de seus deveres de mãe. Com suas próprias ambições profissionais, elas atrapalham a já complicada vida profissional do marido. O direito de família e a realidade do divórcio, garantias sociais insuficientes, as portas fechadas do mercado de trabalho e o fardo do trabalho doméstico são os elementos marcantes das *contradições* que o processo individualizatório acarretou para a existência feminina.

A situação dos *homens* é inteiramente diversa. Enquanto as mulheres afrouxam os antigos vínculos com uma "vida dedicada aos outros" e têm de buscar uma nova identidade social *também* por causa das garantias econômicas, para os homens as garantias econômicas de uma existência *autônoma* e os *antigos* papéis identitários *coincidem*. No estereótipo identitário masculino do "profissional" confundem-se individualização econômica *e* comportamento tradicional tipicamente masculino. O sustento obtido através do cônjuge (da esposa) é historicamente desconhecido dos homens, a "liberdade *para*" o trabalho profissional paralelamente à vida na família é um traço óbvio. O respectivo trabalho nas sombras cabe tradicionalmente à esposa. Alegrias e deveres da paternidade desde sempre puderam ser *parcimoniosamente* desfrutados como atividades de lazer. Na paternidade jamais residiu qualquer impedimento ao desempenho profissional, pelo contrário: nela reside a obrigação de buscá-lo. Noutros termos: todos os componentes que *desprendem* as mulheres de seus papéis femininos tradicionais simplesmente *inexistem* para os homens. Nos contextos masculinos de vida, paternidade *e* profissão, autonomia econômica *e* existência na família não são contradições que tenham de ser obtidas e preservadas *apesar* das condições prevalecentes na família e na sociedade; pelo contrário, sua compatibilidade é dada e assegurada pelos papéis masculinos tradicionais. Isto quer dizer entretanto: a individualização (no sentido de uma existência mediada pelo mercado) *reforça* o comportamento tipicamente masculino.

Mesmo que os homens se voltem contra os conteúdos de seus papéis sexuais, isto se deve com certeza a outras razões. Na fixação profissional dos papéis masculinos também estão contidas contradições: o sacrifício no trabalho profissional por algo para cujo desfrute lhes falta o tempo livre, a necessidade ou mesmo a capacidade; o comportamento agressivo em vão; a renúncia na busca por objetivos profissionais e empresariais com os quais não existe qualquer identificação possível, mas com os quais é necessário identificar-se; a "indiferença" resultante, mas que nunca pode ser vista como tal; etc.

Entretanto, impulsos decisivos para a libertação dos papéis masculinos não são imanentes, mas, pelo contrário, são *induzidos de fora* (por meio das alterações ocorridas com as mulheres), num duplo sentido. Por um lado, os homens livram-se do jugo do papel de *único* provedor através do crescente envolvimento profissional das mulheres. Assim, afrouxa-se a obrigação circunstancial de submeter-se numa profissão a vontade e objetivos alheios *por causa* da esposa e dos filhos. Como consequência, surge a possibilidade de um novo tipo de envolvimento na profissão *e* na família. Por outro lado, a "harmonia familiar" fragiliza-se. O lado da existência masculina determinado pelas mulheres torna-se desproporcional. Ao mesmo tempo, emerge para os homens a consciência de sua insuficiência nas coisas cotidianas e de sua dependência emocional. Em ambas, encontram-se impulsos decisivos para relaxar a identificação com os conteúdos dos papéis masculinos e experimentar novas formas de vida.

Os conflitos tornam as oposições entre homens e mulheres manifestações sempre mais agudas. Dois "temas catalisadores" são cruciais: *filhos* e *segurança econômica*; em ambos os casos, as oposições podem ser mantidas latentes ao longo da vida conjugal, mas, em caso de divórcio, elas aparecem claramente. Com isto, na passagem do modelo tradicional ao modelo da dupla chefia da família, altera-se decisivamente a divisão de ônus e oportunidades no casamento. No caso da mulher sustentada pelo cônjuge, após o divórcio, restará — esquematicamente falando — a mulher *com* filhos e *sem* renda, em contraposição ao homem *com* renda e *sem* filhos. No segundo caso, à primeira vista pouco se altera. A mulher dispõe de alguma renda *e* tem os filhos (segundo a jurisprudência corrente). Contudo, nesse caso, a desigualdade é substancialmente revertida. Na medida em que a desigualdade econômica entre homens e mulheres é revertida — seja por conta do trabalho profissional das mulheres, seja por conta da regulamentação do pagamento de pensões no âmbito do direito de família —, torna-se mais evidente a *desvantagem* — em parte natural, em parte jurídica — *do pai*. A mulher, esse ser cada vez mais desconhecido, tem biológica e juridicamente, graças a seu ventre, que sabidamente lhe pertence, *a posse* da criança. As relações de propriedade entre o sêmen e o óvulo diferenciam-se. Para o filho, o pai permanece sempre referido à mãe e a seu arbítrio. Isto vale também para todas as questões relacionadas à interrupção da gravidez. Na medida em que avança o distanciamento entre os papéis de mulheres *e* homens, o pêndulo ameaça inverter seu curso. Os homens que se desprendem da "fatalidade" da profissão e se dedicam a seus filhos deparam-se com um ninho vazio. Fala por si mesmo o fato de que haja cada vez mais casos (especialmente nos Estados Unidos) de pais que, após o divórcio, *sequestram* seus filhos.

Mas a individualização, que separa as posições de homens e mulheres, também os impele inversamente na direção da vida a dois. *Com a diluição das tradições, intensificam-se as promessas da vida compartilhada.* Tudo o que se perde passa a ser buscado no outro. O primeiro a dissipar-se (ou o primeiro que despojamos) foi Deus. A palavra "fé", que já significou "ter experimentado", tem hoje o ligeiramente mesquinho sentido de "na falta de conhecimento mais adequado". Com Deus, desaparece o recurso ao sacerdote e, assim, aumenta a culpa, que já não pode ser descarregada e que, na equivalência entre certo e errado, em vez de perder importância para quem atentamente se interroga, torna-se sempre mais indeterminada e indeterminável. As classes, que ao menos sabiam interpretar o sofrimento que lhes cercava, escaparam da vida para volatilizar-se em discursos e cifras. As relações de vizinhança, cultivadas em trocas e memórias, desfazem-se sob a pressão da mobilidade. Amizades podem ser feitas, mas elas serão apenas um giro em torno do próprio centro. Pode-se também entrar em associações. O leque de contatos cresce, amplia-se, diversifica-se. Mas sua diversidade também o torna mais volátil, facilmente aprisionado em jogos de aparências. No interesse pelos outros, manifestamente esquematizado, a demanda por algo mais é prontamente rechaçada. Também a intimidade se torna assim volátil, quase como um aperto de mãos. Tudo isto pode bem manter-se em movimento e abrir novas "possibilidades", e ainda assim a diversidade de relações não pode substituir a força constitutiva de identidades de uma relação primária estável. Conforme demonstram diversas pesquisas, *ambas* são necessárias: diversidade de relações *e* intimidade duradoura. Donas de casa casadas e felizes padecem de isolamento social e falta de contatos. Homens divorciados, que se associam a grupos de afinidade, não conseguem superar a solidão, mesmo estando integrados a redes sociais.

Na composição do ideal de amor moderno reflete-se outra vez o caminho da modernidade. O exagero é o correlato das perdas que a modernidade deixa em seu rastro. Sem Deus, sem sacerdote, sem classe, sem vizinho, então pelo menos com você. E a dimensão do você é o inverso do vazio que do contrário se estabeleceria.

Isto também quer dizer: não é tanto o fundamento material e o amor que sustentam o casamento e a família, mas o medo da solidão. Em todas as crises e conflitos, o fundamento mais estável do casamento talvez seja aquilo que se teme ou que ameaça emergir *em lugar* dele: a solidão.

Há em tudo isto uma completa relativização da controvérsia em torno da família. A família nuclear burguesa, cuja forma normatizou a convivência dos sexos nas democracias altamente industrializadas do Ocidente, foi santificada e amaldiçoada; assistiu-se uma crise da família suceder-se à outra e também a sua ressurreição da crise que lhe foi atribuída. Tudo isto continua preso ao veredito da *falsa alternativa*. Quem quer que queira atribuir à família todo o bem ou todo o mal não chegará muito longe. A família é apenas a superfície em que as situações conflitivas históricas *entre homens e mulheres se tornam visíveis*. Aquém ou além da família, os sexos sempre se encontram e, com eles, as contradições que se acumularam entre eles.

Em que sentido se pode então falar de *libertação em relação à família*? Com a expansão da dinâmica da individualização para dentro da família, as formas de convivência começam a tornar-se *passageiras*. A relação entre família e biografia individual é afrouxada. A família unitária para toda a vida, que suspende as biografias de homens e mulheres ao acolhê-los como pais e mães, torna-se um caso liminar, quase excepcional, e a regra passa a ser um ir e vir estendido no tempo e condicionado pelas diversas fases da vida entre diferentes famílias ou formas *não* familiares de convivência. Desse modo, o vínculo familiar da biografia passa a ser perfurado *e suprimido* no eixo temporal com a passagem das épocas da vida. Entre as relações familiares que se tornam intercambiáveis, sobressai dentro e fora da família a autonomia da *biografia individual* masculina e feminina. Cada um(a) vivencia em cada época de sua vida várias vidas familiares parciais e também formas não familiares de vida, e precisamente *por isto* cada um(a) vivencia mais e mais sua própria vida. Assim, portanto, a individualização da família, isto é, a inversão da prioridade estabelecida entre família e biografia individual (aquém e além da família), aparece apenas num *corte longitudinal* da biografia, e não num levantamento instantâneo ou em estatísticas. Em decorrência, o grau de libertação em relação à família revela-se empiricamente numa *visão biográfica global* dos dados sobre divórcios e novos casamentos, sobre formas de convívio pré-, pós- *e* extramatrimoniais, dados que seguirão parecendo contraditórios se tomados em si mesmos e relacionados aos prós e contras da família. Situadas entre os extremos da família e da não família, um número crescente de pessoas passa a "optar" por uma terceira via: *uma vida plural e contraditória, em constante transformação*. Esse pluralismo biográfico das formas de vida, isto é, a mudança de famílias, combinada com ou interrompida por outras formas de convívio ou de solidão, converte-se, sob as condições da individualização, na "norma" (paradoxal) que rege as relações de coabitação ou conflito entre homens e mulheres.

Consideradas do ponto de vista de sua vida inteira, a maioria das pessoas adentrou, entre sofrimento e temores, *uma fase prescrita historicamente de experimentação das formas de convívio*, cujo fim e resultado não podem ser previstos. Mas nem mesmo os "erros" cometidos podem impedir uma nova "tentativa".

4. Conscientização das desigualdades: possibilidades e obrigações de escolha

Diferenças e oposições nas posições de homens e mulheres não começaram a existir ontem. Mesmo assim, até os anos sessenta elas foram aceitas pela esmagadora maioria das mulheres como "naturais". Há pouco mais de duas décadas começou-se a dispensar mais atenção ao assunto e passaram-se a adotar políticas específicas para alcançar a equiparação das mulheres. Com os primeiros sucessos, *aprofunda-se* a consciência das desigualdades. As desigualdades *reais*, suas condições e causas, precisam, portanto, ser distinguidas do processo de *conscientização* a seu respeito. As oposições entre homens e mulheres têm dois lados, que podem, em grande medida, variar independentemente um do outro: a objetividade das posições *e* sua deslegitimação e conscientização. Quem quer que compare o longo período de aceitação das desigualdades com o curto período de sua problematização e ao mesmo tempo consiga perceber que foi a decomposição das desigualdades que nos abriu os olhos para elas não subestimará o significado próprio da conscientização. Cabe agora questionar as condições da conscientização.

Com o avanço da modernização, multiplicam-se em todos os campos de atuação social as escolhas e as obrigações de escolher. Com algum exagero, pode-se dizer: "*anything goes*". Quem deve lavar a roupa e quando, quem deve fazer a criança parar de chorar, quem fará as compras e quem passará o aspirador de pó é algo tão incerto quanto saber quem trará o dinheiro para casa e como ou quem decidirá para onde se mudar ou por que dividir a cama sempre com a pessoa inscrita na certidão de casamento como a indicada para desfrutar em conjunto o dia a dia. A sexualidade pode ser separada do casamento e também da paternidade, esta pode ser multiplicada através do divórcio, e tudo pode ser dividido e potencializado por meio do convívio ou da separação, com possibilidades diversas de domicílio e com a inevitável possibilidade de reverter a qualquer momento qualquer das decisões anteriores. Nessa equação, obtém-se à direita do sinal de igualdade uma cifra consideravelmente ampla e continuamente fluida, que oferece uma leve impressão sobre a diversidade de existências que circulam na sombra, cada vez mais direta, frequente e repetidamente enoveladas, escondidas atrás das imutáveis e fiéis palavras: *casamento* e *família*.

Em todas as dimensões biográficas, emergem *possibilidades* e *obrigações* de escolha. O planejamento e os acordos necessários para tanto são, por princípio, revogáveis e, por conta dos ônus desiguais que acarretam, precisam ser legitimados. Nos acordos, erros e conflitos que daí surgem, manifestam-se sempre com mais clareza os riscos e decorrências desiguais para homens e mulheres. A transformação das atribuições em decisões tem — em termos sistemáticos — duas implicações: a *possibilidade de não decidir tende a tornar-se impossível*. A possibilidade de escolha desenvolve uma obrigação, frente a qual já não é possível retroceder sem ônus adicionais. Então, é preciso atravessar os ordálios do relacionamento, do arrependimento e, portanto, da consideração das mais diversas consequências. Mas isto remete à segunda implicação: as decisões a considerar *servem para tomar consciência tanto das desigualdades que surgem dessas mesmas decisões como dos conflitos e esforços para solucioná-los, que com elas emergem*. Isto começa já com a decisão sobre a mobilidade profissional, que no fundo ainda é convencional. Por um lado, o mercado de trabalho demanda mobilidade, sem levar em conta as circunstâncias pessoais. Casamento e família exigem o oposto. No acabado modelo de mercado da modernidade, está pressuposta uma sociedade *sem* família ou casamento. Cada um tem de ser autônomo, disponível para as demandas do mercado, para ser capaz de garantir economicamente sua existência. No mercado, em última análise, o sujeito está sozinho, é um indivíduo sem qualquer "impedimento" decorrente de parceiro, cônjuge ou família. Da mesma forma, a sociedade de mercado estabelecida é também uma sociedade *sem* crianças — a não ser que as crianças sejam criadas por pais e mães móveis, solteiros.

Essa contradição entre as demandas da relação marital e as exigências do mercado de trabalho pôde ser mantida oculta enquanto foi possível conceber que o casamento significa para a mulher a renúncia da vida profissional, a responsabilidade pela família e a "co-mobilidade", sob o signo da vida profissional do marido. Ela emerge sempre que *ambos* os cônjuges precisem ou queiram permanecer disponíveis para uma existência assalariada. É bem possível que sejam concebíveis soluções ou paliativos *institucionais* para essa contradição entre família e mercado de trabalho (talvez um programa de renda mínima para todos os cidadãos ou alguma espécie de seguro social que não esteja vinculado ao exercício de uma profissão; ou a remoção de todos os obstáculos que dificultam a dedicação dos cônjuges a uma dupla jornada; ou ainda a adoção dos "critérios de razoabilidade" correspondentes a esses expedientes). Mas tais expedientes não estão disponíveis e nem tampouco há qualquer iminência de que venham a estar. Portanto, os casais precisam buscar soluções *privadas*, que, no entanto, considerando as possibilidades que se lhes oferecem, conduzem inevitavelmente a uma divisão interna dos *riscos*. A questão é a seguinte: quem é que *abrirá mão* da autonomia e da segurança econômica, ou seja, quem é que acabará desistindo daquilo que em nossa sociedade consiste na premissa óbvia do controle sobre a própria vida. Afinal, a pessoa que se associa a outra precisa (no mais das vezes) levar em conta consideráveis desvantagens profissionais; isto se no fim das contas *ela* não acabar sendo completamente afastada de sua carreira profissional. E assim, em meio a esses conflitos, a água chega ao nariz. Casamento, família, união civil tornam-se todos instâncias nas quais as contradições de uma sociedade de mercado inteiramente modernizada, projetadas no nível pessoal, já não podem mais ser compensadas.

Com o nó górdio da mobilidade profissional enovelam-se outros nós: quando ter filhos, quantos filhos ter, como sustentá-los, como manejar o barril de pólvora do trabalho doméstico, que jamais chega a ser dividido equitativamente, como lidar com a "unilateralidade" dos métodos contraceptivos, como abordar o pesadelo do aborto, como combinar as posições discordantes sobre a forma e a intensidade da vida sexual, sem mencionar o nervosismo gerado por uma postura que remete ao sexismo dos comerciais de margarina. Em todos esses inflamáveis temas-chave da vida conjugal, a *dissociação das posições* vem à tona: nos contextos da vida do homem e da mulher, por exemplo, o *momento adequado* para ter filhos esbarra em premissas e obstáculos bem diferentes.

Se o casamento já é afinal conduzido "sob medida" — de modo a "não complicar o divórcio" (como indicam os livros de aconselhamento conjugal que abarrotam o mercado, que explicam com todos os detalhes a maneira mais adequada de firmar pactos nupciais, de promover a partilha dos bens ou mesmo de viver experiências sexuais extraconjugais), então a desintegração, que se procurava evitar, passa a ser antecipada e, a partir de tantas decisões e regulações, resultam consequências sempre mais abertamente desiguais. Aquilo que sobrevém às famílias em termos de quebra de tabus e de novas possibilidades técnicas — consideremos as possibilidades de formação das crianças que se abrem com a psicologia e a pedagogia, as possibilidades que o desenvolvimento da cirurgia abre para intervenções no corpo da mulher, sem mencionar a genética que cada vez mais aproxima a realidade da ficção científica — acaba dividindo as posições que as próprias famílias se propunham a congregar e afastando-as passo a passo umas das outras: mulher contra homem, mãe contra filho, filho contra pai. A unidade tradicional da família se decompõe nas decisões que dela se esperam. As pessoas nem sempre trazem seus problemas para dentro da família, como normalmente se crê e se critica. Praticamente todos os temas conflitivos têm também uma dimensão institucional (o tema dos filhos, por exemplo, remete à impossibilidade assegurada institucionalmente de combinar a criação dos filhos com a dedicação profissional). Dar-se conta disso, porém, não basta para garantir o leite das crianças! Com uma certa inevitabilidade, tudo aquilo que abala a família vindo de fora — do mercado de trabalho, do sistema empregatício, do ordenamento jurídico etc. — acaba por distorcer e encolher a dimensão pessoal. Na família (assim como em todas alternativas a ela), surge assim, por conta de um condicionamento sistêmico, a obsessão por superar a insofismável tragédia do século, a desigualdade entre os sexos, no quadro das formas concretas de vida a dois.

Também o núcleo da família, a santidade da paternidade, começa a decompor-se em suas partes componentes, nas posições da maternidade e da paternidade. Na Alemanha de hoje, uma em cada dez crianças cresce numa família composta por apenas um dos pais, ou seja, sob a guarda de mães ou pais solteiros. O número de famílias compostas por apenas um dos pais cresce, enquanto diminui o número das famílias compostas pelos dois progenitores. A maternidade da mãe solteira deixou de ser a maternidade da "mulher que foi abandonada"; passou a ser uma possibilidade de escolha, da qual se tira proveito e que, em face dos conflitos com o pai (de quem a mulher só precisa afinal para "aquilo" e mais nada), surge como um atalho em direção aos filhos tão ansiados.

Com o processo individualizatório infrafamiliar, alteram-se — conforme demonstram Elisabeth Beck-Gernsheim e Maria Rerrich — também a natureza do relacionamento e do vínculo social com a criança. Por um lado, a criança se torna um *obstáculo* no processo individualizatório. Ela demanda trabalho e dinheiro, ela é imprevisível, compromete e vira de cabeça para baixo o planejamento diário e os planos de vida tão cuidadosamente elaborados. Com seu aparecimento, a criança desenvolve e aperfeiçoa sua "ditadura das necessidades" e submete os pais, com a violência nua e crua de suas cordas vocais e com a luz de seu sorriso, ao seu ritmo de vida pueril. Mas é precisamente isso que, por outro lado, também a torna tão singular. A criança acaba por se converter no *vínculo de primeira ordem, inapelável, inafastável, insubstituível*. Parceiros vêm e vão. A criança fica. Nela é projetado tudo aquilo que se espera do parceiro, mas que acaba permanecendo inviável. Com a fragilização das relações entre os sexos, a criança adquire uma espécie de monopólio sobre o tipo de vida a dois que afinal de contas continua sendo viável, sobre a fruição dos sentimentos, inteiramente mobilizados por sua inconstância pueril, sentimentos que do contrário continuariam a se tornar sempre mais raros e questionáveis. Nela, uma experiência social anacrônica é cultivada e celebrada, uma experiência que se torna especialmente desejável *e* improvável. O mimo com as crianças, a "encenação da infância" que se concede a essas pobres criaturas superestimadas, assim como a luta pelos filhos durante e após o divórcio são alguns dos sinais desse processo. A criança se converte em *último recurso contra a solidão* ao qual as pessoas podem recorrer em face do fracasso das oportunidades amorosas. Ela é a *forma privada de "reencantamento"*, que ganha em importância com o desencantamento e dele extrai seu sentido. As taxas de fertilidade diminuem. A importância da criança, contudo, *só faz crescer*. Dificilmente será mais que uma. Com um tal esforço, é impensável dar-se ao luxo de mais de um filho. Quem acredita, porém, que os custos (econômicos) são suficientes para dissuadir as pessoas de trazer crianças ao mundo, acabará tropeçando nas próprias insuficiências de seu raciocínio em termos de custo e benefício.

O pedaço de idade média que a sociedade industrial não apenas conservou, como também produziu, está derretendo. As pessoas estão-se libertando da capa estamental dos sexos que se havia transfigurado em natureza. É importante perceber isso em suas dimensões históricas, *porque* essa alteração socio-histórica se consuma como conflito privado, pessoal. A psicologia (e a psicoterapia), que derivam da história individual da socialização na tenra infância o sofrimento que atualmente se lhes apresenta massivamente, *entram em curto-circuito*. Quando os conflitos que surgem das formas de vida atribuídas aos seres humanos lhes vêm ao encontro, quando a vida conjugal carece de modelos, seu sofrimento já não pode mais ser decantado dos fracassos e das debilidades da história de seu desenvolvimento individual. Sob as condições da libertação de homens e mulheres em relação às modernas predestinações estamentais de gênero, sexualidade, casamento, erotismo e paternidade têm muito que ver com desigualdade, atividade profissional, mercado de trabalho, política, família e com as formas de vida aí inseridas, essas mesmas formas de vida que se revelam imprestáveis para o futuro. Essa historicização e revisão socio-histórica de suas formas de pensamento é algo que ainda precisa ser feito pela psicologia, caso não queira continuar arvorando-se na individualização aparente da qual, na medida em que transfere aos homens que sofrem as causas de seu próprio sofrimento, ela mesma se beneficia.

5. Cenários de desenvolvimentos futuros

Acumulam-se os conflitos do século. Contudo, ainda não se sabe como eles serão "resolvidos" — privada e politicamente. *Consciência e comportamento* de mulheres e homens não decorrem dos mencionados momentos *objetivos* de libertação. Paralelamente às constelações individuais e às possibilidades de configuração pessoal surgidas precisamente nas relações familiares e íntimas, isso dependerá no fundo também do desenvolvimento político e das possibilidades institucionais de suporte e compensação. A margem compensatória surgida historicamente deverá ser delineada aqui em três variantes (em hipótese alguma excludentes): 1. *retorno à família* em suas formas tradicionais; 2. *equalização* de acordo com o modelo masculino; e 3. experimentação de novas formas de vida *para além dos papéis femininos e masculinos estabelecidos.*

Retorno à família nuclear

Com frequência, são falsos os pressupostos dos quais se parte quando o futuro "da" família é questionado. A forma conhecida da família nuclear é confrontada ou subordinada a um estado evanescente qualquer de "dissolução da família" que substitui a família nuclear por um outro tipo de família. É contudo muito mais provável — caso a análise apresentada esteja correta — que não seja um tipo de família que afasta um outro, mas que um *espectro mais amplo* de formas familiares e extrafamiliares de convivência surja e se imponha. Em decorrência, muitas dessas formas — vida de solteiro, convivência pré-conjugal e conjugal, moradias comunitárias, modelos variáveis de paternidade e maternidade resultantes de um ou mais divórcios etc. — são integradas como fases distintas no decurso de *uma* vida.

Entretanto, mesmo essa diferenciação e pluralização de formas de vida como resultado de processos "naturais" de modernização é vivida e denunciada por muitos como uma ameaça aos valores culturais e aos fundamentos vitais do mundo moderno. A ruptura com o casamento e a família surge para muitos como um *individualismo desmedido*, que necessariamente se contrapõe política e institucionalmente, por meio de represálias calculadas, à preservação da família. Considerando que são especialmente as mulheres que buscam conquistar uma "vida própria" a despeito dos papéis que lhes são atribuídos no trabalho doméstico e no sustento da família, seus esforços privados e políticos esbarram em resistências, ceticismo e temores específicos. Assim, as medidas tomadas para salvar "a" família orientam-se pela norma de padronização da vida conjugal surgida com a sociedade industrial no século XIX — o marido, que põe comida na mesa, a esposa, que a prepara, e duas ou três crianças à sua volta. Apesar de todas as tendências de individualização e desoneração já apontadas, existem também condições e desdobramentos que enfatizam socialmente a reivindicação "de volta à cozinha!".

A grande maioria das mulheres está consideravelmente distante de uma biografia economicamente autônoma e profissionalmente segura. Basta conferir os números da participação feminina na força de trabalho. Em junho de 1984, mesmo com um crescente envolvimento em atividades profissionais, *pouco mais da metade* do total de mulheres entre quinze e 65 anos (51,7%) eram economicamente ativas, isto é, dedicavam-se a uma ocupação remunerada ou estavam registradas oficialmente como desempregadas (em 1983 eram 50,7%). No mesmo período, em comparação, mais de *quatro quintos* do total de homens eram economicamente ativos (em 1983, 82%; em 1984, 81,4%) (ver *Spiegel der Frauenpublizistik*, 5/11/1985, p. 8). Dito de outro modo, isto quer dizer: uma parcela grande e crescente das mulheres continua dependente do casamento e do cônjuge para o próprio sustento. *O desemprego em massa contínuo e a capacidade do mercado de trabalho já limitada e ainda em contração conservam e reestabilizam, num sentido geral, os papéis e incumbências tradicionais de homens e mulheres.* Essa tendência de libertação *do* trabalho remunerado *para* o provimento conjugal é fortalecida pelo desejo de muitas mulheres de ter filhos. Ambos os estabilizadores do papel feminino — desemprego e maternidade — poderiam atuar precisamente onde as deficiências educacionais das jovens ainda prevalecem ou passam a prevalecer: na formação profissional, conduzindo em meio a sucessivas gerações de mulheres a uma *polarização dos modelos biográficos* segundo uma hierarquia de níveis educacionais.

Aqueles, porém, que veem nas portas fechadas do mercado de trabalho a salvação da família acabam subtraindo de seu cálculo as mulheres e os homens que precisam e desejam viver juntos sob tais condições. De saída, não se sabe ao certo como as jovens lidarão com a frustração de seu tão acalentado sonho profissional e com a resultante dependência do marido. Igualmente incerto será saber se de fato um número correspondentemente grande entre os jovens estarão dispostos (ou se terão ao menos as condições para tanto, dada sua própria situação profissional) a aceitar mais uma vez o jugo do papel de provedor vitalício. Em todo caso, as discrepâncias emergentes entre as expectativas sistemáticas de igualdade das mulheres e a realidade desigual no trabalho e na família serão movidas para o âmbito privado, tanto dentro como fora do casamento e da família. Não é difícil de prever que isso levará a um *aprofundamento das crises nos relacionamentos* induzido de fora. No fim das contas, a estabilização da família nuclear produzida pelas barreiras do mercado de trabalho revela-se apenas aparente, quando na verdade o que elas produzem é precisamente o contrário: elas sobrecarregam as varas de família com ações de divórcio e lotam as salas de espera dos consultórios de psicoterapia e de aconselhamento conjugal.

Ao mesmo tempo, a nova pobreza das mulheres é, dessa forma, pré-programada. Com um número crescente de divórcios, quem quer que defenda a saída das mulheres do mercado de trabalho e o retorno à cozinha precisa ao menos ter consciência de que estará reservando à grande parte da sociedade o *esgarçamento do tecido social*.

Isto aponta para as carências em termos de princípios, ideias e ações de todas as tentativas de restabelecer as velhas relações entre homens e mulheres na família e no trabalho. Em primeiro lugar, elas contradizem abertamente os fundamentos, convertidos em garantias jurídicas, das sociedades modernas e democraticamente constituídas, segundo os quais as posições desiguais não são atribuídas de nascença, mas estão abertas a todos e são obtidas em decorrência do desempenho e do engajamento profissional. Em segundo lugar, as transformações no interior da família e entre os sexos são indevidamente reduzidas a um fenômeno e um problema privados, menosprezando assim seu encadeamento com as modernizações sociais e culturais.

Isto se reflete também nas frequentes propostas de restauração da destroçada harmonia familiar. Há quem acredite que "cursos de educação familiar" bem direcionados poderiam ser de alguma ajuda. Outros veem na profissionalização da escolha de parceiros a terapia familiar decisiva. Quando chegarmos a ter bastantes consultórios de aconselhamento conjugal e instituições terapêuticas, asseguram outros, os problemas deixarão de existir. Da pornografia ao feminismo, passando pela interrupção da gravidez, tudo é visto como responsável pela "crise da família", e as correspondentes medidas de contenção são demandas de todo lado. Nesses casos, o desconcerto e o desespero acabam assumindo as rédeas da explicação. A evolução histórica e o contexto social a partir do qual tais conflitos surgem ficam inteiramente fora do horizonte.

Mas a modernização — seguindo uma comparação de Max Weber — não é um bonde, do qual se pode saltar em qualquer esquina quando bem se entenda. Quem quiser restaurar a família ao formato que tinha nos anos cinquenta terá de reverter o relógio da modernização, isto é: afastando as mulheres do mercado de trabalho não apenas veladamente — por meio, por exemplo, de benefícios financeiros para a maternidade ou de campanhas para melhorar a imagem do trabalho doméstico —, mas abertamente, e não apenas do mercado de trabalho, mas inclusive do sistema educacional; os desníveis de remuneração seriam ampliados; em última medida, a própria igualdade perante a lei seria revogada: caberia verificar se na verdade o erro já não teria sido cometido com o sufrágio universal; mobilidade, mercado, novos meios de comunicação e tecnologias de informação etc. seriam limitadas ou proibidas. Em resumo, os princípios indivisíveis da modernidade teriam de ser *cortados pela metade* e, de uma vez por todas, atribuídos — naturalmente — a um dos sexos, permanecendo vedados ao outro.

Igualdade de homens e mulheres

Como contrarreivindicação, a demanda pela *equiparação* das mulheres é realçada em todos os âmbitos sociais. A validade universal dos princípios da modernidade deve ser reclamada e afirmada contra qualquer tentativa patriarcal de cortá-la pela metade — no trabalho doméstico, nos parlamentos e governos, nas fábricas, nas posições de mando etc. Nas discussões do movimento feminista, a demanda por igualdade é no mais das vezes associada à reivindicação de *mudança* do "mundo profissional masculino". Luta-se por segurança econômica, influência, participação da mulher nas decisões que lhe concernem, mas também para que por meio dessas demandas sejam encaminhadas outras diretrizes, formas de conduta e valores, eminentemente "femininos". Qual o significado de "igualdade" em cada caso é uma questão que ainda exige interpretações específicas. Já se pode colocar em discussão aqui uma consequência — usualmente negligenciada — de uma determinada interpretação. Se "igualdade" for assumida e conduzida como afirmação de um mercado de trabalho estendido a toda a sociedade, então a equiparação produzirá afinal — implicitamente — uma *sociedade de solteiros com plena mobilidade*.

A figura central da modernidade *obtida* é — no fim das contas — o(a) *solteiro(a)* (L. Gravenhorst). Face às exigências do mercado de trabalho, desconsideram-se as exigências da família, do casamento, da paternidade, da vida conjugal etc. Quem quer que demande mobilidade no mercado de trabalho sem levar em conta os interesses privados acaba gerando — precisamente como apóstolo do mercado — a dissolução da família. Enquanto o casamento ainda era para as mulheres sinônimo de dedicação exclusiva à família e renúncia à vida profissional e à mobilidade, essa contradição entre mercado de trabalho e família (ou parceria, de modo abrangente) pôde ser encoberta. Ela emerge atualmente na medida em que o trabalho profissional *e* o trabalho doméstico são repartidos em função da decisão do cônjuge. Com essa interpretação conforme ao mercado da demanda por igualdade, a espiral da individualização enlaça com uma força cada vez maior as relações entre homens e mulheres. O número incessantemente crescente de domicílios individuais e de mães e pais solteiros, em comparação com outros países, demonstra que não se trata de uma mera especulação. Mas isso se evidencia também no estilo de vida que, sob essas condições, passa a ser exigido das pessoas.

Ao longo da vida que — apesar de toda a orientação e diversidade oferecidas pela sociedade — o indivíduo no fundo deve e precisa viver sozinho, são necessárias precauções que protejam esse estilo de vida das ameaças nele contidas. Círculos de contatos precisam ser construídos e cultivados tendo em vista as situações que podem surgir. Isto exige uma disposição bastante considerável para arcar com os problemas dos outros. Um aprofundamento da rede de amizades continua a ser indispensável e representa também um dos prazeres que a vida de solteiro oferece. Também as superficialidades eletivas têm um sabor todo especial. Tudo isso pressupõe uma situação profissional o mais segura possível — como fonte de renda, como autoafirmação e experiência social —, que, por sua vez, precisa ser cultivada e assegurada. O "universo da própria vida" que surge dessa maneira é balanceado e talhado à medida do centro do ego, de suas fragilidades, possibilidades, forças e debilidades.

Contudo, na medida em que essa vivência individualizada é bem-sucedida, aumenta também o perigo de que ela se converta num obstáculo intransponível na busca da parceria (casamento, família) que, apesar de tudo, ainda se almeja alcançar. Na vida de solteiro cresce o anseio pelo outro (ou outra), tanto quanto a impossibilidade de incluir essa pessoa no plano de construção do que afinal é realmente "a própria vida". A vida foi preenchida com a ausência do outro. Agora já não há lugar para ele (ou ela). Tudo transpira à recusa da solidão: a pluralidade das relações, os direitos que lhes são concedidos, os hábitos de moradia, o controle sobre o emprego que se faz do próprio tempo, os tipos de recuo que permitem superar as dores pungentes que se escondem atrás das fachadas. Tudo isto é ameaçado pela almejada vida a dois e pela laboriosa sintonia fina que ela exige. Os edifícios da autonomia convertem-se nas jaulas da solidão. Fecha-se o círculo da individualização. A "própria vida" precisa ser mais bem protegida e os muros, levantados para abrigá-la de violações, erguidos ainda mais alto.

Esse modo de existência do solteiro não representa qualquer caso excepcional no caminho da modernidade. Ele é a figura prototípica da sociedade de mercado laboral *existente*. Em seu estágio mais avançado, a negação de vínculos sociais imposta pela lógica do mercado dá início à dissolução inclusive das condições necessárias para uma vida a dois duradoura. Ela representa assim um caso de socialização paradoxal, no qual o alto nível de sociabilidade nela desencadeado já não mais se manifesta. Do modo como foi apresentada aqui, essa reflexão assume inicialmente um caráter "típico-ideal". Como revelam os dados (ver acima), soma-se a ela, entretanto, também uma dose cada vez maior de realidade. E mais: *ela representa provavelmente o resultado inadvertido e indesejado ao qual conduz a demanda por igualdade dos gêneros nas atuais condições institucionais*. Quem quer que, com todo o direito, continue a prorrogar — como parte do movimento feminista — tradições em meio às quais a modernidade teve início e simultaneamente denuncie mas pratique a equiparação de homens e mulheres operada pelo mercado, terá de levar em conta que, no fim desse caminho, muito provavelmente encontrará não a harmonia da igualdade de direitos, mas o *isolamento* de trajetórias e situações opostas ou distanciadas umas das outras, cujos inúmeros indícios já se deixam perceber atualmente por baixo da superfície da vida conjugal.

Para além dos papéis femininos e masculinos

Nenhum dos extremos consegue dar conta das circunstâncias fundamentais, do que realmente importa. As contradições emergentes entre família e mercado de trabalho *não* serão superadas nem pela preservação da família, nem pela generalização do mercado de trabalho. Não se percebe que a desigualdade entre homens e mulheres não é um fenômeno superficial que possa ser *corrigido no interior* das formas e estruturas da família e da esfera profissional. Pelo contrário, tais desigualdades históricas são parte integral do esquema de fundo da sociedade industrial, da relação entre produção e reprodução, entre trabalho doméstico e profissional. Juntamente com elas, emergem as contradições entre modernidade e contramodernidade *na* sociedade industrial. Consequentemente, não podem ser eliminadas através do fomento da "liberdade de escolha" entre família e profissão. A equiparação de homens e mulheres não pode vingar nas estruturas institucionais que por definição se apoiam na disparidade. Apenas à medida em que todo o tecido institucional da sociedade industrial desenvolvida for concebido e alterado de acordo com as condições necessárias para a vida familiar e para a paternidade é que poderá ser alcançada passo a passo uma nova forma de equiparação *para além* dos papéis femininos e masculinos. Às alternativas enganosas da "*re*familiarização" ou da "*ultra*mercantilização" deve ser contraposta a terceira via da *contenção e do amortecimento das relações de mercado*, ao mesmo tempo proporcionando deliberadamente formas de vida sociais. Daqui em diante, trata-se apenas de uma ilustração da ideia básica.

É possível formular o princípio como um reflexo fiel da interpretação teórica já esboçada: com a individualização da família, a separação entre produção e reprodução consuma-se por assim dizer num segundo passo histórico *dentro da* família. As contradições que a acompanham somente poderão ser superadas se *oportunidades institucionais de reunificação do trabalho e da vida* forem possibilitadas e oferecidas, pelo menos no nível já alcançado pela separação e envolvendo de fato todos os componentes das biografias que no mercado lutam por se distanciar reciprocamente.

Comecemos pela *mobilidade* definida pelo mercado. Por um lado, seria concebível amortecer os efeitos individualizantes gerados pela mobilidade. Até agora costumava-se assumir como evidente que a mobilidade fosse a mobilidade *individual*. A família, e com ela a mulher, segue junto. A opção daí decorrente — renúncia profissional da mulher (com todas as consequências de longo prazo) ou "família esparramada" (como primeiro passo em direção ao divórcio) — é imputada aos cônjuges como um problema pessoal. Por outro lado, seria possível experimentar e institucionalizar formas *associativas* de mobilidade laboral. Seguindo a ideia: se quiser empregar um(a), precisa empregar também o(a) outro(a). As agências de emprego precisariam oferecer aconselhamento e intermediação de postos de trabalho *para famílias*. Também as empresas (o Estado) deveriam não apenas incensar os "valores da família", mas ajudar a assegurá-los por meio de modelos ocupacionais associativos (possivelmente envolvendo diversas empresas). Paralelamente, caberia verificar a possibilidade de reduzir em determinados setores as exigências de mobilidade (como por exemplo no trabalho acadêmico). Na mesma linha está o *reconhecimento social e jurídico da imobilidade* por razões familiares ou conjugais. No cálculo de "razoabilidade" na mudança de posto de trabalho deveriam ser considerados também os perigos que a família corre.

Diante, porém, de um desemprego em massa estabilizado acima da marca dos 2 milhões, a demanda por um refreamento da mobilidade geral soa ainda mais despropositada do que de qualquer modo já é. Talvez efeitos similares possam ser buscados também assumindo outros pontos de partida, por exemplo, através de um relaxamento abrangente do *vínculo entre a garantia da sobrevivência e a participação no mercado de trabalho*. Quer com uma ampliação do auxílio social em direção a uma renda mínima para todos os cidadãos, quer com uma regulação que desvincule a garantia de saúde e previdência do exercício de uma atividade profissional, e por aí afora. Esse afrouxamento do parafuso do mercado de trabalho tem tradição (garantias sociais do Estado, redução da jornada de trabalho etc.). De qualquer forma, ele figura na ordem do dia da sociedade, juntamente com a tendência oposta, que se expressa no desemprego em massa — a pressão das mulheres sobre o mercado de trabalho associada à redução, em decorrência do aumento da produtividade, do volume total de trabalho requerido (ver Cap. 6).

Mas mesmo uma dinâmica refreada e "favorável à família" do mercado de trabalho daria conta de apenas um dos lados da questão. A convivência social das pessoas precisaria ser viabilizada de uma nova forma. A família nuclear, debilitada em suas relações sociais, representa uma enorme intensificação do trabalho. Muitos dos problemas que poderiam ser (mais) facilmente solucionados em conjunto com outras famílias acabam por se converter, se confrontados no isolamento, numa sobrecarga de longo prazo. O melhor exemplo disso são justamente as tarefas e inquietações da paternidade. Mas as situações da vida e de suporte mútuo que envolvem várias famílias no mais das vezes já são inviabilizadas pelas *circunstâncias habitacionais*. A mobilidade profissional e a tendência à vida de solteiro já foram cimentadas. As moradias tornam-se cada vez menores. Elas passam a ser talhadas à medida da mobilidade familiar individual. Continua completamente excluída do planejamento de apartamentos, casas e conjuntos habitacionais a possibilidade de que famílias possam querer morar e mudar-se juntas. Não apenas a arquitetura, o planejamento urbano etc. favorecem o individualismo e rejeitam uma vida social. Ainda não se impuseram limites para a transformação imaginativa da realidade. A educação das crianças, por exemplo, seria facilitada não apenas por meio do acompanhamento dos vizinhos, como também através de novas especialidades — "mães diaristas" — ou através de um sistema escolar que ainda não tenha feito do envolvimento dos pais na lição de casa uma parte integrante do "*hidden curriculum*", e por aí afora.

Quanto à questão da praticabilidade e do financiamento de uma tal "utopia", há pouco que possa ser dito. Mas não é ela que está em discussão. Trata-se, no fundo, de um argumento teórico, ou seja, o abandono de uma contraposição enganosa entre conservadorismo familiar e assimilação pelo mercado. Além disso, há apenas uma *margem de manobra* que pode ser obtida e assegurada através de uma ou outra transformação institucional. As novas formas de convivência *para além* dos enquadramentos estamentais precisam ser inventadas e experimentadas pelos próprios homens e mulheres. Desse modo, porém, os tão ultrajados "refúgios da privacidade e da intimidade" adquirem uma posição central. Portanto, é apenas à primeira vista que ainda parecerá que o movimento social dos anos setenta se perdeu em meio à "jactância subjetivista". Não importa de quão perto ou de quão longe se observe, atualmente realiza-se, sob o peso de formas de vida com promessas de futuro, um trabalho pesado no cotidiano das relações e compromissos dentro e fora do casamento e da família. No final das contas, mudanças aconteceram, das quais será preciso abrir mão caso se queira continuar considerando-as um fenômeno privado. Seja em termos de variadas e delicadas práticas de vida comunitária, de experimentos reforçados pelos reveses na renovação das relações entre os sexos ou de uma solidariedade revigorada na vivência de uma opressão *compartilhada* e *reconhecida*, por todas essas razões talvez a sociedade vá à raiz do problema utilizando outras ferramentas que não "estratégias de transformação do sistema", que jamais abandonam as alturas teóricas (ver G. Muschg, 1976, p. 41).[2] Os retrocessos, em meio aos avanços, têm muitas causas. Entre elas, contudo, está com certeza o peso das circunstâncias institucionais. Muito daquilo com que homens e mulheres se acusam mutuamente hoje em dia não são de sua alçada pessoal. Se essa perspectiva pioneira adquirisse força já se ganharia muito, talvez até mesmo a força política necessária para a transformação.

[2] Rainer Maria Rilke, que conhecia de perto os equívocos que atualmente se generalizam, já havia manifestado na virada do século (1904) sua esperança: "Em seu novo e espontâneo desabrochar, a menina e a mulher serão apenas transitoriamente imitadoras dos vícios e hábitos masculinos, repetindo as tarefas masculinas. Passada a insegurança dessa transição, revelar-se-á que as mulheres aceitaram preencher e variar aquela (no mais das vezes ridícula) indumentária apenas para purificar sua essência mais íntima das influências deturpantes do outro sexo [...] Quando ela tiver abandonado as convenções da mera feminilidade nas metamorfoses de sua posição objetiva, essa sua humanidade, puída por dores e humilhações, aflorará e os homens, que hoje ainda não a sentem surgir, serão surpreendidos e arrebatados. Um dia (cujos sinais fiáveis já despontam e se fazem ouvir sobretudo nos países setentrionais), um dia a menina far-se-á presente e a mulher, cujo nome já não será apenas um contraponto do masculino, mas algo próprio, algo que não evoca complemento ou limite, mas unicamente vida e existência: o ser humano feminino. Esse avanço transformará inteiramente (de início, bastante a contragosto dos homens incautos) a experiência do amor, remodelando-a, do equívoco que hoje é, em uma relação concebida como algo que um ser humano sente por outro, não mais como o que um homem sente por uma mulher. E esse amor mais humano (infinitamente delicado e leve, consumado aberta e claramente em enlaces e desenlaces) parecer-se-á àquele para o qual nos preparamos entre labores e penas, ao amor que consiste em duas solidões que se preservam, limitam e saúdam mutuamente" (Rainer Maria Rilke, *Briefe*, Frankfurt am Main, 1980, pp. 79 ss.).

CAPÍTULO 5

Individualização, institucionalização e padronização das condições de vida e dos modelos biográficos

"Individualização" — um conceito sobrevalorizado, mal entendido, talvez mesmo um não conceito, que aponta contudo para algo que é importante. Até o momento, uma aproximação ao conceito sempre fora tentada a partir da perspectiva da realidade, daquilo que importa. Nessa tentativa, o miolo de significado do termo foi, na medida do possível, deixado de lado. Algumas retificações conceitual-teóricas serão supridas aqui em dois passos argumentativos. Primeiro, será esboçado um *modelo individualizatório* universal, analítico e ao mesmo tempo a-histórico; assim, será possível abranger muito da discussão clássica de K. Marx, passando por M. Weber, até E. Durkheim e G. Simmel, e talvez seja mesmo possível abordar alguns dos equívocos centrais. Segundo, esse "modelo" deverá ser complementado e especificado, para além de suas versões anteriores, aplicando-o às circunstâncias da Alemanha pós-guerra. Desse modo, o teorema da individualização será condensado numa tese central: aquilo que, ao longo das últimas décadas na Alemanha (e provavelmente também em outros países industriais do Ocidente), se vislumbra já não sendo concebido no quadro das concepções anteriores como uma mudança imanente em termos de consciência e posicionamento das pessoas, mas sim como — perdoem-me a palavra monstruosa — o início de um *novo modo de socialização*, como um tipo de "transformação formal" ou "categorial" no relacionamento entre indivíduo e sociedade.[1]

1. Dimensões analíticas da individualização

A "individualização" não é uma aparição ou uma descoberta da segunda metade do século XX. Situações e estilos de vida "individualizados" po-

[1] O mesmo já tinham em mente também M. Kohli e G. Robert (1984), quando falavam da "individualidade como forma (historicamente nova) de socialização".

dem ser encontrados na Renascença (Burckhardt), na cultura cortesã da Idade Média (Elias), na ascese introspectiva do protestantismo (Max Weber), na libertação dos camponeses da sujeição estamental (Marx) e no século XIX e início do século XX com o afrouxamento dos laços familiares intergeracionais (Imhof), assim como nos processos de mobilidade — como no êxodo rural, no velocíssimo crescimento das cidades (Lederer, Kocka) etc. Nesse sentido geral, "individualização" significa determinados aspectos subjetivo-biográficos do processo civilizatório (no sentido de N. Elias), em especial em seu último grau, na industrialização e na modernização (em termos de conteúdo, conforme E. Beck-Gernsheim; em termos de método, conforme K. M. Bolte): a modernização conduz não apenas à emergência de um poder estatal centralizado, às concentrações de capital e a um entrelaçamento sempre mais estreito entre divisões do trabalho e relações de mercado, de um lado, e mobilidade, consumo de massa etc., de outro, mas também — e assim chegamos ao modelo universal — a uma "individualização" tripla: *desprendimento* em relação a formações e vínculos sociais estabelecidos historicamente, no sentido de contextos de domínio e provimento ("dimensão da libertação"), *perda de seguranças tradicionais*, com relação a formas sabidas de atuação, crenças e normas de direcionamento ("dimensão do desencantamento") e — com o que o sentido do conceito se converte em seu contrário — uma *nova forma de enquadramento social* ("dimensão do controle e da reintegração").

Esses três momentos — desprendimento (ou libertação), perda de estabilidade, reenquadramento — já são em si mesmos um reservatório infindável de equívocos. Eles compõem um modelo universal, um *modelo individualizatório a-histórico*. Parece-me entretanto essencial especificar isto conceitualmente ao longo de uma segunda dimensão: de acordo precisamente com *condições de vida* (*objetivas*) e *consciência* (identidade, desenvolvimento da personalidade) (*subjetiva*). Obtém-se assim o seguinte diagrama, com seis domínios:

Individualização

	Condições objetivas de vida	Consciência/ Identidade subjetiva
Libertação		
Perda de estabilidade		
Tipo de controle		

Um dos maiores equívocos ligados ao termo "individualização" reside na equiparação (e dela se alimenta) com o campo superior direito da tabela: muitos associam "individualização" com individuação, formação da personalidade, singularidade, emancipação. Isto pode ser correto. Mas talvez também o seu contrário o seja. *Pouco ou quase nada foi dito até hoje sobre todo o lado direito da tabela.* Isto mereceria um outro livro. No fundo, as discussões foram limitadas à parte esquerda, à parte objetiva da tabela. Ou seja: a individualização foi compreendida como categoria histórico-sociológica, *socio-histórica*, como categoria que se apoia na tradição da pesquisa sobre as condições e trajetórias de vida e que sabe muito bem reconhecer a diferença entre o que acontece às pessoas e como elas lidam com isso em termos de comportamento e consciência.[2] Em contraponto a esse questionamento predominantemente orientado pela consciência, identidade, socialização e emancipação, a questão principal deste capítulo é: *como é possível dar conta da "individualização" como mudança das condições de vida e dos modelos biográficos?* Que formato de condições de vida, que tipo de biografia é capaz de se impor no mercado de trabalho de um país desenvolvido?

2. Especificidades do surto individualizatório na Alemanha

Como é possível concretizar esse modelo universal para o caso da evolução da Alemanha pós-guerra? Ou seja: quais são as formas sociais e as seguranças providenciais das quais as pessoas se libertam? Quais são as condições e os meios que ativam essa libertação? Para quais formas novas de controle e socialização elas apontam?

Dois pontos de cristalização foram obtidos até o momento para as desonerações, outros dois se anunciam para o futuro (e são o tema do próximo capítulo). A princípio, tratava-se da *dissolução das classes sociais de extração estamental*, que pode ser acompanhada retrospectivamente até o início do século, mas que adquire na Alemanha um novo caráter. Tais libertações re-

[2] O lado direito da tabela é em suma o tema central da crítica cultural — "o fim do indivíduo" —, como em Adorno e em Landmann. De outro modo, os questionamentos correspondentes são objeto de investigação da teoria da socialização (como em Geulen, numa forma condensada). Segundo me parece, aqui também cabem as recentes reflexões de N. Luhmann sobre a "autopoiese da consciência" (1985), ver também G. Nummer-Winkler (1985) para uma versão resumida.

lacionam-se aos vínculos sociais e culturais de classe no *âmbito da reprodução*. Além disso, são acompanhadas também por mudanças no âmbito da produção: aumento geral do nível educacional e da renda disponível, regulação das relações trabalhistas, alterações na composição social etc., com a manutenção porém de relações sociais substancialmente desiguais (em última medida, ver Bolte, Hradil, 1984; Schäfer, 1985). Isto pode ser descrito com base na transformação das estruturas familiares, das condições de moradia, da distribuição espacial, das relações de vizinhança, dos hábitos de lazer, das afiliações associativas etc. (ver também Herkommer, 1983). Essa "decomposição do milieu proletário" (J. Mooser, 1983) se reflete — numa projeção sobre o conjunto da estrutura social — nas dificuldades endêmicas de interpretar empiricamente de modo substantivo os modelos de pesquisa sobre estratificação e classes sociais diante das tendências de diferenciação interna e de pluralização. Elas conduziram, por um lado, a um *velado convencionalismo metodológico no estabelecimento de limites de estratificação* (antes de qualquer outro, K. M. Bolte, 1958) e, por outro lado, à *retomada de pressuposições a-históricas sobre antagonismos de classe*. Um ulterior ponto de cristalização reside nas mudanças na *situação das mulheres*. Estas são liberadas da provisão pelo cônjuge — o estribo material da tradicional existência como dona de casa. Dessa forma, toda a trama de vínculos e de provisão da família sofre o peso da individualização. Configura-se o formato da *família negociada a prazo*, na qual as posições individuais, direcionadas para a educação, o mercado de trabalho e a vida profissional, adotam um curioso acordo funcional com vistas a um intercâmbio afetivo regulado e revogável, isto quando de saída já não forem preferidas formas de vida extrafamiliares.[3]

Ao lado de culturas baseadas na classe social e de relacionamentos no quadro das estruturas familiares, há dois pontos de cristalização para as desonerações. Elas já não têm origem na esfera reprodutiva, mas na esfera produtiva, e consumam-se como desonerações em relação à profissão e à empresa. Trata-se, em especial, da *flexibilização da jornada de trabalho* e da *descentralização do local de trabalho* (da qual o trabalho feito em casa por meios eletrônicos é apenas um caso extremo). Dessa forma surgem *formas*

[3] Fuchs e, mais recentemente e com maior alcance teórico, L. Rosenmayr (1978), W. Hornstein (1981) e M. Baethge (1985) demonstraram, com base nos resultados do Shell-Jugend-Studie [Estudo Shell sobre a Juventude], que isso não diz respeito unicamente às relações entre os pais, mas também ao posicionamento das *crianças e adolescentes*; para os probelmas específicos das adolescentes e das jovens trabalhadoras, ver particularmente Diezinger, Marquardt, Bilden, 1982.

inovadoras, flexíveis e plurais de subocupação (ver a respeito Cap. 6). Isto levanta problemas (sociojurídicos) de aprovisionamento e produz ao mesmo tempo situações e padrões de desenvolvimento biográfico inéditos.

Seguimos até aqui um resumo da argumentação. Agora, a questão que lhe dá prosseguimento: que *forma de reintegração e controle* está associada às situações individuais geradas? De início, *três teses* a respeito:

1. Uma singularidade fundamental do surto individualizatório na Alemanha reside em suas *consequências*: já não há qualquer tipo de amortização por meio de uma unidade de referência na esfera reprodutiva. Dito de forma bastante esquemática: as classes sociais já não ocuparão o lugar dos estamentos, o quadro referencial da família já não ocupará o lugar dos vínculos sociais de classe. *O próprio indivíduo se converte em unidade reprodutiva do social no mundo vital.* Ou dito de outra forma: a família, como síntese "penúltima" das condições e das trajetórias de vida, abrangendo diferentes gerações e sexos, se despedaça, e os indivíduos se convertem, tanto dentro como fora da família, em agentes garantidores de uma existência mediada pelo mercado e do planejamento e organização de sua própria biografia.

2. Mas essa especificação das "situações individuais" também envolve um alto grau de *padronização*. Ou dito de forma mais precisa: *os próprios processos que geram a individualização geram também uma padronização.* Isto vale, sempre de maneiras distintas, para o mercado, o dinheiro, o direito, a mobilidade, a educação etc. As situações individuais assim produzidas são inteiramente *dependentes do mercado (de trabalho)*. São por assim dizer o aperfeiçoamento da dependência do mercado, penetrando todas as fibras (da garantia) do sustento, são seu resultado tardio na fase do bem-estar social. Elas surgem na sociedade de mercado, na sociedade do mercado de trabalho *estabelecida*, já pouco habituada ou de todo desafeita às possibilidades tradicionais de provimento. G. Simmel já mostrou claramente como o dinheiro ao mesmo tempo individualiza *e* padroniza. Isto vale não apenas para o consumo de massa dependente do dinheiro e para as "desonerações do mercado de trabalho", mas também para a desvinculação e a revinculação através da educação, da juridicização, da cientificização etc.

3. A simultaneidade de individualização, institucionalização e padronização ainda não é suficiente para dar conta das situações individuais produzidas. Elas demandam na verdade uma *abordagem nova. Elas invadem a isolada esfera privada e as distintas esferas públicas.* Já não são situações unicamente privadas, mas sim situações invariavelmente institucionais. Têm a contraditória dupla face de *situações individuais institucionalmente dependentes.* Aquilo que aparentemente se situa além das instituições revela-se no

aquém da biografia individual. Essa abordagem das situações, que procura atravessar as fronteiras institucionais, resulta precisamente de sua dependência institucional (no mais amplo sentido): os indivíduos desonerados se tornam dependentes do mercado de trabalho e consequentemente da educação, do consumo, das regulações sociojurídicas, do planejamento viário, das ofertas de produtos de consumo, das oportunidades e tendências no aconselhamento e no acompanhamento médico, psicológico e pedagógico. Tudo isto aponta para a *estrutura institucionalmente dependente de controle* das situações individuais. A individualização se revela assim a forma *mais avançada* de socialização dependente do mercado, do direito, da educação etc.

3. Institucionalização dos padrões biográficos

No impulso dos processos individualizatórios, diferenças de classe e vínculos familiares não chegam a ser realmente anulados, passando antes ao plano de fundo, dando lugar ao novo "centro" do projeto biográfico. Ao mesmo tempo, surgem novas dependências. Estas remetem a *contradições imanentes ao processo individualizatório*. Na modernidade avançada, a individualização se consuma sob as condições liminares de um processo de socialização que progressivamente impossibilita emancipações individuais: é certo que o indivíduo se desonera de estruturas de sustento e vínculos tradicionais, mas recebe em troca as pressões do mercado de trabalho, de uma subsistência baseada no consumo e das padronizações e controles contidos em ambos. Em lugar dos vínculos e formações sociais *tradicionais* (classes sociais, família nuclear), entram em cena instâncias e instituições *secundárias*, que imprimem sua marca na trajetória do indivíduo e atuam no sentido contrário do arbítrio individual que se realiza sob a forma de consciência, tornando-o um joguete de modas, circunstâncias, conjunturas e mercados.

A vida privada individualizada se torna assim cada vez mais patente e claramente dependente de circunstâncias e condições que escapam inteiramente ao seu controle. Paralelamente, surgem situações de risco, conflitivas e problemáticas, que se contrapõem, por conta de sua origem e de seu feitio, a qualquer tipo de arranjo individual. Elas envolvem, como se sabe, praticamente tudo aquilo que é discutido e disputado social e politicamente: desde os assim chamados "nódulos do tecido social", passando pela negociação de salários e condições de trabalho, até a resistência contra intervenções burocráticas, a oferta de oportunidades educacionais, a regulação de problemas no trânsito, a proteção contra danos ao meio ambiente etc. A individualização incide, portanto, em meio a um quadro de condicionamentos sociais que, mais do que nunca, impedem uma existência individual emancipada.

Trajetórias de vida cujos ritmos de desenvolvimento são marcados pelo estamento, por culturas de classe ou pela família são sobrepostas ou substituídas por *trajetórias de vida institucionalmente padronizadas*: entrada e saída do sistema educacional, entrada e saída da atividade profissional, fixações sociopolíticas da idade para a aposentadoria, e tudo isto acontece tanto num corte longitudinal da trajetória de vida (infância, juventude, vida adulta, aposentadoria e velhice) como também no ritmo e no planejamento cotidianos (harmonização da vida familiar, educacional e profissional). O caso da sobreposição se torna ainda mais claro no caso da "biografia normal" das mulheres. Enquanto homens seguem ilesos suas trajetórias diante dos eventos familiares, as mulheres levam uma vida dupla, contraditória, marcada tanto pela família quanto pelas instituições. Para elas, *é ainda* o ritmo familiar que prevalece e, na maioria dos casos, *já é* o ritmo educacional e profissional que conta, em razão do que se exacerbam os conflitos e demandas continuamente irreconciliáveis se impõem.

Individualização significa dependência do mercado em todas as dimensões da conduta na vida. As formas de subsistência que surgem correspondem a um *mercado de massa* e a um *consumo de massa* atomizados, inconscientes de si mesmos, voltados para moradias, móveis e artigos do dia a dia projetados em série, promovidos por meios de comunicação de massa e absorvidos por opiniões, hábitos, gostos e estilos de vida predeterminados. Em outras palavras, as individualizações conduzem as pessoas a *uma padronização e um direcionamento controlados de fora*, para os quais os nichos das subculturas estamentais e familiares sempre foram estranhos.

Estas transformações institucionais das trajetórias de vida significam que regulações, seja no sistema educacional (por exemplo, duração do tempo de estudos), no sistema profissional (por exemplo, jornadas de trabalho mudando diariamente e ao longo de toda a carreira) ou no sistema de seguridade social, estão *diretamente encadeadas com as fases na trajetória das pessoas*: juntamente com determinações e intervenções institucionais consumam-se determinações e intervenções (implícitas) na trajetória de uma pessoa. Com a alteração nos horários das creches, torna-se por exemplo cada vez mais difícil ou mesmo impossível para as mulheres conciliar maternidade e encargos profissionais (isto também significa que mais mulheres serão afastadas do mercado de trabalho). Com a redução da idade mínima para a aposentadoria, a "idade social" é prolongada por decreto para toda uma geração (com todos os problemas e oportunidades correspondentes). Ao mesmo tempo, efetua-se uma redistribuição das cotas de trabalho em prol das gerações mais jovens. A mesma individualização significa portanto: *institucionalização*, determinação institucional e consequentemente: *maleabilidade* das carreiras e vidas. Sua moldagem ocorre no mais das vezes "imperceptivelmente", como um "efeito colateral latente" de decisões explicitamente relacionadas com o âmbito interno das empresas (sistema educacional, mercado de trabalho, trabalho assalariado etc.). Um exemplo certamente pitoresco — a televisão — pode ajudar a elucidar esse aspecto.

A televisão isola *e* padroniza. Por um lado, ela dissolve as esferas de interação, experiência e vivência que unem as pessoas de uma forma vinculante e marcadamente tradicional. Ao mesmo tempo, porém, todos se encontram numa situação similar: consomem programas televisivos institucionalmente fabricados, seja em Honolulu, Moscou ou Singapura. A individualização, ou mais precisamente: a libertação dos contextos tradicionais da vida — é acompanhada por uma unificação e padronização das formas existenciais. No interior da família, cada um se senta isolado diante do televisor. Surge assim o diagrama estrutural de um público de massa individualizado ou — de forma mais aguda — a padronizada existência coletiva de uma massa de eremitas (ver G. Anders, 1980).

Isto ocorre simultaneamente como algo *supracultural* e *supranacional*. As pessoas do mundo inteiro e de todas as classes se encontram, por assim dizer, na *pracinha da televisão* e consomem as notícias. Nesse sentido, as circunstâncias individuais, mesmo em sua dependência institucional, já não podem ser limitadas pelas fronteiras dos Estados Nacionais. Elas fazem parte de uma rede mundial de comunicação padronizada. Mais que isso: num certo sentido, as fronteiras institucionais e nacionais deixam de valer. Nós levamos uma *vida dupla socioespacial*, proporcionada pelos meios de comunicação. Estamos ao mesmo tempo aqui e alhures, sozinhos num canto e contudo espiamos um concerto da Filarmônica de Nova York, ou então somos todos observadores participantes de cenas cruéis da guerra civil no Líbano ao mesmo tempo em que comemos nosso jantar solitário. Conforme se queira, pode-se mesmo dizer que as circunstâncias produzidas revelam em sua "ditopia" uma estrutura ao mesmo tempo *individual e institucionalmente esquizofrênica*. Mas as chances de reconhecer isto, tanto de dentro como de fora, são desiguais. Mantêm-se assim as fronteiras entre dentro e fora ao mesmo tempo em que já não se mantêm.

Também estão implicadas nisso *novas oportunidades para o exercício de controle e influência*. Em face dos hábitos televisivos de amplas camadas da população (que desencadeiam síndrome de abstinência quando não observados), a programação semanal e diária da família é feita *em pleno acordo* com a programação de TV.

A esfera privada não é o que parece ser: uma esfera delimitada em oposição ao mundo à sua volta. *Ela é uma exterioridade internalizada e tornada privada, uma exterioridade de circunstâncias e decisões* definidas alhures (nas emissoras de televisão, no sistema educacional, nas empresas, no mercado de trabalho, no trânsito etc.) em patente desconsideração pelas consequências biográfico-privadas.

Junto com a dependência institucional aumenta também, entre as individualidades correspondentes, a *suscetibilidade a crises*. A dependência institucional, em lugar de contar com um alcance universal, apoia-se em determinadas prioridades. A chave da garantia de subsistência reside no mercado de trabalho. A aptidão para o mercado de trabalho exige formação. Quem quer que não a receba estará socialmente à beira do abismo material. Sem os respectivos certificados escolares, a situação é tão desastrosa quanto com eles, exceto pela possibilidade de obter um emprego. Chegando a essas condições, aqueles a quem já de entrada foi vedado o acesso a uma formação profissional caem no abismo social. A oferta ou a recusa de vagas de aprendiz se converte numa questão de entrada na sociedade ou saída dela. Ao mesmo tempo, "altos e baixos" conjunturais ou demográficos podem jogar *gerações inteiras para o escanteio existencial*. Isto é: situações individuais institucionalmente dependentes fazem surgir, justamente ao longo de variações conjunturais da economia e do mercado de trabalho, medidas que, apoiadas nos respectivos "espíritos de corpo", favorecem ou discriminam em função da geração dos afetados. Essas medidas emergem invariavelmente sob a forma de serviços insatisfatórios de previdência e provisão por parte das instituições estatais, que se expõem assim à pressão pela adoção, por meio de regulações jurídicas e programas redistributivos, de medidas compensatórias ou de combate à falta institucionalmente pré-programada de oportunidades para gerações, fases da vida e faixas etárias inteiras.

As instituições operam com *categorias juridicamente estabelecidas de "biografias padrão", cada vez mais distantes da realidade*. A espinha dorsal da biografia padrão é a relação trabalhista padrão. É assim que o sistema de seguridade social se articula em torno do eixo do trabalho assalariado. Ao mesmo tempo, cresce o número de pessoas que, por maior que seja sua disposição, não conseguem, ou só conseguem depois de muito esforço, adentrar o sistema empregatício. O seguro social se assenta em padrões de normalidade que, em face de um constante desemprego em massa, dificilmente podem ser satisfeitos e que correspondem cada vez menos à evolução das condições de vida em família de homens e mulheres. A concepção do "arrimo de família" acabou sendo rechaçada por meio de uma partilha entre os membros da família, em função de fases e decisões, de papéis cambiantes, quem traz dinheiro para casa, quem põe o pão na mesa, quem toma conta das crianças e quem as educa. Ao invés de famílias "completas", tem-se as mais diversas variantes de famílias "incompletas". O grupo cada vez maior dos pais solteiros se sente discriminado por um direito de família que regula os divórcios em favor de um monopólio maternal. E outros exemplos vão na mesma direção.

Uma sociedade que se desenvolve a partir dos eixos de conduta da sociedade industrial — classes sociais, família nuclear, papéis sexuais e profissão definida — se vê assim confrontada a um sistema de instituições tutelares, administrativas e políticas que assumem cada vez mais *uma espécie de função de lugar-tenente da agonizante era industrial*. Elas atuam de forma normativa, pedagógica e disciplinante sobre a vida "desviante" dos padrões de normalidade estabelecidos administrativamente. Elas se convertem em conspiradoras e paladinas na defesa das garantias do passado, que continuam a valer apenas para uma parcela decrescente da população. E assim se aprofundam as *contradições entre duas "normalidades", uma definida institucionalmente e outra socialmente válida*, e o edifício da sociedade industrial ameaça desmoronar em escombros jurídico-normativos.

Através da dependência institucional, a sociedade individualizada também se fragiliza diante de todos os conflitos, alianças e coalizões possíveis, transversais em relação às tradicionais fronteiras de classe. A oposição entre as partes na relação trabalhista deixa de ser um confronto específico e recua, deixando que assumam relevo central as formas plurais pelas quais a sociabilidade reprimida, com seus respectivos dilemas, abre caminho na existência privada: talvez sejam eventos tais como o planejamento da construção de uma rua nas imediações do próprio quintal, a piora no desempenho escolar dos filhos ou a criação de um depósito de lixo atômico nas redondezas que despertam a consciência para as dimensões de um "destino coletivo".

Decisivo é porém perceber *como* o destino coletivo institucionalmente determinado surge e é reconhecido e assimilado em meio às circunstâncias em que vivem as pessoas na sociedade individualizada. Caso se queira, é possível exprimir isto por meio de uma comparação: o espelho côncavo da consciência de classe se parte, mas não chega a cair, e cada estilhaço produz sua própria reflexão do todo, sem que a superfície reflexiva, despedaçada por fissuras e fendas e decomposta em pequenos cacos, possa produzir uma única imagem global. Na medida em que as pessoas constantemente se libertam dos laços sociais e são privatizadas em surtos individualizatórios, ocorre um fenômeno duplo. Por um lado, as formas de percepção se tornam privadas e simultaneamente — consideradas do ponto de vista temporal — *a-históricas*. Os filhos já não conhecem as circunstâncias da vida dos pais, para não mencionar as dos avós. Isto é, os horizontes temporais da percepção da vida são cada vez mais estreitos, até o limite da *história reduzida ao presente (perpétuo)* e tudo girando em torno do eixo do próprio ego, da própria vida. Por outro lado, reduzem-se os âmbitos em que ações definidas coletivamente podem engessar a vida de cada um, aumentando as pressões para que cada um molde sua trajetória com as próprias mãos, inclusive, ou melhor, especialmente nos momentos em que ela não consiste em mais que um mero produto das circunstâncias.

Nesse sentido, individualização significa que a biografia das pessoas se torna independente de determinações pré-fixadas, aberta, disponível e se converte em tarefa a ser desempenhada por cada um. No leque de oportunidades vitais, as parcelas por definição indisponíveis se reduzem e aumentam as parcelas disponíveis, desenhadas de próprio punho. Individualização das condutas e do curso da vida significa portanto: as biografias se tornam "*autorreflexivas*"; a biografia socialmente predeterminada é transformada em biografia feita e a ser feita por cada um. Quanto às decisões a respeito da educação, profissão, emprego, moradia, cônjuge, número de filhos etc., com todas as decisões subsequentes envolvidas, não basta que possam ser tomadas, é preciso tomá-las. Mesmo nas situações em que falar de "decisões" soe demasiado pomposo, dada a falta de consciência e de alternativas, o indivíduo terá de "pagar o pato" pelas consequências das decisões não tomadas. Quer dizer: através de vantagens institucionais e biográficas, surgem por assim dizer *módulos pré-fabricados de possibilidades combinatórias de natureza biográfica*. Na transição da "biografia padrão para a biografia eletiva" (Ley), forma-se o modelo conflitivo e historicamente inédito da "*biografia de bricolagem*" (Gross, 1985). As alternativas exclusivas (ou isso ou aquilo) das situações vitais conflitivas, de ricos e desfavorecidos, passam a ser relativizadas por meio da acumulação de problemas específicos a cada fase da vida (por exemplo, a implicação de decisões de jovens adultos sobre casamento, filhos e a profissão do cônjuge), que demandam harmonização e planejamento específicos, tanto no nível privado como em relação ao âmbito institucional.

Na sociedade individualizada, o indivíduo precisa aprender, sob pena de um prejuízo irreversível, a reconhecer-se a si mesmo como foco de ação, como agência de planejamento no que diz respeito à sua própria carreira, às suas capacidades, orientações, parcerias etc. A "sociedade" *deve* ser manejada individualmente, sob as condições da carreira a ser configurada, como uma "variável". A escassez das oportunidades educacionais é certamente um problema que afeta a todos; mas em que isto afeta meu próprio destino, aquilo que ninguém pode tirar de mim? O que é que eu posso ou devo encaminhar para que com uma média 6,5 ainda tenha a chance de estudar Medicina? É por isso que as determinantes sociais, que tomam a própria vida de assalto, devem ser concebidas como "variável referente às influências exercidas pelo meio ambiente", para que, por meio de "medidas imaginativas" referentes ao próprio raio de ação e das respectivas "diferenciações internas" relativas aos contatos e atividades possíveis, possam ser atenuadas, desconsideradas ou anuladas.

O que é exigido é um *modelo dinâmico de ação cotidiana*, que tenha o ego como núcleo, que lhe atribua e inaugure oportunidades de atuação e desse modo permita que as possibilidades emergentes de configuração e decisão relacionadas com a própria trajetória sejam racionalmente pormenorizadas. Isto significa que, nesse caso, sob a superfície de malabarismos intelectuais com o objetivo de assegurar a própria sobrevivência, uma *visão de mundo autocentrada* precisa ser desenvolvida, de tal modo que a relação entre o ego e a sociedade seja praticamente invertida e que, tendo em vista a configuração da própria trajetória, seja assegurada a manuseabilidade de pensamento e ação.

Como consequência, abrem-se as comportas da subjetivização e individualização dos riscos e contradições social e institucionalmente produzidos. Para o indivíduo, as posturas institucionais determinantes já não são apenas os eventos e circunstâncias que lhe sobrevêm, mas incluem *também as consequências das decisões tomadas*, que precisam ser reconhecidas como tais e assimiladas. Isto é facilitado pela mudança de caráter dos eventos mais típicos que tiram o indivíduo dos trilhos. Se anteriormente o que lhe afetava era um "golpe do destino", sob a forma de intervenção divina ou natural, por exemplo, guerra, catástrofes naturais, morte do cônjuge, em suma, um evento pelo qual ele não aceitava qualquer responsabilidade —, agora tais eventos representam muito mais um "fracasso pessoal", desde a reprovação num exame até o desemprego ou o divórcio. Portanto, na sociedade individualizada, os riscos não apenas aumentam de um ponto de vista meramente quantitativo, como também acabam surgindo qualitativamente novas formas de risco pessoal: somam-se-lhes novas formas de "atribuição de culpa", o que é ainda mais agravante. Com base nessas pressões por autoconfiguração, autoplanejamento e autoprodução, acabarão surgindo cedo ou tarde novas demandas educacionais, tutelares, terapêuticas e políticas.

Finalmente, caberia apontar um último elemento, atuando aparentemente em sentido contrário: se por um lado as biografias individualizadas seguem estruturalmente atadas à autoconfiguração, por outro lado elas se abrem até o limite do interminável. *Tudo aquilo que parece isolado numa perspectiva teórico-sistêmica se converte em componente integral da biografia individual*: família *e* trabalho assalariado, educação *e* ocupação, administração e transporte, consumo, medicina, pedagogia etc. Fronteiras subsistêmicas valem para subsistemas, mas não para pessoas em situações individuais institucionalmente dependentes. Ou então, formulado com base em J. Habermas: as situações individuais *trespassam* a distinção entre sistema e mundo vital. Elas são por assim dizer o lado biográfico da separação institucional. Visto dessa forma, trata-se de situações institucionais individualizadas cujos nexos e fissuras, negligenciados no nível sistêmico, acabam gerando permanentemente, tanto nas biografias individuais quanto entre elas, pontos de fricção, empecilhos à harmonização e contradições. Sob tais condições, a condução da vida se converte na *superação biográfica de contradições sistêmicas* (por exemplo, entre educação e trabalho, entre a biografia real e a biografia padrão pressuposta institucionalmente).[4] A biografia é — com base na formulação de N. Luhmann — a *soma das racionalidades subsistêmicas*, e de modo algum o meio ambiente que as envolve. Não é só que a compra do café na loja da esquina eventualmente se torna uma questão relativa à contribuição com o espólio dos trabalhadores rurais sul-americanos. Não é só que a onipresença dos pesticidas transforma uma formação básica em (anti)química num pré-requisito para a sobrevivência. Não é só que a pedagogia, a medicina, o direito previdenciário e o planejamento viário pressupõem um "indivíduo ativamente coimaginativo", capaz de se orientar por conta própria no meio dessa selva de perenidades precárias. Todos esses e também todos os outros especialistas acabam descarregando suas contradições e controvérsias sobre o indivíduo e confiam-lhe, no mais com a melhor das intenções, a tarefa de avaliar tudo isso criticamente com base nas próprias ideias. Com a destradicionalização e a criação de redes de comunica-

[4] Uma consequência para a prática científica: a pesquisa biográfica, que não se move senão seguindo as pegadas da pesquisa sobre a família ou sobre camadas sociais, torna-se problemática. Quem quer que deseje investigar a padronização e a (implícita) maleabilidade política das posturas individuais precisará entender também de educação, de relações trabalhistas, de trabalho industrial, de consumo de massa, de direito previdenciário, de políticas de transporte e de planejamento urbano. Nesse sentido, pesquisa biográfica seria — ao menos é o que se exige — algo como uma pesquisa social transdisciplinar a partir da perspectiva do sujeito — uma pesquisa que justamente *trespassa* o esquema das sociologias específicas.

ção de alcance mundial, a biografia se desprende mais e mais de seus circuitos vitais imediatos, abrindo-se para uma *moral remota*, que atravessa fronteiras estabelecidas por nações e especialistas e promovem o indivíduo potencialmente a um estado de contínua tomada de posições. Ao mesmo tempo em que mergulha na irrelevância, ele é elevado a um trono fictício de reformador do mundo. Enquanto os governos (ainda) operam na estrutura do Estado Nacional, a biografia já se abre para a sociedade mundial, mesmo que seja somente por meio do oposto — descaso, simplificação, embotamento — que essa sobrecarga permanente se torne suportável.

CAPÍTULO 6

Despadronização do trabalho assalariado: sobre o futuro da formação profissional e do emprego

A importância que o trabalho adquiriu na sociedade industrial não tem precedentes na história. Nas cidades-estados da Grécia Antiga, o trabalho indispensável à subsistência, eternamente consumido na satisfação das necessidades básicas sem jamais deixar marcas que ultrapassem a manutenção da vida, era reservado aos escravos. Os cidadãos livres dedicavam-se à atuação política e à criação artística. Mesmo durante a Idade Média, quando o trabalho ainda era trabalho braçal, a divisão do trabalho tinha um outro sentido. Ao nobre parecia-lhe o trabalho demasiado vulgar. Era algo para os estamentos inferiores. Os sinais mais inconfundíveis do iminente colapso daquele mundo começaram a aparecer quando o varão de uma respeitável linhagem passou a assumir um "ofício burguês" — ou seja: tinha de descer às planícies da medicina ou da jurisprudência. Houvesse sido anunciado àqueles tempos o que nos últimos anos se tem profetizado sobre o esmorecimento ou mesmo o desaparecimento do trabalho assalariado, eles não teriam entendido a mensagem ou o porquê da inquietação.

A importância do trabalho assalariado para a vida das pessoas na sociedade industrial já não se fundamenta, ou pelo menos não substancialmente, no próprio trabalho. Ela surge antes de mais nada do fato de que a exaustão da força de trabalho é a base da subsistência também na conduta de vida individualizada. Isto explica, entretanto, apenas uma parte da comoção desencadeada pela notícia do esmaecimento da sociedade do trabalho. Trabalho assalariado e profissão se converteram em *eixos de conduta* na era industrial. Juntamente com a família, conformam o sistema bipolar de coordenadas no qual a vida se ancora nessa época. Isto pode ser explicitado com um corte longitudinal da típica vida ideal de um mundo industrial intacto. Já na tenra idade, ainda completamente ligado à família, o adolescente aprende por meio do pai que a profissão é a chave para o mundo. Mais tarde, a formação profissional seguirá ao longo de todas as estações no caminho associada a um "além" da profissão que nela não se deixa contemplar. A idade adulta se situa inteiramente sob o signo do trabalho assalariado, não apenas por conta do tempo demandado pelo trabalho em si, mas também da administração ou planejamento do tempo fora, antes e depois dele. Mesmo a "velhice" acaba sendo definida como ausência do trabalho. Ela começa quando o mundo profissional dispensa as pessoas — não importa se elas se sentem velhas ou não.

Talvez não haja qualquer outra situação em que a importância adquirida pelo trabalho assalariado na vida das pessoas no mundo industrial se revele tão claramente como quando dois desconhecidos se encontram e perguntam: "*o que você é?*", e não respondem com o que fazem nas horas vagas: criador de pombos, nem com a confissão religiosa: católico, nem com alusão ao ideal de beleza: como você pode ver, ruivo e musculoso — mas, com a maior naturalidade de um mundo que a bem da verdade parece meio fora dos eixos com uma tal resposta, com a *profissão*: técnico da Siemens. Se sabemos a profissão do nosso interlocutor, acreditamos saber quem *ele (ela)* é. A profissão serve de parâmetro mútuo de identificação, com cujo auxílio contamos para avaliar as necessidades e capacidades pessoais e a posição econômica e social daquele que a "tem". Por mais curioso que seja, produz-se a equivalência da pessoa com sua profissão. Na sociedade em que a vida se alinha pela trama da profissão, esta revela de fato algumas informações-chave: renda, status, conhecimentos linguísticos, interesses possíveis, contatos sociais etc.[1]

Ainda em meados dos anos sessenta, Helmut Schelsky dizia, a respeito disso, que família e profissão eram as duas grandes garantias que teriam restado às pessoas na modernidade. Elas conferem "estabilidade interna" às suas vidas. Na profissão, o indivíduo ganha acesso a diversos âmbitos de atuação socialmente eficaz. Talvez se possa mesmo chegar a dizer que, através do buraco de agulha de seu emprego, o "profissional" se torna um "co-reformador do mundo" em pequena escala. Nessa medida, a profissão assegura (como a família, por outro lado) *experiências sociais fundamentais*. A profissão é a instância na qual a realidade social pode ser experimentada, num envolvimento por assim dizer em primeira mão.[2]

[1] De modo mais detalhado, ver U. Beck, M. Brater, H-J. Daheim, *Soziologie der Arbeit und der Berufe*, Reinbeck, 1980.

[2] "Atualmente, a continuidade da vida e a continuidade profissional estão para nós estreitamente ligadas, ao mesmo tempo em que nos parece muito mais fácil variar o ambiente social e regional. Hoje em dia é possível trocar de domicílio ou mesmo de país e de sociedade com relativa facilidade, sem se 'desenraizar', desde que na troca se possam manter as oportunidades de trabalho e o desempenho profissional" (H. Schlesky, 1972, p. 32).

Deixando de lado a indagação sobre se essa imagem reflete de fato a situação nos anos sessenta, hoje em dia e considerando o futuro provável, ela sem dúvida já não vale para o que acontece em diversas esferas ocupacionais. Assim como a família, *a profissão perdeu*, por sua vez, *suas antigas garantias e funções tutelares*. Junto com a profissão, as pessoas perdem o sustentáculo interno da conduta da vida, surgido com a era industrial. Os problemas e vantagens do trabalho assalariado irradiam toda a sociedade. A sociedade industrial, inclusive fora do âmbito do trabalho, no modelo de sua vida, em suas alegrias e tristezas, em sua concepção de desempenho, em sua justificação da desigualdade, em seu direito previdenciário, em seu equilíbrio de forças, em sua política e cultura, é *uma sociedade do trabalho assalariado do princípio ao fim*. Se ela tem de se confrontar com uma mudança estrutural do trabalho assalariado, terá então de se confrontar com uma mudança de toda a sociedade.

1. Do sistema de pleno emprego padronizado ao sistema de subemprego flexível e plural

O tema do desemprego em massa nas nações industriais do Ocidente continua a ser discutido com as antigas categorias e questões. Em praticamente todos os campos políticos e econômicos prevalece ainda a esperança de que, na esteira de um consistente reaquecimento da economia nos anos noventa, o caminho para o pleno emprego será retomado. Que estejamos no início do processo de racionalização *anti*-industrial, em cujo decurso são abandonados os *princípios* do habitual sistema empregatício — e não meras reacomodações da estrutura de profissões e qualificações: essa possibilidade não foi até o momento levada em consideração sistematicamente em termos teóricos ou políticos.

Apesar de todas as controvérsias, os especialistas estão efetivamente de acordo sobre um ponto: mesmo com taxas de crescimento econômico da ordem de 2% a 4%, o alto nível de desemprego, acima da faixa dos 2 milhões, *não será reduzido antes dos anos noventa*. Somente então, com o acúmulo de anos de baixas taxas de natalidade, diminui drasticamente o número até então consideravelmente crescente de potenciais "candidatos ao emprego" e, com ele, a demanda por postos de trabalho para níveis similares aos do início dos anos oitenta. Esse malabarismo com os números mascara muita coisa; por exemplo, a participação continuamente crescente das mulheres no mercado de trabalho; ou a medida em que o emprego acelerado de tecnologias da informação e a automação da produção poderão afinal compensar, por meio do aumento da produtividade, os empregos que elas mesmas aniquilam (as projeções oscilam entre 1 para cada 2 e 1 para cada 6); finalmente, até que ponto postos de trabalho especializado de jornada integral serão convertidos numa variedade de postos de trabalho genérico em jornadas parciais, permitindo, desse modo, que todos os cálculos usuais, medições em suma do volume global de trabalho em postos de trabalho de jornada integral, passem desta, à qual estão presos, para melhor.

Mas as incertezas de tais cálculos não nos devem enganar a respeito de sua grande relevância política. Pois essa estimativa do desenvolvimento prevê ainda uma longa e exaustiva jornada até meados dos anos noventa: após os anos "de vacas magras", contudo, podem-se esperar novamente anos "de vacas gordas" no mercado de trabalho — com o resultado decisivo de que assim uma "*não política de entressafra*" (direta ou indiretamente) terá a palavra. De acordo com essa versão politicamente consoladora, trata-se apenas de adotar "medidas de transição" para aliviar a situação para "as gerações intermediárias afetadas". Quanto aos rumos fundamentais da economia, do mercado de trabalho, da política educacional, não só é desnecessário, como tampouco recomendável recorrer a experimentações ousadas.

Essa interpretação, que obteve amplo alcance nos últimos anos, tanto científica quanto politicamente, apoia-se numa premissa da qual convém duvidar sistematicamente, e despenca junto com ela: a *continuidade* do sistema empregatício atual e de seus pilares de sustentação, a empresa, o posto de trabalho, a profissão, o trabalho assalariado etc. Ignora-se o fato de que, com os avanços da tecnologia da informação, mas também com impulsos modernizantes sociais e jurídicos, uma espécie de "*reforma constitucional*" do sistema empregatício é introduzida. A possibilidade de uma tal *mudança sistêmica* do trabalho assalariado será considerada mais a fundo a seguir. Eu parto — fiel ao bom e velho Popper — da premissa segundo a qual somente uma *alternativa* teórica permite uma verificação empírica, inclusive de sua antítese. Tratar-se-á portanto a seguir de um conjunto de hipóteses — nem mais nem menos —, cujo teste empírico e discussão teórica ainda estão pendentes, mas cuja função central consiste em romper o predominante (e politicamente tão frutífero) *monismo teórico* da ideia da continuidade e, com a concorrência interpretativa entre continuidade e cesura da evolução empregatícia assim produzida, possibilitar ao menos que futuramente se verifiquem empiricamente *ambas* as perspectivas. Nesse sentido, deve-se de início esclarecer o que se pode querer dizer com "mudança estrutural" do trabalho assalariado (ver também a respeito pp. 315 ss.). Em seguida, será explicado em detalhe *por que meios, como e com que consequências* essa mudança estrutural é acionada e possivelmente consolidada, que resistências encontra, que riscos produz etc.

Nas extrapolações da curva de evolução do desemprego até o ano 2000, mas também no planejamento educacional e profissional de cada pessoa, assim como na reflexão e na atuação políticas, como já foi dito, presume-se que o atual sistema empregatício permaneça constante em seus traços básicos. Algumas suposições são feitas, cuja validade porém é posta em dúvida justamente pelas atuais ondas de modernização e racionalização:

O sistema empregatício surgido no último século a partir de graves crises e conflitos sociais e políticos se apoia em *padronizações* intensivas em todas as suas dimensões básicas: do *contrato* de trabalho, do *local* de trabalho e da *jornada* de trabalho. A disposição da força de trabalho segue em sua configuração jurídica modelos contratuais que, em certa medida, são negociados em margens percentuais para setores e categorias profissionais inteiras. Tornou-se óbvio que o trabalho seja realizado de forma espacialmente concentrada, em (grandes) organizações fabris. O sistema empregatício também se assentava — com algumas exceções — até meados dos anos setenta na regra geral do "trabalho vitalício de jornada integral" como parâmetro de organização temporal para o planejamento e mobilização de mão de obra na empresa, mas também para definir as circunstâncias biográficas. Esse sistema permite — em princípio — traçar claras delimitações entre trabalho e ócio, passíveis de fixação no espaço e no tempo, mas também contornos sociais e jurídicos distinguindo desemprego e emprego. Em função das atuais e iminentes ondas de racionalização, esse *sistema padronizado de pleno emprego* começa a debilitar e carcomer, através de flexibilizações a partir das margens, seus três pilares de sustentação — direito do trabalho, local de trabalho, jornada de trabalho. Com isto, as *fronteiras entre trabalho e ócio se tornam fluidas*. Formas flexíveis e plurais de subemprego se difundem.

O fato de que a norma do trabalho vitalício de jornada integral foi suplantada por formas plurais de flexibilização da jornada de trabalho é uma constatação que já invadiu mesmo os últimos recônditos (amuados) da sociedade. Bastante menos reconhecido é o fato de que isto também ocorrerá, já no futuro próximo, com a concentração *espacial* e, consequentemente, com o trabalho assalariado em "formato fabril". O vínculo cooperativo empresarial, ao menos em certos setores (administração, escritório, gerência, prestação de serviços), já pode ser gerado por meios eletrônicos e portanto organizado de forma *descentralizada*, "espacialmente difusa" e "espacialmente independente". Essa dispersão espacial do trabalho assalariado pode acontecer de muitas formas: desde o relaxamento das regras de comparecimento, passando por rearranjos espacialmente difusos de departamentos e equipes, até a redistribuição de funções sob a forma de trabalho eletrônico a ser feito parcial ou inteiramente em casa. Todas as formas estão porém ligadas ao mesmo resultado. A conexão entre processos sociais de trabalho e de produção se afrouxa, deixa de ser evidente que cooperação direta signifique "trabalho conjunto num mesmo lugar". Em decorrência, porém, o sistema empregatício tem suas formas de manifestação alteradas de modo crucial. Em lugar da configuração fabril *visível* do trabalho, concentrado em edifícios e galpões de fábrica, tem-se uma organização fabril *invisível*. Um indício perceptível dessa transição do antigo em direção ao novo sistema empregatício seria o gradual *abandono* dos amplos edifícios fabris, que cada vez mais se assemelham a dinossauros da era industrial, lembranças de uma época encerrada. Mas, afinal, não há nada de tão novo nisto. "Apenas" a invisibilidade da interdependência do capital seria deslocada para o âmbito do conteúdo da organização do trabalho — de resto, com ganhos similares para o gerenciamento empresarial em termos de possibilidades ocultas de reorganização e de reconfiguração.

Evidentemente, essa flexibilização espacial e temporal do trabalho assalariado não ocorre de modo paralelo em todos os setores do sistema empregatício. É de se imaginar que as pluralizações da jornada de trabalho e do local de trabalho sejam independentes uma da outra e sejam ativadas sucessivamente. Da mesma forma, não se pode prever onde se encontram, permanente ou provisoriamente estabelecidos, seus limites objetivos e/ou políticos ou quais serão os âmbitos funcionais (e em decorrência os grupos profissionais, os setores e departamentos) excluídos desses processos. Contudo, já é possível dizer que a flexibilização da jornada de trabalho, a conversão de empregos de jornada integral nos mais variados postos de trabalho de jornada parcial não ocorrerá sem *efeitos sobre a renda*. Quer dizer, a partição da jornada de trabalho (que não combate o desemprego através do pleno emprego, mas com uma generalização do *sub*emprego) segue de mãos dadas com uma redistribuição, *de cima para baixo*, de renda, de garantias sociais, das oportunidades profissionais, do posicionamento dentro da empresa, no sentido de uma decadência coletiva (transversal em relação às diferenciações de especialidade, profissão e posição hierárquica). A política de reajuste da jornada de trabalho é portanto também uma *política redistributiva* e gera novas incertezas e desigualdades sociais. É aqui que obviamente se situa a base da resistência dos sindicatos, assim como o ditado das empresas nos últimos anos. Isto continua a valer, apesar de formas flexíveis de subemprego despertarem um interesse crescente em mulheres e homens (especialmente entre os mais jovens), chegando a ser mesmo preferidas, de modo que trabalho profissional e doméstico, trabalho e vida, possam ser melhor harmonizados. Como será demonstrado mais adiante, os ganhos de soberania obtidos pelos trabalhadores sobre seu trabalho com a flexibilização espacial do trabalho assalariado podem ser combinados com uma *privatização dos riscos que o trabalho oferece à saúde física e psicológica*. Normas de segurança no trabalho escapam ao controle público nas formas de trabalho descentralizado e os custos por desconsiderá-las ou suspendê-las são transferidos aos próprios trabalhadores (assim como as empresas acabam economizando os custos da organização central do trabalho assalariado, desde a manutenção das instalações até a proteção dos equipamentos eletrônicos).

Se essas consequências de uma despadronização da jornada e do local de trabalho forem consideradas conjuntamente, então pode-se dizer que se consuma a transição de um sistema socioindustrial unificado de trabalho de jornada integral, vitalício, organizado de modo fabril e associado com a ameaçadora iminência do desemprego em direção a um sistema pontuado por riscos e descentralizado, de subempregos flexíveis e plurais, no qual *já não existirá o problema do desemprego (no sentido da falta de um posto de trabalho)*. Nesse sistema, o desemprego foi por assim dizer "integrado" ao sistema empregatício sob a forma de modelos de subemprego e também, consequentemente, substituído por uma *generalização de incertezas ocupacionais*, distante do "velho" sistema socioindustrial do pleno emprego unificado. Assim como no século XIX, esse processo também revela fundamentalmente uma *cabeça de Jano*. Progresso e miséria se entrelaçam de novas maneiras. Os ganhos de produtividade das empresas são acompanhados por problemas de controle. Os trabalhadores trocam uma parcela da liberdade obtida em relação ao trabalho por novas compulsões e incertezas materiais. O desemprego desaparece, mas ao mesmo tempo ressurge de modo generalizado em novas formas de subemprego precário. Tudo isto quer dizer afinal que um desenvolvimento ambíguo e contraditório é posto em marcha, em razão do qual vantagens e desvantagens se associam indissoluvelmente, mas cujas consequências e riscos consideráveis continuam a ser imprevisíveis, justamente para a consciência e atuação políticas. É precisamente a isto que se refere quando se fala do sistema de subemprego *da sociedade de risco*.

Para a sociedade industrial, após um longo período de acomodação, o trabalho profissional era naturalmente trabalho *extra*doméstico. Essa distinção entre trabalho na família e trabalho profissional é anulada no sistema da sociedade de risco através do relaxamento de regras de comparecimento, integração eletrônica de postos de trabalho descentralizados etc. Mal se podem prever as consideráveis consequências sociais. A diminuição do volume de tráfego com menos motoristas dirigindo para o trabalho, e como resultado menos pressões sobre o meio ambiente e sobre a qualidade de vida, possível desurbanização das cidades, redução da necessidade de deslocamentos diários, com a mobilidade sendo substituída por meios eletrônicos e podendo mesmo ser intensificada, apesar da imobilidade espacial, e por aí afora.

Tampouco as antigas categorias fundamentais — empresa, profissão, trabalho assalariado — são capazes de abarcar a realidade emergente da organização do trabalho tornada socialmente invisível em seus elementos. Elas são pelo menos tão compatíveis com o emergente sistema de subemprego como a concepção de trabalho da sociedade feudal era compatível com as relações trabalhistas da sociedade industrial. Mas isto não quer dizer que o trabalho assalariado será inteiramente cancelado, muito pelo contrário: as formas plurais e flexíveis de subemprego surgidas implicam ao mesmo tempo *mais* trabalho assalariado do que nunca e *nunca mais* trabalho assalariado — o que significa apenas que, olhando para a realidade do trabalho emergente através das lentes de nossas concepções da era industrial, nossos olhos veem apenas uma mancha.

É possível também apresentar a perspectiva abordada anteriormente do seguinte modo: aquilo que até o momento foi considerado antitético — trabalho formal e informal, emprego e desemprego — será no futuro *amalgamado* num novo sistema de formas flexíveis, plurais e precárias de subemprego. Essa integração do desemprego por meio de uma pluralização das relações trabalhistas não chegará a cancelar completamente o sistema empregatício como o conhecemos, sobrepondo-se-lhe aos poucos, ou melhor: minando suas estruturas e, em face da redução do volume global de trabalho exigido, colocando-lhe sob uma demanda permanente de acomodação. Esse processo pode ser descrito como uma *bipartição do mercado de trabalho segundo normas padronizadas e despadronizadas de mobilização de mão de obra* (do ponto de vista temporal, espacial e previdenciário). Produz-se dessa forma uma nova cisão do mercado de trabalho entre um mercado de trabalho normal, unificado, típico da sociedade industrial, e um mercado de subempregos flexível, plural, típico da sociedade de risco, com a ressalva de que esse segundo mercado se expande quantitativamente e absorve cada vez mais o primeiro. Por quê? Até o momento, somente apontamos para uma mera diferenciação teórica, esboçamos uma tipologia. Agora é preciso fundamentar a avaliação de que o trem da modernização informacional-tecnológica do sistema empregatício já partiu nessa direção.

Toda política trabalhista — quer estatal, quer empresarial — continua, desde pelo menos o início dos anos oitenta, sob a regra de que *a demanda de trabalho sistematicamente produzida deve ser distribuída de um novo modo*. Se até recentemente era de se presumir que um reaquecimento da economia levaria à redução do desemprego, nos últimos anos ficou claro que uma variável é independente da outra. Muitas empresas — praticamente todas as grandes indústrias alemãs — *aumentaram* seu rendimento nos últimos três anos — *reduzindo* ao mesmo tempo o número de empregados. Isto se tornou possível com o amplo uso da microeletrônica combinado com novas formas de organização do trabalho residual. Equipamentos programáveis — os "escravos robotizados da modernidade" — se encarregam em primeira linha da maior parte do trabalho no setor de produção (da indústria automobilística, química e de maquinário), mas também no escritório e na gerência é o colega computador que alivia o trabalho. O alcance e a força desse processo se tornam evidentes ao levar em conta o aumento de produtividade de 1977 a 1984. Enquanto a produtividade por hora de trabalho na indústria e na mineração aumentava 2,7% em 1977, em 1979 já alcançava um crescimento de 4,7%, para em seguida, num zigue-zague, cair para 1,5% em 1982. Mas a partir do último trimestre de 1983, ela passou a crescer repentina e aceleradamente, até que em 1984 seu aumento chegasse à marca dos 10,8% (projeções a partir dos resultados do primeiro trimestre). Isto representa *um considerável aumento da produtividade em pouco mais de um ano!* (ver *Der Spiegel*, nº 21/1984, pp. 22 ss.). Esse processo encontra paralelo no emprego de robôs industriais, que em 1980 não passavam de 1.255, chegando a 3.500 em 1982 e saltando para 6.600 já em 1984 (ver *Süddeutsche Zeitung*, 8/2/1985, p. 23). Trata-se, nesse caso, dos primeiros passos de um processo cujo final é impossível prever atualmente.

No atual sistema empregatício de postos de trabalho de jornada integral, a demanda de mão de obra é distribuída segundo um inconfundível esquema em branco e preto de emprego e desemprego. Na atual situação de crise, a reserva organizativa de horas de trabalho, com todas as suas vantagens e desvantagens, é descoberta, proclamada e incensada como deus *ex machina*. Com isto, fica imediatamente claro que a margem de manobra para reduções *padronizadas* da jornada de trabalho com a manutenção dos níveis salariais é excepcionalmente estreita.[3] Isto vale para a jornada semanal de

[3] Essa integração de ócio (no sistema empregatício, aquém do desemprego) pode assumir muitas formas. As mais conhecidas são as seguintes: elevação da idade média com que se obtém o primeiro emprego; redução da idade média com que se aposentar; criação de

trabalho, como demonstra o resultado da luta pela introdução da jornada de 35 horas semanais; mas vale também para a antecipação da idade mínima para a aposentadoria ou para a prorrogação do período mínimo de escolarização exigido — de mais a mais, medidas de redução em bloco do volume total de trabalho, que não afetam a relação de forças entre empregadores e empregados. Sob as condições do sistema padronizado de pleno emprego — isto já se vislumbra como consequência —, a redução do trabalho assalariado conduz inevitavelmente a uma exclusão em massa dos desempregados. Consequentemente, aumenta a demanda por uma *flexibilização* das relações trabalhistas no que se refere à jornada de trabalho. São muitos os seus defensores: instâncias estatais, que se veem pressionadas a agir em função do "escândalo político" do desemprego em massa; mulheres e em especial trabalhadores mais jovens, que têm muitas expectativas em relação a uma melhor harmonização entre trabalho assalariado e trabalho doméstico ou a um maior "controle sobre o próprio tempo"; empresas, que descobrem na reorganização da jornada de trabalho inesperadas fontes de produtividade. Essa, por assim dizer, *gigantesca coalizão*, envolvendo Estado, amplas parcelas da força de trabalho e a comunidade empresarial, enfrenta a *resistência* dos sindicatos (e dos tradicionais partidos trabalhistas), que veem as bases do antigo sistema empregatício e com elas sua própria base de poder se esvaírem.

empregos de meio período; redução do tempo de trabalho mínimo para a aposentadoria e da jornada diária e semanal; aumento da duração média de férias coletivas, dispensas e licenças; elevação da frequência de interrupções do trabalho em razão da participação em cursos de educação continuada ao longo de toda a carreira profissional etc. Todos esses indicadores revelam um sistemático *encolhimento* da sociedade do trabalho assalariado neste século (em graus diferenciados em cada sociedade industrial do Ocidente): na Alemanha, a jornada de trabalho diária, semanal, anual e vitalícia reduziu-se sensivelmente nos últimos cem anos. Em 1880, a jornada semanal ainda era de mais de 65 horas e mesmo às vésperas da Primeira Guerra Mundial ainda passava de 55 horas; nos anos vinte foi oficialmente reduzida para 48 horas. Na segunda metade dos anos cinquenta, era por sua vez de 47 horas, trabalhavam-se seis dias da semana e as férias anuais eram de duas semanas em média. Atualmente, as férias anuais são de cerca de seis semanas, a jornada semanal de quarenta horas em cinco dias. Paralelamente, reduz-se o tempo mínimo de trabalho para a aposentadoria em função de aposentadorias cada vez mais precoces; para muitos trabalhadores, sua vida profissional termina hoje em dia com no máximo 57-60 anos de idade. Ao mesmo tempo, os jovens entram cada vez mais tarde no sistema empregatício. Se em meados dos anos cinquenta a relação, para trabalhadores do sexo masculino na faixa média de idade, entre hora trabalhada e horas de ócio era de 1:2,9, em 1980 a proporção passou a ser de 1:4,1. Também as políticas e os períodos de educação continuada foram absorvidos pelas empresas nas últimas décadas, de modo que já se pode falar de uma reintegração da educação no sistema trabalhista e empregatício.

Em meio a essa situação de aparente impasse, as empresas descobrem a *força produtiva do trabalho de meio período, do subemprego* ou de modo mais geral: da despadronização das normas de emprego da força de trabalho, assim como as oportunidades organizativas nela contidas de aumento da produtividade com base na microeletrônica.[4] Contudo, isto ocorre de modo pouco uniforme, contraditório e inconstante:

Para surpresa dos sociólogos industriais, "acontece diante de nossos olhos uma mudança fundamental no emprego das forças de trabalho residuais em setores-chave da indústria, que seria compreendida demasiado estreita e unilateralmente pela fórmula da crise do taylorismo. Pode-se chegar mesmo a falar de uma mudança de paradigma de política trabalhista nas empresas dos setores-chave" (H. Kern, M. Schumann, 1984, p. 149). Ainda sob as condições de formas de trabalho tayloristas, a realocação e reorgani-

[4] Essa descoberta do desmonte do sistema assalariado de trabalho a partir da alteração da jornada de trabalho como uma força produtiva organizativa já tem entretanto uma longa tradição. Nesse sentido, Martin Sklar remete os primeiros indícios de uma erosão da sociedade do trabalho nos Estados Unidos ao período posterior à Primeira Guerra Mundial. Por um longo período, porém, tendências evolutivas estatisticamente comprováveis deixaram de ser interpretadas nesse sentido, dado que eram consideradas reversíveis. No total, três fatos fundamentais se destacavam: primeiro, até 1919 crescia o número de trabalhos nas linhas de produção fabris, assim como o nível geral de produção de bens de consumo, enquanto o número de trabalhadres *diminuía* em cerca de 100 mil de 1919 a 1929, apesar de a produção ter crescido cerca de 65% no mesmo período. Segundo: enquanto na economia a cota de trabalho, medida em "pessoas-anos" de trabalho, crescia no total de 28,3 bilhões em 1890 para 42,5 bilhões em 1910, a taxa de crescimento caiu para 1 bilhão entre 1910 e 1920, chegando finalmente a uma taxa nula de crescimento ao longo da década de 1920. Sklar interpreta esses processos e relações estatiscamente comprováveis do seguinte modo: no início dos anos vinte, novas forças produtivas começaram a produzir seus efeitos. Dessa forma, foi possível gerar um aumento da produtividade *independentemente* de qualquer expansão das cotas de trabalho (medidas em tempo de trabalho). Assim, encontram-se aí os primeiros indícios da erosão do "antigo" e do surgimento de um "novo" sistema trabalhista industrial. Ao mesmo tempo, o desenvolvimento das forças produtivas na década de 20 foi tributário de três decisivas inovações gerenciais: primeiro, o taylorismo, que — após duas décadas de resistência — foi por fim amplamente adotado nas fábricas. Segundo, expandiu-se o emprego da eletricidade, com todas as suas novas possibilidades, para todo o sistema produtivo; e terceiro, novas técnicas organizativas foram empregadas para equilibrar centralização e descentralização de grandes empresas dispersas espacialmente. Os ganhos de produtividade potenciais e efetivos foram obtidos, portanto, já nessa fase inicial, por meio da racionalização de informação, tecnologia e gerenciamento organizacional (ver M. Sklar, "On the Proletarian Revolution and the End of Political-Economic Society", *Radical America*, 3, pp. 3--28, 1969, citado em L. Hirschhorn, "The Theory of Social Services in Disaccumationist Capitalism", *International Journal of Health Services*, 9(2), 1979, pp. 295-311).

zação do trabalho humano ocorrem numa completa *inversão* da "filosofia gerencial" anteriormente válida. Em meio às racionalizações atuais ou iminentes, as restritivas atividades parciais podem ser assumidas inteira ou parcialmente por equipamentos de produção automatizados, sendo as decorrentes tarefas de supervisão, direção e manutenção concentradas em poucos postos de trabalho de alto nível de qualificação técnica. O princípio da divisão ou pulverização do trabalho é substituído pelo contraprincípio da *fusão de tarefas parciais num nível superior de qualificação e desenvoltura técnicas.* Um pequeno número de "profissionais da automação" assume o lugar de um grande número de trabalhadores pouco qualificados ou mesmo desqualificados. Nessa fase de racionalização empresarial é possível portanto ampliar a margem de flexibilização do processo fabril e promover cortes de pessoal por meio da condensação e do aperfeiçoamento técnico do trabalho residual.

Isto diz respeito fundamentalmente porém apenas à situação nas linhas de produção dos setores-chave da indústria. Ao mesmo tempo, avança especialmente no setor da prestação de serviços (comércio varejista, lojas, gastronomia) uma *metamorfose das relações trabalhistas, de regimes integrais a regimes de jornada parcial.* Após resistências iniciais, tornam-se cada vez mais evidentes também as vantagens em termos de produtividade para as empresas: elas consistem essencialmente no fato de que as empresas podem, por um lado, avaliar de forma flexível o volume de trabalho necessário em função das encomendas e assim transferir aos empregados, sob a forma de subempregos de jornada flexível, parte dos riscos do empregador, apresentados ao público sob a máscara despudorada do desemprego. Por outro lado, as empresas se encontram em posição de dissociar a jornada produtiva da jornada de trabalho, fazendo assim um uso mais condensado, intensivo e prolongado do arranjo produtivo. Finalmente, o subemprego e o emprego parcial ampliam de um modo geral a margem de manobra das empresas no gerenciamento de pessoal, na medida em que a reorganização do trabalho pode ser mais facilmente imposta, a veloz obsolescência da qualificação em decorrência de demandas tecnológicas compensada e o poder obtido pela mão de obra por meio da diversificação enfraquecido. Nesse sentido, pode-se dizer que aqui a "filosofia da compartimentação" de *Taylor* é transposta das relações essencialmente laborais para as relações trabalhistas temporárias e contratuais. O ponto de partida desse novo "taylorismo das relações trabalhistas" já não reside na combinação de trabalho e máquina, mas na limitação temporal, na (in)segurança jurídica e na pluralização contratual do emprego de mão de obra. Quanto a isto, as possibilidades de configuração flexível da jornada de trabalho em decorrência da microeletrônica estão longe de serem esgotadas. Os elementos centrais desse "quebra-cabeça temporal", em termos organizacionais, são a jornada flexível (que na Alemanha na primeira metade de 1985 já valia para mais de 6 milhões de trabalhadores) e formas diversas de jornada parcial (trabalho compartilhado semanal, mensalmente etc.), oportunidade da qual se aproveitam atualmente mais de 2 milhões de trabalhadores, na maioria mulheres.

Juntamente com essas oportunidades para a racionalização da jornada de trabalho, as empresas começam a experimentar, inicialmente em modelos de teste, a *estocagem* de funções parciais como reserva de produtividade. Esse processo começa com a reorganização das tarefas de escritório e administrativas. Trata-se porém de uma possibilidade teórica nessa fase do desenvolvimento das forças produtivas, que poderia ser eventualmente estendida a outros setores. Decisivo para tanto é o potencial da microeletrônica para, por meio da tecnologia da informação, reduzir ou mesmo eliminar as necessidades de cooperação direta entre grupos associados pela divisão funcional do trabalho. Nesse sentido, o emprego da telecomunicação e do correspondente processamento de dados permite uma ampla *dissociação espacial e temporal* entre processos laborais e processos produtivos e desse modo também novas formas de organização *descentralizada* do trabalho, das quais o tão discutido "trabalho eletrônico em casa" só representa *um* caso extremo entre muitos. A novidade é que o desenvolvimento das forças produtivas coincide com a transformação do "paradigma fabril" até agora prevalecente na organização do trabalho: o aumento da produtividade e a experimentação e imposição de novas formas, não profissionais, não fabris, de organização e emprego do trabalho humano são dois lados da mesma moeda.

Estas possibilidades de subemprego flexível, já percebidas pelas empresas, foram sancionadas pela "lei de fomento do trabalho", que entrou em vigor em maio de 1985. Com ela estabelece-se o *fundamento jurídico para uma flexibilização do mercado de trabalho e do direito do trabalho* (contratos temporários, trabalho compartilhado, trabalho sob encomenda, locação de trabalho). Mesmo que essas regras tenham sua vigência limitada ao final de 1990, elas oferecem o instrumental jurídico para que, nos próximos cinco anos, a conversão de empregos de regime integral em empregos de regime parcial seja reforçada e aperfeiçoada. Assim, não se pode prever se será possível reverter nos anos noventa essa transformação das empresas do sistema padronizado de emprego integral para um sistema despadronizado de subemprego flexível. A "graça" da lei está no fato de que os contratos de trabalho podem ter sua vigência limitada a dezoito meses sem qualquer fundamentação objetiva — com a consequência de que, desse modo, a garantia legal contra sua rescisão unilateral possa ser contornada. Por um lado, criou-se a expectativa de que os desempregados seriam assim integrados ao sistema empregatício por meio de relações trabalhistas temporárias; por outro lado, precisamente por conta destas, abrem-se as portas para o estabelecimento de formas incertas de subemprego, com todos os riscos decorrentes.

A propósito da escala em que atualmente relações trabalhistas contratualmente "*vulneráveis*" ou "*desorganizadas*" estão disseminadas na Alemanha (ou em outras nações industriais do Ocidente), não há quaisquer dados ou informações (confiáveis). Essa parcela do mercado de trabalho é, em termos de alcance e distribuição por categoria ou setor, um "ponto cego" no horizonte da pesquisa. Sua significância aumenta na proporção inversa. Carola Müller compilou alguns dados em 1982: *locação formal de trabalho* (em 1981 foram registrados 43 mil trabalhadores locados); a *locação informal de trabalho* é estimada num nível de seis a nove vezes maior, sua disseminação ocorre no mais das vezes sob a forma de contratos fictícios de empreitada, sobretudo na construção civil e na metalurgia, e com o emprego de trabalhadores estrangeiros; *empregos de bagatela* (uma jornada de menos de vinte horas semanais exclui a pretensão ao seguro-desemprego, sendo que a jornada de menos de quinze horas semanais exclui também a pretensão ao seguro-saúde e à previdência social; em 1979 havia cerca de 1,24 milhão de pessoas nessa condição, na maioria mulheres); *empregos sazonais* (jornadas integrais por um período determinado); *jornada de trabalho definida de acordo com a capacidade* (contrato de trabalho por período determinado sem jornada fixa, o trabalhador deve estar à disposição do empregador; essa modalidade é intensamente praticada pelas empresas por conta de suas consideráveis vantagens, em especial no comércio varejista); cabe mencionar também: empreitada, "terceirização", trabalho clandestino etc. (ver C. Müller, 1982, pp. 183-200).

Como sempre, a candência do processo reside no desenvolvimento das forças produtivas. Estas já não arrebentam — como previa Marx — as relações de propriedade. Em termos marxistas, seu potencial revolucionário representa atualmente muito mais a ameaça de "um tiro pela culatra". *Ele atinge as relações em que se baseiam o contrato de trabalho e o mercado de trabalho*, além das configurações socioindustriais da oferta e do emprego da força de trabalho, e gera assim *desequilíbrios de poder* inteiramente novos entre as partes contratuais no mercado de trabalho e entre as organizações que representam seus interesses. Diante dos interesses investidos no atual sistema trabalhista e do seu poder de mobilização de organizações políticas e sindicais, não é tão difícil prever que essa transformação da sociedade do trabalho encontrará consideráveis resistências e acabará por se prolongar por um longo período. Nessa medida, não se pode fazer qualquer prognose sobre quais setores do sistema trabalhista da sociedade industrial serão afetados por esse processo substitutivo ou quais serão poupados. Contudo, o novo sistema de subempregos plurais e flexíveis e formas descentralizadas de trabalho pode invocar o aumento de produtividade, que é afinal o que sempre definiu para que lado pende a balança. A "superioridade histórica" do novo sistema trabalhista consiste na possibilidade de dissociar a agravante escassez de trabalho de sua manifestação politicamente escandalosa e alarmante sob a forma de desemprego *ilimitado*, de redistribui-la e mesmo de convertê-la num florescimento das forças produtivas. Do ponto de vista dos trabalhadores, as ameaças surgidas com o subemprego competem com a liberdade e o arbítrio parciais que eles obtêm para definir a própria vida.

Muitos poderão dizer que a conversão de empregos de regime integral em empregos de regime parcial representaria uma contribuição fundamental para a superação do desemprego. O contrário também pode ocorrer. A individualização progressiva conduz as pessoas forçosamente ao mercado de trabalho. Com a criação de oportunidades flexíveis e plurais de subemprego ou semiemprego, *rompem-se as barragens restantes da sociedade do mercado de trabalho já partida pela metade* (ver acima p. 153). As barreiras que ainda existem e que poderiam ajudar na contenção — irreconciliabilidade da família com o trabalho, da educação com o trabalho — já vem sendo desmontadas e as mulheres e jovens que aguardam em "silenciosa expectativa" podem, a qualquer momento, inundar o mercado de subempregos flexíveis. Com a geração das respectivas ofertas de trabalho, a procura poderá *crescer desproporcionalmente* e uma avalanche será desencadeada, tornando todos os cálculos anteriores meros rascunhos.

O esboço aqui apresentado representa uma teoria da *autossubversão* do sistema socioindustrial em sua fase evolutiva mais avançada. O processo racionalizador já não decorre apenas *nos* moldes e formas industriais do trabalho assalariado, mas cada vez mais dirigido *contra* eles. No rastro da açulada dinâmica inovativa, não apenas se altera a distribuição quantitativa de acordo com categorias pressupostas de força de trabalho e postos de trabalho, mas até mesmo suas formas sociais e princípios organizativos são *transfigurados*. De certo modo, de acordo com essa perspectiva teórica, continuidade e cesura do desenvolvimento social entrelaçam-se, condicionam-se mutuamente: continuando a prevalecer a lógica de uma racionalização orientada pelo lucro, consuma-se a cisão entre o conhecido sistema industrial padronizado e um futuro sistema pluralizado, flexível e descentralizado de subemprego. Os paralelos com a distribuição do desemprego em função das fases da vida (ver acima p. 133) são irrefutáveis: assim como períodos da vida vividos no desemprego já se tornaram parte da biografia normal de grande parte da população, também o subemprego é "integrado" agora ao sistema empregatício como uma síntese entre pleno emprego e desemprego. A "normalização" biográfica é correlata da "normalização" institucional — com resultados imprevisíveis. As reações políticas seguem sendo decisivas. *Sem* a ampliação do sistema de seguridade social, é iminente um futuro de pobreza. *Com* o estabelecimento de uma renda mínima garantida juridicamente para todos, pode-se obter desse processo um pouco de liberdade.

2. Estação-fantasma — educação sem emprego

Quem for capaz de afastar dos olhos a sonolência da rotina de pesquisa e formular a inquietante e generalista questão a respeito do futuro da educação em meio à transformação sistêmica da sociedade do trabalho que se anuncia, verá uma avalanche de questões despencando em sua direção, cuja evidente urgência parece ser superada apenas pela impossibilidade de respondê-las. Como é que um desemprego massivo duradouro altera a situação *no* sistema educacional? Que consequências em termos educacionais podem ser previstas a partir da entrada no subemprego? Qual será o resultado da disputa entre esforços de reforma da educação baseados na tecnologia da informação e novas gerações tecnológicas que tornam tal reforma constantemente obsoleta? Convém nesse caso reforçar o componente profissionalizante da educação ou será melhor, dado que continuamente irresgatável, desistir dele inteiramente?

Dispensemos a primeira das questões titânicas. É evidente que o desemprego massivo altera radicalmente a situação nos cursos de formação profissional. Hoje em dia, mesmo nas fortalezas educacionais anteriormente consideradas garantias de emprego (medicina, direito, engenharia, economia, formação técnica, ver acima pp. 135-6), ronda o fantasma do desemprego. Cursos profissionalizantes, cujo futuro em termos profissionais se obscurece, têm seu referencial de sentido substancialmente alterado, mesmo com a manutenção dos conteúdos pedagógicos. Isto pode muito bem ser enfiado pelos organizadores e pesquisadores do sistema educacional no grande saco das "discrepâncias entre educação e trabalho", pode também passar desapercebido pelos professores (sentados nos louros de seu próprio emprego suado), *mas não pelos jovens* que, no mais tardar ao deixar a escola, encontrarão fechadas as portas do sistema empregatício e evidentemente já são capazes de antecipar isso mesmo durante seu período escolar. Mas isto significa: *o sentido pedagógico fundamental da educação profissionalizante é ameaçado ou destruído pela incidência de rupturas no mercado de trabalho*. O futuro profissional almejado mas (ainda) inexistente, ou seja, uma "variável irreal", promove uma alteração radical da situação *no* sistema educacional. Os jovens permanecem por mais tempo nas escolas e optam com frequência por cursos suplementares para evitar o desemprego. Porém, quanto mais tempo ficarem nas escolas, tanto maior lhes parecerá que a educação é, no que diz respeito a seu vínculo imanente a um futuro profissional, uma perda de tempo. Pode até ser que alguns redescubram sua fome por educação. Mas, enquanto arranjo institucional, as escolas facilmente se convertem em estabelecimentos de armazenamento, "salas de espera", incapazes de desempenhar sua tarefa de qualificação profissional. Em consequência, a autoridade do professor padece e os currículos e conteúdos profissionalizantes despencam na irrealidade.

Com um leve exagero e uma ligeira radicalização, pode-se dizer que os setores do sistema educacional afetados pelo desemprego se assemelham hoje em dia cada vez mais a uma *estação-fantasma*, pela qual os trens já não circulam conforme previsto. Quem quiser viajar — e quem há de querer ficar em casa quando ficar em casa significa o fim de qualquer perspectiva de futuro —, precisa entrar em alguma das filas de espera dos guichês que vendem bilhetes para trens que de qualquer jeito já estão lotados ou sequer partirão na direção indicada. Como se nada tivesse acontecido, os funcionários educacionais sentados atrás dos balcões de venda de passagens oferecem, com grande pompa burocrática, bilhetes para lugar nenhum e "ameaçam", encurralando aqueles que se puseram em fila diante deles: "*sem* bilhete vocês *jamais* poderão viajar no trem!". E o pior é que eles ainda têm razão...!

Um desemprego estrutural duradouro acaba tornando *contraditória* a situação no sistema educacional profissionalizante. É óbvio que isto não é precisamente algo que reforce a confiança no "sistema". Assim, através de um "currículo oculto", ensina-se à geração vindoura uma *lição básica de irracionalidade*, que a obriga a duvidar de si mesma, dos adultos, do "sistema" ou de tudo ao mesmo tempo — um processo que, por razões psicológicas e políticas, é imensamente preocupante (ver D. Mertens, 1984, e W. Hornstein, 1981).

De modo bastante similar, altera-se a situação nas instituições assistenciais e do Estado de Bem-Estar Social. Em época de desemprego estrutural, programas de treinamento profissional e de reabilitação de ex-detentos, tentativas de reintegração de doentes mentais ou esforços para facilitar o retorno das mulheres ao mundo do trabalho na "fase do ninho vazio", todos se revelam tão necessários quanto implausíveis. Assistentes sociais, psicólogos e tutores, que se esforçam para a "reabilitação" e a "integração" dessas pessoas e grupos — o que implica naturalmente integrar mais desempregados ao sistema empregatício —, acabam por colocar em risco a efetividade e a autoridade de seu próprio trabalho, pois tais programas não poderão alterar o que quer que seja na situação presente de uma escassez fundamental de trabalho.

A mudança estrutural da sociedade do trabalho já projeta de antemão sua sombra. A espada de Dâmocles do desemprego oscila sobre todos os âmbitos e escalões hierárquicos do sistema educacional (ainda que — de um ponto de vista estatístico — por vezes como guilhotina, por vezes como faca de cozinha) e consequentemente difunde o terror. Um número crescente de formandos em todos os cursos veem-se lançados à *arriscada terra de ninguém dos subempregos precários que se estende entre educação e trabalho*. Os sinais do futuro — os indícios de um sistema plural e flexível de subemprego — já são reconhecíveis no passado, ao longo dos últimos quinze anos:

Como demonstram análises estatístico-empíricas, no curso da expansão educacional dos anos setenta, pioraram dramaticamente as oportunidades de emprego dos que concluíram *apenas o ciclo primário*. As portas do sistema empregatício fecharam-se quase inteiramente para esses níveis inferiores de escolaridade, seja através de reescalonamentos e processos excludentes, seja através de medidas de racionalização empresarial. Nesse sentido, no período que vai de 1970 a 1978, houve uma forte redução de postos de trabalho, sobretudo para aspirantes não qualificados e para formandos(as) das escolas profissionalizantes; ao mesmo tempo, pode-se constatar um claro aumento, tanto no setor público quanto na economia privada, na absorção de formandos do ciclo secundário e do ensino técnico, assim como de aspirantes à universidade (ver H.-P. Blossfeld, 1984, pp. 175 ss.). É consequentemente alto o risco empregatício para aqueles que têm apenas a escolaridade primária sem qualquer formação profissional complementar. Em meados de 1983, 55% do total de novos desempregados não tinham qualificação profissional (sendo cerca de 30% dos empregados), e todas as projeções indicam que também no futuro o sistema educacional produzirá na camada mais baixa uma base quantitativamente crescente de desempregados vitalícios sem quaisquer perspectivas de emprego.

O que é menos sabido é que, no meio-tempo, inclusive no antigo paraíso empregatício do *trabalho técnico*, o fantasma do desemprego apronta das suas. Assim, no ano de 1981, a escassez global de mão de obra técnica transformou-se num excedente de técnicos. Em 1982, havia apenas 50 mil vagas para mais de 300 mil técnicos desempregados. Especialistas são unânimes ao apontar que são precisamente os técnicos que responderão no futuro por um parcela crescente dos desempregados. Consequentemente, nem mesmo a antigamente tão célebre formação técnica será capaz de evitar a perda de status. Se em 1950 era ainda de meros 5,5% a parcela dos que após a formação profissionalizante tinham de suportar um declínio, ela cresceu no período entre 1950 e 1969 para 7,6% e em 1979 alcançou finalmente a marca dos 10% (ver H. Althoff, 1982, pp. 16-7). Também quanto a isto há consenso de que os riscos de declínio no sistema dual aumentarão nos próximos anos ao invés de diminuírem.

Mesmo os formandos dos *centros de educação técnica* enfrentam consideráveis dificuldades na transição para a vida profissional: enquanto no âmbito desse nível educacional ainda era relativamente baixo o nível de desemprego nos anos setenta, por conta da capacidade de absorção do setor estatal de prestação de serviços, a situação começa a piorar abruptamente no início dos anos oitenta, com uma polarização do desemprego de acordo com áreas técnicas (por exemplo, 14% no serviço social, enquanto os engenheiros elétricos e processadores de dados mal foram afetados): nos dois primeiros anos após a conclusão do curso, 33% dos formandos dos centros de ensino técnico chegam a ficar ao menos uma vez desempregados (também nesse caso o número é maior entre as mulheres que entre os homens; ver M. Kaiser, 1984, pp. 241 ss.).

Mas é em especial para os *universitários* que se alarga dramaticamente nos anos oitenta o fosso entre o número de formandos e o de vagas disponíveis nos sistemas empregatícios público e privado. Ao contrário de muitas suspeitas, as análises empírico-comparativas mostram que a ampla maioria dos que têm escolaridade superior (formandos da universidade e do ensino técnico), beneficiários portanto da expansão educacional, em geral não foi absorvida pela economia, mas sim pelo setor de serviços públicos, que se expandiu nos anos setenta — uma demanda que se esgota nos anos oitenta, deteriorando rapidamente a situação empregatícia dos jovens universitários. O perigo daí resultante para esse grupo de aspirantes a uma profissão é tanto maior pelo fato de nenhum outro grupo de formandos, *por conta do direcionamento da formação*, depender tanto de empregos no setor público. Desse modo, estavam no serviço público em 1978 mais de 80% dos recém-formados com diploma universitário (ou técnico) empregados (entre as mulheres, a cifra chegava a 91%). Além disto, para a maioria dos formandos

— como por exemplo assistentes sociais, pedagogos, juízes, professores, assim como a maioria dos egressos das ciências humanas e sociais — quase não há alternativas na economia privada (ver Blossfeld, p. 186). Não é a formação como tal, mas seu inerente caráter profissionalizante que praticamente vincula os formandos dessas carreiras a um monopólio de aquisição estatal e sobrecarrega retroativamente o respectivo setor do sistema educacional com a *considerável hipoteca de uma qualificação sumamente errônea*. Somente requalificações fora de sua área poderiam abrir oportunidades de emprego para esse grupo no futuro. A não ser que, em grande estilo, empregos de regime integral sejam convertidos em empregos de regime parcial, ajudando a inaugurar também nesse setor o sistema de subemprego flexível.

Em todos os níveis da hierarquia educacional, a propensão a *escapar do desemprego iminente através da educação suplementar e continuada* aumenta proporcionalmente. Desse modo, sob a pressão da indigência no mercado de trabalho, cresce a predisposição a iniciar um curso universitário após a conclusão do curso técnico (M. Kaiser, p. 239). Também na passagem da educação para o ensino, as "filas de espera" adquirem uma importância crescente. Cada vez mais jovens frequentam uma escola técnica ou optam por fazer um ano de formação profissional básica, ou ainda um ano de preparação profissional, antes de dar início à licenciatura. Mas é com frequência cada vez maior que a licenciatura seja antecedida também por fases sem conteúdo educacional, por exemplo desemprego ou serviço militar e civil. É verdade que há uma oferta de medidas de "repouso" ou de geração de empregos, assim como várias formas de compensação. Mas, mesmo após concluir com sucesso uma formação profissional, cada vez mais a regra é passar por uma *instável fase de transição*, durante a qual se intercalam empregos ruins e desemprego, contratos de curto prazo e subemprego.

Essa "instabilização" global e de certo modo dramática da passagem para o sistema empregatício *ainda* é aceita pela maioria dos jovens de maneira surpreendentemente serena. Com um misto de frustrações e esperanças, a maior parte deles tolera o fato de que seus diplomas sejam depreciados a granel e de que seus esforços educacionais não contem em termos profissionais. Ao mesmo tempo, eles ainda conseguem recobrar ânimo com esperança de que "um dia" poderão "cobrar" a recompensa por seu esforço. A maioria dos jovens ameaçados pelo desemprego após a conclusão dos estudos estão afinal dispostos a aceitar "temporariamente" (como eles esperam) *qualquer* trabalho, para, ao menos de início, chegarem a ser integrados ao sistema empregatício. Eles veem contudo o perigo de, aceitando trabalhos não qualificados ou como aprendizes, serem banidos definitivamente para o terreno das atividades pouco qualificadas. A intensidade com que, já hoje em dia, essa pressão para aceitar relações empregatícias indignas lhes afeta também depende essencialmente do ambiente social e das circunstâncias em que vive o jovem. Esse movimento pendular entre frustração e esperança se estende também às possibilidades de melhorar as próprias perspectivas profissionais através da readaptação ou do aperfeiçoamento.

3. Distribuição de oportunidades através da educação?

O volume de trabalho da sociedade do trabalho se encolhe e o sistema salarial é transfigurado em seus princípios organizativos. A passagem do sistema educacional para o sistema empregatício se torna incerta e instável; entre um e outro se interpõe uma terra de ninguém de arriscados subempregos. Diante desses presságios de uma transformação sistêmica da sociedade do trabalho, a programação profissional do sistema educacional se torna cada vez mais um *anacronismo*. Nesse sentido, o interior do sistema educacional foi submetido nos últimos anos a uma mudança radical "a partir de fora", a partir de sua moldura básica. Até hoje, as instituições educacionais não foram capazes de se dar conta disto o suficiente, muito menos de assimilar isto pedagogicamente. Se diferenciarmos "*organização* da educação" do "*sentido* da educação" e assumirmos que organização se refere à moldura institucional, aos regulamentos, à certificação, aos currículos e aos conteúdos, e que o sentido da educação diz respeito ao significado que os indivíduos conferem à própria formação, então podemos dizer que: *organização e significado da educação dissociaram-se e emanciparam-se uma do outro*. A educação perdeu seu "futuro inerente", sua capacidade de oferecer indicações que pudessem apontar o caminho profissional. Alguns procuram agora em si mesmos — de maneira informal e a contrapelo da orientação profissional prescrita — pelo sentido e o propósito da educação. Podada da meta conforme a qual ainda segue formalmente vinculada, a educação é redescoberta como uma vivência peculiar da autodescoberta e da autoconfiguração.

Enquanto a moldura institucional da educação caminha para a plena burocratização, permitindo que o taylorismo tenha ali sua florada tardia, um Humboldt tardiamente ressuscitado é indiretamente venerado nos "caixotes burocráticos da servidão educacional". Precisamente quando, em termos profissionais, a base de sentido "transcendente" se perde, jovens os mais astutos reivindicam a única coisa que pode dar sentido ao prolongado cotidiano real da educação: o *valor da educação em si mesma*. Isto se confirma por exemplo na rapidez com que, sem que ninguém previsse, as disciplinas antigamente chamadas de "cosméticas" foram alçadas a disciplinas de massa altamente disputadas, ou então o incipiente interesse pela teoria e pela discussão que ultimamente tem germinado nas aulas.

Ainda não se pode prever de que forma o conteúdo da educação deverá ou precisará ser configurado em "contextos cooperativos" descentralizados e eletronicamente mediados para atender às demandas de um sistema ágil e flexível de subempregos plurais. Para tanto, será necessário inicialmente uma espécie de *brainstorming* público a respeito das situações problemáticas inerentes a esse sistema de subemprego. Mas já se pode dizer adiantado: uma "restauração do referencial profissional" será inescapável, por meio da qual se ofereça a oportunidade histórica de uma reconversão imaginativa da educação no sentido da formação, *com um significado a ser reelaborado*. Deveria ser priorizada uma discussão pedagógica consequente sobre os múltiplos desafios com que a (sobre)vivência e a atuação (política) serão confrontadas na futura sociedade de risco.

A distribuição de (desiguais) oportunidades sociais também precisa ser rediscutida. Como demonstram pesquisas empíricas, entre 1970 e 1982 reduziu-se drasticamente a probabilidade de que ainda se alcance, com um diploma de ensino superior, a posição equivalente em termos de status. No rastro desse processo, *o sistema educacional perdeu nos anos setenta sua função distributiva em relação ao status*: um diploma já não é suficiente para obter uma determinada posição profissional e, com ela, os respectivos prestígio e renda.

Contudo, a educação tampouco se tornou supérflua. Pelo contrário: sem um diploma que ateste qualificação, o futuro profissional fica completamente obstruído. Começa assim a firmar-se a fórmula segundo a qual certificados de qualificação *são cada vez menos suficientes*, mas ao mesmo tempo *cada vez mais necessários* para alcançar as almejadas e disputadas posições profissionais. Mas qual o significado disto? Na terra de ninguém entre a condição "suficiente" e a "necessária", o sistema educacional perdeu seu propósito funcional de instância publicamente controlada de distribuição de oportunidades sociais — propósito com o qual foi investido desde pelo menos o Iluminismo e cuja investidura foi renovada nos anos sessenta! Como e com base em que critérios serão distribuídas, agora e no futuro, oportunidades sociais escassas entre pessoas com idênticas qualificações formais? Em que medida a perda da função designativa do sistema educacional influencia a situação pedagógica em suas diversas instâncias — no ensino básico, profissionalizante, superior e supletivo —, nas quais o futuro profissional se assenta das formas mais variadas? O que isto significa para as relações de autoridade entre professores e alunos e para a predisposição à aprendizagem das gerações vindouras?

Também essas questões podem ser apenas tangenciadas aqui. Seja como for, algo pode ser dito: a função designativa de status da educação cindiu-se na última década em duas dimensões distintas, ou seja, numa *seleção negativa dos condenados* a não competir por status e a *designação* positiva de chances de status. Se por um lado o sistema educacional perdeu para os setores e diretores de recursos humanos sua função de designação efetiva, por outro lado o controle público da distribuição de oportunidades no sistema educacional é reintroduzido sob a forma de uma seleção negativa com vistas à *privação* de status. O pano de fundo dessa transferência de funções é o afrouxamento do vínculo entre educação e trabalho.

Na época do pleno emprego, a concessão de diplomas fazia do (ou de qualquer) setor de recursos humanos uma instância decisória (praticamente) redundante. Em tempo de abundância inflacionária na oferta de qualificações, a decisão a respeito de dois diplomas equivalentes é por sua vez delegada ao sistema empregatício. As empresas podem atualmente decidir por meio de seus próprios testes de admissão ou outros procedimentos similares a quem concederão um emprego (ou um estágio). Isto quer dizer: os diplomas concedidos pelo sistema educacional já não abrem as portas para o sistema empregatício, exceto talvez para as *salas de espera* onde as chaves para as verdadeiras portas de entrada são distribuídas (sejam quais forem os critérios e as regras do jogo). Essa perda de importância adquire entretanto os significados mais diversos nos distintos setores e níveis hierárquicos do sistema educacional.

As consequências revelam seu grau mais extremo quando o diploma não é nem mesmo capaz de fazer as portas das "salas de espera" se abrirem, convertendo-se ele próprio em *critério de exclusão*. Isto afeta cada vez mais *os que têm apenas um diploma do ensino fundamental*. Concluir com sucesso *algum* curso profissionalizante é com frequência cada vez maior um pré-requisito para poder adentrar a vida profissional. Na medida em que o certificado de um curso técnico se converte em "bilhete de entrada", jovens que não podem comprovar ter concluído *qualquer* curso profissionalizante passam a ser marginalizados. Pessoas com um nível básico de educação se tornam "desqualificadas", deparam-se com um mercado de trabalho impermeável. *Encerrar os estudos na escola fundamental implica tomar um caminho sem volta na direção da ausência total de oportunidades profissionais.* A escola fundamental seleciona, portanto, aqueles que serão profissionalmente marginalizados, tornando-se a escola dos grupos de status inferior, *condenados* a um futuro sem perspectivas profissionais.

A nova função negativa de privação de oportunidades aparece em sua forma "pura" na escola fundamental. Nessa medida, trata-se de um processo apreciável, pois com a elevação dos pré-requisitos educacionais a educação oferecida na escola fundamental é degradada a ponto de se converter em "não educação" e, em perspectiva histórica, o diploma fundamental *é empurrado na direção do analfabetismo*. Em termos gerais: no século XVIII ainda era "natural" conseguir ganhar seu sustento *sem* conhecer o alfabeto. Ao longo do século XIX, o domínio da leitura e da escrita se tornou pouco a pouco uma condição prévia para entrar no sistema empregatício industrial em expansão. No final do século XX, sequer o diploma do ensino fundamental tem sido *suficiente* para assegurar a existência material com a mediação do mercado de trabalho. No caso da escola fundamental, é possível perceber que a "educação" — *a* clássica marca distintiva de um status *alcançável* — pode retroceder em termos históricos ao ponto de voltar a ser uma marca semi*emblemática*: a escola fundamental distribui *falta* de oportunidades, ameaçando assim converter-se, *enquanto* instituição de ensino, num gueto, atrás de cujos muros os grupos de status inferior são isolados numa vida de desemprego (e auxílio social). Nesse sentido, a sociedade da educação *estabelecida* produz também uma nova forma, paradoxal, de "semianalfabetismo" entre os que obtêm os níveis mais baixos de escolarização (escola fundamental e escolas especiais). Cabe mencionar, ainda que de passagem, que também nisso se reflete o quão estreita é a sujeição do sistema educacional ao universo profissional — algo específico ao sistema educacional alemão, que não vale da mesma forma para o caso dos Estados Unidos, por exemplo.

Por meio dessa função marginalizante, a escola fundamental se transforma, assim como anteriormente as escolas especiais, em *depósitos* de jovens desempregados. Como um "asilo juvenil" educativo, ela se situa em algum ponto entre a rua e a prisão. Seu valor funcional se move na direção da terapia ocupacional. Consequentemente, a situação pedagógica se deteriora. Professores e currículos têm sua legitimidade ameaçada. Passam a ser projetadas sobre eles as contradições de uma "educação profissionalizante para nada". Na medida em que a escola já não tem o que "oferecer" ou recusar aos alunos, cessa sua autoridade. Reações *anômicas* da juventude já se fazem perceber (efetivas ou latentes) em tais guetos educacionais da falta de perspectivas profissionais. O sinal mais visível e radical disto seria a crescente violência contra os professores, sobretudo nas grandes cidades com um nível mais alto e constante de desemprego juvenil.

Ao mesmo tempo, contudo, também a *seleção interna* na escola fundamental adquire uma importância decisiva: o salto para as escolas pré-universitárias se torna a "tábua de salvação" de um *possível* futuro profissional. O mesmo vale, pelo menos em função do *tipo* de educação fundamental obtida, para evitar que a situação piore ainda mais na competição com os pré-universitários pelas escassas vagas de aprendiz. Mesmo um diploma *qualificado* do ensino fundamental *diferencia* apenas graus variados de falta de oportunidades. Nessa medida, as consequências para a situação pedagógica na escola fundamental (assim como para o sistema educacional em geral) estão longe de serem afinal inequívocas. Por um lado, como dissemos, o diploma fundamental mal pode oferecer a chance de entrar no sistema empregatício. Por outro lado, ele continua a representar um passo necessário para um resquício de oportunidade de ainda agarrar uma das escassas vagas de aprendiz. A "indispensabilidade" dos diplomas escolares contém ainda um *estímulo* à dedicação e um potencial disciplinador, já que a reprovação implica exclusão. A nota dada pelo professor é invariavelmente acompanhada pela ameaça de que se fechem as portas que levam às antessalas da distribuição de oportunidades. Precisamente quando o sucesso escolar conduz apenas à zona cinzenta de um possível (sub)emprego, a seleção negativa acaba por se igualar a uma ameaça à existência material; nessa altura, o anseio por boas notas finais e diplomas se faz valer como uma prova de repescagem, uma última chance de, mesmo estando na escada rolante que conduz para o andar de baixo na hierarquia social, "dar um pulo" que alcance o andar superior mais próximo. Sob tais condições, um dos preceitos mais realistas para garantir a sobrevivência poderia advir do lema: "você não tem a menor chance, então é melhor aproveitá-la".

Comparativamente, a situação nos níveis superiores do sistema educacional — centros técnicos e universidades — mudou sensivelmente menos e de maneira mais sutil. "*Pré*-distribuição de oportunidades" quer dizer, nesse caso, que os universitários já não estão em condições de planejar suas carreiras a longo prazo. Para eles, a crise do mercado de trabalho e da sociedade do trabalho se revela menos como perda profissional do que como perda da segurança em contar com uma profissão bem remunerada e prestigiosa. O futuro profissional após a formação universitária não se perde no caminho, mas se torna imprevisível e incalculável. Consequentemente, o planejamento de longo prazo é, com frequência, substituído pela dedicação às possibilidades passageiras. Isto *pode* significar que, na saturação com conteúdos profissionalizantes cada vez menos realistas, a fome por educação é redescoberta. Mas também *pode* significar que, com a consciência da desvalorização das qualificações baseadas nos conteúdos, o único esforço que ainda valha a pena seja um diploma formal para servir de garantia contra a iminente queda no desemprego. O diploma já não é garantia de coisa alguma; mas ainda é ou é mais do que nunca a condição prévia para se defender do iminente desespero. E à beira desse abismo — e já sem o chamariz da própria carreira à vista —, resta apenas engolir de colherada em colherada o mingau insosso das exigências educacionais burocratizadas. Não surpreende que — para continuar usando a mesma imagem — "já não se abra mais a boca".

A transferência da função de atribuição de status do sistema educacional para o sistema empregatício acabou produzindo — como uma olhada nos números do desemprego pode mostrar — graves consequências: entre os grupos problemáticos no mercado de trabalho, particularmente afetados pelo risco do desemprego de longo prazo, estão — como vimos — as mulheres (sobretudo ao interromper a atividade profissional por longos períodos), pessoas com problemas de saúde, idosos e jovens sem qualificação ou socialmente desfavorecidos (ver mais detalhadamente acima, pp. 134 ss.).

Quanto a esse aspecto, fica evidente que, com o fim da reforma educacional, antigos critérios seletivos, que prevaleciam *antes* da reforma e que deveriam ter sido superados justamente com a construção da sociedade da educação, acabarão por adquirir uma nova importância: quais sejam, *atribuições* de acordo com gênero, idade, estado de saúde, mas também convicções, comportamento, relações, vínculos regionais etc. Isto lança a questão sobre até que ponto a expansão do sistema educacional (em paralelo com o encolhimento da sociedade do trabalho) conduz de fato a um renascimento de critérios *estamentais* de designação na distribuição das oportunidades sociais. Alguns indícios indicam que se trata de uma *refeudalização* — só que agora acobertada precisamente pela educação — na distribuição de oportunidades e riscos no mercado de trabalho. Isto se torna possível devido ao fato de que, na escolha entre duas pessoas igualmente qualificadas em termos formais, são utilizados critérios que vão muito além dos certificados escolares e que escapam ao ônus da justificação. O anteriormente tão celebrado e valorizado controle público do processo de designação foi inteiramente reduzido ou perdido. Ainda não é possível prever até quando será tolerada essa recaída da sociedade *pós-moderna* no esquema de atribuição de oportunidades da sociedade *pré-moderna*, ou quando se tornará explosiva e levará a novas ondas de protestos.

TERCEIRA PARTE

Modernização reflexiva: sobre a generalização da ciência e da política

Retrospectiva e perspectiva

Nas duas partes precedentes, a ideia condutora de uma *modernização reflexiva da sociedade industrial* foi elaborada em duas linhas argumentativas: de um lado, mediante a lógica da distribuição do *risco* (Primeira Parte), de outro, mediante o teorema da *individualização* (Segunda Parte). Como devem ser relacionados ambos os fios da argumentação, tanto um com o outro, como com a ideia central?

(1) O processo de individualização é concebido teoricamente como produto da reflexividade, em meio a qual o processo de modernização assegurado pelo Estado de Bem-Estar Social *destradicionaliza* as formas de vida instaladas na sociedade industrial. O lugar da pré-modernidade foi ocupado pela própria "tradição" da sociedade industrial. Assim como, com a entrada no século XIX, as formas de vida e de trabalho da sociedade agrária feudal foram dissolvidas, o mesmo acontece hoje com a sociedade industrial desenvolvida: classes e camadas sociais, família nuclear e "biografias normais" masculinas e femininas com ela associadas, regulações do trabalho assalariado etc. Assim, desfaz-se uma lenda que foi inventada no século XIX e que até hoje domina o pensamento e a ação na ciência, na política e na vida cotidiana — ou seja, a lenda segundo a qual a sociedade industrial, em seu esquematismo de trabalho e vida, seria uma sociedade *moderna*. Em contraposição, pode-se perceber que o projeto da modernidade, que de início conquistou validade sob a forma da sociedade industrial, é, concomitantemente e sob essa mesma forma, *institucionalmente cortado pela metade*. No que diz respeito a princípios fundamentais — como, por exemplo, a "normalidade" da subsistência mediada pelo mercado de trabalho —, *a consolidação* significa *a abolição* da sociedade industrial. A generalização da sociedade do mercado de trabalho assegurada por políticas de bem-estar dissolve tanto as bases sociais da sociedade de classes como a família nuclear. O choque que isso provoca nas pessoas é duplo: elas se *libertam* das formas de vida

e das evidências *aparentemente ditadas pela natureza* da sociedade industrial; e esse fim da "pós-história" coincide com a *perda* da consciência histórica de suas formas de pensamento, de vida e de trabalho. As formas tradicionais de controle do medo e da insegurança em ambientes sociomorais, bem como em famílias, no casamento e em papéis masculinos e femininos, fracassam. Na mesma medida, é dos indivíduos que passa a ser exigido o controle. A partir das inquietações e comoções sociais e culturais associadas a esse processo, as instituições sociais serão cedo ou tarde confrontadas com novas demandas em termos de educação, aconselhamento, terapia e política.

(2) A reflexividade do processo de modernização também pode ser explicada com base no exemplo das condições de produção de riqueza e de risco: somente quando o processo de modernização destradicionaliza seus fundamentos socioindustriais é que se fragiliza o *monismo* com o qual o pensamento em categorias da sociedade industrial subordina a distribuição de riscos à lógica da distribuição da riqueza. Não é o modo de lidar com os riscos que diferencia a sociedade de risco da sociedade industrial, tampouco a melhor qualidade ou o maior alcance dos riscos produzidos por novas tecnologias e racionalizações. Decisivo é sobretudo o fato de que as circunstâncias sociais são radicalmente alteradas no curso de processos reflexivos de modernização: com a cientificização dos riscos da modernização, seu caráter latente é cancelado. O triunfo do sistema industrial faz com que as fronteiras entre a natureza e a sociedade se desvaneçam. Consequentemente, mesmo os danos à natureza já não poderão ser descarregados no "meio ambiente", convertendo-se, ao invés disto, com a universalização da indústria, em contradições sociais, políticas, econômicas e culturais imanentes ao sistema. Os riscos da modernização, tendo-se globalizado em termos sistêmicos e tendo perdido sua latência, não podem mais ser abordados conforme o modelo da sociedade industrial, assentado na suposição implícita da conformidade com as estruturas de desigualdade social; pelo contrário, eles desencadeiam uma dinâmica conflitiva, que se descola do esquematismo socioindustrial de produção e reprodução, classes, partidos e subsistemas.

A diferença entre sociedade industrial e sociedade do risco não coincide portanto com a diferença entre a "lógica" da produção e distribuição de riqueza e a "lógica" da produção e distribuição de riscos, resultando antes do fato de que a *relação de prioridade se inverte*. O conceito de sociedade industrial pressupõe o *predomínio* da "lógica da riqueza" e sustenta a *compatibilidade* da distribuição de riscos, enquanto o conceito de sociedade de risco sustenta a *in*compatibilidade da distribuição de riqueza e de riscos e a *concorrência* entre suas "lógicas".

Nesta Terceira Parte, esses argumentos serão elaborados em duas direções: em todas as concepções de sociedade industrial, parte-se da *especializabilidade*, ou seja: de um caráter delimitável e monopolizável do conhecimento científico e da ação política. Isto se expressa em grande medida através dos sistemas e instituições sociais concebidos com essa finalidade — o "sistema científico" e o "sistema político". Por outro lado, a perspectiva deve ser ampliada: a modernização reflexiva, que contempla as condições de uma democracia *altamente desenvolvida* e de uma *cientificização* consumada, leva a *indistinções* marcantes entre ciência e política. O monopólio do conhecimento e da transformação se diferenciam, escapam dos lugares que lhes são destinados e, num determinado e alterado sentido, generalizam-se. Subitamente, deixa de ser claro se *ainda* é o planejamento familiar ou se *já* é a genética que detém o primado da transformação da convivência humana *para além* do consentimento e do sufrágio democráticos. Ou seja: os riscos surgidos atualmente distinguem-se de todos os anteriores, a despeito das características até aqui destacadas, em primeiro lugar por conta de seu *alcance em termos de transformação social* (Capítulo 8) e em segundo lugar por conta de sua peculiar *constituição científica*.

CAPÍTULO 7

Ciência para além da verdade e do esclarecimento? Reflexividade e crítica do desenvolvimento científico-tecnológico

A seguir, o seguinte raciocínio será de saída crucial: se antigamente importavam os perigos definidos "*externamente*" (deuses, natureza), o caráter historicamente inédito dos riscos funda-se atualmente em sua simultânea *construção científica e social*, e isto num sentido triplo: a ciência se converte em *causa (entre outras causas concorrentes), expediente definidor* e *fonte de soluções* em relação aos riscos e, precisamente desse modo, conquista novos mercados da cientificização. No revesamento entre riscos coproduzidos e codefinidos e sua crítica pública e social, o desenvolvimento científico-tecnológico se torna *contraditório*. Essa perspectiva será desdobrada e ilustrada em *quatro teses*:

(1) Em consonância com a distinção entre modernização da tradição e modernização da sociedade industrial, podem-se distinguir duas constelações na relação entre ciência, práxis e espaço público: cientificização *simples* e *reflexiva*. Primeiro surge o emprego da ciência sobre o mundo "preexistente" da natureza, do homem e da sociedade, enquanto na fase reflexiva as ciências já são confrontadas com seus próprios produtos, carências e tribulações, deparando-se assim com uma *segunda gênese civilizatória*. A lógica evolutiva da primeira fase se refere a uma cientificização *pela metade*, na qual as pretensões da racionalidade científica ao conhecimento e ao esclarecimento são ainda poupadas do emprego metódico da dúvida científica sobre si mesma. A segunda fase se refere a uma cientificização *completa*, que estendeu a dúvida científica até às bases imanentes e aos efeitos externos da própria ciência. Dessa forma, *pretensão de verdade e de esclarecimento são ambas desencantadas*. A passagem de uma a outra constelação se consuma portanto, por um lado, na *continuidade* da cientificização; é precisamente desse modo que surgem porém, por outro lado, relações internas e externas da atividade científica *inteiramente diversas*.

A cientificização primária adquire sua dinâmica a partir do confronto entre tradição e modernidade, entre leigos e especialistas. Somente sob as condições de uma tal demarcação de fronteiras é que a *dúvida* pode ser generalizada no âmbito interno das ciências e ao mesmo tempo acionada *arbitrariamente* no âmbito externo do emprego dos resultados científicos. Essa constelação baseada numa crença inabalável na ciência e no progresso é típica da modernização socioindustrial até a primeira metade do século XX (com fervor decrescente). Nessa fase, a ciência se vê diante de uma práxis e de um espaço público cujas resistências pode afastar, apoiada na evidência de seus êxitos e em promessas de libertação de pressões inauditas. Na medida em que a constelação *reflexiva* adquire importância (e os sinais disto remontam ao início do século XX a partir da evolução da sociologia do conhecimento e da crítica da ideologia, presentes ainda no falibilismo da teoria da ciência, na crítica da especialização etc.), a situação altera-se drasticamente:

Na passagem para a práxis, as ciências são agora confrontadas com a objetivação de seu próprio passado e presente: consigo mesmas, como produto e produtora da realidade e de problemas que cabe a elas analisar e superar. Desse modo, elas já não são vistas apenas como manancial de soluções para os problemas, mas ao mesmo tempo também como *manancial de causas de problemas*. Na práxis e no espaço público, as ciências são confrontadas tanto com o balanço de seus êxitos quanto com o balanço de seus fracassos e, portanto, com o reflexo de suas promessas descumpridas. São muitas as razões por trás disto: justamente com seus êxitos, parecem crescer desproporcionalmente também os riscos da evolução técnico-científica; soluções e promessas libertadoras, quando realizadas na prática, acabam por revelar inegavelmente seu lado problemático, que se converte, por sua vez, em objeto de intensivas análises científicas; e, por paradoxal que pareça, num mundo já loteado cientificamente e profissionalmente administrado, as perspectivas de futuro e as oportunidades de expansão da ciência estão vinculadas também à crítica da ciência.

Numa fase em que ciência se opõe a ciência, na medida em que a *expansão* da ciência pressupõe e pratica uma tal *crítica* da ciência e da práxis dos especialistas, a civilização científica se submete a uma autocrítica mediada publicamente que abala seus fundamentos e sua autocompreensão, revelando um grau de insegurança diante de seus fundamentos e efeitos que só é superado pelo potencial em termos de riscos e de perspectivas evolutivas que são descobertos. Dessa forma, desencadeia-se um processo de *desmistificação* das ciências, através do qual a estrutura que integra ciência, práxis e espaço público passa por uma transformação drástica.

(2) Consequentemente, produz-se *o fim do monopólio das pretensões científicas de conhecimento*: a ciência se torna cada vez *mais necessária*, mas ao mesmo tempo cada vez *menos suficiente* para a definição socialmente vinculante de verdade. Esse déficit funcional não surge por acaso. Tampouco é imposto às ciências de fora para dentro. Pelo contrário, ele surge em decorrência da *afirmação* e da diferenciação das pretensões científicas de validade, como *produto da reflexividade* do desenvolvimento técnico-científico em circunstâncias de risco: por um lado, a ciência, que tanto interna como externamente se enfrenta a si mesma, começa a estender aos seus próprios fundamentos e aos seus resultados práticos a força metódica de seu questionamento. Em decorrência, a pretensão ao conhecimento e ao esclarecimento é sistematicamente afrouxada no recuo diante do falibilismo, impulsionado *eficazmente* com rigor científico. Em lugar do inicialmente suposto assalto à realidade e à verdade, entram em cena decisões, regras e convenções, que poderiam muito bem ter sido outras. O desencantamento se estende aos desencantadores e altera portanto as condições do desencantamento.

Por outro lado, junto com a diferenciação interna da ciência cresce, a ponto de se tornar incalculável, a profusão de resultados pontuais condicionais, incertos e descontextualizados. Já não é possível dar conta dessa *supercomplexidade* do conhecimento hipotético apenas com regras metódicas de verificação. Mesmo critérios compensatórios como reputação, tipo e local de publicação, base institucional etc. acabam fracassando. Como consequência, a insegurança sistematicamente produzida com a cientificização se estende à dimensão exterior e inverte as posições, tornando destinatários e usuários dos resultados científicos na política, na economia e no espaço público em *coprodutores ativos* do processo social de definição do conhecimento. Os "objetos" da cientificização se convertem em "sujeitos", na medida em que podem e precisam manejar ativamente as heterogêneas ofertas de interpretação científica. E não apenas sob a forma da escolha entre pretensões de validade altamente especializadas e contraditórias; estas podem também ser jogadas umas contra as outras e precisam afinal ser rearticuladas e recompostas numa figura aplicável. A cientificização reflexiva abre portanto aos destinatários e usuários da ciência *novas oportunidades de persuasão e de desenvolvimento* nos processos de produção *e* emprego dos resultados científicos. Trata-se de um processo com um alto grau de ambivalência: ele contém a oportunidade de emancipação da práxis social *em relação* à ciência *através* da ciência; por outro lado, ele *imuniza* pontos de vista interessados e ideologias socialmente válidas contra pretensões científicas de esclarecimento e abre as portas para uma *feudalização* da práxis científica de aquisição de conhecimento por meio de interesses econômico-políticos e de "novas forças religiosas".

(3) São os *tabus da inalterabilidade*, surgidos justamente a contrapelo da consumação das pretensões científicas de conhecimento, que passam a ser a pedra de toque da independência crítica da investigação científica: quanto mais a cientificização avança e quanto maior a evidência com que as situações de perigo adentram a consciência pública, tanto maior a ameaça de que a civilização técnico-científica se transforme numa "sociedade de tabus" cientificamente produzidos. Cada vez mais áreas, instâncias, condições, a princípio perfeitamente alteráveis, passam a ser sistematicamente excluídas do âmbito da demanda por transformação através da elaboração de "pressões objetivas", "forças sistêmicas" e "dinâmicas específicas". As ciências não podem mais persistir em sua hereditária postura iluminista de "*violadoras* de tabus"; elas precisam assumir ao mesmo tempo o papel oposto de "*construtoras* de tabus". Consequentemente, a função social das ciências oscila entre abertura e encerramento de possibilidades de ação e tais expectativas externas contraditórias fomentam conflitos e divisões no interior dos campos profissionais.

(4) Tampouco os *fundamentos da racionalidade científica* são poupados pela demanda generalizada por transformação. O que por homens foi feito pode também ser por homens alterado. É justamente a cientificização reflexiva que torna a autotabuização da racionalidade científica visível e questionável. A suposição é a seguinte: "pressões objetivas" e "efeitos latentes", assumidos como a "dinâmica interna" da evolução técnico-científica, são por sua vez *fabricados* e, portanto: *anuláveis* por definição. O projeto da modernidade e do Iluminismo está inacabado: suas incrustações fáticas em torno do entendimento científico e tecnológico historicamente dominante podem ser removidas através de um reavivamento da razão e convertidas numa teoria dinâmica da racionalidade científica, capaz de assimilar experiências históricas e de assim evoluir a partir do próprio aprendizado.

O fator decisivo na questão sobre se a ciência pode contribuir nessa medida para o autocontrole de seus riscos práticos não é tanto se ela avançará para além da sua própria esfera de influência e esforçar-se-á para ser levada em conta na aplicação de seus resultados. O fundamental é antes de mais nada: *que tipo de ciência já vem sendo praticada no que diz respeito à previsibilidade de seus efeitos colaterais supostamente imprevisíveis.* O fiel da balança nesse contexto é saber: se persistirá a *superespecialização* que produz efeitos colaterais a partir de si mesma e que parece, com isto, confirmar sempre de novo sua *inevitabilidade*, ou se será possível reencontrar e desenvolver a força necessária para uma *especialização voltada para o contexto*; se a *capacidade de aprendizado* no relacionamento com efeitos práticos será recuperada ou se, em vista dos efeitos práticos, serão geradas *irreversibilidades* que se baseiam na *suposição da infalibilidade* e que tornam, já de saída, impossível o aprendizado a partir dos erros práticos; em que medida, justamente ao lidar com os riscos da modernização, é possível substituir o tratamento dos *sintomas* por uma eliminação das *causas*; em que medida as variáveis e causas apontadas fazem com que os *tabus práticos* em torno dos riscos "autoinfligidos em termos civilizatórios" sejam cientificamente reproduzidos ou rompidos; enfim, se riscos e ameaças serão metódica e objetivamente interpretados a contento ou serão cientificamente multiplicados, menosprezados ou encobertos.

1. Cientificização simples e reflexiva

Há uma estimativa associada com essa diferença: a fase inaugural da cientificização *primária*, durante a qual os leigos eram expulsos como os índios de seus "territórios" e concentrados em "reservas" claramente demarcadas, há muito já se encerrou e, com ela, o mito da superioridade e o desnível de forças que, ao longo dessa fase, marcaram a relação entre ciência, práxis e espaço público. Sua lógica evolutiva (que sempre foi o tema central da sociologia clássica) pode ser observada apenas nas áreas periféricas da modernização, se é que tanto.[1] Seu lugar foi ocupado em quase todas as partes por conflitos e relações decorrentes da cientificização *reflexiva*: a civilização científica adentrou um processo no qual ela já não cientificiza apenas natureza, homem e sociedade, mas cada vez mais a si mesma, seus próprios produtos, efeitos e erros. Já não se trata portanto da "libertação em relação a dependências *preexistentes*", mas da definição e distribuição de erros e riscos "*autoinfligidos*".

Contudo, os problemas "decorrentes" da modernização, tão evidenciados ao longo do desenvolvimento técnico-científico, são caracterizados atualmente por condições e processos, meios e atores distintos daqueles típicos dos processos de acomodação de erros na fase da cientificização simples: na pri-

[1] Como, por exemplo, no caso da onda atual de "cientificização da família" (perceptível em certa medida no avanço dos especialistas em aconselhamento familiar e conjugal); mas mesmo nesse caso a cientificização chega a um campo de atividade que já é consideravelmente marcado e influenciado de diversas maneiras em termos científicos e profissionais.

meira onda, cientistas de distintas disciplinas podem se apoiar na — por vezes real, mas com frequência meramente aparente — superioridade da racionalidade e dos métodos de raciocínio científicos em face dos repertórios de conhecimento, das tradições e das práticas laicas. Essa superioridade dificilmente poderá ser atribuída a uma reduzida carga de erros do trabalho científico, resultando antes da *maneira como o relacionamento com os erros e riscos foi socialmente organizado nessa fase*.

Num primeiro momento, a penetração científica num mundo ainda intocado pela ciência permite traçar uma fronteira clara entre a solução e a causa dos problemas, sendo que a fronteira fatalmente colocará as ciências de um lado e seus "objetos" (efetivos e potenciais) de outro. A aplicação da ciência ocorre portanto sob a perspectiva de uma clara *objetivação* de possíveis fontes de problemas e erros: "a culpa" pelas doenças, crises e catástrofes que os homens sofrem é da desenfreada e incompreendida natureza, são as forças inquebrantáveis da tradição.

Essa projeção das fontes de problemas e erros sobre a ainda impenetrada "terra de ninguém" das ciências está claramente associada com o fato de que em seus campos de aplicação as ciências ainda não colidiram substancialmente entre si. Em menor medida, está também associada ao fato de que as fontes de erros teóricos e práticos das próprias ciências foram definidas e organizadas de um modo bastante preciso: pode-se com boas razões afirmar que a história das ciências é, desde seus princípios, menos uma história da aquisição de conhecimento e mais uma história de equívocos e fracassos práticos. Também "conhecimentos" e "explicações" científicas e "propostas de solução" práticas se contradizem diametralmente com o correr do tempo, conforme o lugar, de acordo com distintas escolas de pensamento, culturas etc. Até o momento, isso não chegou a afetar a credibilidade das pretensões científicas de racionalidade, dado que as ciências conseguem, em grande medida, desmontar *dentro* do âmbito científico os efeitos práticos de falhas, equívocos e críticas e portanto, por um lado, sustentar em face do espaço público não especializado a pretensão de monopólio da racionalidade, e, por outro lado, oferecer aos especialistas um fórum para discussões críticas. Nessa estrutura social, é possível que aconteça o exato oposto, ou seja, que problemas emergentes, carências técnicas e riscos da cientificização sejam imputados a insuficiências preexistentes no *nível evolutivo* do sistema de aprovisionamento científico, que por sua vez poderão levar a *novos* projetos e impulsos evolutivos e em última medida a uma consolidação do monopólio científico da racionalidade. Na primeira fase, essa *metamorfose dos erros e riscos em oportunidades de expansão e perspectivas de desenvolvimento da ciência e da técnica* imunizou consideravelmente o desenvolvimento científico contra a crítica da modernização e da cultura e tornou-o por assim dizer "*ultraestável*". Porém, essa estabilidade se baseia na verdade numa bissecção da dúvida metódica: no interior das ciências, as regras da *crítica* são generalizadas (pelo menos é o que se pretende), ao mesmo tempo em que, do lado de fora, os resultados científicos são aplicados *autoritariamente*.

De fato, essas condições são abertamente questionadas, na medida em que uma ciência alveja outra — através de mediações interdisciplinares. Precisamente a estratégia da "projeção" de fontes equivocadas e de causas de problemas fará agora que, inversamente, *ciência e tecnologia* passem a ser vistas como *possíveis causas de problemas e equívocos*. Os riscos da modernização, que na fase reflexiva estavam no centro, fazem assim saltar o padrão de transformação intradisciplinar dos erros em oportunidades de desenvolvimento e colocam em movimento o modelo amplamente estabelecido no final do século XIX da cientificização simples com suas relações harmonizadas de poder entre profissões, economia, política e espaço público:

O processamento científico de riscos da modernização pressupõe que o desenvolvimento técnico-científico se converta — com mediações interdisciplinares — em *problema*; a cientificização é aqui cientificizada *como problema*. É preciso, com isso, que de saída irrompam todas as dificuldades e contradições que têm cada ciência e cada profissão no trato umas com as outras. Afinal, trata-se aqui de ciência confrontada a ciência e, portanto, ao ceticismo e à dúvida que uma ciência seja capaz de contrapor a outra. Em lugar da resistência frequentemente tão agressiva quanto impotente dos leigos, entram em cena as possibilidades de resistência de ciências contra ciências: contracrítica, crítica metodológica, assim como "atitudes de bloqueio" corporativo, em todos os campos de disputas profissionais pela distribuição de recursos. Nesse sentido, os efeitos e riscos da modernização podem somente de forma passageira ser arrancados do chão de distintas ciências e tornados visíveis através da *crítica* (e contracrítica) de sistemas de prestação de serviços científicos. Consequentemente, as oportunidades de cientificização reflexiva parecem crescer em proporção direta com os riscos e déficits da modernização e em proporção inversa com a inabalada crença no progresso da civilização técnico-científica. O portão capaz de encerrar e processar os riscos chama-se: crítica da ciência, crítica do progresso, crítica dos especialistas, crítica da tecnologia. Dessa forma, os riscos fazem saltar as possibilidades tradicionais e intradisciplinares de processamento de erros e forjam *novas estruturas de divisão do trabalho* na relação entre ciência, prática e espaço público.

A descoberta de riscos da modernização alcançada até o presente acaba necessariamente por sacudir o vespeiro das relações competitivas entre as profissões científicas e desperta todas as resistências contra "usurpações expansionistas" no próprio "quintal de problemas" ou no "oleoduto de fundos de pesquisa" que uma dada profissão científica cuidadosamente construiu ao longo de gerações com o emprego de todas as suas forças (inclusive científicas). Diante dos problemas de competitividade e dos insolúveis conflitos de faculdades que surgem aqui, seu reconhecimento e processamento sociais padecerão enquanto a sensibilidade *pública*, em face de determinados aspectos problemáticos da modernização, não se aguçar, se revestir de crítica, talvez até se decantar em movimentos sociais, se articular e desembocar em protestos contra a ciência e a tecnologia. No caminho de seu reconhecimento público, os riscos da modernização não podem portanto, senão de *fora*, ser "impostos", "ditados". Eles *não* dizem respeito a definições e relações *intra*científicas, mas sim a *definições e relações que envolvem toda a sociedade* e revelam, inclusive intracientificamente, seus efeitos somente através da força motriz em segundo plano: a pauta que abrange toda a sociedade.

Por sua vez, isto pressupõe uma força até então desconhecida da crítica da ciência e da cultura, que, ao menos parcialmente, remete a uma *recepção das contraperícias*. Sob condições reflexivas, aumenta justamente a probabilidade de que, em distintos âmbitos sociais de ação, o conhecimento científico disponível sobre efeitos problemáticos seja ativado, aproveitado de fora ou então transferido para fora e acabe levando a *formas de cientificização do protesto contra a ciência*. Por meio dessa cientificização, diferencia-se a crítica da ciência e da civilização que experimentamos hoje daquela que existia nos últimos duzentos anos: os temas da crítica são generalizados, a crítica é ao menos parcialmente embasada cientificamente e confronta a ciência com todo o poder atributivo da própria ciência. Dessa forma, desencadeia-se um movimento ao longo do qual as ciências são cada vez mais categoricamente obrigadas a expor diante de toda a opinião pública algo que internamente há muito é conhecido: suas torpezas, tolices e "deformações". Surgem formas de "contraciência" e de "ciência militante", que remetem todo o "abracadabra da ciência" a outros princípios e a outros interesses — levando assim a resultados precisamente opostos. Em resumo, *ao longo da cientificização do protesto contra a ciência, a própria ciência é castigada*. Surgem novas formas de atuação científica especializada, os fundamentos da argumentação científica são postos à prova com precisão contracientífica e muitas ciências, em seus âmbitos marginais, orientadas para a prática, são submetidas a um "teste de politização" de dimensões até então desconhecidas.

No curso desse processo, a ciência experimenta não apenas uma rápida diminuição de sua credibilidade pública, mas ao mesmo tempo abrem-se *novos âmbitos de eficácia e de aplicação*. Dessa forma, justamente as ciências naturais e tecnológicas nos últimos anos souberam tirar proveito das inúmeras críticas públicas e convertê-las em oportunidades de expansão: na diferenciação conceitual, instrumental e técnica dos "ainda" ou "já não mais" aceitáveis riscos, ameaças à saúde, cargas de trabalho etc. Aqui torna-se palpável a autocontradição em que parece entrar o desenvolvimento científico na fase da cientificização reflexiva: *a crítica divulgada publicamente do desenvolvimento obtido até aquele momento se converte no motor do avanço ulterior*.

Essa é a lógica evolutiva na qual os riscos da modernização se constituem socialmente como uma interação tensa entre ciência, prática e opinião pública e em seguida são refletidos de volta sobre as ciências, desencadeando "crises identitárias", novas formas de organização e de trabalho, novos fundamentos teóricos, novos avanços metodológicos etc. O processamento de erros e riscos está, portanto, por assim dizer, acoplado ao circuito de discussões que envolvem toda a sociedade, produzindo-se também no confronto e na fusão com movimentos sociais de crítica à ciência e à modernização. Não devemos nos iludir a respeito disso: atravessando todas as contradições, seguiu-se aqui um caminho de *expansão* científica (ou seja, de continuidade do já existente sob uma forma alterada). O debate público sobre riscos da modernização *é* a via de conversão de erros em oportunidades de expansão sob condições de cientificização reflexiva.

De modo especialmente expressivo, a interpenetração entre crítica civilizatória, conflitos interpretativos interdisciplinares e movimentos de protesto com eficácia junto à opinião pública faz-se evidente na evolução do *movimento ambientalista*:[2] proteção da natureza já existia desde o início da industrialização, sem que a crítica pontual expressa pelas organizações de proteção da natureza (que, no mais, jamais esteve associada a grandes custos ou a uma crítica aos fundamentos da industrialização) jamais tenha podido dirimir a aura da hostilidade ao progresso e da defesa do atraso. Isto só mudou à medida que se fortaleceu a evidência social de ameaças à natureza através de processos de industrialização e, ao mesmo tempo, que foram oferecidos e assimilados sistemas de interpretação científica inteiramente li-

[2] Apoio-me aqui especialmente nos argumentos (em manuscrito ainda não publicado) de Robert C. Mitchell (1979). Ver ainda a respeito H. Nowotny (1979), P. Weingart (1979), assim como G. Küppers, P. Lundgreen, P. Weingart (1978).

vres das velhas ideias de proteção à natureza, que explicaram, embasaram, descolaram de situações e casos concretos, generalizaram e unificaram num protesto comum contra a industrialização e a tecnicização o crescente desconforto público com seus efeitos claramente destrutivos. Isto ocorreu fundamentalmente nos Estados Unidos por meio de pesquisas *biológicas* engajadas que se concentraram nos efeitos destrutivos da industrialização para os ecossistemas e fizeram, no verdadeiro sentido da palavra, soar o "alarme", isto é, numa linguagem compreensível para o público e com o emprego de argumentos científicos, lançaram luz sobre os já desencadeados ou ainda iminentes efeitos da industrialização para a vida neste planeta e recompuseram-nos em imagens de um apocalipse próximo.[3] Na medida em que esses e outros argumentos foram absorvidos por movimentos de protesto público, constituiu-se o que foi chamado acima de cientificização do protesto contra certas formas de cientificização:

Os objetivos e temas do movimento ambientalista foram-se descolando aos poucos de situações concretas e de demandas pontuais em última medida fáceis de serem atendidas (proteção de uma área florestal, de uma determinada espécie animal etc.) para se aproximar de um protesto geral contra as condições e premissas "da" industrialização. As ocasiões para o protesto já não são mais exclusivamente casos concretos, ameaças visíveis e relacionadas a intervenções precisas (derramamentos de óleo, contaminação de rios por dejetos industriais etc.). No centro das atenções estão cada vez mais as ameaças que, dadas as circunstâncias, já nem correspondem ao tempo de vida dos afetados, produzindo efeitos apenas na segunda geração de seus descendentes, ameaças que, em todo caso, *exigem o "órgão sensorial" da ciência — teorias, experimentos, medições — para que se tornem em suma "visíveis" e interpretáveis como ameaças*. No movimento ecológico cientificizado, as causas e temas de protesto tornaram-se em grande medida — por mais paradoxal que possa parecer — independentes de seus portadores, os leigos afetados, chegando mesmo, no limite, a se desvincular de suas capacidades perceptivas e passaram não só a ser mediados apenas cientificamente, como também a ser, em sentido estrito, *constituídos cientificamente*. Isto não chega a diminuir o significado do "protesto dos leigos", mas demonstra sua dependência de mediações "contracientíficas": o diag-

[3] As principais referências são o livro de Rachel Carson, *Silent Spring*, que foi lançado em 1962 e, três meses após o lançamento, já tinha vendido 100 mil exemplares, assim como o livro de Barry Commoner, *Science and Survival* (1963).

nóstico das ameaças e o combate às suas causas é por vezes possível unicamente com o auxílio do arsenal completo de instrumentos científicos de medição, de experimentação e de argumentação. Ele exige conhecimentos altamente especializados, prontidão e capacidade para uma análise não convencional, assim como instalações técnicas e instrumentos de medição em geral caros.

Esse é apenas um de muitos exemplos. Pode-se, portanto, dizer que a ciência participa de três formas do surgimento e aprofundamento de situações de ameaça civilizatória e de uma correspondente consciência da crise: a utilização industrial de resultados científicos produz não apenas problemas; a ciência oferece também os meios — as categorias e a bagagem cognitiva — para fazer com que os problemas possam ou não chegar a ser reconhecidos e representados (e a emergirem) *como* problemas. Finalmente, a ciência representa ainda a premissa para a "superação" das ameaças autoinfligidas. Hoje, portanto, entre os setores profissionalizados do movimento ambientalista — para recorrer de novo ao exemplo dos problemas ambientais —, resta pouco da abstinência de intervenção diante da natureza anteriormente propagada.

> "Muito pelo contrário, as demandas relevantes são fundadas no melhor e no mais recente que a física, a química, a biologia, a teoria dos sistemas e as simulações por computador podem oferecer. Os conceitos com os quais a pesquisa de ecossistemas opera são extremamente modernos e estão voltados para compreender a natureza não apenas em suas partes (com o risco de causar danos e consequências de segunda ou enésima ordem em razão do desconhecimento que é sistematicamente gerado dessa forma), mas na totalidade [...] Cereais matinais e sacolas recicláveis são na verdade os *mandamentos de uma nova modernidade*, cujos símbolos serão a cientificização e a tecnicização muito mais aperfeiçoadas e eficientes, e, sobretudo, mais abrangentes" (P. Weingart, 1984, p. 74).

Em termos bastante genéricos, seria possível afirmar: justamente a conscientização dessa dependência do objeto do protesto confere, por sua vez, muito da causticidade e da irracionalidade que caracterizam a postura anticientífica.

2. Desmonopolização do conhecimento

Não foi o fracasso, mas o *sucesso* das ciências, o que levou a que fossem *destronadas*. Pode-se mesmo dizer: quanto mais as ciências agiram com êxito neste século, tanto mais rápida e decisivamente suas pretensões originais de validade foram relativizadas. Nesse sentido, o avanço científico experimenta na segunda metade deste século *uma ruptura em sua continuidade*, e não apenas de um ponto de vista externo (conforme foi mostrado até aqui), mas também internamente (como será mostrado agora): em sua autocompreensão científico-teórica e social, em seus fundamentos metodológicos e em seu campo de aplicação:

O modelo da cientificização simples baseia-se na "ingenuidade" com que se aceita que o ceticismo metódico das ciências possa ser, por um lado, institucionalizado e, por outro, restrito aos *objetos* da ciência. Ficam excluídos tanto os fundamentos do conhecimento científico quanto todas as questões de implementação prática dos resultados científicos. O que do lado de dentro se entrega a um questionamento agudo e penetrante é *dogmatizado* para fora. Por trás disso se esconde não apenas a diferença entre uma prática investigativa "livre da necessidade de ação" e as pressões práticas e políticas para a ação, nas quais o questionamento tem de ser abreviado por conta de constrições sistêmicas e suspenso por conta de pretextos decisórios. Antes de tudo, essa *redução* da racionalidade científica ao longo de linhas que traçam a fronteira entre fora e dentro corresponde aos interesses profissionais e de mercado de grupos de especialistas e cientistas. Os consumidores de serviços e conhecimentos científicos pagam não por equívocos assumidos ou encobertos, nem por hipóteses falsificadas ou incertezas levadas adiante com acuidade, mas por "conhecimentos". Apenas aquele que consegue se sustentar no mercado das pretensões de conhecimento em face de grupos de leigos e de profissionais concorrentes pode chegar a alcançar as premissas materiais e institucionais para se entregar internamente ao "luxo da dúvida" (assim dita: pesquisa fundamental). Aquilo que tem de ser generalizado como ponto de vista racional precisa, sob o ponto de vista da autoafirmação no mercado, ser revertido em seu contrário. A arte da dúvida e da *dogmatização* complementam-se *e* contradizem-se no processo da cientificização "bem-sucedida". Assim como o sucesso interno se baseia na *decomposição* dos "semideuses de branco", seu sucesso externo baseia-se, justamente ao contrário, na bem orientada *elaboração*, no incensamento, na defesa aguerrida de suas "pretensões de infalibilidade" contra quaisquer "suspeitas de crítica irracional". Resultados que, de acordo com suas condições de produção, não podem ser mais que "equívocos por encomenda" precisam ser ao mesmo tempo estilizados como "conhecimentos" de validade eterna, como se ignorá-los fosse, na prática, o "cúmulo da ignorância".

Nesse sentido, no modelo da cientificização simples, *modernidade e contramodernidade sempre estiveram contraditoriamente fundidas uma na outra*. Os princípios indivisíveis da crítica são divididos; seu raio de validade reduzido. A incontrastabilidade das pretensões de conhecimento, validadas externamente, contrasta curiosamente com a generalização da suspeita de erro que é internamente elevada a norma. Tudo o que entra em contato com a ciência é esboçado como algo *alterável — exceto a própria racionalidade científica*. Longe de serem casuais, essas limitações do ilimitável são *funcionalmente necessárias*. De saída, elas conferem às ciências sua *superioridade* cognitiva e social diante das práticas técnicas e laicas correntes. Somente assim é que pretensões de conhecimento de caráter crítico e *esforços de profissionalização* se fazem atar (contraditoriamente) umas aos outros.

Há duas consequências dessa avaliação: por um lado, o processo de cientificização no século XIX e até hoje precisa ser compreendido *também* como *dogmatização*, como o ensaio para as "profissões de fé" da ciência, pretendendo inadvertidamente à validade. Por outro, os "dogmas" da cientificização primária são *instáveis* de uma maneira completamente diferente daqueles (da religião e da tradição) contra os quais as ciências se impuseram: *eles contêm em si mesmos as medidas de sua crítica e de sua supressão*. Nesse sentido, na continuidade de seus êxitos, o avanço científico compromete seus próprios fundamentos e fronteiras. Ao longo do *estabelecimento* e da universalização das normas argumentativas científicas, surge assim uma situação inteiramente alterada: a ciência se torna *indispensável* e ao mesmo tempo *privada* de suas pretensões de validade originais. Na mesma medida, "problemas práticos" são avivados. O autodesconcerto da ciência, metodicamente operado, provoca interna e externamente um *declínio do seu poder*. O resultado são *tendências de equiparação* conflitivas no desnível de racionalidade entre especialistas e leigos (sendo um indicador exemplar o aumento das ações judiciais contra "erros médicos"). E mais: *fracassam* os conceitos usuais que refletem o desnível de poder: modernidade e tradição, especialistas e leigos, produção e aplicação de resultados. *Essa dissolução das fronteiras do ceticismo* sob as condições da cientificização reflexiva é marcada por uma linha (a) *teórico-científica* e outra (b) *prático-investigativa*.

Falibilismo teórico-científico

Essa passagem da cientificização simples para a cientificização reflexiva é por sua vez conduzida *científico-institucionalmente*. Os *atores da ruptura* são as disciplinas da autoaplicação crítica de ciência sobre ciência: teoria da ciência e história da ciência, sociologia do conhecimento e da ciência, psicologia e etnologia empírica da ciência etc., que, com sucesso variável, roem desde o início do século os fundamentos da autodogmatização da racionalidade científica.

Por um lado, elas são conduzidas, institucional e profissionalmente, na verdade sob as pretensões do modelo *ainda* válido da cientificização simples; por outro lado, suspendem as condições da aplicação desse modelo, já sendo, nesse sentido, precursoras da variante autocrítica da cientificização reflexiva. Nesse sentido, a "anticiência" não é uma invenção dos anos sessenta ou setenta. Ela pertence, antes de mais nada, ao programa institucionalizado da ciência desde o princípio. Um dos primeiros "contralaudos" com efeito de longo prazo, até o presente, foi — vista dessa forma — a crítica marxista da "ciência burguesa". Nela já está contida toda a contraditória relação de tensão entre a credibilidade científica em seu próprio terreno e a crítica ideológica generalizada da ciência desvelada, tensão essa subsequentemente exposta em novas variantes — na sociologia do conhecimento de K. Mannheim, no falsificacionismo de K. R. Popper ou na crítica histórico-científica do normativismo teórico-científico de T. S. Kuhn. O que nesse caso se realiza passo a passo em termos de uma sistemática "profanação do próprio berço" é a autoaplicação consequente de um falibilismo inicialmente pouco institucionalizado. Com o que esse processo de autocrítica acontece não linearmente, mas na coerente dissolução de repetidas tentativas de resgatar o "núcleo de racionalidade" do empreendimento cognitivo científico. Esse processo em última medida blasfemo de "conjecturas e refutações" poderia ser assinalado por muitos exemplos. Mas em parte alguma ele será tão clássica, tão "exemplarmente" exercitado como no curso da discussão teórico-científica neste século.

Afinal, Popper já utilizara contra o pensamento fundacional o "punhal", do qual foram vítimas em seguida todos os seus "experimentos fundacionais" do princípio de falsificação construído como defesa diante do charlatanismo. Todos os "resíduos fundacionais" no princípio de falsificação são aos poucos descobertos e, em coerente autoaplicação, removidos, até que os pilares sobre os quais o princípio de falsificação se deveria apoiar sejam desmontados. A célebre expressão de Feyerabend, "vale tudo", apenas condensa algo mais, com grande competência e meticulosidade teórico-científica,[4] essa situação.

Falibilismo prático-investigativo

Mas é possível dizer, e diz-se, na *prática* da ciência: *e daí?* Quem se importa com a autoespoliação de uma teoria da ciência que nunca foi mais que a "peneira filosófica" com que se tapava o sol de uma prática de pesquisa com a qual ela na verdade jamais se preocupou e vice-versa. Não é possível aplicar inconsequentemente o princípio de falsificação para depois anunciar sua já sabida superfluidade. Como se nada tivesse acontecido. Absolutamente nada. Em sua evolução, a prática científica *perdeu a verdade* — como uma criança que perde o dinheiro do lanche. Ela passou nas últimas três décadas de uma atividade *a serviço* da verdade a uma atividade *sem* verdade, mas que precisa mais do que nunca fazer render socialmente a prebenda

[4] A argumentação pode ser esboçada em alguns passos: de saída, a "base empírica" como instância de falsificação da formação "especulativa" de teorias não suporta um olhar mais detido. Ela precisa ser fundada. Fundá-la na experiência priva-lhe a intersubjetividade. Ao mesmo tempo em que a *produção* dos dados no experimento (entrevista, observação etc.) resta desconsiderada. Caso esta seja integrada, a fronteira entre proposições empíricas e teóricas, que é o objetivo de todo o experimento, é anulada.

Como deve ser afinal entendido o sucesso na busca por falsificadores? Assumindo que um experimento não satisfaça as expectativas teóricas. Estará a teoria *refutada* de uma vez por todas, ou terão sido apontadas meras *inconsistências* entre as expectativas e os resultados que possam ser assim remetidas a distintas possibilidades decisórias e, nessa medida, processadas e acolhidas (à medida talvez em que a falha no experimento seja presumida ou, justamente ao contrário, a teoria seja construída e desenvolvida etc.; ver a respeito I. Lakatos, 1974).

Na virada teórico-científica representada pelo influente ensaio de Thomas S. Kuhn (1970), é integrada uma base empírica à reflexão filosófico-científica. Assim, o status da teoria da ciência como uma teoria *sem* empiria se torna em retrospecto problemática: será a teoria da ciência apenas uma doutrina normativa logicamente codificada, uma autoridade censora de grau superior que zela pela "boa" ciência e, em decorrência, o equivalente científico da *inquisição* eclesiástica medieval? Ou ela satisfaz suas próprias demandas por uma teoria empiricamente verificável? Mas então suas pretensões de validade têm de ser drasticamente reajustadas em face dos princípios faticamente contrários da produção e fabricação de conhecimento.

Ademais, a pesquisa científica etnologicamente orientada finalmente "descobre" no suposto berço da racionalidade das ciências naturais — no laboratório — que as práticas ali correntes correspondem antes de mais nada a variantes modernas de danças da chuva e de rituais de fertilidade, orientados por princípios de carreira e aceitação social (K. Knorr-Cetina, 1984).

da verdade. Isto é, a prática científica seguiu inteiramente a teoria da ciência em seu caminho de suposição, incerteza, *convenção*. Por dentro, a ciência recuou diante da decisão. Por fora, multiplicaram-se os riscos. Mas já nem dentro e nem fora lhe cabem as bênçãos da razão: ela se tornou *in*dispensável *e in*capaz para a verdade.

Isto não é por acaso e tampouco por acidente. A verdade seguiu o caminho usual da modernidade. A religião científica da disposição e proclamação da verdade foi *secularizada* ao longo de sua cientificização. A pretensão de verdade da ciência não suportou o penetrante autoquestionamento teórico e empírico-científico. Por um lado, a pretensão declaratória da ciência recolheu-se à *hipótese*, à suposição até prova em contrário. *Por outro lado*, a realidade refugiou-se em *dados* que são *produzidos*. Desse modo, "fatos" — antigas pérolas da realidade — não são mais que respostas a questões que poderiam ter sido feitas de outra forma. Produto de regras que definem a seleção e a supressão. Muda o computador, muda o especialista, muda o instituto — muda a "realidade". Seria um milagre se não fosse assim, milagre e não ciência. Mais uma prova da irracionalidade da prática de pesquisa das ciências (naturais) já seria profanação dos mortos. Chegar a um cientista com a demanda pela verdade tornou-se quase tão constrangedor quanto perguntar a um sacerdote sobre deus. Abrir a boca nos círculos da ciência para pronunciar o termo "verdade" (assim como "realidade") indica ignorância, mediocridade, emprego irrefletido de palavras do cotidiano, ambíguas e sentimentalizadas.

É certo que a perda também tem seu lado simpático. A busca pela verdade sempre foi um esforço sobre-humano, uma elevação ao divino. Ela era uma parente próxima do dogma. Quando era alcançada, expressa, tornava-se difícil alterá-la, mas alterava-se o tempo todo. A ciência tornou-se humana. Está repleta de falhas e enganos. Mas também é possível fazer ciência sem a verdade, talvez até melhor, mais honesta, versátil, ousada, corajosa. A oposição estimula e sempre tem suas chances. A cena torna-se colorida. Quando três cientistas se encontram, chocam-se quinze opiniões diferentes.

A confusão entre dentro e fora

Entretanto, resta o problema principal: sob condições de cientificização reflexiva, a *suspensão* das pretensões de realidade e de cognição avança forçosamente. Nesse recuo rumo à decisão, à arbitrariedade, teoria e prática da ciência andam juntas. Crescem paralelamente os *riscos* coproduzidos e codefinidos cientificamente. Pode-se contar com isto: a convencionalização faz crescer também a arbitrariedade de presunções de risco que se neutralizam mutuamente, fazendo com que desse modo sua aura se desfaça em meio ao conflito de opiniões. Mas surgem também definições de risco no âmbito externo das ciências e, frequentemente, tanto quanto a depreciação e a negação dos riscos, são mesmo prescritas para esse âmbito. Com isso, porém, sob condições de risco, as ciências se abrem de uma maneira inteiramente nova à influência social:

No envolvimento com riscos do avanço científico-tecnológico, a pesquisa é atada a interesses e conflitos sociais (ver acima). Na mesma medida, ganha uma importância central e ao mesmo tempo *geradora de hipóteses* o *contexto de utilização* dos resultados científicos imperdoavelmente negligenciado até hoje pela filosofia da ciência. Com isso, porém, a fronteira entre validade e gênese, constitutiva para a prática de pesquisa, é superada ou suspensa. Em seu fulcro, a pesquisa amarra-se a uma reflexividade social. Isto *pode* proporcionar a categorias de assimilação social e ambiental uma importância decisiva, capaz de fomentar a pesquisa, mas em todo caso entregando a *decisão sobre hipóteses aos critérios implícitos da aceitação social.*

> "A compartimentalização da ciência em esferas autônomas, determinada filosófico-cientificamente, assim como o isolamento das questões sobre a verdade no terceiro mundo de Popper, tornam-se assim, se não impossíveis por definição, por certo faticamente irrelevantes. De qualquer modo, isso ocorre com as funções de controle e proteção da filosofia da ciência com relação às exigências sociais e políticas de direcionamento da ciência. Em vista desse processo, validade já não é mais unicamente uma questão de verdade, mas também uma questão de aceitação social, de compatibilidade ética" (P. Weingart, 1984, p. 66).

A folha de parreira teórica desse processo oferece a *heresia da construção de hipóteses*. O desastroso nessa "doutrina", que converte a aparência de teoria em programa, foi reconhecido bem cedo. Heinz Hartmann escreve já em 1970: "A composição de teorias pertence aos poucos procedimentos restantes que hoje ainda se prestam para serem livremente levados a cabo". Para essa "origem das hipóteses" (Hanson), oferecem-se as mais diversas sugestões. Intuição e coragem são celebradas tanto quanto a derivação formal a partir de axiomas. Cientistas de pensamento abstrato ainda admitem partir em última medida do senso comum ou de casos históricos isolados, outros recomendam passar do ponto de vista subjetivo à teoria validada.

Alguns superam esse problema segundo o lema de que cada hipótese é tão boa quanto qualquer outra; mas então somos lembrados de que mesmo um gênio como Galilei deveu 34 anos de perseguição a uma hipótese. Quem se dá conta de que qualquer estudo tem de partir por definição de hipóteses e ao mesmo tempo leva em consideração a prática caótica da construção de hipóteses chega a se perguntar com algum desconcerto como é que a ciência empírica pôde admitir essa contradição. Essa *prática* do "vale tudo" na construção de hipóteses encontra seu princípio contrário nas constrições sociais do "gerenciamento do risco". Ali onde a realidade entendida como instância corretiva se despede sob a forma de decisões e convenções, o uso social começa a (co)determinar o que vale e o que não vale como "conhecimento". O local de controle e o tipo de critérios se deslocam: de dentro para fora, da metodologia para a política, da teoria para a aceitação social.

O preço desse processo é alto. Ele começa a se revelar atualmente. A via do pragmatismo de uma prática de pesquisa *para além* da verdade e do esclarecimento, protegida da demanda, engana mais ainda do que apenas em relação às consequências que atravessam seu núcleo. *As fronteiras que deveriam proteger e fixar competências já deixaram de existir*: validade e gênese, contextos de emergência e aplicação, dimensões deônticas ou objetivas da pesquisa, ciência e política, todos se interpenetram, formam novas e praticamente inafastáveis zonas de intercruzamento. A questão sobre as possibilidades e limites do conhecimento científico surge assim uma vez mais e de forma distinta da questão que se colocava sob as condições da cientificização simples. Não se trata, por exemplo, de estabelecer uma fronteira *de princípios* entre a dimensão objetiva e a dimensão dos valores e conduzir a respeito um debate sobre os princípios teórico-científicos. Os problemas *dessa* definição de fronteira já se perderam de vista no curso da objetivação da pesquisa. Em vez disso, a normatividade se rompe *dentro* das regras cumpridas da objetivação e *dentro* dos métodos "duros" da verificação científica dos fatos (ver U. Beck, 1974). Na interação entre convencionalização e operacionalização da ciência, os fundamentos da pesquisa analítico-metodológica são *imanentemente* amolecidos. Tem lugar uma inversão entre dentro e fora: *o mais interno — a decisão sobre a verdade e o conhecimento — desloca-se para fora; e o exterior — os "efeitos colaterais imprevisíveis" — converte-se em um renitente problema interno do próprio trabalho científico*. Ambas — a tese da *externalização* do conhecimento e a tese da *internalização* dos resultados práticos — serão abordadas subsequentemente.

Feudalização da práxis cognitiva

Assistimos atualmente ao início da dissolução do *monopólio* social da ciência *sobre a verdade*. O recurso a resultados científicos para sustentar definições socialmente vinculantes de verdade torna-se *cada vez mais necessário*, mas ao mesmo tempo *cada vez menos suficiente*. Nesse distanciamento entre condição necessária e suficiente e na zona cinzenta daí resultante reflete-se a perda de função da ciência em seu próprio domínio originário, a determinação interina do conhecimento. Os destinatários e usuários de resultados científicos — na política e na economia, nos meios de comunicação de massa e no cotidiano — tornam-se *de fato* mais dependentes de argumentos científicos, mas ao mesmo tempo mais independentes de descobertas *específicas* e do juízo da ciência sobre a verdade ou falsidade de suas declarações. O acúmulo de pretensões de conhecimento em instâncias externas *apoia-se* — este é o paradoxo aparente — na *diferenciação* das ciências. Ele reside, por um lado, na supercomplexidade e diversidade de resultados, que — quando não se contradizem abertamente — não se complementam, afirmando no mais das vezes coisas inteiramente distintas, por vezes incomparáveis, e dessa forma *exigindo* justamente do homem prático uma decisão cognitiva. Soma-se a isto sua semiarbitrariedade, que na verdade é (no mais das vezes) negada na prática, mas que de fato se sobressai em meio à cacofonia dos tantos resultados e no recuo metodológico rumo ao arbítrio e à convenção. O sim-mas e o por-um-lado-mas-por-outro em que a ciência hipotética necessariamente se move introduz em compensação possibilidades de escolha na definição do conhecimento. A profusão de resultados, assim como sua contraditoriedade e superespecialização, transformam sua recepção em participação, num processo autônomo de produção de conhecimento *com e contra* a ciência. Pode-se contudo dizer: foi sempre assim. A autonomia da política ou da economia diante da ciência é tão antiga quanto a própria relação entre elas. Mas assim ficam por baixo do pano duas das peculiaridades aqui destacadas: esse tipo de autonomia é *produzido* cientificamente. Ela surge em meio à *abundância* de ciência que, ao mesmo tempo em que cimentou suas próprias pretensões em termos hipotéticos, oferece ainda a imagem de um pluralismo interpretativo que relativiza a si mesma.

As consequências atuam em profundidade sobre as condições de produção de conhecimento: a ciência, que se perdeu da verdade, corre o risco de receber de outros prescrições do que *deve* ser a verdade. E isto não apenas no caso da florescente "ciência cortesã", a caminho de se tornar mais diretamente influente. O aproximativo, a indecisão e o arbítrio acessível dos resultados tornam isso possível. Critérios seletivos que escapam à rígida verificação científica ganham, em meio à supercomplexidade que de um modo ou de outro deve ser superada, um significado novo e talvez decisivo: simpatias em termos de visões políticas, interesses de financiadores, antecipação de implicações políticas, em suma: *aceitação social*. Em seu caminho rumo à convencionalização metodológica em face da supercomplexidade por ela mesma gerada, a ciência é ameaçada por uma *feudalização tácita de sua "práxis cognitiva"*. Em decorrência, surge exteriormente um *novo particularismo*: grupos e grupelhos de cientistas, que mutuamente se isolam e se reagrupam em torno de primados de utilidade. Fundamental: isto não em retrospecto e nem em contatos práticos, mas no laboratório de pesquisa, em suas câmaras de pensamento, no tabernáculo mais sagrado da produção de resultados científicos. Quanto mais se tornam imprevisíveis os riscos do avanço científico-tecnológico e quanto mais energicamente eles determinam a consciência pública, tanto mais se reforça a pressão sobre instâncias políticas e econômicas para que intervenham, e tanto mais importante se torna para os atores sociais assegurar um acesso ao "poder definidor da ciência" — seja para subestimar a relevância, desviar a atenção, redefinir, seja para dramatizar ou bloquear crítica e sistematicamente "abusos definidores externos".

Mas o processo tem também outros lados. Com ele pode ser alcançada uma meta do Esclarecimento. Os homens são libertados das "incapacitantes" prescrições cognitivas dos especialistas (Illich, 1979). Cada vez mais pessoas sabem tirar proveito da "mesquinhez científica". A transformação funcional que se opera nessa generalização das figuras argumentativas científicas tem para os cientistas — como mostram Wolfgang Bonß e Heinz Hartmann (1985) — algo de irritante.

> "Argumentações científicas, reconhecidas desde o Esclarecimento como única instância de legitimação competente, parecem perder-se na névoa de sua universalização como autoridade racional intocável e tornar-se socialmente disponíveis. De uma perspectiva sociológica, essa tendência se representa a si mesma como *resultado* de processos de cientificização. O fato de que declarações científicas não sejam mais sacrossantas, podendo ser contestadas no cotidiano, indica na verdade que a dúvida sistemática, como um princípio estruturante do discurso científico, já não é mais privilégio deste. A diferença entre a 'plebe rude' e o 'cidadão esclarecido', ou, dito de forma mais moderna, entre leigos e especialistas, desaparece e se converte numa competição entre distintos especia-

listas. Em praticamente todos os subsistemas sociais, o foco passa da internalização de normas e valores para a reflexão diante de componentes concorrentes do conhecimento sistemático" (p. 16; ver também Weingart, 1983, p. 328).

Para poder vencer nessa concorrência intra e interprofissional de especialistas, já não basta apresentar "bem-cuidados" testes de significância. É preciso, sob determinadas circunstâncias, comparecer pessoalmente *e* ser convincente. *A produção (ou mobilização) de crenças* converte-se, sob condições de cientificização reflexiva, num dos principais mananciais para a afirmação social de pretensões de validade.[5]

Diante da polifonia contraditória das línguas científicas, ali onde anteriormente a ciência convencia enquanto ciência, hoje em dia o determinante é cada vez mais a *crença* na ciência ou a *crença* na anticiência (isto é, *neste* método, *neste posicionamento*, *nesta* orientação). Talvez seja antes o "extraordinário" da apresentação, a persuasão pessoal, os contatos, o acesso aos meios de comunicação etc. o que afinal garanta a "resultados específicos" o atributo social soberano de "conhecimento". Se a crença (também) decide sobre argumentos científicos, ela logo assumirá novamente o controle. E mais, já não *como* crença, mas, por conta de sua forma exterior, *como* ciência. No interregno que emerge a partir daí, no qual a ciência se torna cada vez mais necessária, mas cada vez menos suficiente para a produção de conhecimento, as mais diversas forças da fé podem-se aninhar. Muita coisa se torna assim possível: fatalismo, astrologia, ocultismo, celebração ou abandono do eu acoplados e mesclados com resultados científicos parciais, com crítica radical da ciência e fé científica. Esses *novos alquimistas* são raramente imunes contra a crítica da ciência, pois não foi pré-cientificamente, mas no contato com a ciência que eles encontraram sua "verdade" e seus seguidores.

Essa imunidade científica vale não apenas para esses casos extremos. Em geral, ideologias e preconceitos, agora armados cientificamente, são novamente capazes de se defender contra a crítica científica. Eles recorrem à própria ciência para refutar suas pretensões. Basta ler um pouco *mais*, incluindo as investigações no sentido contrário. As objeções são absorvidas *antes* dos resultados, já com aviso prévio. Um par de objeções (metodológicas) de base para todos os casos e na ponta da língua fazem com que qualquer indócil

[5] Esta talvez seja uma das razões pelas quais traços de personalidade e redes de contatos pessoais, justamente com a sobreoferta de interpretações a respeito de sua recomposição e emprego práticos, adquirem cada vez mais importância.

novidade científica desmorone. Se até os anos sessenta a ciência ainda podia contar com um público incontestado e confiante, seus esforços e avanços atualmente são acompanhados com desconfiança. Presume-se o não dito, adicionam-se os efeitos inesperados e logo se chega ao pior dos cenários.

Reações: a ciência entre a suspeita de irracionalidade e a re-monopolização

As reações nas ciências diante desse monopólio da verdade perdido são variadas e divididas. Elas vão do desconcerto completo, passando por uma volta a mais no parafuso da profissionalização, até tentativas de liberalização.

Do lado de dentro, a ciência se torna algo sem verdade, do lado de fora, algo sem esclarecimento. E ainda assim, a maioria dos cientistas caem das nuvens quando dúvidas de peso são levantadas em relação à "certificação" de suas pretensões de conhecimento. Passam então a ver o mundo moderno ameaçado em seus fundamentos e a ver surgir uma era de irracionalismo. Contudo, o alcance e o ímpeto da crítica pública da ciência e da tecnologia são na maior parte apenas uma imitação leiga da já bem conhecida e assegurada crítica fundamental com que se veem confrontadas desde há tempos as ciências em sua diversidade interna.

Foi amplamente difundida a *falácia* tranquilizadora da crescente dependência dos argumentos científicos em relação à importância inabalada ou mesmo ao crescente poder definidor das ciências. O certo é que barreiras contra avanços ulteriores de maneira alguma estão associadas à crítica séria da ciência. O contrário é verdadeiro: na civilização científico-tecnológica, o difundido ceticismo em assuntos relacionados ao conhecimento científico descola o empreendimento científico da finitude de suas pretensões cognitivas. O "conhecimento", que se transforma invariavelmente em equívoco, acaba por se converter num projeto inconsumável, numa *necessidade natural institucionalizada da sociedade*, comparável a comer, beber, dormir. Por meio desse afrouxamento (frequentemente involuntário) de suas pretensões sob a forma de autocrítica interdisciplinar, orientada pela concorrência, as ciências comprovam não apenas sua modéstia em questões cognitivas, como também asseguram um *mercado infinito* para seus serviços.

Mesmo que todos tenham que se apoiar na ciência — "indústrias do futuro"[6] é a nova palavra mágica —, ainda assim isto não levará necessaria-

[6] Estas devem consideravelmente sua ascensão a uma série de cada vez mais rápidos avanços sucessivos em ramos da ciência que há cerca de 25 anos ou bem sequer existiam ou

mente a um aumento linear do poder definidor das interpretações científicas, mas ao contrário: isto pode ser acompanhado (como já mostrado) pela desvalorização coletiva das pretensões científicas de validade. Em outras palavras, o que à primeira vista parece ser excluído, acaba sendo conjugado: a ciência perde sua aura *e* torna-se *in*dispensável. As três linhas de desenvolvimento apresentadas — perda da verdade, esclarecimento e a ciência tornando-se necessária — são sintomas *do mesmo* processo: de uma era nascente, da sociedade de risco, *dependente* da ciência e *crítica* em relação a ela.

A perda acelerada em termos de segurança não precisa levar necessariamente a uma abertura ou a um reexame de consciência: se não por outras razões, ao menos porque ela é acompanhada por um *aprofundamento da concorrência* dentro de cada profissão e também entre elas. A confusão sistematicamente praticada implica que exigências e dúvidas sejam desbastadas externamente e que "conhecimentos seguros" sejam vendidos com inabalável convicção. Assim, porém, *esforços* cognitivos e de *re-monopolização* entram em choque mais ou menos evidente. Em muitos âmbitos do trabalho científico, tenta-se, através de diferenciações e aperfeiçoamentos técnico-metodológicos ou teóricos, estabelecer uma nova plataforma cognitiva. "Núcleos de profissionalização" combinam, em meio a esse esforço, determinados procedimentos de alta sofisticação metodológica ou modalidades de pensamento teórico que levem à consequente diferenciação intradisciplinar sob a forma de pequenos grupos e "comunidades de convicção". Estes, por sua vez, defendem o "conhecimento verdadeiro" contra o famigerado "conhecimento laico" de semiespecialistas e "colegas charlatães". A desprofissionalização é assim compensada pela *ultra*profissionalização — com o perigo de que a disciplina, intelectual e institucionalmente, *se academize até a morte*.

A contraestratégia da liberalização incorre, ao contrário, no perigo de sacrificar a identidade disciplinar, a ponto de que no fim das contas os "afetados" possam chegar a se perguntar o que afinal a ciência (em troca de dinheiro) terá a oferecer e a apresentar em termos de conhecimento. *Ambas* as formas de reação avaliam mal o desafio que deveria estar atualmente no centro da discussão: a *internalização dos "efeitos colaterais"*.

apenas começavam a surgir: microeletrônica, teoria da informação, biologia molecular, física nuclear, pesquisa espacial, ecologia. Esses novos ramos, atualmente em expansão, já não são — como era o caso das ondas tecnológicas anteriores — prolongamentos científicos de processos produtivos, representando, ao contrário, uma nova síntese entre ciência e indústria, "*indústrias de conhecimento*", uma síntese entre avaliações e reconversões sistematicamente organizadas de resultados científicos e investimentos.

3. Tabus práticos e teóricos

Nos termos da cientificização simples, a busca por explicações acompanha o interesse pelo controle da natureza. As relações preestabelecidas são pensadas como algo passível de transformação, conformação e, portanto, utilidade tecnológica. Isto muda drasticamente sob as condições da cientificização reflexiva. Quando riscos autoproduzidos ocupam o núcleo do trabalho científico, também a comprovação da *inevitabilidade de sua aceitação* se converte em tarefa central da busca científica por explicações. Na sociedade tecnológica *estabelecida*, isto é, ali onde tudo se torna (quase ou por uma questão de princípio) "factível", os interesses nas relações com a ciência transformam-se e tornam-se fundamentalmente *ambíguos*: como novidade, destaca-se o interesse por explicações que garantam a *inalterabilidade* de relações de factibilidade estipulada por questão de princípio. Se, sob condições de cientificização simples, o interesse por explicações coincide com o interesse por utilidade tecnológica, isto começa a se dissipar sob condições de cientificização reflexiva, e decisivas passam a ser as interpretações nas quais a explicação seja uma explicação *que afaste* os riscos. Coerentemente, modernidade e contramodernidade passam a interpenetrar-se de um novo modo: a sociedade de risco, dependente da ciência, também encontra-se cada vez mais *funcionalmente orientada* por resultados científicos que menosprezem ou neguem os riscos, ou retratem-nos em sua inevitabilidade, precisamente *porque* eles são por princípio conformáveis. Contudo, essa necessidade funcional entra ao mesmo tempo em *contradição* com a pretensão explicativa tecnológica dos programas teóricos e metodológicos disponíveis. O retrato das "constrições objetivas" e "idiossincrasias" de processos arriscados desemboca cripticamente na possibilidade de sua suspensão ou, ao menos, numa corda bamba contraditória. Com um leve exagero, pode-se dizer: o interesse pela disponibilidade tecnológica, despertado no confronto com a natureza, não pode ser simplesmente dispensado se as condições básicas e os "objetos" do questionamento e da investigação científica se deslocam historicamente e o autoimposto "destino incontornável da modernidade" passa a dominar os temas. É bem possível que o interesse pela disponibilidade se converta abruptamente num interesse pela *produção* e pela transfiguração da "dinâmica peculiar" do "incontornável destino" científico. As formas de pensamento e questionamento formadas à sombra da dominação da pretensa natureza, justamente quando deveriam estabelecer "constrições objetivas", acabam atiçando a demanda por sua maleabilidade e contornabilidade, levando para dentro do "fato consumado" que elas deveriam produzir a *utopia do autocontrole da modernidade*, algo que elas são pagas para evitar. Esse processo contraditório pode ser ilustrado pela cientificização dos efeitos colaterais.

No âmbito da pesquisa, efeitos colaterais imprevistos perdem seu caráter latente e, consequentemente, sua legitimação, convertendo-se em relações de causa e consequência, que apenas se diferenciam de outras por conta de seu conteúdo político pretensamente implícito. Eles estão ligados a "finalizações" internas (Böhme, Van den Daele, Krohn, 1972), previstas na referência ao risco. Por um lado, isto se apoia no fato de que os antigos "efeitos colaterais" representam em grande medida fenômenos tidos socialmente como altamente problemáticos ("desmatamento"). Por outro lado, porém, com a bola de cristal da investigação de causas, serão apuradas agora não apenas as causas, mas implicitamente também os *causadores*. Assim se expressa a constituição social de efeitos colaterais da modernização (ver acima). Estes são expressão de uma *segunda realidade*, *produzida* e, portanto, alterável e *responsabilizável*. Sob essas condições básicas, a busca pela causa identifica-se com a busca por "responsáveis" e "culpados". Estes podem bem se esconder por trás de cifras, substâncias químicas, teores tóxicos etc. Mas essas construções defensivas reificadas são frágeis. Se ficar comprovado que o vinho (ou o suco, ou a gelatina etc.) contém glicol, daí até as despensas é um passo. Análises causais em zonas de risco são — quer queiram saber disto os pesquisadores ou não — *bisturis político-científicos para intervenções operatórias em zonas de produção industrial*. Sobre a mesa operatória da pesquisa de riscos estão as bagatelas das corporações industriais e dos interesses políticos com sua acumulada má vontade operativa. Isto quer dizer, entretanto: o emprego da análise causal se torna ela mesma arriscada, e isto para todos cujos interesses estejam em jogo no caso, incluindo o próprio pesquisador. À diferença dos efeitos da cientificização primária, estes são, senão previsíveis, então ao menos *estimáveis*. Riscos e efeitos presumidos tornam-se na verdade *condições restritivas da própria pesquisa*:

Paralelamente à crescente pressão por ação em face de agravantes situações de ameaça civilizatória, a civilização científico-tecnológica avançada se converte cada vez mais numa "sociedade de *tabus*": âmbitos, relações, condições, que em princípio *seriam* alteráveis, passam a ser sistematicamente excluídas da demanda por transformação através da submissão a "constrições sistêmicas" e "dinâmicas próprias". Quem ousará conceder à moribunda floresta um sopro de oxigênio se isso, para os alemães, implica a "camisa de força socialista" da limitação de velocidade nas autoestradas? A percepção e o tratamento de problemas são consequentemente canalizados através de um *sistema de tabus*. Justamente porque problemas são produzidos sob condições de cientificização reflexiva e por isso surgem em princípio como algo alterável, o raio das "variáveis capazes de ação" acaba sendo limitado logo de saída, cabendo às ciências tanto sua redução quanto sua ampliação.

Por toda a parte pululam na civilização científico-tecnológica *tabus de inalterabilidade*. Nessa mata cerrada, na qual aquilo que de fato surge a partir dos contextos de ação não pode ter surgido deles, o cientista que se esforça para obter uma análise "neutra" dos problemas entra num novo *dilema*. Qualquer análise se confronta com a decisão: *variar* ou *aprofundar* a investigação dos tabus sociais em torno das variáveis de ação. Estas possibilidades decisórias afetam (mesmo quando são preestabelecidas por quem encomenda a pesquisa) o próprio caráter da investigação, residindo portanto no âmbito prático mais íntimo das ciências: no tipo de questionamento, de seleção de variáveis, de direcionamento e de alcance, de acordo com os quais suposições causais são verificadas, no talhe conceitual, nos métodos aplicados para calcular "riscos" etc.

À diferença dos efeitos da cientificização simples, os efeitos dessas decisões de pesquisa são antes de mais nada estimáveis: se aqueles fincavam raiz *fora* da indústria e da produção, nos domínios *latentes* (e impotentes) da sociedade — na salubridade do homem e da natureza —, as constatações de risco afetam atualmente as *zonas centrais de poder* — a economia, a política e as instâncias institucionais de controle. Elas dispõem claramente de atenção "institucionalizada" e "cotovelos corporativos" para chamar a atenção para efeitos colaterais agudos e custosos. A "invisibilidade" encontra-se, portanto, de acordo com a situação social, severamente limitada. O mesmo vale para o "caráter colateral" dos efeitos. A observação do processo se situa sob a alçada da investigação de riscos (ou de algum setor a ela associado). As diretrizes são conhecidas, as bases jurídicas também. Qualquer um sabe com maior ou menor precisão e com toda a precaução cabível qual prova pode estar associada a qual concentração tóxica e a qual violação de teores máximos admitidos, para quem isso pode valer e sob quais penas (jurídicas e econômicas).

Mas isso quer dizer: com a cientificização dos riscos, a estimabilidade dos efeitos colaterais se transforma, de problema *externo* a problema *interno*, de problema de *aplicação* a problema de *conhecimento*. O que é externo fica de fora. Os efeitos estão do lado de dentro. Contexto de origem e contexto de aplicação passam a interpenetrar-se. A autonomia da pesquisa passa a ser *a um só tempo* um problema cognitivo *e* prático; a possível quebra de tabus passa a ser condição imanente da boa ou má pesquisa. Pode ser que isto ainda fique escondido na zona de penumbra de decisões de pesquisa que podem ser tomadas numa ou noutra direção. A pesquisa precisa se deslocar de sua constituição institucional, teórico-científica e moral para se colocar em posição de admitir e investigar a fundo as implicações políticas que ela mesma tenha, para que não perca seu tenaz controle diante do primeiro estalo de chicote.

Essa integridade pode colocar à prova a ciência e justamente assim demonstrar que ela *resiste à pressão dominante no sentido de converter tabus práticos em teóricos*. Compreendida dessa forma, a demanda por "liberdade de valores", no sentido de *in*dependência da análise científica, ganha um conteúdo novo, verdadeiramente revolucionário. Talvez Max Weber, que sempre soube do conteúdo político latente da ciência objetiva, defendesse *hoje em dia* essa interpretação de uma *análise objetiva* de riscos, *insubmissa a tabus*, que extrai da própria objetividade engajada e consciente dos valores reinantes sua força motriz política.

Ao mesmo tempo, fica evidente aqui que as oportunidades de influência e controle da práxis cognitiva científica residem nas margens de manobra seletivas que até hoje se mantiveram, de pontos de vista referentes à validade, ao largo da teoria da ciência, sem gozar de qualquer apreço. De acordo com critérios válidos de formulação de hipóteses, a corrente causal pode ser projetada em direções inteiramente diferentes, *sem* com isso — enquanto as próprias suposições ainda sejam comprovadas — chegar a colidir com quaisquer padrões de validade. Na civilização avançada, a práxis cognitiva científica torna-se uma *"manipulação" — implícita, reificada e encoberta pelo manto de procedimentos seletivos carentes de justificação — de variáveis políticas latentes*. Isto não significa que a reificação esteja excluída. Tampouco significa que as presumidas relações causais possam ser produzidas politicamente. A bem da verdade, análise de causalidade e análise de ação — independente da autocompreensão dos cientistas — engrenam-se uma com a outra. *A realidade do risco, duplicada, fabricada, politiza a análise objetiva de suas causas*. Se, sob essas condições, a ciência assume uma equívoca "neutralidade" e passa a pesquisar em consonância com tabus, ela acaba contribuindo para que a lei dos efeitos colaterais imprevistos continue a determinar o avanço civilizatório.

4. Da estimabilidade dos "efeitos colaterais"

Não é possível continuar a aceitar o mito da imprevisibilidade dos efeitos. Não é a cegonha que traz os efeitos — eles são *feitos*. E, de fato, em meio a e apesar de toda a incalculabilidade, também e justamente *nas próprias ciências*. Isto se torna visível quando se diferencia sistematicamente *calculabilidade* dos efeitos exteriores efetivos e sua imanente *previsibilidade*.

De acordo com o entendimento dominante, ao longo da diferenciação das ciências, a incalculabilidade dos efeitos colaterais do trabalho científico *necessariamente* se intensifica. Os cientistas estão de fato excluídos do uso de seus resultados; eles não dispõem de qualquer possibilidade de influência; outros são responsáveis por isso. Consequentemente, os cientistas tampouco podem ser responsabilizados, de um ponto de vista analítico, pelos efeitos fáticos dos resultados por eles obtidos. Mesmo que se comece a utilizar uma linguagem comum em diversas áreas, isto não chega a reduzir as distâncias, fazendo, ao contrário, que aumentem, assim como as possibilidades da parte do usuário de utilizar os resultados segundo seus interesses.

Essa avaliação apoia-se no conceito de "calculabilidade" — um conceito-chave da cientificização clássica, cujos conteúdo semântico e condições de uso são justamente colocados em questão atualmente. As possibilidades de estimabilidade dos efeitos colaterais saltam à vista somente quando se leva em conta que, *com a passagem para a modernidade reflexiva, o próprio conceito de "calculável-incalculável" se altera*: calculabilidade já não quer dizer apenas controlabilidade racionalmente funcional e incontrolabilidade tampouco significa a impossibilidade de um controle racionalmente funcional. Fosse assim, não apenas seria mantida a "incalculabilidade dos efeitos colaterais" também no empreendimento científico atual, mas ela chegaria mesmo a crescer, pois a racionalidade funcional se "contextualiza" e a insegurança aumenta.

Se, ao contrário, a calculabilidade for compreendida como "*estimabilidade*", isso corresponderá então à situação objetiva que surge sob as condições da modernização reflexiva: faticamente, os efeitos *reais* continuam *mais* imprevisíveis *do que nunca*. Ao mesmo tempo, os efeitos colaterais são privados de seu caráter latente e, como consequência, tornam-se "estimáveis" em triplo sentido: o conhecimento sobre eles está (por definição) disponível; não é possível sustentar por muito tempo a escusa da incontrolabilidade; nesse sentido, por conta do conhecimento sobre *possíveis* efeitos, somos forçados a reconfigurá-los. Uma "calculabilidade" decrescente é assim acompanhada por uma crescente "estimabilidade" dos efeitos colaterais; e mais: uma *condiciona* a outra. O conhecimento sobre efeitos colaterais, entrementes diferenciado o bastante internamente, está sempre (potencialmente) presente. Dessa forma, as mais diversas consequências e margens de alcance precisam ser reciprocamente sopesadas em termos de sua importância em si e em relação a outras. Assim, os efeitos *reais* tornam-se em última medida cada vez mais incalculáveis *porque* os efeitos possíveis se tornam cada vez mais estimáveis no processo de pesquisa, e sua estimativa ocorre então de fato cada vez mais no trato com suas imanentes zonas tabus, determinando o processo em sua condução e em seus resultados (ver acima). Mas isto também quer dizer: no próprio processo de pesquisa, o trato implícito com efeitos *esperados* ganha uma importância crescente. No plano das expectativas (e das expectativas quanto às expectativas), são afastados os efeitos colaterais que, assim, incidem com tudo no processo de pesquisa; apesar disso, e ao mesmo tempo, as consequências últimas permanecem imprevisíveis. Esta é *a tesoura sumamente eficaz que está na cabeça dos cientistas*. Na mesma medida em que os efeitos esperados realmente determinam seu trabalho e os pontos de partida e de ruptura de seu questionamento e esclarecimento, aumenta a ênfase com a qual eles insistem na absoluta incalculabilidade das reais sequelas.

Essa tese dupla, apenas aparentemente contraditória, da (a) *crescente incalculabilidade* acompanhada ao mesmo tempo da (b) *crescente estimabilidade* dos "ex-efeitos colaterais", será agora abordada sob duas outras facetas. Somente a argumentação completa poderá subsequentemente revelar os primeiros pontos de referência com respeito à medida em que e o sentido no qual o "fatalismo dos efeitos" da civilização científico-tecnológica pode ser superado.

Autonomização da aplicação

Na fase da cientificização secundária, alteram-se *os lugares e os participantes* da produção de conhecimento. Os destinatários das ciências na administração, na política, na economia e na esfera pública tornam-se — conforme mostrado acima —, em meio a interações e confrontos conflitivos, *coprodutores* de "conhecimentos" socialmente válidos. Desse modo, porém, e ao mesmo tempo, entram em movimento as *relações de transposição* de resultados científicos para a práxis e a política. De um modo inteiramente novo e mais confiante, os "acionistas" do dissolvido "capital cognitivo" da ciência assumem o controle da passagem da ciência para a práxis:

No modelo da cientificização simples, a relação entre ciência e práxis é pensada *dedutivamente*. Os conhecimentos obtidos cientificamente são — de acordo com a demanda — *impostos autoritaritariamente* de cima para baixo. Onde quer que se encontrem resistências, predominam — de acordo com a autoimagem científica — "irracionalidades", que podem ser superadas com a "elevação do nível de racionalidade" dos envolvidos com a práxis. Esse modelo autoritário de aplicação dedutivista já não pode mais ser sustentado sob as condições de fragilização interna e externa das ciências. A aplicação é cada vez mais repartida em processos externos de produção de conhecimento, isto é, na triagem e seleção, no questionamento e reorganização de ofertas interpretativas e em seu deliberado enriquecimento com o "conhecimento dos práticos" (oportunidades de realização, relações informais de poder e contatos etc.). Raia assim no horizonte o *fim do poder, exercido através da ciência e da racionalidade funcional, de dispor sobre a práxis*. Sob os termos da dependência da ciência, ciência e práxis dissociam-se novamente. A ala dos usuários começa a tornar-se, *com* a ciência, cada vez mais independente *da* ciência. De uma certa forma, é possível dizer que presenciamos neste momento a *derrocada* do desnível hierárquico de racionalidade:[7]

A *nova autonomia* dos destinatários não se apoia na ignorância, mas sim no conhecimento, não no subdesenvolvimento, mas sim na diferenciação interna e na ultracomplexidade da oferta interpretativa da ciência. Ela é — de forma apenas aparentemente paradoxal — *produzida cientificamente*. O *êxito* das ciências torna a demanda mais independente da oferta. Um indicador importante dessa tendência à autonomização reside primeiramente na *pluralização* específica *da oferta de conhecimento* e na *reflexão crítico-metodológica* sobre ela. Com sua diferenciação interna (e não necessariamente com sua degradação ou leviandade moral), as ciências transformam-se — também as ciências naturais — em *lojas de autoatendimento* para clientes endinheirados e carentes de argumentos. Com a transbordante complexidade de cada descoberta científica, oferecem-se simultaneamente aos compradores distintas oportunidades de escolha dentro de *e entre* grupos de especialistas. Não raro já se decide de antemão sobre programas políticos através da escolha do porta-voz especializado que será incorporado no círculo de assessores. Leigos e políticos podem, no entanto, escolher não somente entre grupos de especialistas, eles podem também *lançá-los uns contra os outros* dentro de cada área e entre as áreas, ampliando assim a autonomia ao lidar com os resultados. Isto acontecerá, justamente no curso do aprendizado no contato com as ciências, de forma cada vez menos laica. Com os especialistas e suas controvérsias de base, internamente debatidas (ou não debatidas), pode-se aprender sobretudo como resultados indesejados podem ser bloqueados *profissionalmente* (por exemplo, através da crítica metodológica). Consi-

[7] Recorro, no que se segue, a argumentos que desenvolvi em conjunto com Wolfgang Bonß em 1984, no quadro do núcleo "Contextos de aplicação de resultados das ciências sociais" da DFG (Deutsche Forschungsgemeinschaft — Comunidade Alemã de Investigação); ver também W. Bonß e H. Hartmann (1985).

derando que, no curso da autofragilização das ciências, os pontos de referências para isso só aumentam, ampliam-se as oportunidades de distanciamento que se abrem com as cientificizações reflexivas da ala da práxis.

Com isso, as ciências estão cada vez menos em posição de satisfazer a demanda *por segurança* dos compradores que se encontram sob pressão para tomar decisões. Com a generalização do falibilismo, a ala da ciência empurra suas dúvidas para a ala dos usuários, obrigando-os assim a ainda contracenar na *atuação necessária para a redução da insegurança*. Isto tudo — enfatizo uma vez mais — não como expressão da incapacidade ou do subdesenvolvimento das ciências, mas, justamente ao contrário, como produto de sua bastante adiantada diferenciação interna, ultracomplexidade, autocrítica e reflexividade.

Da fabricação das constrições objetivas

Aquele que se aferra a essa argumentação encobre as *porções atuantes* da ciência, de sua estrutura de divisão do trabalho e de sua programática teórico-científica com a imprevisibilidade de seus efeitos práticos. Ele assume particularmente que o caminho das ciências rumo à *generalização da insegurança é irreversível*. Ao mesmo tempo, a ciência é assumida como *constante* em suas premissas e formas históricas. Entretanto, a ciência transformou o mundo como nenhuma outra força. Por que a transformação do mundo não obrigaria a ciência a uma autotransformação? Se tudo é alterável, a ciência que trouxe a alterabilidade ao mundo não pode mais se esconder atrás da inalterabilidade de seus fundamentos e formas de trabalho. As oportunidades para a autotransformação ampliam-se com a autonomia do setor dos usuários. A dissociação exige e permite um novo sentido e uma nova definição de conhecimento científico no cânone das demandas de interpretação e aplicação da esfera pública, da política e da economia. As questões são as seguintes: onde estão os pontos de referência *dentro* da própria práxis científica para que se possa, em meio à continuidade e à diferenciação interna do processo cognitivo, reduzir a insegurança autoproduzida? Pode-se desse modo refundar ao mesmo tempo a soberania teórica e prática da ciência? Como podem ser harmonizadas novamente a generalização da dúvida e a redução da insegurança tanto interna quanto externamente? Nesse sentido, algumas considerações serão apresentadas como exemplo e como ilustração da ideia geral.

A autoimagem predominante da teoria da ciência indica: as ciências não podem pronunciar qualquer enunciado axiológico com a autoridade de sua racionalidade. Elas oferecem cifras, informações, explicações por assim dizer "neutras", que devem servir aos mais diversos interesses como base "suprapartidária" para a tomada de decisões. Porém: *quais* cifras elas selecionam, *a quem* ou *ao que* elas atribuem as causas, *como* elas interpretam os problemas da sociedade e *que tipo* de solução elas trazem à tona — são tudo menos decisões neutras. Em outras palavras: as ciências desenvolveram suas capacidades de controle prático *independente* e *para além* de enunciados axiológicos explícitos. Suas possibilidades práticas de exercer influência residem no *como* da construção científica de resultados. Assim, a interpretação — "puramente objetiva" — de "carência" e "risco" nos distintos campos de ação oferece um manto por baixo do qual é negociado o direcionamento de futuros avanços. O que vale como "carência" ou "risco" é uma questão decisiva na escolha entre usinas nucleares, energia termoelétrica, medidas de racionamento energético ou fontes alternativas de energia, assim como em questões de aposentadoria e seguridade social, na definição de níveis de pobreza etc. Com tudo o que cada uma contém em si de decisões implícitas sobre *séries* de consequências a elas associadas, que em última instância desembocam numa outra forma de convivência. Definições e operacionalizações concentuais, suposições hipotéticas etc. são portanto — imunidade axiológica para lá, imunidade axiológica para cá — alavancas com as quais são erigidas as decisões fundamentais sobre o futuro da sociedade.

Isso quer dizer: decisivo para saber se as ciências contribuem para o autocontrole e a domesticação de seus riscos práticos não é perguntar se elas ultrapassam os limites de seu próprio campo de influência e buscam linguagens ou efeitos (políticos) compartilhados na transferência de seus resultados. Muito mais importante é saber: *qual tipo de ciência já vem sendo praticada, no que diz respeito à previsibilidade de seus pretensamente imprevisíveis efeitos colaterais*. Isto não significa que a ciência passe de um extremo a outro e venha a assumir, com ilimitada arrogância, toda a responsabilidade pelo que surge socialmente a partir de seus resultados. Mas implica que ela aceite reações sobre ameaças e riscos como desafios empíricos à sua autoimagem e aceite também a reorganização de seu trabalho. Nesse sentido, para uma redução da insegurança externa que seja imanente à ciência é fundamental saber: (a) em que medida o tratamento dos *sintomas* pode ser substituído por uma supressão das *causas*; (b) se a *capacidade prática de aprendizado* será mantida ou bem reconquistada ou se, em vista dos efeitos práticos, são produzidas *irreversibilidades* que se sustentam na suposição de infalibilidade e de saída impedem o aprendizado a partir de erros práticos; (c) se terá continuidade a abordagem *isolada* ou se a força da *especialização contextualizada* será redescoberta e desenvolvida.

Supressão das causas ou tratamento dos sintomas

No curso da cientificização secundária, as construções objetivamente constritivas, por meio das quais as condições e produtos da cientificização simples foram retirados da margem de ação, escorrem para dentro das possibilidades de transformação. Quanto mais constrições objetivas forem produzidas, tanto mais difícil será manter o caráter objetivamente constritivo, e por todos os cantos cintila sua produção. O "determinismo tecnológico ou econômico", concebido e elaborado sob o ponto de vista da disponibilidade tecnológica, já não consegue sustentar sua força determinante e tampouco se manter imune diante de demandas legitimatórias e de possibilidades alternativas de organização. Ele próprio passa a ser — ao menos em princípio — reorganizável. Mesmo as constrições objetivas autoproduzidas convertem-se assim, nos termos da incidência secundária das ciências nas *construções* objetivamente constritivas, em constrições objetivas *fabricadas*, de acordo com o mesmo princípio segundo o qual, por exemplo, as causas conhecidas de um resfriado podem ser utilizadas para curá-lo ou evitá-lo. Teores tóxicos e emissões de poluentes, inicialmente tomados como efeitos colaterais "latentes" e subsequentemente "inevitáveis", passam a ser paulatinamente, sob os olhos das ciências, associados à dimensão decisória neles embutida e às condições de sua controlabilidade.

Assim, na cientificização reflexiva, levanta-se sistematicamente, por meio da pesquisa, o véu da "constrição objetiva", que foi estendido na fase da cientificização primária sobre todas as condições e atores da modernização e da industrialização. Todas as condições tornam-se desse modo — em princípio, sobretudo *moldáveis*, e em seguida *dependentes de legitimação*. Direta ou indiretamente, o "poderia-ser-diferente" domina todos os campos de ação com suas exigências argumentativas, cada vez mais como uma ameaçadora possibilidade subliminar. E isto acontece — ao menos implicitamente — mesmo quando as ciências procuram, com todo o poder definidor de suas teorias e métodos, construir novas barragens de inalterabilidade dos riscos produzidos. Torna-se assim decisiva não apenas a questão sobre *o que* é pesquisado, mas também *como* isto é pesquisado, isto é, com que incidência, alcance cognitivo, pontos de partida etc., em relação à potenciação ou prevenção de riscos da industrialização.

No trato com riscos civilizatórios, opõem-se fundamentalmente *duas opções*: a supressão das causas na industrialização primária ou a mercantilmente expansiva industrialização secundária de efeitos e sintomas. Até hoje, quase em toda a parte, o *segundo* caminho foi sempre o escolhido. É custoso, deixa que as causas continuem obscurecidas e permite que erros e problemas sejam convertidos em oportunidades mercantis. O processo de aprendizado é sistematicamente abreviado, bloqueado: a autoprodução dos riscos da modernização vai a pique na observação pontual e no tratamento de sintomas. No exemplo do tratamento de enfermidades civilizacionais, como por exemplo diabetes, câncer, doenças coronárias, isto se deixa ver melhor. Essas doenças somente podem ser combatidas em sua fonte: nas sobrecargas de trabalho, na poluição do meio ambiente ou então por meio de um estilo de vida saudável e de uma alimentação integral. Ou então os sintomas podem ser aliviados através de preparados quimícos. Essas direções opostas do combate à doença evidentemente não se excluem mutuamente. Mas não se pode falar propriamente de cura no caso do último método. Ainda assim, até hoje temos escolhido em grande medida a "solução" químico-medicinal.

Em cada vez mais setores, a industrialização passa por alto a consideração de sua própria autoria para lucrar com seus efeitos colaterais. Isto representa, por outro lado, alternativas decisórias para a ciência e a pesquisa: *ou* ela oferece as definições de risco e interpretações causais correspondentes em sua especialização a cada caso, *ou* ela rompe com essa custosa luta contra os sintomas e desenvolve contraperspectivas independentes e teoricamente sustentáveis que destaquem e iluminem as fontes de problemas e sua supressão em meio ao próprio desenvolvimento industrial. De um lado, a ciência acabaria por se tornar cúmplice e instância legitimatória de séries de constrições objetivas que continuariam a produzir efeitos, enquanto por outro lado, ela indicaria pontos de partida e caminhos para romper com essas constrições e arrancar um pedaço de soberania *da* modernização *na* modernização.

A sociedade de risco também é, nesse sentido, dada a possibilidade, uma sociedade *auto*crítica. Nela, são sempre coproduzidos pontos de referência e premissas da crítica sob a forma de riscos e ameaças. A crítica do risco não é uma crítica normativa de valores. Os riscos surgem justamente quando tradições e, consequentemente, valores *são decompostos*. A base da crítica encontra-se menos nas tradições do passado e mais nas ameaças do futuro. Para reconhecer a existência de toxinas no ar, na água e nos alimentos, é preciso menos valores estabelecidos e instrumentos de medição e conhecimentos metódicos e teóricos mais caros. Constatações de risco atravessam, portanto, de forma peculiar, a diferença entre as dimensões objetiva e axiológica. Elas não validam abertamente escalas morais, a não ser sob a forma de uma *quantitativo-teórico-causal "moral implícita"*. Como consequência, na investigação de riscos é praticado, com uma concepção no mais das vezes convencional da ciência, um tipo de "moral causal reificada". Asserções de risco são asserções morais da sociedade cientificizada. Tudo: referenciais e objeto da crítica, as possibilidades de descoberta e alicerçamento são coproduzidos no atacado e no varejo no próprio processo de modernização. Nesse sentido, dada a possibilidade, surge portanto com a sociedade de risco uma sociedade simultaneamente destradicionalizada *e auto*crítica. O conceito de risco assemelha-se a uma sonda que permite examinar, sempre em busca de potenciais de autoameaça, tanto a planta completa como também as sobras de cimento do edifício civilizacional.

Impecabilidade ou capacidade de aprendizado

Se os efeitos colaterais não devem mais ser tolerados, o avanço científico-tecnológico, em seu ritmo e em suas formas de desenvolvimento, tem de assegurar em cada etapa a *capacidade de aprendizado*. Isto pressupõe que os avanços que geram *irreversibilidades* sejam evitados. Diante disto, é preciso desvelar e elaborar variantes tais do avanço científico-tecnológico que deem margem a equívocos e correções. A pesquisa e a política tecnológicas precisam partir da mais bem-comprovada e simpática "teoria" que se conhece até o momento: *o acometimento da ação e do pensamento humanos por erros e equívocos*. Quando avanços tecnológicos entram em contradição com essa — talvez mesmo a última essencialmente tranquilizadora — certeza, a humanidade impõe-se o insustentável jugo da *infalibilidade* prática. Com a potenciação do risco, aumenta a pressão para se *supor* infalível e, assim, privar-se da capacidade de aprendizado. O mais evidente, a aceitação do fracasso humano, acabaria coincidindo com o desencadeamento de *catástrofes* e precisa ser, portanto, evitado com todas as forças. Desse modo, agregam-se potenciações de risco e suposição de infalibilidade e acionam-se demandas de menosprezo que se correlacionam diretamente à dimensão das ameaças. Tudo isto precisa ser então ofuscado a todo custo com a "objetividade" da própria ação.

Precisamos, portanto, investigar se os avanços práticos compreendem um "gigantismo do risco" que priva o homem de sua humanidade, *condenando-o*, daqui em diante e por toda a eternidade, *à infalibilidade*. O avanço científico-tecnológico começa a entrar cada vez mais numa flagrante e nova *contradição*: enquanto seus fundamentos cognitivos são examinados no autoquestionamento das ciências, o avanço tecnológico foi imunizado contra a dúvida. Justamente com a ampliação dos riscos e das pressões por ação, acabam sendo renovadas pretensões absolutistas de conhecimento, de infalibilidade e de segurança que há muito já se revelaram intoleráveis. Sob a demanda de ação das ciências tecnológicas, florece o dogma. Em meio ao avanço tecnológico, a dúvida, liberada e fomentada, confronta-se com a *contramodernidade* dos tabus científicos da infalibilidade. Estes consolidam-se com a ampliação dos riscos. O mais "inquestionado" é, no fim das contas, o imprevisível: bombas atômicas e energia nuclear, com todas as situações de ameaça que criam, ultrapassando todos os conceitos e toda imaginação. Trata-se, portanto, de libertar o falibilismo de sua *redução* teórico-empírica, de reavaliar o potencial da tecnologia e de perscrutar a "humanidade", isto é, a infalibilidade das possíveis variantes de desenvolvimento tecnológico.

A energia nuclear é, nesse sentido, um jogo altamente perigoso com a presumida "infalibilidade" do avanço tecnológico. Ela liberta constrições objetivas de constrições objetivas, tornando-as irrefutáveis e limitando a capacidade de aprendizado. Ela compromete as pessoas (como no caso da eliminação ou armazenamento do lixo nuclear) por gerações a fio, isto é, por um período ao longo do qual sequer é certo que as palavras-chave preservarão a mesma significância. Também sobre áreas inteiramente distintas, ela lança a sombra de efeitos imprevisíveis. Isto vale para os controles sociais que ela exige e que encontraram sua expressão na fórmula do "estado nuclear autoritário". Mas também vale para os efeitos biogenéticos de longo prazo, que atualmente sequer podem ser previstos. Por outro lado, são possíveis formas descentralizadas de produção de energia, que não impliquem essa "dinâmica própria das constrições objetivas". Variantes de desenvolvimento podem assim engessar o futuro *ou* deixá-lo em aberto. Conforme o caso, toma-se uma *decisão* em favor de ou contra uma viagem à incógnita terra de ninguém dos imprevistos, ainda que previsíveis, "efeitos colaterais". Quando o trem já partiu, é difícil tornar a pará-lo. Precisamos então escolher variantes de desenvolvimento que não engessem o futuro e que transformem o próprio processo de modernização num *processo de aprendizado*, com o qual siga sempre sendo possível, por meio da revogabilidade das decisões, reverter efeitos colaterais percebidos ulteriormente.

Especialização contextual

Uma outra condição central para a produção de efeitos colaterais latentes reside na *especialização* da práxis cognitiva. Mais precisamente: quanto *mais alto* o grau de especialização, tanto *maior* o alcance, o número e a incalculabilidade dos efeitos colaterais da ação científico-tecnológica. Com a especialização, *emerge* não apenas o "imprevisto" e o "caráter colateral" dos "efeitos colaterais imprevistos". Com ela, aumenta também a probabilidade de que sejam elaboradas e aplicadas soluções pontuais cujos pretendidos efeitos principais acabem sendo soterrados a longo prazo pelos efeitos colaterais inadvertidos. A práxis científica superespecializada transforma-se assim num "pátio de manobras" para problemas e para o custoso tratamento dos sintomas correspondentes. A indústria química produz resíduos tóxicos. O que fazer com eles? "Soluções": aterros. Com a consequência: o problema do lixo vira um problema de mananciais. A partir dele, a indústria química e outras indústrias lucram através de "aditivos purificadores" para a água potável. Quando a água potável começar a prejudicar a saúde das pessoas por conta desses aditivos, haverá medicamentos à disposição, cujos "efeitos colaterais latentes" poderão ser ao mesmo tempo contidos *e* prorrogados por um elaborado sistema de assistência médica. Surgem dessa forma — de acordo com o padrão e o grau de superespecialização — *séries de solução-geração de problemas*, que invariavelmente "confirmam" a "fábula" dos efeitos colaterais imprevistos.

A estrutura genética a partir da qual "constrições objetivas" e "dinâmicas próprias" emergem é, portanto, em essência, o modelo da práxis cognitiva superespecializada, com seu paroquialismo, sua ideia de métodos e teorias, seu escalonamento de carreiras etc. A divisão de trabalho praticada no topo produz tudo: os efeitos colaterais, sua imprevisibilidade e a realidade que faz esse "destino" parecer inafastável. A superespecialização é um modelo de atividade da práxis social que condensa o fatalismo dos efeitos num tipo de círculo autoafirmativo.

Uma ciência que queira romper com esse "fato consumado" terá de *(aprender a) se especializar no contexto* sob novas formas. A perspectiva isolada, analítica, não perde com isto sua titulação, mas acabará por se revelar *falsa* e geradora de riscos na prática, quando quer que se converta em regra de conduta para medidas paliativas e em "arremedo" com aparente fundamentação científica. No centro de uma tal pesquisa especializada de contextos poderiam estar, por exemplo, "*pátios de manobra*" de problemas (como é tipicamente o caso no trato de riscos e problemas ambientais, mas também em muitas áreas nas quais parecem se impor, como a política social e a prestação de serviços médico-sociais), assim como a detecção de alternativas decisivas de desenvolvimento e as *indicações* nelas contidas *do caminho a seguir* para evitar ou potencializar a insegurança. Desse modo, estão escondidas, por exemplo, na relação entre abastecimento de alimentos, agricultura, indústria e ciência, variantes de modelos de divisão do trabalho que, a partir de si mesmos, geram ou reduzem séries de problemas encadeados. Uma bifurcação crucial é marcada pela questão sobre se, na agricultura, o caminho *quí-*

mico do tratamento do solo e da produção continuará a ser seguido ou se haverá nesse caso um retorno a formas de manejo da natureza que *aprendam com a própria natureza*, como por exemplo combatendo a proliferação de ervas daninhas e melhorando a integridade e a produtividade do solo por meio de uma adequada rotação de culturas. Caso seja mantido o curso químico, a ênfase da pesquisa residirá na produção de pesticidas sempre mais eficazes e, em decorrência, no estabelecimento de limites que por sua vez exigem a investigação de danos à saúde (câncer etc.) e, nessa medida: experimentos com animais, com os correspondentes maus-tratos, protestos públicos, medidas policiais e judiciais etc. Caso seja escolhido o caminho da agricultura *biologicamente consciente*, também haverá a demanda nesse caso de suporte através da pesquisa, mas de um outro tipo de pesquisa. Esta teria de aperfeiçoar conhecimentos sobre a sucessão de culturas e sobre as possibilidades de uso do solo sem o esgotar. Ao mesmo tempo, porém, são rompidos desse modo encadeamentos de efeitos e constrições objetivas, invariavelmente em expansão. Na relação entre agricultura e alimentação encontram-se assim *indicações do caminho a seguir na direção de distintos futuros sociais*, que, por um lado, vinculam os âmbitos da indústria, da pesquisa, da política e do direito uns aos outros por meio de "constrições objetivas" geradoras de riscos com efeitos de longo prazo, enquanto por outro lado é justamente isto que não ocorre.

Em defesa de uma pedagogia da racionalidade científica

Racionalidade e irracionalidade da ciência jamais serão uma mera questão de presente e futuro, envolvendo também uma questão de *futuros possíveis*. Podemos aprender com nossas falhas — isto também quer dizer: uma *outra* ciência é sempre possível. Não apenas uma outra teoria, e sim uma outra *teoria do conhecimento*, uma outra relação entre teoria *e* práxis e uma outra *práxis* dessa relação. Se for correto que o presente nada mais é que uma hipótese que ainda não pudemos superar, então chegou o momento da contra-hipótese. Os "penhascos experimentais" à beira dos quais tais empreendimentos têm de se colocar são de uma obviedade gritante: o projeto da modernidade precisa de primeiros socorros. Ele corre o risco de se afogar em suas próprias anomalias. Sob a sua forma presente, a ciência é uma delas.

Precisamos de uma teoria das constrições objetivas da ação científico-tecnológica que coloque a *produção* de constrições objetivas e de "efeitos colaterais imprevisíveis" no centro da discussão sobre a ação científico-tecnológica. A alavanca da prevenção e suspensão do fatalismo dos efeitos precisa ser descoberta também no raio de ação, no autoentendimento das próprias ciências. Não *em decorrência* da práxis científica, e sim *nela* — naquilo que ela considera relevante ou não, no modo como se coloca questões que rejeitam as "malhas" de suas hipóteses causais, no modo como se decide sobre a validade de suas suposições e o que fica de fora ou encoberto no processo —, é preciso que referenciais correspondentes sejam desvelados com respeito a como a imprevisibilidade dos efeitos pode ser produzida *e* evitada. É preciso, por assim dizer, através de alterações em sua autoimagem e em sua configuração política, introduzir *freios e contrapesos* no "desgoverno" do avanço científico-tecnológico, atualmente em desabalada e explosiva carreira. Que isto é possível, as considerações anteriores deveriam antes ilustrar que comprovar. Ao menos as exigências dirigidas a essa concepção foram esboçadas: a ciência precisa ser pensada como (co)autora das constrições objetivas a partir das quais surge a insegurança generalizada. A ciência precisa impugnar essa insegurança através de uma transformação praticamente efetiva da sua autoimagem. Resta a esperança: a razão, que foi silenciada na ciência, pode ser reativada e mobilizada contra ela. *A ciência pode transformar-se a si mesma* e, numa crítica de seu autoentendimento histórico, ser teórica e praticamente revivida.

Para a satisfação dessa demanda, um significado crucial reveste a questão sobre se e como é possível *corrigir o caminho seguido pela ciência rumo à convencionalização* — seja na produção de dados, seja na "virada teórica em torno de ramos semânticos" (R. Mayntz) — e, num sentido ainda a ser elaborado, reatar à *realidade* o trabalho científico no atual estágio de sua reflexão metodológica e autocrítica. Contra o pano de fundo dos argumentos apresentados, isto certamente quer dizer que a indicação de contextos teóricos é fundamental para o potencial criticamente independente e prático das ciências. Mas também quer dizer que, justamente a partir de um entendimento teórico e histórico, o conceito de empiria tem de ser repensado e redefinido. No atual estágio da insegurança cientificamente produzida, não podemos mais pressupor o que "é" a empiria; precisamos, ao contrário, defini-la teoricamente. A suposição é a seguinte: apenas numa *teoria da empiria* pode-se restabelecer a relação da força especulativa do pensamento com a "realidade" e, ao mesmo tempo, retraçar e redefinir os papéis complementares de teoria e empiria em seu contraste e interação.

Também as ciências sociais podem contribuir nesse sentido. Caberia a elas fomentar a libertação das ciências do destino autoimposto de sua imaturidade e cegueira com relação aos riscos. Para tanto, não há em qualquer parte uma receita comprovada, sequer uma dica. No caso das ciências sociais, a pergunta capaz ao menos de indicar o caminho seria: como podem teoria social e experiência social serem referidas de tal modo uma à outra que o espectro dos efeitos colaterais imprevistos seja reduzido e a sociologia — apesar de toda a sua pulverização em campos específicos de trabalho — seja colocada em posição de oferecer uma contribuição para a *especialização contextual* (ou seja, no fundo, sua meta original)?

A busca é por uma "*pedagogia*" da racionalidade científica, que a conceba como algo transformável no confronto com as ameaças autoproduzidas. Diferente do caso da teoria analítica da ciência, que pressupõe e tenta reconstruir a racionalidade da ciência a partir do seu estágio histórico, trata-se nesse caso de converter a pretensão cognitiva da ciência num *projeto futuro*, que não possa ser refutado ou obtido a partir das formas do presente. Da mesma forma como a refutação da mecânica newtoniana não significa o fim da física, a comprovação da irracionalidade da práxis científica corrente tampouco representa o fim da ciência. Condição prévia para tanto é que a capacidade de crítica e aprendizado que é transmitida na práxis de pesquisa seja estendida aos fundamentos do conhecimento e do emprego de conhecimentos. Desse modo, ao mesmo tempo, a reflexividade *faticamente latente* do processo de modernização seria alçada à consciência científica. Mas quando modernização encontra modernização, essa palavra também muda de sentido. Na autoaplicação social e política da modernização, o tão difundido interesse pela disponibilidade perde seu apelo tecnológico e assume a forma do "autocontrole". Em meio ao tumulto de contradições e novas querelas da fé, talvez surja também a *oportunidade* da autodomesticação e autotransformação da "segunda natureza" científico-tecnológica, de suas formas de pensamento e de trabalho.

CAPÍTULO 8

Dissolução das fronteiras da política: sobre a relação entre controle político e transformação técnico-econômica na sociedade de risco

A sociedade de risco é, em contraste com todas as épocas anteriores (incluindo a sociedade industrial), marcada fundamentalmente por uma *carência*: pela impossibilidade de *imputar externamente* as situações de perigo. À diferença de todas as culturas e fases de desenvolvimento social anteriores, que se viam confrontadas a ameaças das mais variadas formas, atualmente a sociedade se vê, ao lidar com riscos, *confrontada consigo mesma.* Riscos são um produto histórico, a imagem especular de ações e omissões humanas, expressão de forças produtivas altamente desenvolvidas. Nessa medida, com a sociedade de risco, a *autogeração* das condições sociais de vida torna-se problema e tema (de início, negativamente, na demanda pelo afastamento dos perigos). Se os riscos chegam a inquietar as pessoas, a origem dos perigos já não se encontrará mais no exterior, no exótico, no inumano, e sim na historicamente adquirida capacidade das pessoas para a autotransformação, para a autoconfiguração e para a autodestruição das condições de reprodução de toda a vida neste planeta. Isto significa, contudo: as fontes de perigos já não são mais o desconhecimento, e sim o *conhecimento*, não mais uma dominação deficiente, e sim uma dominação *aperfeiçoada* da natureza, não mais o que escapa ao controle humano, e sim justamente o *sistema de decisões* e coerções objetivas estabelecido com a era industrial. A modernidade acabou assumindo também o papel de sua antagonista — da tradição a ser superada, da força da natureza a ser controlada. Ela é ameaça *e* promessa de isenção da ameaça que ela mesma gera. Ligada a isto está uma consequência fundamental, que representa o ponto central deste capítulo: os riscos convertem-se no motor da *autopolitização* da modernidade na sociedade industrial — e mais: com eles, alteram-se *conceito, lugar e meios da "política"*.

1. Política e subpolítica no sistema da modernização

Essa avaliação de uma mudança sistêmica da política, nos termos de situações de risco que se agravam, será esboçada a seguir em *quatro teses*:

Primeira: a relação entre mudança social e controle político foi originalmente pensada no projeto da sociedade industrial de acordo com o modelo do "cidadão dividido". Por um lado, ele usufrui como *citoyen* de seus direitos democráticos em todas as arenas da formação da vontade política e, por outro lado, defende como *bourgeois* seus interesses privados nos campos do trabalho e da economia. Acontece, em decorrência, a diferenciação entre um sistema político-administrativo e um técnico-econômico. O princípio axial da esfera política é a participação dos cidadãos nas instituições da democracia representativa (partidos, parlamentos etc.). A tomada de decisões e, com ela, o exercício do poder seguem as máximas da legalidade e o seguinte princípio: poder e dominação podem ser exercidos somente com o consentimento dos governados.

A ação do *bourgeois*, na esfera da busca de interesses técnico-econômicos, vale, em contraste, como a *não* política. Essa construção apoia-se, por um lado, na equiparação entre progresso técnico e *social* e, por outro lado, no fato de que a direção do desenvolvimento e o resultado da mudança técnica são tomados como expressão de inafastáveis *constrições objetivas* de caráter técnico-econômico. Inovações tecnológicas aumentam o bem-estar coletivo e individual. Nessas elevações do padrão de vida, também os efeitos negativos (obsolescência, riscos de redundância da força de trabalho, riscos de aplicação, riscos de utilização, ameaças à saúde, destruição da natureza) encontram invariavelmente sua justificativa. Mesmo um dissenso sobre "efeitos sociais" não impede a execução de renovações técnico-econômicas. Este fatalmente escapa à legitimação política, chegando mesmo a possuir — ainda mais em comparação com procedimentos democrático-administrativos e percursos de implementação — um poder de realização pura e simplesmente imune à crítica. *O progresso substitui o escrutínio*. E mais: o progresso é um substituto para questionamentos, uma espécie de consentimento prévio em relação a metas e resultados que continuam sendo desconhecidos e inominados.

Nesse sentido, o processo de renovação, imposto juntamente com a modernidade em oposição ao predomínio da tradição, é *democraticamente cindido* no projeto da sociedade industrial. Apenas uma parte das competências decisórias socialmente definidoras é inserida no sistema político e submetida aos princípios da democracia parlamentar. Uma outra parte escapa às regras de controle público e justificação e é delegada à liberdade de investimento das empresas e à liberdade de pesquisa. Nesses contextos, segundo o arranjo institucional, a transformação social é *comutada* e conduzida como efeito colateral latente de decisões, constrições e cálculos econômicos e econômico-técnicos. O que se faz é inteiramente distinto: afirma-se a posição no mercado, utilizam-se as regras da obtenção do lucro econômico, promovem-se questionamentos econômicos e técnicos e socavam-se assim, sempre mais fundo, as circunstâncias da convivência social. Com o estabelecimento da sociedade industrial, dois processos opostos de organização da transformação social interpenetram-se — a produção da democracia político-parlamentar e a produção de uma transformação social apolítica e não democrática, sob as regras de legitimação do "progresso" e da "racionalização". Ambos se relacionam mutuamente como modernidade e *anti*modernidade: por um lado, as instituições do sistema político — parlamento, governo, partidos políticos — promovem, condicionados funcional e sistemicamente, o ciclo de produção composto por indústria, economia, tecnologia e ciência. Por outro lado, a alteração contínua de todos os âmbitos da vida é pré-programada desse modo como um manto justificatório do progresso técnico-econômico, *em contradição* com as regras mais simples da democracia — informação sobre as metas da transformação social, discussão, escrutínio, consentimento.

Segunda: essa definição de fronteiras entre política e não política em meio ao permanente processo de inovação da modernidade sustentava-se — como é possível dizer hoje em retrospecto — no século XIX e na primeira metade do século XX em pelo menos duas premissas históricas fundamentais, que se tornaram a partir dos anos setenta questionáveis em todos os países industriais ocidentais (especialmente na República Federal Alemã): (a) na *naturalidade com que se viam socialmente as desigualdades de classe social*, o que deu sentido e impulso políticos à *construção do Estado Social*; (b) no *estágio do desenvolvimento das forças produtivas e da cientificização*, cujos potenciais de transformação nem ultrapassam o espectro das possibilidades de ação política e nem tampouco cancelam os fundamentos legitimatórios do modelo de progresso da transformação social. Ambas as premissas fragilizaram-se nas últimas duas décadas, sob o impulso da modernização reflexiva. Com seu estabelecimento, o projeto do Estado Social perdeu suas energias utópicas. Ao mesmo tempo, perceberam-se seus limites e suas facetas obscuras. Quem quer que, entretanto, lamente e critique unicamente a *mutilação* do político que é imposta dessa maneira, acaba por desconsiderar que também o *oposto é verdadeiro*:

Ondas de transformações já em curso, previstas ou que se anunciam, perpassam e sacodem a sociedade. Elas provavelmente ofuscam todas as tentativas de reforma das últimas décadas em termos de profundidade e alcance. Portanto, a estagnação política fica comprometida por conta de uma *febre de transformação* no sistema técnico-econômico, que impõe à fantasia humana provas de coragem. A ficção científica torna-se cada vez mais uma lembrança de tempos passados. As palavras-chave são conhecidas e foram suficientemente expostas neste livro: destruição contínua da natureza externa e interna, mudança sistêmica do trabalho, fragilização da ordem estamental de gênero, destradicionalização das classes e intensificação das desigualdades sociais, novas tecnologias que oscilam à beira da catástrofe. A impressão de estagnação "política" engana. Ela só tem lugar por conta do fato de que o político se limita ao que é politicamente *rotulado*, a atividades do *sistema político*. Caso a análise seja levada mais adiante, será possível ver que a sociedade se encontra num redemoinho de transformações, que bem merece — independente de como seja avaliado — o predicado de "revolucionário". Essa mudança social consuma-se entrementes sob a forma do *não* político. O desconforto na política é, nesse sentido, não apenas um desconforto da própria política, senão resulta sobretudo do *desajuste* entre, de um lado, a procuração de plenos poderes oficiais que se concede politicamente e que se revela inepta e, de outro, uma mudança transversal da sociedade, que deriva sem margem de escolha das silenciosas porém incontenίveis profundezas do apolítico. Coerentemente, os conceitos do político e do não político tornam-se nebulosos e exigem uma revisão sistemática.

Terceira: ambos os processos — o empalidecimento do intervencionismo do Estado Social na esteira de seu sucesso e as ondas de grandes inovações tecnológicas com ameaças futuras até o momento desconhecidas — somam-se a uma *dissolução das fronteiras da política* e, na verdade, em duplo sentido: de um lado, direitos estabelecidos e assim percebidos reduzem as margens de manobra *no* sistema político e fazem com que surjam *fora* do sistema político demandas por participação política sob a forma de uma *nova cultura política* (iniciativas da sociedade civil, movimentos sociais). A perda em termos de poder estatal de conformação e realização não é, nesse sentido, expressão de um certo fracasso político, e sim produto da democracia e da política social *realizadas*, em meio às quais os cidadãos sabem dispor de todos os meios de intervenção e controle público e judicial para a defesa de seus interesses e direitos.

De outro lado, o desenvolvimento técnico-econômico perde, em paralelo com o alcance de seus potenciais de mudança e ameaça, o caráter apolítico. Quando os contornos de uma outra sociedade possível já não são esperados a partir dos debates no parlamento ou das decisões do executivo, e sim a partir da aplicação da microeletrônica, da tecnologia de reatores e da genética humana, ruem as construções que até então haviam neutralizado politicamente o processo de modernização. Ao mesmo tempo, a atuação técnico-econômica continua imunizada, no que concerne a sua constituição, contra as exigências de legitimação parlamentar. O desenvolvimento técnico-econômico fica assim entre as categorias de política e não política. Consiste num terceiro polo, adquire o precário status híbrido de uma *subpolítica*, na qual o alcance das mudanças sociais desencadeadas estão relacionadas à sua legitimação de modo inversamente proporcional. Com o aumento dos riscos, os locais, condições e meios de sua geração e interpretação são despidos de suas constrições objetivas técnico-econômicas. As instâncias estatais de controle juridicamente competentes e a esfera pública sensível aos riscos começam a ganhar acesso e controle sobre a "esfera íntima" do gerenciamento empresarial e científico. A direção de desenvolvimento e os resultados da mudança tecnológica passam a ser passíveis de submissão ao discurso e à legitimação. Assim, a atuação empresarial e científico-tecnológica adquire uma *nova dimensão política e moral*, que até então parecia estranha ao âmbito de ação econômico-técnica. Se quiséssemos, poderíamos dizer que o demônio da economia tem de se aspergir com a água benta da moral pública e se coroar com um halo de solicitude para com a natureza e a sociedade.

Quarta: um movimento contrário ao estabelecimento do projeto de Estado Social é assim desencadeado nos dois primeiros terços deste século. Se então a política havia conquistado os potenciais de poder do "Estado interventor", agora o potencial de configuração da sociedade migra do sistema político para o sistema subpolítico da modernização científico-técnico-econômica. Trata-se de uma inversão precária entre política e não política. *O político torna-se apolítico e o apolítico, político*. Essa troca de papéis com a manutenção das fachadas consuma-se paradoxalmente de forma tanto mais clara quanto mais evidente for a fixação em torno da divisão de trabalho entre transformação social política e apolítica. A promoção e a garantia do "crescimento econômico" e da "liberdade da ciência" convertem-se no escorregador pelo qual o primado da configuração política escapa deslizando do sistema político-democrático na direção do contexto sem legitimação democrática da não política econômica e científico-técnica. Trata-se de uma *revolução na malha da normalidade*, que escapa às possibilidades de acesso democrático, mas que precisa ser justificada e realizada por uma esfera pública cada vez mais crítica em relação às instâncias democráticas.

Esse processo é problemático e implica graves consequências: no projeto do Estado Social, a política pôde desenvolver e assegurar, por força da intervenção política no mercado, uma *relativa autonomia* diante do sistema técnico-econômico. Agora, inversamente, o sistema político é ameaçado de ver seu corpo ainda vivo ser *privado* de sua constituição democrática. As instituições políticas convertem-se em gerenciadoras de um processo que elas nem planejaram e nem definiram, mas pelo qual elas têm de responder. Por outro lado, as decisões na economia e na ciência são carregadas com um teor efetivamente político, para o qual seus atores correspondentes não dispõem de qualquer legitimação. As decisões que transformam a sociedade não dispõem de qualquer lugar onde possam emergir, tornando-se mudas e anônimas. Na economia, estão atadas a decisões de investimento que desviam o potencial de transformação social na direção de "efeitos colaterais inesperados". As ciências empírico-analíticas, que concebem previamente as inovações, seguem, em sua autoimagem e em seu envolvimento institucional, isoladas dos efeitos técnicos e dos efeitos dos efeitos que estes têm. A irreconhecibilidade dos efeitos, sua irresponsabilizabilidade é o programa de desenvolvimento da ciência. O potencial configurador da modernidade começa a se esconder nos "efeitos colaterais latentes" que se desdobram por um lado em riscos efetivamente ameaçadores, mas que por outro lado perdem o véu da latência. O que *não* vemos e *não* queremos altera o mundo sempre de forma mais visível e ameaçadora.

O jogo da política e da não política, com papéis trocados mas com as mesmas fachadas, torna-se fantasmagórico. Políticos têm de ser instruídos a respeito de onde leva o caminho, sem planejamento e sem consciência, e justamente por aqueles que tampouco o sabem e cujos interesses se orientam na direção de algo inteiramente distinto e, por isto mesmo, *também* alcançável, e precisam, com os habituais gestos da empalidecida confiança no progresso, fazer com que aos olhos dos eleitores essa viagem para a desconhecida terra dos antípodas resplandeça como uma descoberta sua — e na verdade, visto mais de perto, por uma única razão: porque, de saída, não havia e não há qualquer outra alternativa. A necessidade, a indecidibilidade do "progresso" tecnológico converte-se no gancho que prende sua execução à sua (i)legitimidade democrática. A "ditadura de ninguém" (Hannah Arendt) dos (já não mais) imprevistos efeitos colaterais assume o poder no estágio avançado da democracia ocidental.

2. A perda de função do sistema político: argumentos e desenvolvimentos

O debate científico e público sobre os potenciais de influência da política sobre a transformação técnico-econômica é atravessado por uma ambivalência peculiar. Por um lado, remete de maneiras diversas às *limitadas* capacidades de direcionamento e intervenção do Estado em relação aos atores da modernização na indústria e na pesquisa. Por outro lado, apesar de toda a crítica às limitações da margem de ação política, sejam sistemicamente necessárias ou sejam limitações evitáveis, continua existindo a *fixação sobre o sistema político como centro exclusivo da política*. A discussão política na ciência e na esfera pública ao longo das últimas duas ou três décadas pode ser na verdade representada como uma intensificação dessa oposição. A descoberta de condições restritivas da ação política, que foi empregada precocemente e ganhou novo impulso nos últimos anos com o discurso da "ingovernabilidade" e da "democracia volúvel", jamais é confrontada com a pergunta sobre se a *outra* sociedade surgirá talvez sem planejamento, escrutínio ou consciência das oficinas do avanço técnico-econômico. São sobretudo os lamentos sobre a perda da dimensão política que continuam a remeter à expectativa normativamente válida de que as decisões que alteram a sociedade deveriam mesmo estar, se é que já não estão mais, ligadas às instituições do sistema político.

Assim foi criticada, já bem cedo e a partir de perspectivas bem diferentes, a *perda de importância do parlamento* como centro de formação da vontade racional. Decisões que, de acordo com o texto constitucional, incumbiriam ao parlamento e a cada um dos deputados, assim se diz, passariam a ser tomadas cada vez mais, de um lado, por líderes de bancadas parlamentares e sobretudo no seio dos aparatos partidários, de outro lado, porém, pela burocracia estatal. Essa perda de função do parlamento é ademais frequentemente interpretada como consequência inescapável da complexificação progressiva das relações nas modernas sociedades industriais. Observadores críticos falam, quando muito, de uma autonomização progressiva, decerto já contida no princípio da representação, do aparato de poder estatal em relação à vontade dos cidadãos.

Ademais, contata-se com notável unanimidade que a transferência das competências parlamentares para bancadas e partidos de um lado e para a burocracia estatal de outro é superposta com duas outras tendências de desenvolvimento: com a ampliação *tecnocrática* das margens decisórias no parlamento e no executivo e com a entrada em cena de grupos de influência e de poder *corporativamente* organizados. Com a crescente cientificização das decisões políticas, como se costuma argumentar, instâncias políticas (por exemplo, no âmbito da política ambiental, mas também na seleção de tecnologias de ponta e dos lugares onde estabelecer seus centros) executam apenas o que é recomendado por laudos científicos. Nos últimos anos, repetidas vezes chamou-se a atenção para o fato de que o círculo dos atores políticos que são levados em consideração sob esse aspecto continua demasiado estreito. As *associações* — sindicatos, empresas, todos os interesses organizados que diferenciam internamente a sociedade industrial — teriam ainda seu palpite a dar. A dimensão política terá migrado das arenas oficiais — parlamento, governo, administração política — para a *zona cinzenta do corporativismo*. Nesse caso, com o poder organizado das associações de interesse, terá sido pré-moldado o ferro quente das decisões políticas, que outros terão então de apresentar como algo saído de seu próprio molde. A influência das associações, que por sua vez controlam aparatos funcionais burocraticamente organizados, estende-se — como as pesquisas demonstram — tanto às decisões do executivo estatal como também à formação da vontade dos partidos políticos. Dependendo de onde ocorre, esse processo é, por um lado, lamentado como uma infiltração no Estado por grupos de interesse privados com um caráter semipúblico ou, ao contrário, celebrado como um corretivo da autonomização e cristalização prévias do aparato de dominação estatal.

Na teoria e na crítica marxista do Estado, que sequer conhece um conceito autônomo de político, essa vinculação do poder estatal a interesses parciais é exagerada. Nessa perspectiva, em diversas variantes, o Estado, como "capitalista geral ideal" no sentido da caracterização de Marx, é reduzido em suas margens de ação a um "conselho executivo da classe dominante". O mínimo em termos de autonomia que é concedido ao aparato estatal e a suas instituições democráticas deriva, sob esse ponto de vista, da necessidade sistêmica de congregar e impor, a despeito das resistências nas próprias fileiras, os interesses obtusos, de curto prazo, contraditórios e insuficientemente formulados dos "capitalistas individuais". O sistema político também é visto nesse caso como centro da política, perdendo entretanto qualquer autonomia. Sempre foi levantado contra esse pensamento em categorias simplistas de "infraestrutura" e "superestrutura" que ele desconsidera tanto o grau de autonomização da ação política da democracia parlamentar avançada quanto a experiência da história política moderna, que indicam ambos que a organização produtiva das sociedades capitalistas desenvolvidas é capaz de sustentar perfeitamente formas inteiramente diversas de dominação política (como elas se apresentam, por exemplo, na Suécia, no Chile, na França e na República Federal Alemã).

Nos anos setenta, teve destaque como comprovante histórico da "autonomia relativa" do sistema político-administrativo diante dos princípios e interesses do sistema econômico a construção do Estado de Bem-Estar Social no desenvolvimento pós-guerra da Europa Ocidental. Nas teorias do estado do "capitalismo tardio", por exemplo, esse poder de intervenção do Estado é atribuído ao fato de que se chega, com o avanço do capitalismo industrial, à "*necessária* instrução dos elementos sistêmicos *estranhos* ao sistema" (C. Offe, 1972, p. 38). Sob essa perspectiva, o poder decisório político adquire potenciais de influência não apenas a partir dos efeitos colaterais disfuncionais do mecanismo de mercado, mas também do fato de que o "Estado intervencionista preenche as lacunas funcionais do mercado" (J. Habermas, 1973, p. 51) — talvez para o aperfeiçoamento da infraestrutura material e imaterial, para a ampliação do sistema educacional, para a proteção contra riscos ocupacionais etc.

Nos últimos dez anos, essa discussão passou claramente para o segundo plano. O conceito de crise em sua generalização (crise econômica, legitimatória, motivacional etc.) não apenas perdeu acuidade teórica e política. De diversos lados convergem as constatações de que, com sua implementação, o projeto do Estado Social intervencionista esgotou suas energias utópicas. Em seu interior, o Estado Social, quanto mais bem-sucedido fora, tanto mais claramente esbarra na resistência de investidores privados, que respondem aos crescentes custos diretos e indiretos da mão de obra com uma decrescente disposição para o investimento ou então com racionalizações que dispensam amplamente mão de obra. Ao mesmo tempo, destacam-se cada vez mais claramente os lados sombrios e os efeitos colaterais das conquistas do Estado Social:

> "os recursos jurídico-administrativos da aplicação de programas sociais não representam um meio passivo ou, por assim dizer, genérico. Antes de mais nada, está associada a eles uma práxis de isolamento das questões de fato, de normalização e de vigilância, cuja força reificante e subjetivizante foi observada por Foucault até nas mais delgadas ramificações capilares da comunicação cotidiana [...] Em suma, a contradição entre objetivo e método é inerente ao projeto do Estado Social como tal" (J. Habermas, 1985, pp. 7-8).

Também em seu exterior, o Estado Nacional é sobrecarregado através de processos históricos — interdependência internacional dos mercados e concentração de capital, mas também através do intercâmbio mundial de materiais nocivos e tóxicos e as ameaças à saúde e a destruição da natureza a ele associadas — em sua esfera de competências (ver acima).

As reações mais ou menos perplexas a esses processos concentram-se palpavelmente na fórmula da "*nova intransparência*" (Habermas). Esta soma-se ainda a duas outras circunstâncias: de um lado, o *afrouxamento da estrutura social e do comportamento político dos eleitores*, que se tornou nos últimos dez anos um fator inquietante na política; de outro, a *mobilização dos cidadãos e seus protestos*, assim como *movimentos sociais* cambiantes, que têm uma voz bastante eficaz em todos os assuntos de seu interesse (Brand, Büsser, Rucht, 1983).

Em todas as democracias de massa ocidentais, tenta-se refletir nas sedes dos partidos sobre o *crescente contingente de eleitores cambiantes*, que tornam a atividade política incalculável. Se na Alemanha Ocidental dos anos sessenta, por exemplo, calculava-se que eram ainda cerca de 10% os eleitores cambiantes, hoje estudos diversos estimam seu contingente entre 20% e 40%. Pesquisadores eleitorais e políticos são unânimes no diagnóstico: diante de estreitas maiorias marginais, os eleitores cambiantes serão os que decidirão, com sua "flexibilidade de mercúrio" (Noelle-Neumann), as eleições futuras. E isto implica inversamente:

Os partidos podem contar cada vez menos com seus "eleitorados cativos" e precisam cortejar os cidadãos — e recentemente sobretudo as cidadãs — com todos os meios de que dispõem (com mais abrangência, ver P. Radunski, 1985). Ao mesmo tempo, iniciativas da sociedade civil e novos movimentos sociais ganham, com o abismo que se torna visível entre as demandas da população e sua representação no espectro dos partidos políticos, um inteiramente imprevisto impulso político e amplo apoio.

Apesar de a avaliação de todos esses processos "dissonantes" variar de acordo com a posição política e apesar de se revelarem nesse "desencantamento do Estado" (Willke), elementos diversos de uma "dissolução das fronteiras da política", esses diagnósticos continuam a remeter em última medida, explícita ou implicitamente, fática ou normativamente, à ideia de um *centro político* que teria ou deveria ter seu lugar e seus meios de influência nas instituições democráticas do sistema político-administrativo. Em contraste, será desenvolvida aqui a perspectiva segundo a qual as premissas dessa separação entre política e não política se fragilizaram no curso da modernização reflexiva. Por trás da fórmula da "nova intransparência" se esconde uma profunda *mudança sistêmica do político*, e na verdade de um duplo ponto de vista: de um lado, (a) na perda de poder que o sistema político centralizado experimenta em decorrência do *estabelecimento e do gozo dos direitos civis* sob a forma de uma *nova cultura política*; de outro lado, (b) nas transformações da estrutura social que estão ligadas à transição da não política para a *sub*política: um processo no qual a habitual "fórmula pacífica" — progresso tecnológico igual a progresso social — parece ter perdido suas condições de aplicação. Ambas as perspectivas somam-se à "dissolução das fronteiras da política", cujas consequências possíveis serão apresentadas, à guisa de conclusão, em três cenários.[1]

3. Democratização como desautorização da política

Não o fracasso e sim o *sucesso* da política levou à perda do poder de intervenção estatal e à deslocalização da política. Pode-se mesmo dizer: quanto mais exitosamente direitos políticos foram conquistados, estabelecidos e *avivados* ao longo deste século, tanto mais energicamente foi questionado o primado do sistema político e tanto mais fictícia se tornou ao mesmo tempo a concentração decisória pretendida pela cúpula do sistema político-parlamentar. Nesse sentido, o desenvolvimento político na segunda metade deste século experimenta *uma ruptura em sua continuidade*, e na verdade não apenas em relação às áreas de atuação do desenvolvimento técnico-econômico, mas também em seu âmbito interno: conceito, fundamentos e instrumentos da política (e da não política) tornam-se embaçados, abertos e exigem uma definição historicamente nova.

O centramento das competências decisórias no sistema político, como estava previsto na relação entre *citoyen* e *bourgeois* no projeto da sociedade industrial burguesa, apoia-se na ingenuidade com a qual, por um lado, direitos democráticos dos cidadãos são estipulados, enquanto, por outro lado, relações hierárquicas de autoridade podem ser mantidas na tomada de decisões políticas. Em última medida, é a imagem contraditória de uma *monarquia democrática* que constitui a base da monopolização de direitos decisórios políticos, democraticamente constituídos. As regras da democracia restringem-se à escolha dos representantes políticos e à participação na elaboração de programas políticos. Uma vez assumidos o posto e as honras, o

[1] O fundamento da argumentação neste capítulo consiste num conceito *restrito* de política, para o qual são decisivas *a configuração e a alteração das condições de vida*, enquanto a política, tal como entendida convencionalmente, é vista como a defesa e legitimação da dominação, do poder e de interesses.

"monarca com prazo fixo" não apenas desenvolve qualidades ditatoriais de comando, impondo suas decisões autoritariamente de cima para baixo, como também as instâncias, grupos de interesses e de cidadãos afetados pelas decisões esquecem seus direitos e convertem-se em "súditos democráticos", que aceitam sem questionamento a pretensão de dominação do Estado.

No curso de modernizações reflexivas, essa perspectiva é repetidamente questionada: fica sempre mais claro que a estipulação de "soluções" políticas torna-se *contingente*, justamente por conta do estabelecimento de direitos democráticos. Nos campos da política (e da subpolítica), não há nem uma única e nem a "melhor" solução, mas sempre *várias*. Consequentemente, processos decisórios políticos, independentemente do âmbito em que tenham lugar, já não são mais concebidos como a mera imposição ou aplicação de um modelo previamente fixado por algum governante ou sábio, cuja racionalidade não se poderia colocar em discussão e que poderia ou precisaria ser implementado autoritariamente, também a contrapelo da vontade e das "resistências irracionais" de instâncias, grupos de interesses e de cidadãos subalternos. Tanto a formulação programática e a tomada de decisões como sua implementação precisam então ser entendidas como mais do que de um processo de "*ação coletiva*" (Crozier, Friedberg, 1979), o que também significa no melhor dos casos: aprendizado coletivo e criação coletiva. Através do que, porém, competências decisórias forçosamente oficiais das instituições políticas são *des*concentradas. O sistema político-administrativo já não pode então continuar a ser o lugar único ou central dos acontecimentos políticos. Surgem justamente *com* a democratização, *atravessando* a divisão formal vertical e horizontal de competências, redes de acordo e participação, de negociação, reinterpretação e possível resistência.

A ideia de um centro da política, que foi cultivada no modelo da sociedade industrial, apoia-se portanto numa peculiar *partição da democracia*. De um lado, os campos de atuação da subpolítica continuam sendo poupados da aplicação de regras democráticas (ver acima). De outro lado, em decorrência de pretensões sistematicamente açuladas, também internamente a política revela traços majestáticos. Diante da administração e dos grupos de interesse, a "direção política" tem de desenvolver um braço forte e, em última instância, um poder de implementação ditatorial. Em face dos cidadãos, ela é igual entre iguais, devendo dar ouvido à sua voz e levar em consideração suas preocupações e temores.

O que se reflete aí não é a obrigação comum que qualquer ação tem no sentido de delimitar questionamentos e conter a discussão e a participação. Expressam-se aí também relações imanentes de tensão e contradições na estrutura do sistema político-democrático, possivelmente a relação entre debate parlamentar e esfera pública e um executivo que, por um lado, é responsável perante o parlamento, mas que, por outro lado, tem seu "êxito" medido pelo poder com que seja capaz de implementar decisões. Especialmente o sistema da "corrida eleitoral" *obriga* a um discernimento de competências decisórias — seja na proclamação dos sucessos da política praticada até o momento, seja em sua condenação —, que alimenta e renova repetidamente a *ficção* real de um semidemocrático "ditador com prazo fixo". Nesse caso, é preciso cultivar *sob a égide sistêmica* a insinuação de que o governo alçado ao poder e os partidos que o sustentam seriam responsáveis por tudo o que acontece de bom e mau durante seu mandato, o que naturalmente somente poderia ser o caso se esse governo não fosse precisamente o que é: eleito democraticamente e atuante numa sociedade em que todos os cidadãos e instâncias, justamente com a implementação de direitos e deveres democráticos, dispõem de diversas possibilidades de participação.

Nesse sentido, no modelo da especializabilidade e monopolizabilidade da política no sistema político, como é propagado no projeto da sociedade industrial burguesa, democratização e *des*democratização, modernidade e *contra*modernidade sempre estiveram contraditoriamente fundidas uma na outra. De um lado, o centramento e a especialização do sistema político e de suas instituições (parlamento, executivo, administração etc.) são *funcionalmente necessários*. Somente assim podem ser minimamente organizados os processos de formação da vontade política e de representação de interesses e de grupos de cidadãos. Somente assim também é possível praticar a democracia no sentido de escolha de uma liderança política. Nessa medida, surge sempre de novo das encenações da política a *ficção de um centro de comando da sociedade moderna*, para onde, em última instância, apesar de todas as diferenciações internas e interdependências, convergem os caminhos da intervenção política. De outro lado, essa concepção autoritária de altos escalões políticos e liderança política torna-se sistematicamente *esvaziada* e *irreal* justamente *com* a implementação e o gozo de direitos democráticos. Nesse sentido, democratização implica em última medida um tipo de autodesautorização e de deslocalização da política, em todo caso uma diferenciação interna de intervenções, controles e possibilidades de resistência.

Mesmo que entre nós esse caminho ainda não tenha sido todo trilhado, em termos gerais vale porém o seguinte: sempre que direitos são garantidos, que ônus sociais são redistribuídos, que a participação é viabilizada, que cidadãos se tornam ativos, a política avança um pouco mais na dissolução de suas fronteiras e em sua generalização; paralelamente, a ideia de um centramento do poder decisório hierárquico na cúpula do sistema político converte-se na lembrança de um passado pré-, semi- ou formalmente democrático. Se levarmos em conta o essencial, em democracias juridicamente estabelecidas, sob determinadas condições, *também* momentos de autointensificação têm efeito. O algo a mais da democracia *usufruída* gera escalas e demandas sempre novas, que, apesar de toda a expansão, converte de sua parte o estado de espírito numa insatisfação com a "inércia" e com o "caráter autoritário" das circunstâncias presentes. Nessa medida, uma política "exitosa" na democracia pode conduzir a que as instituições do sistema político percam importância, sejam esvaziadas em sua substância. Nesse sentido, a democracia *estabelecida*, na qual os cidadãos são conscientes de seus direitos e lhes dão vida, exige uma compreensão da política e instituições políticas diferentes daquelas da sociedade que ainda caminha nessa direção.

Fruição de direitos civis e diferenciação interna da subpolítica cultural

Nas democracias avançadas do Ocidente, foi construída uma pluralidade de controles para limitar o desdobramento do poder político. No início desse processo, já no século XIX, estava a *divisão dos poderes*, que assegurava institucionalmente funções de controle à *jurisdição*, ao lado do parlamento e do governo. Com o desenvolvimento da República Federal, a *autonomia das convenções trabalhistas* ganhou realidade jurídica e social. Assim, as questões centrais da política empregatícia são remetidas às negociações reguladas conduzidas pelas partes envolvidas na relação trabalhista, obrigando o Estado à neutralidade nos conflitos trabalhistas. Um dos últimos passos prévios nesse caminho foi a garantia jurídica e a consumação substantiva da *liberdade de imprensa*, que, junto com os meios de comunicação de massa (jornal, rádio, televisão) e novas possibilidades técnicas, fez surgir formas diversamente escalonadas de *esfera pública*. Ainda que estas não cumpram de forma alguma os sublimes objetivos do Esclarecimento, sendo antes ou mesmo sobretudo "servas" do mercado, da propaganda, do consumo (seja de mercadorias de todo tipo, seja de informações institucionalmente fabricadas) e possivelmente produzindo ou reforçando o silêncio, o isolamento ou até a estupidez, resta ainda assim a real ou potencial função de controle que a esfera pública dirigida pelos meios de comunicação desempenha em face das decisões políticas. Desse modo, com a implementação de direitos fundamentais, centros da subpolítica são produzidos e estabilizados — e na verdade, na exata medida em que esses direitos sejam substanciados e assegurados contra intervenções do poder político (ou econômico) sobre sua independência.

Se considerarmos esse processo de realização de direitos civis e fundamentais em todas as suas etapas como um processo de *modernização política*, então será compreensível a afirmação à primeira vista paradoxal: a modernização política *desautoriza, dissolve as fronteiras da política e politiza a sociedade* — ou mais precisamente: oferece aos assim possibilitados e paulatinamente emergentes centros e raios de ação da subpolítica oportunidades de controle extraparlamentar participativo e oposicional. Diferenciam-se internamente dessa forma âmbitos mais ou menos claramente definidos e meios de uma política participativa ou oposicional semiautônoma, que se baseia em direitos conquistados e assegurados. E isto também quer dizer: através da fruição e da interpretação e configuração expansivas desses direitos, as relações de poder dentro da sociedade foram um tanto alteradas. Os "altos escalões" no sistema político são confrontados com antagonistas cooperativamente organizados e com um "poder definidor" da esfera pública dirigida pelos meios de comunicação etc. que podem participar e alterar substancialmente a ordem do dia da política. Também os tribunais tornam-se instâncias onipresentes de controle das decisões políticas; e isto, tipicamente, na exata medida em que, por um lado, os juízes usufruem de sua "independência judiciária" mesmo a contrapelo da política e, por outro lado, os cidadãos trocam a pele de destinatários subalternos de decretos estatais pela de participantes políticos e procuram reclamar nos tribunais seus direitos também *contra* o Estado se for preciso.

É um paradoxo meramente aparente que essa forma de "democratização *estrutural*" aconteça à margem dos parlamentos e do sistema político. Torna-se nesse caso palpável a *contradição* em que entram os processos de democratização na fase da modernização reflexiva: de um lado, contra o pano de fundo dos direitos fundamentais *estabelecidos*, diferenciam-se internamente e configuram-se possibilidades de controle e participação democrática em campos variados da subpolítica. De outro lado, esse processo passa à margem do berço da democracia, o parlamento. Direitos e competências decisórias que subsistem apenas formalmente acabam por se emaciar. A vida política nos centros originalmente previstos para a formação da vontade política perde substância e corre o risco de cristalizar-se em rituais.

Formulado de outro modo: junto ao modelo da democracia *especializada*, ganham realidade formas de uma *nova cultura política*, nas quais diversos centros da subpolítica, apoiados em direitos fundamentais usufruídos, atuam sobre o processo de formação e implementação de decisões políticas. Nada disto quer dizer, porém, que a política estatal deixa de ter influência. Ela mantém seu monopólio nas áreas centrais da política exterior e militar e no emprego da força estatal para a manutenção da "segurança interna". Fica evidente que se trata nesse caso de um área central de influência da política estatal pela mera menção do fato de que, desde as revoluções do século XIX, existe um *vínculo relativamente estreito entre a mobilização dos cidadãos e a dotação tecnológico-financeira da polícia*. Ainda hoje se confirma — como no exemplo da discussão sobre tecnologias de larga escala — que o exercício do poder estatal e a liberalização política estão de todo modo mutuamente relacionadas.

Nova cultura política

Direitos fundamentais são, nesse sentido, pontos decisivos para uma descentralização da política com efeitos amplificadores de longo prazo. Eles oferecem várias possibilidades de interpretação e, em situações históricas diversas, sempre novos pontos de partida para romper com interpretações restritivas e seletivas até então válidas. A mais recente variante desse aspecto verificou-se na *ampla ativação política dos cidadãos*, que, com uma diversidade de formas que ultrapassa todos os esquemas políticos habituais — de grupos de iniciativa, passando pelos assim chamados "novos movimentos sociais", até formas alternativas e críticas de atuação profissional (entre os médicos, químicos, físicos nucleares etc.) —, usufruem, com urgência extraparlamentar, de seus direitos antes de mais nada formais e dão-lhes a vida que faz com que sejam algo pelo que lutar. Nessa medida, confere-se importância especial a essa ativação dos cidadãos para todos os temas possíveis justamente porque estão abertos a ela *também* os outros foros decisivos da subpolítica (jurisdição e esfera pública dos meios de comunicação) e porque — como mostra seu avanço — ela pode ser usada, ao menos pontualmente com bastante efetividade, precisamente para favorecer a percepção de seus interesses (na proteção do meio ambiente, no movimento contra a energia atômica, na proteção da privacidade).

Revela-se aí o "efeito amplificador": os direitos fundamentais podem ser fruídos *sucessivamente* e construídos *de modo a reforçarem-se mutuamente*, fortalecendo assim o "poder de resistência" das "bases" e das "instâncias subalternas" em face de intervenções indesejadas "de cima". A crescente autoconfiança e o interesse participativo dos cidadãos, sobre o que as pesquisas de opinião fazem saber de uma forma impressionante, assim como a pluralidade de iniciativas variadas de cidadãos e movimentos políticos, podem muito bem excetuar-se com uma concepção autoritária de democracia, tal como na ideia de "resistência contra o poder estatal"; também podem muito bem aparecer aos olhos dos cientistas, habituados a fixar seu olhar no sistema político como lugar da política, como uma tentativa inepta de obter influência política. Entretanto, o passo seguinte, resultante da implementação de direitos democráticos e, de fato, na direção da democracia *real*. Nesses processos variados, anuncia-se a *universalização* da ação política, cujos temas e conflitos já não são definidos através da luta, mas através da configuração e utilização dos direitos por toda a sociedade.

Direitos fundamentais com pretensão de validade universalista, como foram estabelecidos nas sociedades ocidentais nos últimos duzentos anos, com irrupções e saltos, mas num processo em geral (até hoje) bem *dirigido*, constituem portanto pontos de articulação do desenvolvimento político: por um lado, foram conquistados por meios parlamentares; por outro, a partir deles, podem diferenciar-se e desenvolver-se ao largo dos parlamentos centros da subpolítica, através dos quais uma nova página na historiografia da democracia pode ser virada. Isto deixa-se ver primeiramente nos dois *lugares e formas da subpolítica* mencionados até aqui: jurisprudência e esfera pública dos meios de comunicação.

Na posição profissional de *juiz*, protegida na Alemanha pelo direito administrativo, tornam-se visíveis, em parte através de novas formas de percepção e interpretação e em parte através de alterações externas, margens decisórias parcialmente autônomas, que, conforme percebem com perplexidade uma comunidade de juízes e uma esfera pública surpresas, também vêm sendo utilizadas *de modo controverso* nos últimos anos. Em sua origem, elas baseiam-se na construção legal há muito estabelecida da "independência judicial". Recentemente, contudo, elas têm levado — por conta, entre outras razões, da mudança geracional e de processos de cientificização — a uma fruição ativa e a uma configuração judicial autoconsciente. Das muitas condições decisivas nesse caso, duas devem ser destacadas: através da cientificização reflexiva dos objetos e procedimentos decisórios do sentenciamento judicial, *"construções objetivamente constritivas" anteriormente válidas fragilizaram-se e, ao menos parcialmente, tornaram-se acessíveis a decisões individuais*. Isto vale, de um lado, para uma análise científica da interpretação legal e das decisões judiciais, por meio das quais se tornaram visíveis e úteis *variantes* jurisprudenciais, dentro dos limites dados pela letra da lei e pelas regras de sua interpretação — variantes que até então permaneciam encobertas pelas regras de recrutamento e pelas convicções básicas exigidas. Nesse caso, portanto, a cientificização expôs técnicas argumentativas úteis, oferecendo assim à profissão de juiz uma até então desconhecida *pluralização interna da política de carreira.*

Essa tendência é confirmada pelo fato de que muitos temas e litígios trazidos aos tribunais *perderam sua inequivocidade social.* Em muitos dos campos cruciais de litígio — especialmente com relação à tecnologia nuclear e questões ambientais, mas também no direito de família, nas questões de matrimônio e no direito trabalhista —, especialistas e contraespecialistas confrontam-se em controvérsias irreconciliáveis. Desse modo, a decisão é devolvida aos juízes — em parte por conta do fato de que a seleção dos peritos já contém os elementos de uma decisão antecipada e em parte porque se lhes concede avaliar e reordenar os argumentos e seus referenciais para definir sua sentença. O sistemático autoatordoamento das ciências, através da superprodução de resultados detalhados hipotéticos, descontextualizados e contraditórios (ver acima, Cap. 7), afeta o sistema jurídico e abre margens decisórias ao juiz "independente", e isto quer dizer: pluraliza e politiza o sentenciamento.

Para o legislador, isto leva à seguinte consequência: ele vê-se cada vez com mais frequência colocado no banco dos réus nos tribunais. Procedimentos de controle judicial pertencem entrementes quase que ao curso normal de um expediente administrativo publicamente controverso (por exemplo, na decisão sobre se, como e onde podem-se instalar usinas nucleares). Para além disto, também torna-se cada vez mais incerto e difícil calcular como esse procedimento pode sair vitorioso de uma passagem pelas instâncias judiciais e, em todo caso: por quanto tempo será mantido. Emergem respectivamente zonas cinzentas de incerteza, que reforçam a impressão de perda de influência por parte do Estado. Isto vale, em sentido figurado, para praticamente todas as iniciativas legislativas. Estas rapidamente esbarram nos limites de competências coordenadas ou sobreordenadas, no nível dos estados, da federação ou da comunidade europeia. Os procedimentos de controle judicial esperáveis em casos de litígio proporcionam à possível decisão do juiz uma ubiquidade no sistema político (reforçando — bem notado — o monopólio da administração pelos juristas) e estreitam as margens políticas de configuração.

Também o direito à *liberdade de imprensa*, com todas as suas possibilidades e problemas interpretativos, oferece diversos pontos de partida para a diferenciação entre esferas públicas amplas e parciais (da rede televisiva mundial até o jornal da escola), com as — altamente particularizadas, se vistas isoladamente, mas na soma total consideráveis — chances de influência na definição de problemas sociais. É verdade que são limitadas e controladas pelas condições materiais da produção de informações e pelas circunstâncias gerais em termos jurídicos e sociais. Porém, elas também podem — como notadamente ensina a favorável conjuntura política de temas ambientais e da ascensão e queda de movimentos sociais e subculturas — lograr considerável significância para a percepção pública e, portanto, política dos problemas. Isto evidencia-se, por exemplo, nas investigações científicas custosas e abrangentes, nas quais essas autoridades encarregadas, com frequência, somente são realmente levadas em conta depois que a televisão ou um grande jornal trataram do assunto. Na administração política, o que se lê é o *Spiegel* — e não o relatório da investigação; e isto não (somente) porque o relatório seria ilegível, mas porque, de acordo com a construção social — independente dos conteúdos e argumentos —, as circunstâncias politicamente relevantes estão no *Spiegel*. Nesse caso, o resultado perdeu subitamente qualquer caráter engavetado. Qualquer um sabe: minhocas pululam em milhares de outras cabeças e obrigam assim à própria independência e à tomada pública de (contra)posição.

O poder de definir problemas e prioridades que se pode desenvolver sob essas condições (e que não deve sob qualquer hipótese ser confundido com um "poder dos redatores", coincidindo antes com um trabalho de redação não autônomo) baseia-se essencialmente em cifras de tiragem e audiência e no fato daí resultante de que a esfera da política somente pode ignorar a opinião pública *publicada* se quiser correr o perigo de perder votos. Ela acaba sendo por isto mesmo reforçada e estabilizada através de hábitos televisivos e novas tecnologias de informação, ganhando contudo em importância através da desmistificação da racionalidade científica sob condições de risco (ver acima). A publicação nos meios de comunicação de massa destaca em meio à profusão de constatações hipotéticas algumas poucas que assim adquirem o suplemento da proeminência e da credibilidade, que, enquanto meros resultados científicos, não poderiam alcançar.

A consequência para a política é a seguinte: notícias sobre resíduos tóxicos encontrados em latões de lixo, catapultadas às manchetes do dia para a noite, transformam a pauta política. A opinião pública vigente: a floresta está morrendo, isto exige novas prioridades. Se no nível europeu for corroborado cientificamente que formaldeído é de fato cancerígeno, a política atual para a indústria química ameaça ruir. É preciso reagir a tudo isto com encenações políticas — sejam argumentos, sejam projetos de lei ou planos de financiamento. Mas, nesse caso, o poder de definição de que dispõe a esfera pública dos meios de comunicação jamais poderá, evidentemente, se antecipar à decisão política; e ela continua, por sua vez, vinculada às premissas econômicas, jurídicas e políticas e às concentrações de capital na indústria jornalística.

Caberia mencionar aqui um último campo da subpolítica: a *privacidade*. O número de nascimentos é uma cifra crucial para todos os âmbitos da política; assim como a questão sobre como será tratada a paternidade, por exemplo, se a mãe desejará continuar trabalhando ou se dedicar inteiramente à família. Todas as perguntas para as quais homens e mulheres têm de achar uma resposta na configuração de suas condições de vida têm um lado essencialmente político. Nessa medida, os "indicadores-problema" — número crescente de divórcios, número decrescente de nascimentos, ampliação de relações não conjugais — representam não apenas a situação nas relações familiares e extrafamiliares entre homens e mulheres, mas também sinalizam a rápida transformação dos pretextos para todos os planejamentos e direcionamentos políticos. As decisões tomadas quanto a esse aspecto (por exemplo, se, quantos e quando convém ter filhos) continuam escapando a intervenções externas, ainda que cortes consideráveis estejam associados a elas no que concerne a política de seguridade social, o planejamento educacional, a política do mercado de trabalho, o direito previdenciário e a política social. E isto precisamente porque essas possibilidades decisórias, de acordo com o arranjo constitucionalmente assegurado de família e privacidade, correspondem exclusivamente à esfera de competência de casais que vivem juntos.

As garantias jurídicas da esfera privada já existem há muito. Por muito tempo, porém, não foram tão importantes. Somente com a *destradicionalização* dos mundos da vida é que surgem essas clareiras e, com elas, a incerteza nos fundamentos sociais da política. A equiparação das mulheres na educação e sua entrada no mercado de trabalho significam, por um lado, uma mera ampliação da igualdade de oportunidades há muito estabelecida a um grupo até então excluído. Por outro lado, no que diz respeito às consequências disto, a situação é contudo *inteiramente alterada*: na família, no casamento, na paternidade; na gravidez, no avanço do desemprego, no direito social, no sistema empregatício etc. Nesse sentido, os processos de individualização ampliam as margens subpolíticas de configuração e de decisão na privacidade e, na verdade, sob a margem de influência estatal. Também nesse sentido vale a demanda do movimento feminista: "o privado é político", uma circunstância cada vez mais emergente em termos históricos.

Essas diversas arenas parciais da subpolítica cultural e social — esfera pública dos meios de comunicação, jurisprudência, privacidade, iniciativas da sociedade civil e novos movimentos sociais — somam-se às *formas de expressão de uma nova cultura política*, em parte institucionalmente asseguradas e em parte extrainstitucionais. De um lado, esta escapa à intervenção categorizante, mas, por outro lado, torna-se, ela mesma ou justamente uma de suas formas fluidas, um importante fator de influência do desenvolvimento político e técnico-econômico na Alemanha das últimas duas décadas. Sua eficácia apoia-se, e isto não é de somenos importância, no fato de que a letra morta da lei é preenchida com vida social, ou mais precisamente: no fato de que a interpretação seletiva de direitos fundamentais universalmente válidos pouco a pouco seja confrontada e superada. Como palavra-chave desse processo, um conceito vem assombrando muitas pesquisas de ciências sociais e discussões políticas — numas como fantasma, noutras como esperança: *participação*. De modo algum é necessário ofuscar o processo que assim se anuncia, sendo possível criticar energicamente seus abusos na direção de um novo misticismo e ainda assim supor fundadamente: a qualidade e o alcance dessa ideia e dessa busca já alteraram profundamente a paisagem política na Alemanha e o farão mais ainda no futuro.

A diferenciação social e cultural da política, em razão de seus êxitos no sistema parlamentar, não passou ao largo da sociologia política sem nela deixar marcas. O modelo racionalista-hierárquico de fins e meios da política (que sempre foi fictício, mas por muito tempo foi cultivado na análise da burocracia e na teoria da decisão) fragilizou-se. Ele foi suplantado por teorias que, no contexto de instâncias e atores competentes, afetados e interessados, enfatizavam o acordo, a interação, a negociação, as redes, em suma: *o caráter interdependente e processual* de todos os elementos da condução política — da formulação de programas, passando pela seleção de medidas, até às formas de implementação. Enquanto o entendimento tradicional da política partia de uma certa ingenuidade, de acordo com a qual a política fundamentalmente alcançava as metas a que se propunha sempre que dispusesse dos meios adequados, agora, em novas avaliações, a política passa a ser vista como uma interação de distintos atores, também *em oposição* a hierarquias formais e *tranversalmente* em relação a competências fixadas.

Pesquisas demonstram, assim, que o sistema de instâncias administrativas de execução é frequentemente marcado pela ausência de relações estritas de autoridade e pela dominação de canais horizontais de vinculação. Mesmo quando existem relações formalmente hierárquicas de dependência entre autoridades superiores e inferiores, com frequência não são esgotadas as possibilidades de exercer influência verticalmente (ver R. Mayntz, 1980). Em diversos estágios do processo político, atores e grupos de atores inteiramente distintos adquirem possibilidades de intervenção e cooperação. Isto tudo enfatiza a *contingência* da esfera política, que de fora continua a parecer articulada de modo formal-hierárquico. Ao mesmo tempo, porém, essa liquefação da política em *processo político* é acompanhada cientificamente sem muito entusiasmo. O ajustamento e a estruturação desse processo (em termos de programa, medidas, implementação etc.) são invariavelmente *subestimados* (senão por outras, por razões de praticabilidade da análise politológica). Da mesma forma, continua a vigorar a ficção do sistema político-administrativo como centro da política. Assim, porém, não pode entrar no raio de visão o processo aqui destacado como crucial: a dissolução das fronteiras da política.

4. Cultura política e desenvolvimento técnico: o fim do consenso em torno do progresso?

A modernização no sistema político limita as margens de ação da política. Utopias políticas (democracia, Estado Social) que *são implementadas vinculam*: jurídica, econômica e socialmente. Paralela e inversamente, através da modernização no sistema técnico-econômico, são viabilizadas possibilidades inteiramente novas de intervenção, por meio das quais constantes culturais e premissas básicas da vida e do trabalho habituais podem ser colocadas fora de operação. A microeletrônica permite alterar o sistema empregatício em sua constituição social. A tecnologia genética coloca as pessoas na posição da divindade. Ela pode gerar novas substâncias e seres vivos que revolucionem os fundamentos biológico-culturais da família. Essa generalização dos princípios da configuração e da realizabilidade, que agora engloba inclusive o sujeito ao qual isto tudo deveria originalmente servir, potencia os riscos e politiza os lugares, condições e meios de seu surgimento e interpretação.

Ressalta-se frequentemente que a "antiga" sociedade industrial era obcecada com o progresso. Apesar de toda a crítica a respeito disto — do início do Romantismo até hoje —, por um lado, jamais foi questionada aquela fé *latente* no progresso que atualmente se precariza com a ampliação dos riscos: quer dizer, a fé no método da tentativa e erro, na possibilidade paulatinamente produzida, apesar de inúmeros retrocessos e problemas decorrentes, da controlabilidade sistemática da natureza exterior e interior (exemplo de um mito que até bem recentemente vinculava inclusive a esquerda política, apesar de toda a crítica à "fé capitalista no progresso"). Por outro lado, essa música de fundo da crítica civilizacional *não chegou a arrancar um grão sequer do poder impositivo* das mudanças sociais executadas sob as bênçãos do "progresso". Isto remete às especificidades da execução na qual mudanças sociais podem acontecer de forma por assim dizer "incógnita": "progresso" é muito mais que uma ideologia; é uma *estrutura de ação extraparlamentar de permanente transformação social*, institucionalmente "normalizada", pela qual — de modo bastante paradoxal — mesmo a subversão das condições até então vigentes é imposta, no limite, se necessário, com o poder ordenador do Estado contra as resistências que procurem manter o *status quo*.

Para poder entender essa força legitimatória do consenso em torno do progresso é necessário relembrar um contexto já quase esquecido: *a relação entre cultura social e política e desenvolvimento econômico-tecnológico*. No início deste século, a influência cultural sobre o sistema do trabalho, da tecnologia e da economia estava no centro de uma série de estudos clássicos das ciências sociais. Max Weber demonstrou o sentido correspondente à ética religiosa calvinista e à "ascese do mundo interior" nela contida na emergência e no estabelecimento da "virilidade vocacional" e da atuação econômica capitalista. Há mais de meio século, Thorstein Veblen argumentava que as leis da economia não tinham validade constante e tampouco podiam ser compreendidas isoladamente, sendo, ao contrário, completamente vinculadas ao sistema cultural da sociedade. Se as formas de vida e os valores sociais se alteram, então os princípios econômicos têm igualmente que se alterar. Se, por exemplo, a maioria da população (por que razões seja) rejeita os valores do crescimento econômico, nosso pensamento sobre a configuração do trabalho, sobre os critérios de produtividade e sobre a direção do desenvolvimento tecnológico se torna questionável, surgindo um novo tipo de demanda política de ação. Weber e Veblen argumentam nesse sentido (de formas distintas) que trabalho, transformação tecnológica e desenvolvimento econômico continuam vinculados ao sistema de normas culturais, às expectativas hegemônicas e às orientações axiológicas das pessoas.

Se é certo que entrementes essa perspectiva, no fundo evidente — defendida também por uma série de outros autores[2] —, não chegou a alcançar qualquer significância prática para além da falsa reverência, isto poderia ser atribuído inicialmente ao fato de que a cultura social e política na época posterior à Segunda Guerra até meados dos anos sessenta — dito de forma simplificada — se manteve essencialmente *estável*. Uma "variável" que seja constante não chama a atenção e, nesse sentido, não é uma "variável" e pode

[2] Juntamente com Weber e Veblen, cabe mencionar aqui, do lado das ciências sociais, em especial Émile Durkheim, Georg Simmel e, atualmente, entre outros, John K. Galbraith e Daniel Bell.

portanto manter-se desconhecida no que diz respeito à sua importância. Isto altera-se bruscamente sempre que essa estabilidade se fragiliza. Somente com sua dissolução é que se reconhece em retrospecto a importância que teve para o desenvolvimento tanto da economia como da tecnologia o consenso cultural-normativo de fundo. Na expansão econômica do período pós-guerra, *os "progressos" econômico, tecnológico e individual interpenetraram-se claramente* na República Federal Alemã (mas também em outros Estados industriais ocidentais). "Crescimento econômico", "aumento de produtividade", "inovações tecnológicas" eram não apenas definições de metas econômicas correspondentes aos interesses dos empresários na multiplicação do capital, mas também levaram, e isto era visível para qualquer um, à reconstrução da sociedade, a crescentes oportunidades individuais de consumo e a uma democratização" de padrões de vida anteriormente exclusivos. Essa interpolação de interesses individuais, sociais e econômicos na consumação do "progresso", entendido em termos econômicos e científico-tecnológicos, foi bem-sucedida na medida em que, contra o pano de fundo da destruição durante a guerra, por um lado, a expansão efetivamente se propagou e, por outro, a dimensão das inovações tecnológicas parecia calculável. Ambas as condições continuam vinculadas às esperanças políticas do Estado Social e estabilizam assim as esferas da política e da não política da "transformação tecnológica". Essa *construção social do consenso político-tecnológico em torno do progresso* apoia-se isoladamente nas seguintes premissas, que se fragilizam, entre outras razões, por conta da emergência de uma nova cultura política nos anos setenta (ver, entre outros, H. J. Braczyk, 1986):

Primeiramente, o consenso tem seu fundamento na fórmula pacífica partilhada por todos de que "*progresso econômico é igual a progresso social*". A suposição é a seguinte: O desenvolvimento tecnológico produz evidentes valores de uso, que, sob a forma de relaxamentos do trabalho, melhoramentos cotidianos, elevações do padrão de vida etc., são tangíveis às mãos de literalmente qualquer um.

É essa aglutinação de progresso tecnológico e social que permite que, *em segundo lugar*, efeitos negativos (como obsolescência, reconversão, riscos empregatícios, ameaças à saúde, destruição da natureza) sejam tratados *separada* e na verdade *retrospectivamente*, como "efeitos sociais da transformação tecnológica". "Efeitos sociais" são, de forma significativa, *deficiências* — e na verdade problemas residuais, que, afetando grupos específicos, jamais colocarão em questão o benefício socialmente evidente do desenvolvimento tecnológico em si. O discurso dos "efeitos sociais" permite assim duas coisas diferentes: de um lado, é rechaçada qualquer demanda por uma configuração social e política do desenvolvimento tecnológico. De outro, disputas em torno dos "efeitos sociais" podem ser travadas *sem* que atrapalhem a execução da transformação tecnológica. Pode-se e deve-se discutir apenas sobre "efeitos sociais" *negativos*. O desenvolvimento tecnológico em si segue indiscutível, imune às decisões, seguindo sua lógica objetiva imanente.

Os portadores e produtores desse consenso político-tecnológico em torno do progresso são, *em terceiro lugar*, os *antagonistas do mundo industrial*: sindicatos e empregadores. Ao Estado competem apenas tarefas indiretas — justamente a captação dos "efeitos sociais" e o controle dos riscos. Entre as partes da relação trabalhista, somente os "efeitos sociais" são controvertidos. Oposições na avaliação de "efeitos sociais" *pressupõem* de saída o *consenso* em torno da consumação do desenvolvimento econômico. Esse consenso nas questões de fundo do desenvolvimento tecnológico é reforçado através de um consolidado *antagonismo comum* contra a "tecnofobia", o "luddismo" e a "crítica civilizacional".

Todos os pilares de sustentação desse consenso político-tecnológico em torno do progresso — separação entre transformação social e tecnológica, submissão a constrições objetivas ou sistêmicas, a fórmula consensual: progresso tecnológico igual a progresso social, e a competência primária das partes na relação trabalhista — foram mais ou menos fragilizados ao longo dos últimos cerca de dez anos, e na verdade não por acaso ou por conta de intrigas da crítica cultural, e sim como *consequência dos próprios processos de modernização*: Os constructos da latência e dos efeitos colaterais foram rompidos através da cientificização secundária (ver acima). Com a ampliação dos riscos são suspensas as premissas da fórmula pacífica da unidade entre progresso tecnológico e social (ver acima). Ao mesmo tempo, a arena das discussões político-tecnológicas é invadida por grupos que de modo algum estavam previstos na trama intrafabril de interesses e em suas modalidades de percepção de problemas. Exemplo disto são os conflitos em torno das usinas nucleares e instalações de tratamento de material nuclear, em meio aos quais empregadores e sindicatos, portadores do consenso tecnológico até então vigente, foram enviados às galerias como espectadores, enquanto as discussões se converteram num confronto *direto* entre o poder estatal e o protesto da sociedade civil, um cenário social e político inteiramente distinto, portanto, e entre atores que à primeira vista parecem ter, de todas as coisas, sobretudo uma em comum: o estranhamento em relação à tecnologia.

Tampouco essa mudança de arenas e antagonistas é casual. Por um lado, ela corresponde a um estágio do desenvolvimento das forças produtivas, no qual tecnologias de larga escala e de alto risco — usinas nucleares, estações de regeneração de materiais atômicos, universalização de materiais químicos tóxicos — entram em interação direta com os mundos da vida sociais à margem do sistema fabril de regras do jogo. Por outro, exprime-se aí o crescente interesse participativo de uma nova cultura política. A partir do conflito em torno de usinas de regeneração,

> "pode-se aprender que minorias modestas [por exemplo, 'cidadãos insatisfeitos presentes no local'] não podem ser desprezadas como agitadores e perturbadores da ordem. O dissenso por eles representado tem *valor indicativo*. Ele revela [...] uma mudança axiológica e normativa na sociedade, ou seja, diferenciações até então desconhecidas entre diferentes grupos sociais. As instituições políticas estabelecidas deveriam ao menos levar esses sinais tão a sério quanto a campanha eleitoral. Anuncia-se aí uma nova forma de participação política" (Braczyk *et al.*, 1985, p. 22).

Finalmente, também a ciência tem fracassado como fonte legitimatória. Não são iletrados e aspirantes à cultura pré-histórica os que advertem sobre as ameaças, mas cada vez mais são pessoas que são elas próprias cientistas — técnicos de energia atômica, bioquímicos, médicos, geneticistas, engenheiros da computação etc. —, assim como inúmeros cidadãos para os quais competência e preocupação com as ameaças se cruzam. Eles sabem argumentar, estão bem organizados, têm talvez acesso a algumas publicações e estão em condições de oferecer argumentos na esfera pública e nos tribunais.

Mas o que surge assim é cada vez mais uma situação incerta: o desenvolvimento técnico-econômico perde seu consenso cultural, e isto ocorre num momento em que a aceleração da transformação tecnológica e o alcance das mudanças sociais decorrentes alcançam uma dimensão sem precedentes históricos. Essa perda da confiança até então existente no progresso em nada altera porém a *consumação* da transformação tecnológica. É precisamente a essa desproporção que se refere o conceito da "*subpolítica*" técnico-econômica: o alcance das transformações sociais relaciona-se em proporção inversa à sua legitimação, *sem* que isto altere o que seja no poder de implementação da transformação tecnológica transfigurada em "progresso".

O medo diante dos "progressos" da tecnologia genética está bastante alastrado atualmente. Convocam-se audiências. As igrejas protestam. Sequer os cientistas fiéis ao progresso podem espantar os fantasmas. Isto tudo tem lugar, contudo, como o *epitáfio* de uma decisão há muito tomada. E mais: não houve qualquer decisão. A opção jamais bateu à porta. Nenhuma agremiação a fez entrar. Ela esteve sempre a caminho. A era da genética humana, sobre cuja conveniência se debate, já começou faz tempo. Na verdade é possível dizer não ao progresso, *mas isto em nada altera sua consumação*. Ele é o cheque em branco a ser compensado para além do consentimento ou da rejeição. À sensibilidade à crítica da política democraticamente legitimada corresponde uma relativa *imunidade* à crítica da subpolítica técnico-econômica, não planejada, impermeável às decisões e que só se nos torna consciente na forma de sua realização como transformação social. Consideraremos agora esse poder especial de configuração e de realização da subpolítica através do exemplo de um caso extremo, a medicina.

5. Subpolítica da medicina — um estudo de caso extremo

De acordo com seu autoentendimento esclarecido, a medicina serve à saúde; faticamente, ela conquistou posições inteiramente novas, alterando a relação do ser humano consigo mesmo, com a enfermidade, a dor e a morte e chegando mesmo a alterar o mundo. Para que se reconheçam os *efeitos revolucionários* da medicina, não há qualquer necessidade de se lançar à selva dos juízos divididos entre promessas de cura e visões de tutela.

Pode-se discutir se a medicina realmente melhorou o bem-estar do ser humano. Mas está fora de questão que ela contribuiu para a multiplicação do número de seres humanos. A população da Terra aumentou em cerca de dez vezes nos últimos trezentos anos. Isto deve-se, em primeira linha, a uma queda da mortalidade infantil e a um aumento da expectativa de vida. Na Europa Central, membros de grupos sociais socialmente distintos podem estar certos de alcançar (se as condições de vida nos próximos anos não deteriorarem drasticamente), *na média*, a idade anteriormente considerada "bíblica" de setenta anos. O que se reflete aí na essência são também os aperfeiçoamentos da higiene, impensáveis sem os resultados da pesquisa médica. Caiu a mortalidade porque as condições de vida e alimentação melhoraram e porque, pela primeira vez, foram colocados à disposição meios efetivos para controlar as doenças infecciosas. As consequências são um crescimento populacional dramático, também e em especial nos países pobres do Terceiro Mundo, envolvendo as questões políticas cruciais decorrentes em relação à fome e à miséria, além de crescentes desigualdades extremas em nível mundial. Uma dimensão completamente distinta dos efeitos socialmente transformadores da medicina desponta com a *dissociação entre diagnóstico e terapia no desenvolvimento da medicina contemporânea*.

"O instrumental característico do diagnóstico nas ciências naturais, as teorias e nomenclaturas da psicodiagnose, em grande medida avançadas, e um interesse científico que avança sempre mais rumo às 'profundezas' do corpo humano e da alma humana, foram todos — agora abertamente — descolados da competência terapêutica, [...] condenando-a assim a se tornar 'retardatária'" (Gross, Hitzler, Honer, 1985, p. 6).

O resultado é um *aumento dramático das assim chamadas "doenças crônicas"*, isto é, doenças que, em razão do avançado aparato técnico medicinal, são diagnosticadas *sem* que estejam à disposição ou sequer em vista de surgir terapias efetivas para o seu tratamento.

Em seu estágio mais avançado, a medicina produz por conta própria situações de enfermidade definidas (provisória ou definitivamente) como incuráveis, que representam situações de ameaça e modos de vida inteiramente novos e *atravessam* o sistema vigente de desigualdades sociais: no começo deste século, de cada cem pessoas, quarenta morriam de enfermidades *agudas*. Estas correspondiam, em 1980, a apenas 1% das causas de morte. Em compensação, o número dos que sofrem de enfermidades *crônicas* subiu no mesmo período de 46% para 80%. Nesses casos, o fim é invariavelmente precedido de um grande sofrimento. Dos 9,6 milhões de cidadãos alemães registrados como padecendo de problemas de saúde pelo microrrecenseamento de 1982, quase 70% estavam cronicamente enfermos. Ao longo desse processo, uma cura, no sentido da meta original da medicina, converte-se cada vez mais em exceção. Contudo, isto expressa não apenas um fracasso. Também em razão de seus *êxitos* é que a medicina abandona as pessoas à doença que ela é capaz de diagnosticar com alta tecnologia.

Esse processo envolve uma revolução médica e sociopolítica que, em seus efeitos de largo alcance, apenas hoje em dia começa a ser levada em conta e percebida: com seu desenvolvimento e profissionalização na Europa do século XIX, a medicina aliviou tecnicamente o sofrimento das pessoas, monopolizando-o e administrando-o profissionalmente. Enfermidade e sofrimento foram, por meio de uma exoneração operada por especialistas, delegados exaustivamente à instituição da medicina e isolados em "hospitais" enquartelados e, em grande medida à revelia dos enfermos, "cirurgicamente removidos" de um modo ou de outro pelas mãos dos médicos. Hoje acontece exatamente o inverso e os doentes, sistematicamente submetidos à tutela e mantidos sob tutela no manejo de sua enfermidade, são abandonados com sua doença a si mesmos e a instituições que igualmente carecem de qualquer preparo para lidar com isso: família, mundo profissional, escola, esfera pública etc. A AIDS, imunodeficiência em rápida expansão, não é mais que apenas o exemplo mais espetacular disso. A doença passa a ser *generalizada* como mais um produto do "progresso" diagnóstico. Efetiva ou potencialmente, tudo e todos estão "doentes" ou provocam "doenças" — independente de como a pessoa se sinta. Consequentemente, volta a ser invocada a figura do "paciente ativo", favorecendo uma espécie de "mutirão" no qual o paciente se converte em "médico-assistente" no tratamento da condição enferma que sob o ponto de vista médico lhe foi atribuída. O quão pouco os afetados são capazes de arcar com essa virada de 180° é demonstrado pelos desproporcionalmente altos índices de suicídio. No caso de doentes renais crônicos, por exemplo, cuja vida depende de hemodiálises periódicas, a taxa de suicídio em todas as faixas etárias aumentou seis vezes em relação à média da população (ver a respeito J.-P. Stössel, 1985).

As possibilidades conquistadas na prática medicinal da *fertilização artificial* e da *transferência de embriões* vêm, com razão, esquentando os ânimos. A discussão é conduzida na esfera pública sob o rótulo enganoso do "bebê de proveta". Esse "avanço técnico" consiste essencialmente em

> "transferir da trompa da mulher para o laboratório (*in vitro* = na proveta) as primeiras 48 a 72 horas do desenvolvimento embrionário humano, da fecundação do óvulo até as primeiras clivagens celulares. Os óvulos necesssários são retirados da mulher através de uma intervenção cirúrgica (laparoscopia). Por meio de aplicações hormonais, os ovários são previamente estimulados a maturar vários óvulos num mesmo ciclo (superovulação). Os óvulos são fecundados numa solução com sêmen e cultivados até o estágio tetra ou octocelular. Se seu desenvolvimento se apresenta normal, são então transferidos para o útero" (Van den Daele, 1985, p. 17).

O ponto de partida para o emprego da fertilização artificial é o resoluto desejo de mulheres inférteis de terem filhos. Até recentemente, o tratamento era oferecido na maioria das clínicas exclusivamente para pessoas casadas. Essa limitação parece anacrônica, por um lado, diante da propagação das uniões não matrimoniais. Por outro lado, a oferta da técnica de fertilização a mulheres solteiras leva a uma situação social inteiramente nova, cujos efeitos nem podem ser previstos ainda. Já não se trataria mais aqui do caso típico da mãe que volta a estar sozinha depois do divórcio, mas de uma *assim dese-*

jada maternidade sem pai, que não tem precedentes históricos. Ela prevê a doação de esperma *à margem* de qualquer relacionamento. Surgiriam assim, num sentido social, crianças *sem pai*, cujos progenitores estariam reduzidos a uma mera mãe e a um anônimo doador de esperma. Esse processo desembocaria finalmente na manutenção da paternidade biológica e na *abolição* da paternidade *social* (em meio ao que são completamente incertas as questões igualmente sociais da paternidade *genética*: descendência, hereditariedade, demandas de provisão e herança etc.).

Uma outra avalanche de problemas é desencadeada quando se coloca a simples questão sobre como se deve proceder com os embriões *antes* da implantação uterina: quando é que o desenvolvimento de um embrião "se apresenta *normal*", de modo a poder ser transferido para o útero? No caso dos óvulos fecundados, a partir de que momento *ainda não* ou a partir de que momento *já* se trata de uma vida humana nascente? "A fertilização artificial torna embriões humanos fora do corpo da mulher disponíveis e abre assim um vasto campo para intervenções técnicas, que em parte já são realizáveis e em parte poderiam ser possíveis através de ulteriores avanços" (*ibid.*, p. 19). Portanto, seguindo o modelo dos já existentes bancos de sêmen, embriões congelados podem ser respectivamente estocados em "bancos de embriões" e vendidos (?). A disponibilidade de embriões oferece à ciência "cobaias" (faltam palavras) há muito ansiadas, para pesquisas embriológicas, imunológicas e farmacológicas. "Embriões" — esse termo refere-se à origem da vida humana — podem ser multiplicados por meio de partição. Os gêmeos geneticamente idênticos resultantes podem ser empregados para permitir a escolha do sexo ou a diagnose de doenças hereditárias ou de outra natureza. Estariam aí os pontos de partida para novas disciplinas e práticas: diagnose e terapias genéticas na linha germinal[3] — com todas as questões decorren-

[3] Considerando os experimentos científicos assim viabilizados, *tecnicamente* o desenvolvimento *in vitro* não se limita necessariamente ao estágio em que normalmente ocorre a nidificação do embrião no útero. "Teoricamente poderia ser tentado um desenvolvimento embrionário completo *in vitro*, com a meta de viabilizar um verdadeiro bebê de proveta. Células embrionárias podem ser utilizadas para produzir "*quimeras*", manipulações com gêmeos de outras espécies. As quimeras são especialmente adequadas para investigações experimentais do desenvolvimento embrionário. Pode-se mesmo afinal pensar em "clonar" embriões humanos, substituindo o núcleo da célula embrionária pelo núcleo celular de um outro indivíduo. Com ratos já funcionou. No caso dos seres humanos, isto poderia servir para gerar descendentes geneticamente idênticos ou para cultivar tecido embrionário que pudesse ser empregado como material para transplantes de órgãos sem perigo de uma reação imune. Mas isto ainda é mera fantasia" (*ibid.*, p. 21).

tes: o que representa um genótipo social e eticamente "desejável", "valioso", "saudável"? Quem deve conduzir esse — o termo custa a sair — "controle de qualidade dos embriões" (Bräutigam, Mettler, 1985), com que direito e com o auxílio de que critérios? O que acontece com os "embriões desqualificados", que não satisfazem às demandas desse exame pré-natal, desse "exame vestibular para a Terra"...????

Enquanto isso, muitas das questões *éticas* levantadas por esses e outros avanços tecnológicos da medicina não mencionados aqui,[4] que revogam constantes culturais anteriormente válidas, vêm sendo consideradas e competentemente discutidas (ver também H. Jonas, 1984, e R. Low, 1983).

Há um outro ponto de vista crucial que até agora foi mencionado apenas marginalmente: *a estrutura de ação do "progresso" (medicinal) como normalidade de uma subversão inconcessa das condições sociais de vida.* Como é possível que tudo isto aconteça e que, somente *em retrospecto*, contra o otimismo profissional da reduzida e em si mesma pouco influente claque de especialistas em genética humana completamente obcecados com sua charada científica, as questões sobre efeitos, metas, ameaças etc. dessa *revolução social e cultural tenham de ser feitas sem alarde* por uma esfera pública crítica?

Recorrendo, por um lado, ao que parece ser mais do mesmo ("avanço" tecnológico da medicina), produz-se nesse caso algo incomparável. Mesmo que se conceda que um momento de autocriação e autotransformação seja por princípio inerente aos avanços humanos. Mesmo que se perceba que a história pressupõe e desenvolve a capacidade de alterar e influenciar a natureza humana, de promover a civilização, de manipular o meio ambiente e de substituir as constrições da evolução natural por condições autoproduzidas. Mesmo assim, isto não pode ofuscar o fato de que nesse caso se avançou na

[4] Situações problemáticas e conflitivas inteiramente novas também foram produzidas — para mencionar apenas mais um exemplo — pela *diagnose pré-natal* e pela "*cirurgia fetal*", isto é, pela possibilidade de efetuar intervenções cirúrgicas na futura criança ainda no útero materno: *os interesses (vitais) de mãe e filho são desse modo dissociados mesmo antes do nascimento, ainda no estágio de sua unidade carnal.* Com as possibilidades de intervenção diagnóstico-cirúrgica, as definições de enfermidades são estendidas à vida pré-natal. Os riscos da intervenção e seus resultados fazem surgir — independente da consciência ou da vontade dos afetados e dos pacientes — *situações antagônicas de ameaça* entre a mãe grávida (ou a mãe de aluguel?) e a criança que cresce em seu ventre. Isto é simultaneamente um exemplo de como, por meio de avanços tecnológicos da medicina, diferenciações sociais podem ser prolongadas por sobre as fronteiras da comunhão carnal na direção da relação entre corpo e alma.

direção de dimensões inteiramente novas. O discurso do "progresso" pressupõe o *sujeito* para quem isto tudo seja útil afinal. A redundante concepção de realizabilidade, assim como sua prática, aponta para o oposto, o objeto, o *controle da natureza* e o decorrente incremento das riquezas sociais. Se, portanto, os princípios da realizabilidade e da configurabilidade tecnológicas estendem-se às condições de reprodução natural e cultural dos próprios sujeitos, então os fundamentos do modelo do progresso são suspensos numa aparente continuidade: a persecução dos interesses do *bourgeois* suspende assim as condições de existência do *citoyen*, que é quem, em última medida, de acordo com os arquétipos da distribuição de papéis na sociedade industrial, deve segurar em suas mãos os fios democráticos do desenvolvimento. *Em sua generalização, o controle da natureza converte-se furtivamente em controle tecnológico do sujeito, no verdadeiro sentido da palavra* — sem que, contudo, ainda existissem os critérios culturais da subjetividade esclarecida à qual esse controle originalmente deveria servir.

Por outro lado, a furtiva despedida de uma era na história da humanidade acontece, porém, *sem* que para tanto seja preciso levantar quaisquer barreiras ao consentimento. Enquanto na República Federal (e em outros países) comissões de especialistas redigem seu relatório final sobre os possíveis e, no fundo, imprevisíveis efeitos desse passo — o que também quer dizer: consequências políticas e sociais estão num futuro ainda distante —, *aumenta rapidamente o número das crianças geradas in vitro*. Entre 1978 e 1982, registraram-se pouco mais de setenta nascimentos. Até o início de 1984, já eram — apenas na Alemanha Ocidental — mais de quinhentos casos envolvendo um total de seiscentas crianças. Os centros clínicos que praticam a fertilização artificial (Erlangen, Kiel, Lübeck, entre outros) têm longas listas de espera. Em razão de sua estrutura de atuação, a medicina dispõe, portanto, de um *passe livre* para a implementação e a experimentação de suas "inovações". Com uma *política de "fatos consumados"*, elas sempre puderam escapar à crítica e aos debates públicos sobre o que é ou não permitido a um pesquisador. Sem dúvida alguma, questões científicas também são levantadas assim. Elas sozinhas, porém, *reduzem* o problema, comparando-se à tentativa de reduzir o "poder da monarquia" à "moral da casa real". Isto torna-se ainda mais claro se relacionarmos reciprocamente *procedimento* e *alcance* da decisão socialmente transformadora na política e na subpolítica da medicina.

O que na medicina, apesar de toda a crítica e de todo ceticismo em relação ao progresso, ainda é possível ou mesmo evidente, acaba implicando, ao passar à política oficial, o escândalo de implementar as decisões fundamentais de uma era sobre o futuro social simplesmente *à margem* do parlamento e da esfera pública e de *desmaterializar* o debate sobre seus efeitos por meio de sua antecipação prática. Sequer é necessário ver nisto a expressão de um colapso da qualidade moral da ciência. *De acordo com a estrutura social*, não há na subpolítica da medicina parlamento ou executivo no qual a decisão pudesse ser *antecipadamente* examinada do ponto de vista de seus efeitos. Sequer há um lugar social para a decisão, não havendo, portanto, no fim das contas, qualquer decisão fixa ou fixável. Convém prestar bastante atenção a isto: nas democracias avançadas do Ocidente, inteiramente burocratizadas, tudo é examinado nos mínimos detalhes com respeito à adequação às formalidades legais, à competência e à legitimação democrática, enquanto ao mesmo tempo é possível passar ao largo de todos os controles burocráticos e democráticos e, sem abrir margens decisórias, sob uma chuva de críticas e diante do ceticismo que se universaliza, revogar em plena normalidade extraparlamentar os fundamentos da vida habitual e do modo habitual de vivê-la.

Surge, desse modo, e ao mesmo tempo mantém-se um completo *desequilíbrio entre discussões e controles externos e forças definidoras internas à práxis médica*. Segundo sua posição, esfera pública e política são invariável e necessariamente "desinformadas", correm desesperadamente atrás dos avanços, pensam em categorias morais e sociais derivativas, estranhas ao pensamento e à atuação dos médicos. O mais crucial no entanto é: elas necessariamente falam do *irreal*, do ainda imprevisível. Os resultados das técnicas de fertilização externa de fato só podem ser efetiva e empiricamente assegurados *depois* que sua aplicação for estudada; antes disto, tudo é especulação. A aplicação *direta* no sujeito vivo, seguindo os critérios e categorias do "progresso medicinal", é confrontada pelo temor e pela adivinhação em face dos efeitos jurídicos e sociais, cujo teor especulativo cresce em proporção direta com a profundidade da intervenção no cabedal do que até então era culturalmente tido como evidente. Transferindo para a política, isto significa: a deliberação em torno das leis acontece *depois* de sua promulgação; justificativa: só então seus efeitos podem ser previstos.

A interação entre efetividade e anonimidade reforça o poder configuratório da subpolítica médica. Em seu âmbito, é possível atravessar fronteiras com uma naturalidade cujo alcance na transformação da sociedade, de um lado, ultrapassa em muito o raio de influência da política, mas que, de outro lado, somente poderia nesse caso passar pelos portões da realização atravessando o purgatório dos debates parlamentares. Nesse sentido, clínica e parlamento (ou governo) são perfeitamente comparáveis, por um lado, chegando ao ponto de serem *funcionalmente equivalentes* no que concerne à configuração e transformação das condições sociais de vida — por outro lado, de modo algum, já que *nenhuma* decisão de alcance semelhante e *nenhuma* possibilidade comparável de sua implementação se encontram à disposição do parlamento. Enquanto nos centros clínicos, o fundamento da família, do casamento e da parceria é dissolvido em pesquisas e práticas, ao mesmo tempo estão sendo discutidas no governo e no parlamento as "questões-chave", orientadas pela contenção e pela moderação, sobre a redução de custos no sistema de saúde, sendo de qualquer modo evidente que concepções bem-intencionadas e sua implementação efetiva pertencem a mundos distintos.

Na subpolítica da medicina, em contrapartida, encontram-se na lógica do "progresso" as possibilidades de, sem plano e sem noção, atravessar as fronteiras. Mesmo a fertilização artificial foi inicialmente testada em animais. Pode-se perfeitamente discutir em que medida isto é aceitável. Mas uma barreira decisiva foi certamente ultrapassada com a aplicação em seres humanos. Esse risco, que não é um risco da medicina (ou dos médicos), mas um risco das gerações futuras, de todos nós, só pôde e só pode ser enfrentado de forma exclusivamente *imanente* no âmbito da práxis médica, atendendo às condições e requisitos ali vigentes (em escala mundial) referentes à reputação e à concorrência. Isto só se torna atualmente decisivo como um problema "ético" da medicina, sendo percebido e discutido publicamente a partir de tais categorias, *porque* existe transitoriamente um estrutura social de implementação do conhecimento científico na práxis médica que, aquém do consentimento e de qualquer margem decisória, praticamente elimina envolvimentos e controles externos.

Pode-se formular essa diferença fundamental entre política e subpolítica nos seguintes termos: a política democraticamente legitimada, com seu instrumental de controle, envolvendo direito, dinheiro e informação (esclarecimento dos consumidores, por exemplo), dispõe de instrumentos *in*diretos de poder, capazes de oferecer a seus "longos intervalos de aplicação" (implementação) possibilidades adicionais de controle, correção e atenuação. Em contrapartida, a subpolítica do progresso é de um *imediatismo que dispensa implementação*. Nela, tanto executivo como legislativo estão conjugados nas mãos da pesquisa e da práxis médicas (ou seja, ligados à indústria, ao gerenciamento empresarial). É o modelo do mandato ilimitado, que ainda não conhece a divisão dos poderes e junto ao qual as metas sociais só precisam ser reveladas aos afetados depois de cumpridas, retrospectivamente, como efeitos colaterais.

Essa estrutura apresenta-se entrementes "em seu estado mais puro" na carreira médica. Os médicos tampouco devem a aquisição desse poder definidor à sua racionalidade excepcional ou a seus êxitos na tutela do valioso bem da "saúde". Ela é antes de mais nada produto e expressão da *profissionalização bem-sucedida* (na virada do século XX), sendo, ao mesmo tempo, de interesse universal como um oportuno caso extremo das condições de surgimento do poder subpolítico constitutivo de que gozam as profissões (e, em suas formas "fragmentárias": das vocações). O pré-requisito é que um grupo profissional consiga não apenas assegurar institucionalmente seu acesso à *pesquisa*, adquirindo assim os direitos de exploração das fontes de inovação; não apenas (ajudar a) definir substancialmente as regras e conteúdos da *formação* de aprendizes, assegurando assim a transmissão dos padrões e normas profissionais às novas gerações. Na verdade, o obstáculo mais claramente decisivo e mais raramente superado é confrontado sobretudo no momento em que ocorre a *aplicação prática* dos conhecimentos adquiridos e das competências desenvolvidas em organizações controladas por representantes da carreira. Só então é que um grupo profissional dispõe de um *teto organizacional*, sob o qual *pesquisa, formação e práxis se fundem*. Somente nessa combinação é que o poder constitutivo orientado aos conteúdos pode ser desenvolvido e reforçado ao largo de todo escrutínio. O paradigma desse "círculo do poder profissional" é a *clínica*. Nela estão concentradas, de forma historicamente inédita, todas as fontes de influência da subpolítica profissional em corroboração e reforço mútuos. A maioria dos outros grupos e associações profissionais ou não dispõem da pesquisa como fonte de inovação (assistentes sociais, enfermeiras), ou estão por uma questão de princípio impedidos de implementar os resultados de suas pesquisas (cientistas sociais), ou então são obrigados a empregá-los sob controles e critérios empresariais, estranhos à profissão (técnicos e engenheiros). Somente a medicina possui, na forma da clínica, um arranjo organizacional no qual o desenvolvimento de resultados de pesquisa e sua aplicação em pacientes podem ser praticados e aperfeiçoados sob a batuta de membros da carreira e de acordo com categorias e critérios próprios, ao abrigo de questionamentos e controles externos, numa auto-ordenação sem mediações.

A medicina, como poder profissional, conseguiu desse modo assegurar e expandir, em face de esforços políticos e públicos de participação e intervenção, uma vantagem segura. Em seu campo prático de diagnose e terapia clínicas, ela não apenas dispõe da "ciência como força inovadora", como também é seu próprio parlamento e seu próprio governo nas questões relacionadas ao "progresso medicinal". Mesmo o "terceiro poder", o judiciário, quando precisa decidir a respeito de "negligência profissional", acaba tendo de recorrer justamente a normas e fatos que foram medicinalmente produzidos e controlados e que, em última medida, de acordo com a construção social da racionalidade, podem ser julgados apenas por médicos e por mais ninguém.

Estas são as condições sob as quais uma "política dos fatos consumados" é praticada e possivelmente estendida aos fundamentos culturais da vida e da morte. A profissão médica encontra-se assim em posição de furtar-se a críticas, dúvidas e demandas relativas ao sentido e à utilidade dos serviços medicinal-terapêuticos vindas de fora por meio da produção de "novos conhecimentos". Critérios de avaliação e expectativas sociais já não são predeterminações, e sim grandezas referenciais "*reflexivas*", ou seja, a serem coproduzidas, definidas e *alteradas* pelos médicos na pesquisa, na diagnose e na terapia. No quadro do monopólio médico assim organizado, aquilo que é socialmente tido como "saúde" e "doença" perde seu caráter predeterminado e "natural" e, na atividade da medicina, torna-se uma grandeza intraprofissionalmente fabricável. Subsequentemente, "vida" e "morte" não são mais valores e conceitos fixos, que escapam à intervenção humana. Aquilo que é visto e reconhecido socialmente como "vida" e "morte", passa a ser cada vez mais condicionado *no e através do trabalho dos próprios médicos*, tendo de ser redefinido com todas as imprevisíveis implicações — e, na verdade, *contra o pano de fundo e sobre o embasamento de circunstâncias, problemas e critérios medicinal e biologicamente produzidos*. Na sequência dos avanços das cirurgias cardíaca e neurológica, é preciso voltar a decidir e a definir se uma pessoa estará "morta" quando o cerébro já não mais funcionar, mas seu coração ainda estiver batendo, ou quando o funcionamento de seu coração só puder ser assegurado artificialmente por meio da complexa aparelhagem adequada, ou quando determinadas funções neurológicas cessarem (de modo que o paciente fique permanentemente "inconsciente", ao tempo em que outras funções corporais continuem intactas) etc.

Por causa das possibilidades da tecnologia genética envolvendo a fertilização artificial, vida já é igual a vida, morte já não é igual a morte. Através de fatos medicinalmente produzíveis e produzidos, sem qualquer questionamento, categorias originalmente (ainda que relativamente) claras e fatos evidentes relacionados à compreensão do mundo e à compreensão de si mesmos dos seres humanos tornam-se obsoletos, contingentes e abertos à redefinição. Continuamente são produzidas novas situações decisórias que, até então inacessíveis em termos evolutivos, acabam sendo invariavelmente (ao menos parcialmente) respondidas já de antemão. Os padrões decisórios agora só podem ser "enfrentados", mesmo em termos políticos ou jurídicos, recorrendo a diagnósticos médicos (certamente em cooperação com outras profissões). Desse modo, a visão médica das coisas *objetiva-se* e desdobra-se, cada vez mais profunda e amplamente, em todas as circunstâncias da vida e em todas as áreas da existência humana. Em cada vez mais campos de ação, uma *realidade* de extração e configuração medicinais é assumida como premissa do pensamento e da ação. Emerge um direito marcado pela medicina, tecnologias do trabalho, normas de proteção e dados ambientais, hábitos alimentares etc., todos "avaliados" pela medicina. Dessa forma, não apenas a espiral constitutiva e decisória da medicina penetra mais fundo na realidade secundária da sociedade de risco, como também *se produz uma fome insaciável pela medicina*: um mercado em constante expansão para os serviços da profissão médica, que se ramificam em alcance e profundidade.

Um grupo profissional que conseguiu assegurar uma tal fusão de ciência, formação e práxis dispõe não mais apenas de uma determinada "estratégia profissional" de reserva de mercado para suas ofertas — ou de um monopólio legal ou ainda de um acesso garantido aos conteúdos educacionais e às patentes etc. (ver a respeito U. Beck, M. Brater, Frankfurt, 1978). Ele vai muito mais longe, possuindo, por assim dizer, uma galinha dos ovos de ouro, que "põe" constantes e infinitas oportunidades estratégicas em termos mercantis. Esse cenário profissional-organizacional equivale a uma "*estratégia reflexiva de mercado*", pois permite ao grupo profissional, a partir do seu controle sobre o desenvolvimento cognitivo no campo de atividade por ele monopolizado, *gerar estratégias profissionais constantemente novas*, favorecendo-se portanto com os riscos e situações de ameaça que ele mesmo produza e expandindo continuamente seu próprio âmbito de atuação por meio de inovações tecnológico-terapêuticas relacionadas a esses mesmos riscos e ameaças.

Esse domínio profissional da medicina *não* deve entretanto ser confundido ou equiparado ao poder *pessoal* do médico. O poder constitutivo da medicina é observado sobretudo sob a forma de categoria profissional, sendo que, nesta, está integrada uma típica barreira entre o conjunto dos interesses privados dos que exercem a profissão e o aproveitamento e desempenho de funções políticas e sociais. Tampouco o policial, ou o juiz ou o funcionário da administração podem empregar, como príncipes em seus reinos, a autoridade a eles conferida para ampliar seu poder pessoal, e não apenas porque regulamentos, controles e superiores lhes impedem; eles não podem também porque está inserida na forma da categoria profissional uma indiferença estrutural de seus interesses próprios, de caráter econômico-privado (renda, carreira etc.), em relação às metas e resultados substantivos de seu trabalho. O médico sozinho está apartado em relação ao alcance socialmente transformador de seus procedimentos. Eles sequer entram em seu horizonte de referências, sendo de todo modo relegados ao âmbito dos efeitos colaterais da prática médica. Inicialmente, o mais importante para ele é o "progresso da medicina", do modo como ele é profissionalmente definido e controlado. Além do que, para ele, nessa dimensão, os êxitos tampouco se fazem ouvir diretamente, e sim *traduzidos* em oportunidades de carreira, remuneração, posicionamento na hierarquia. Nesse sentido, o médico empregado que promove pesquisas de genética humana *também é um subordinado, como qualquer outro empregado*: ele pode ser demitido, substituído, controlado por outros no exercício de suas tarefas "de acordo com os regulamentos profissionais" e está sempre suscetível às instruções e ordens de terceiros (ver U. Beck, 1979).

Se generalizarmos, veremos que aí se exprime mais uma característica da subpolítica, que assume traços distintos conforme o campo de atividade: enquanto na política consciência e influência podem ao menos em princípio coincidir com as funções e tarefas desempenhadas, *no âmbito da subpolítica, desagregam-se consciência sistemática e resultado efetivo, transformação social e influência*. Dito de outra maneira: o alcance das transformações sociais desencadeadas, de modo algum precisa estar correlacionado a ganhos correspondentes de poder, podendo, ao contrário, chegar mesmo a coincidir com uma perda (relativa) de influência. Assim, um grupo relativamente pequeno de pesquisadores e técnicos em genética humana, sem consciência ou planejamento, na aparente normalidade de sua prática profissional subalterna, promove a subversão da situação.

6. O dilema da política tecnológica

Pode-se agora dizer: a justificativa da subpolítica técnico-econômica é *derivada da legitimidade do sistema político*. A afirmação de que no sistema político não se decide *diretamente* sobre o desenvolvimento ou o emprego de tecnologias dificilmente esbarrará em controvérsias. Os efeitos colaterais, pelos quais nesses casos sempre há o que responder, não são desencadeados pelos políticos. Ainda assim, a política de pesquisa controla a alavanca do fomento financeiro e da canalização e mitigação legislativa de efeitos indesejados. Mas a decisão sobre o desenvolvimento científico-tecnológico e sua canibalização econômica reconhecidamente escapa às garras da política de pesquisa. A indústria dispõe, em relação ao Estado, de uma dupla vantagem: a *autonomia da decisão de investimento* e o *monopólio do emprego da tecnologia*. Estão nas mãos da subpolítica econômica as linhas decisivas do processo de modernização, sob a forma do cálculo e do rendimento (ou risco) econômicos e da configuração tecnológica nas próprias empresas.

Essa divisão do trabalho na malha de poder da modernização dispensa o Estado em múltiplas recorrências. De saída, ele corre a reboque do avanço tecnológico, a respeito do qual se decide noutras paragens. Apesar de todo o fomento à pesquisa, seu controle sobre as metas do avanço tecnológico continua sendo secundário. A respeito do emprego e do desenvolvimento da microeletrônica, da tecnologia genética etc., nenhum parlamento tem o que votar, a não ser talvez, no máximo, sobre seu *fomento*, na tentativa de assegurar o futuro econômico (e postos de trabalho). É justamente a geminação entre as decisões sobre avanços tecnológicos e as decisões sobre investimentos que obriga as empresas, por razões de concorrência, a forjar seus planos em silêncio. Como consequência, as decisões são postas à mesa da política e da esfera pública apenas quando já estão a ponto de serem executadas.

Quando decisões sobre avanços tecnológicos são tomadas à guisa de decisões de investimento, elas adquirem e desenvolvem um peso próprio considerável. Elas vêm ao mundo com a obrigação que decisões assim normalmente trazem consigo: elas têm de *gerar lucros*. Objeções de fundo apenas colocariam em perigo o capital (e naturalmente: os postos de trabalho). Quem quer que agora ressalte os efeitos colaterais, acabará prejudicando as empresas, que investiram seu futuro e o de seus trabalhadores nesses planos, colocando também a política econômica do governo em perigo. Reside aí uma dupla limitação: de um lado, estimativas de efeitos colaterais têm lugar sob a pressão das decisões de investimento tomadas a reboque da incumbência de rentabilidade.

De outro lado, isto é aliviado pelo fato de que efeitos, por um lado, são de qualquer maneira difíceis de estimar, enquanto, por outro lado, contramedidas do Estado demandam longos caminhos e prazos para serem implementadas. A consequência é a situação típica: "problemas industrialmente fabricados da atualidade, baseados em decisões de investimento de *ontem* e em inovações tecnológicas de *anteontem*, serão confrontados, na melhor das hipóteses, *amanhã* por contramedidas que eventualmente entrarão *depois de amanhã* em vigência" (M. Jänicke, 1979, p. 33). Nesse sentido, a política especializa-se portanto na *legitimação* de efeitos que ela não produziu, mas que tampouco pode realmente evitar. De acordo com o feitio da divisão de poder, a política fica duplamente responsável pelas decisões tomadas no âmbito empresarial. O "soberano" empresarial em assuntos de desenvolvimento tecnológico, agindo nas sombras da política, dispõe apenas de uma legitimidade emprestada. Esta precisa invariavelmente ser produzida em retrospecto pela política, sob os olhares de uma esfera pública cada vez mais crítica. Essa exigência de legitimação política em relação a decisões não tomadas é reforçada por uma responsabilidade político-governamental pelos efeitos colaterais. A divisão do trabalho sobrecarrega assim a instância decisória de primeira ordem *sem* qualquer responsabilidade das empresas pelos efeitos colaterais, enquanto à política cabe a tarefa de legitimar democraticamente decisões que *não* foram por ela tomadas e "tamponar" seus efeitos colaterais.

Ao mesmo tempo, a revelação de efeitos colaterais (pelo menos num estágio inicial) colide com os interesses econômicos e político-econômicos investidos no caminho trilhado rumo ao desenvolvimento tecnológico. Quanto mais os efeitos colaterais (ou a sensibilidade pública com relação a eles) se ampliam e quanto maior for o interesse no crescimento econômico (possivelmente também por conta do desemprego em massa), tanto mais estreitas serão as margens de manobra da política tecnológica, que se vê espremida entre as engrenagens da esfera pública crítica e das prioridades da política econômica.

O alívio, nesse caso, é oferecido pelo modelo do progresso. "Progresso" pode ser compreendido como uma transformação *legítima* da sociedade *sem* legitimação político-democrática. *A fé no progresso substitui o escrutínio*. E mais: ela é um substituto para os questionamentos, uma espécie de consentimento prévio sobre metas e resultados que permanecem desconhecidos e indefinidos. Progresso é a tábula rasa assumida como programa político, diante da qual se exige uma aceitação global, como se se tratasse do caminho a ser seguido na Terra rumo ao paraíso celestial. As exigências fundamentais da democracia são viradas de cabeça para baixo no modelo do progresso. Até mesmo o fato de se tratar de uma transformação social é revelado retrospectivamente. Trata-se oficialmente de algo inteiramente distinto, sendo sempre mais do mesmo: prioridades econômicas, concorrência no mercado global, postos de trabalho. A transformação social é meramente *deslocada* nesse caso, segundo o modelo das cabeças trocadas. Progresso é a *inversão da ação racional* em "processo de racionalização". É a constante transformação social, sem planejamento e sem escrutínio, rumo ao desconhecido. Assumamos que acabe dando certo e que, em última instância, sempre se possa empregar para o avanço tudo o que, por nós desencadeado, irrompe sobre nós. Contudo, questionar-se depois — para onde e para quê — tem algo de heresia. Consentimento sem saber para quê é pré-condição. Todo o resto é superstição.

Fica aí evidente a "*contramodernidade*" da fé no progresso. Ela é uma espécie de "*religião temporal da modernidade*". Veem-se nela todos os sinais da fé religiosa: a crença no desconhecido, no invisível, no intangível. Crença a contrapelo do que se sabe, sem conhecer o caminho, sem saber como. A fé no progresso é a autoconfiança da modernidade em sua própria tecnologia convertida em força criadora. Em lugar de Deus e da Igreja, entraram em cena as forças produtivas e aqueles que as desenvolvem e administram — a ciência e a economia.

A fascinação que o deus substituto, o progresso, exercia sobre a humanidade na época da sociedade industrial revela-se tanto mais surpreendente quanto mais de perto se contemple sua construção, demasiado mundana. A *ir*responsabilidade da ciência implica numa responsabilidade *implícita* das empresas e numa responsabilidade *meramente legitimatória* da política. O "progresso" é a transformação social institucionalizada na *ir*responsabilidade. A fatalidade da fé na pura necessidade transfigurada no progresso é ademais *fabricada*. A "ditadura sem ditador do efeito colateral" corresponde a uma política estatal que pode apenas dar seu aval a decisões já tomadas de antemão, a uma economia que sobrecarrega as consequências sociais com a latência de fatores que intensificam os custos, e a uma ciência que conduz o processo com a consciência limpa da regulação teórica e que não quer nem ouvir falar das consequências. Quando a fé no progresso se torna *tradição* do progresso, a *não* política do desenvolvimento técnico-econômico converte-se em *sub*política carente de legitimação.

7. Subpolítica da racionalização empresarial

Análises funcionalistas, neomarxistas e de sociologia organizacional pensam ainda em termos de "certezas" como organização complexa e hierarquia, taylorismo e crise, que, contudo, há muito foram superadas por conta do desenvolvimento e das possibilidades de desenvolvimento nas empresas. Com as possibilidades de racionalização oferecidas pela microeletrônica e por outras tecnologias da informação, com as questões ambientais e a potencialização do risco, também a *incerteza* acabou por se instalar na catedral dos dogmas econômicos. O que até há pouco ainda parecia certo e predeterminado passa a ser fluido: padronizações temporais, espaciais e jurídicas do trabalho assalariado (ver mais detalhadamente a respeito o Capítulo 7 acima); a hierarquia de poder das grandes organizações; as possibilidades de racionalização já não se atêm aos esquemas e atribuições tradicionais: atravessam as antigas fronteiras entre departamentos, empresas e setores; a malha dos setores de produção pode ser reconfigurada eletronicamente; sistemas tecnológicos de produção podem ser alterados à revelia das estruturas humanas de trabalho; as concepções de rentabilidade tornam-se fluidas em face das exigências de flexibilidade ditadas pelo mercado, da moral ecológica e da politização das condições de produção; e novas formas de "especialização flexível" (Piore, Sabel) oferecem concorrência efetiva aos velhos "dinossauros" da produção em massa.

Esse acúmulo de possibilidades de mudança estrutural de modo algum precisa ser imediatamente, de uma só vez, ou mesmo num futuro próximo, aplicado em termos de política empresarial. E ainda assim essa confusão sobre o curso futuro do desenvolvimento econômico hoje já altera a situação na batalha para controlar a ecologia, as novas tecnologias e a cultura política em mutação.

> "Nos prósperos anos cinquenta e sessenta, ainda era possível prever o desenvolvimento das economias nacionais com relativa precisão — hoje em dia sequer é possível prever a mudança de direção de indicadores econômicos para o próximo mês. A incerteza sobre mudanças nas economias nacionais corresponde à confusão sobre as perspectivas de mercados específicos. Os executivos não sabem ao certo quais produtos devem ser produzidos ou quais tecnologias devem ser empregadas para tanto — sequer sabem ao certo como autoridade e competência deveriam estar distribuídas na empresa. Quem quer que converse com industriais ou leia a imprensa econômica chegará logo à conclusão de que muitas empresas teriam, mesmo a despeito da intervenção estatal, dificuldades em delinear estratégias abrangentes para o futuro" (M. J. Piore, C. F. Sabel, 1985, p. 22).

É certo que riscos e incertezas são um elemento constitutivo "seminatural" da atuação econômica. Contudo, a atual confusão apresenta novos traços. Ela

> "distingue-se demasiado claramente da crise econômica mundial dos anos trinta. Naquela época, fascistas, comunistas e capitalistas em todos os cantos do mundo dedicavam-se a copiar o exemplo tec-

nológico de um país: dos Estados Unidos. Ironicamente, ninguém parecia naquele momento — em que a sociedade como um todo parecia excepcionalmente frágil e alterável — querer duvidar da absoluta necessidade dos fundamentos da organização industrial, que se apresenta hoje em dia como algo sumamente questionável. A atual confusão a respeito de como tecnologias, mercados e hierarquias deveriam ser organizados é o sinal claro do colapso de elementos decisivos, não obstante mal compreendidos, do habitual sistema de desenvolvimento econômico" (*ibid.*, pp. 22 ss.).

É considerável o alcance das transformações empresarial-sociais tornadas *possíveis* por meio da microeletrônica. O desemprego estrutural representa um grande temor — mas representa apenas uma hipérbole para satisfazer os critérios das tradicionais categorias de percepção de problemas. Certamente será de igual importância a médio prazo o fato de que o emprego de microcomputadores e microprocessadores possa se converter em *instância de falsificação* das tradicionais premissas organizacionais do sistema econômico. Dito de forma exagerada: a microeletrônica introduz um estágio do desenvolvimento econômico que *tecnicamente refuta* o mito do determinismo tecnológico. Por um lado, computadores e dispositivos de controle são programáveis, isto é, passíveis de serem postos em funcionamento para lidar com os mais diversos propósitos, problemas e situações. Dessa forma, porém, não é mais através da tecnologia que se predetermina como ela deve ser empregada em cada caso; justamente ao contrário, isto é o que pode e deve de preferência alimentar a tecnologia. Reduzem-se as anteriores possibilidades legitimatórias de configurar estruturas sociais por meio de "obrigações objetivas tecnológicas", chegando mesmo a se inverter: é preciso saber que tipo de organização social nas dimensões horizontal e hierárquica se *quer*, para que se possam utilizar as possibilidades de interconexão dos controles eletrônicos e das tecnologias de informação. Por outro lado, a microeletrônica possibilita o *desacoplamento* entre processos de trabalho e de produção. Quer dizer: o sistema de trabalho humano e o sistema de produção técnica podem ser diversificados *independentemente* (ver *Zukunftsperspektiven gesellschaftlicher Entwicklung. Kommissionsbericht*, 1983, pp. 167 ss.).

Em todas as dimensões e em todos os níveis de organização, novos padrões tornam-se possíveis — por sobre as fronteiras de departamentos, indústrias e setores. A premissa fundamental do sistema industrial anterior, segundo a qual cooperação é cooperação *espacialmente fixada* numa "estrutura empresarial" destinada a servir tal propósito, é privada do fundamento da necessidade técnica. Desse modo, porém, substitui-se ao mesmo tempo o "equipamento" em que se apoiavam as concepções organizacionais até então válidas. As margens organizacionais de variação que se abrem ainda não podem atualmente sequer ser previstas. Por certo, isto também explica o fato de que elas não possam ser esgotadas da noite para o dia. Em termos de *concepção organizacional*, encontramo-nos no limiar de uma *fase de experimentação*, que não fica nada a dever à compulsão da esfera privada à experimentação de novas formas de vida. O importante é avaliar corretamente as dimensões: o modelo da racionalização primária, marcado por mudanças em categorias tais como posto de trabalho, qualificação e sistema técnico, é suplantado por racionalizações *reflexivas de segundo grau*, que se orientam pelas premissas e constantes da transformação prévia. As margens de configuração organizacional emergentes podem ser respectivamente delimitadas a partir dos princípios orientadores da sociedade industrial anteriormente válidos: o "*paradigma fabril*", o *esquema dos setores de produção*, a necessidade da *produção em massa*, entre outros.

Na discussão sobre os efeitos sociais da microeletrônica, predomina ainda na pesquisa e na opinião pública uma determinada visão. Inquire-se e investiga-se se *postos de trabalho* serão ou não suprimidos no fim das contas, como se alterarão as *qualificações* e as hierarquias de qualificações, se surgirão novas *carreiras*, se as antigas se tornarão supérfluas etc. Ainda se pensa com as categorias da boa e velha sociedade industrial e nem se pode imaginar que estas já não dão conta das "possíveis realidades" emergentes. Com bastante frequência, surgem pesquisas que oferecem esse tipo de *sinal para acalmar a situação*: qualificações e postos de trabalho serão modificados nos limites do esperado. Para tanto, assume-se que as categorias referentes à empresa e ao departamento, à alocação dos sistemas de trabalho e de produção etc. se manterão constantes. Todavia, o potencial de racionalização específico da eletrônica "inteligente", que apenas paulatinamente se torna visível, reside precisamente *entre* esses pilares, nos quais a sociedade industrial ainda se apoia para pensar e pesquisar. Trata-se de "racionalizações *sistêmicas*", que tornam reconfiguráveis as aparentemente ultraestáveis *fronteiras* organizacionais tanto *dentro* de empresas, departamentos, setores etc. quanto *entre* eles. O que caracteriza portanto as iminentes ondas de racionalização é seu potencial de *ultrapassar* e *modificar* fronteiras. O paradigma fabril e seu imbricamento na estrutura setorial encontram-se à disposição: a estrutura de departamentos nas empresas, a interpenetração de cooperação e tecnologia, a justaposição de organizações empresariais — isto sem mencionar que áreas funcionais inteiras (na linha de montagem, por exemplo, mas também na administração) podem ser automatizadas, centralizadas em bancos de dados ou mesmo colocadas em contato eletrônico direto com os consumidores. Por trás disto se esconde também a possibilidade, importante para a política empresarial, de *modificar a "constituição empresarial" em termos organizacionais, preservando (inicialmente) a estrutura dos postos de trabalho*. A estrutura intra e interempresarial pode, sob o (agora cada vez mais abstrato) manto da empresa e por assim dizer ao largo dos postos de trabalho — e portanto ao largo dos sindicatos —, ser rearranjada (ver a respeito Altmann *et al.*, 1986).

As "*configurações organizacionais*" assim produzidas não são tão "desequilibradas", sendo compostas por elementos menores, que, dadas as circunstâncias, podem ser a qualquer momento combinados um com o outro de forma completamente diversa. Cada "elemento organizacional" específico disporá possivelmente de suas próprias relações com o mundo exterior, praticando, de acordo com sua especificidade funcional, sua própria "política exterior à organização". As metas preestabelecidas podem ser perseguidas sem que a direção tenha de ser previamente consultada para tudo — contanto que determinados efeitos (por exemplo, rentabilidade, adaptações rápidas em caso de alterações na situação do mercado, consideração da diversificação do mercado) sejam mantidos *controláveis*. O "comando", anteriormente organizado nos grandes estabelecimentos da indústria e da burocracia como uma ordem hierárquica direta, socialmente verificável, passa a ser nesse caso delegado simultaneamente aos princípios e aos efeitos produtivos acordados. Surgem sistemas nos quais "comandantes" palpáveis se tornam uma raridade. Em lugar de obediência e ordem, entram em cena a intensificação do trabalho e a "autocoordenação" de "ocupantes de posto" eletronicamente controlada e orientada por princípios de desempenho preestabelecidos e rigidamente seguidos. Nesse sentido, passará a existir num futuro próximo a "*empresa transparente*", em razão dos controles de desempenho e da política de recursos humanos. Mas provavelmente resultando em que essa reconfiguração das formas de controle seja acompanhada por uma *autonomização horizontal* das subunidades organizacionais subordinadas, associadas ou acessórias.

A reconfiguração microeletrônica da estrutura de controle faz do tratamento, da condução e da monopolização de fluxos de informação um problema crucial nas "empresas" do futuro. De modo algum se trata de que unicamente os trabalhadores se tornem "transparentes" para a empresa (para a direção), mas que também a empresa se torne "transparente" para os trabalhadores e para o público interessado. Na medida em que a vinculação espacial da produção é despedaçada e espraiada, a informação converte-se no instrumento essencial que possibilita a conexão e a sustentação da unidade produtiva. Adquire assim um caráter crucial a pergunta sobre quem obtém informações, como, por meio de quê, em que ordem, de que tipo e para quê. Não é difícil prever que, nas discussões empresariais do futuro, essas *disputas de poder em torno da distribuição e do controle distributivo dos fluxos de informação* se tornarão uma importante fonte de conflitos. Essa importância é ainda reforçada pelo fato de que, em seguida à propriedade legal, também a disposição fática sobre meios de produção se complexifica diante da produção descentralizada e o controle sobre o processo produtivo começa a se agarrar aos tênues fios da *disponibilidade de informações e de redes de informação*. Isto de maneira alguma excetua o fato de que a monopolização de competências decisórias com vistas a concentrações de capital continua a representar seu pano de fundo substancial.

Os persistentes impulsos de concentração e centralização podem ser recompostos e rearranjados em termos organizacionais com o auxílio da telemática. O que é certo é que a modernidade continua consignada à centralização decisória e a possibilidades altamente complexas de coordenação para o desempenho de suas tarefas e funções. Elas não precisam todavia assumir a forma de gigantescas organizações corpulentas. Podem muito bem ser delegadas por meio de tecnologias de informação, processadas em redes descentralizadas de dados, informações e organizações ou, no caso de serviços (semi)automatizáveis, efetuadas em "cooperação consultiva" direta com os usuários, como já é o caso hoje em dia com os serviços bancários automatizados.

Surge assim, no entanto, uma tendência inteiramente nova, contrária aos conceitos tradicionais: a concentração de dados e informações é acompanhada pelo *desmonte* de grandes burocracias e aparatos administrativos organizados numa divisão hierárquica do trabalho; centralização de funções e informações entrelaça-se com *des*burocratização; tornam-se possíveis concentração de competências decisórias *e* descentralização de organizações baseadas no trabalho e de instituições de prestação de serviços. O nível "intermediário" das organizações burocráticas (na administração, no setor de serviços, na esfera da produção), em meio à interação "direta" viabilizada por meio das telas de computador, acaba por se dissolver na neutralização das distâncias pelas tecnologias de informação. Inúmeras tarefas do Estado Social e da administração estatal — mas também do atendimento ao consumidor, das agências de corretagem e do setor de serviços de conserto — podem acabar se transformando numa espécie de "posto eletrônico de autoatendimento"

— ainda que seja apenas para dizer que o "caos da administração" passa a ser eletronicamente objetivado e diretamente transmitido ao "cidadão emancipado". Em todos esses casos, o destinatário do serviço já não interage com um funcionário da administração, um vendedor etc., elegendo em lugar disto, em seguida a um procedimento cujo manejo ele mesmo pode acompanhar eletronicamente, o tipo de tratamento, o serviço a ser prestado e a qualificação que ele procura. Pode ser que essa objetivação da informática não seja possível, razoável ou socialmente realizável para determinados setores cruciais da prestação de serviços. Para um outro setor de atividades rotineiras, porém, isto não se aplica, de modo que já num futuro próximo uma grande parte da rotina administrativa e de prestação de serviços pode vir a se desenvolver dessa forma — reduzindo custos de pessoal.

Nessa avaliação, meio previsão empírica de tendências e meio dedução prospectiva, foram implicitamente trazidas à tona, junto com o paradigma fabril e a estrutura setorial, outras duas premissas organizacionais do sistema econômico da sociedade industrial: de um lado, o *esquema dos setores de produção*, de outro, a suposição de base de que a forma de produção industrial-capitalista necessariamente seguirá a longo prazo as normas e formas da *produção em massa*. Já é previsível hoje em dia que os processos iminentes de racionalização visam as estruturas setoriais como tais. O que surgirá não será *nem* produção industrial *nem* familiar, *nem* prestação de serviços *nem* setor informal — mas algo *distinto*: um transcurso ou uma evasão das fronteiras, sobrepondo-se aos setores em combinações e formas cooperativas a cujas especificidades e problemas ainda temos de nos fazer sensíveis em termos empírico-conceituais.

Trabalhos já são redistribuídos à margem dos setores produtivos através de lojas de autoatendimento e especialmente através de caixas eletrônicos e serviços mediados por monitores de computador (mas também através de iniciativas da sociedade civil, grupos de autoajuda etc.). Ao mesmo tempo, a força de trabalho dos consumidores é mobilizada *à margem do mercado de trabalho* e integrada ao processo produtivo organizado assalariadamente. Por um lado, essa integração do trabalho gratuito dos consumidores é inteiramente considerada no cálculo mercadológico que envolve a redução dos custos de mão de obra e de produção. Por outro lado, surgem assim, na interface da automação, áreas de intersecção que não podem ser consideradas prestação de serviços nem autoajuda. O autoatendimento permite aos bancos, por exemplo, com a mediação dos caixas eletrônicos, delegar atividades de atendimento remuneradas aos consumidores, que por sua vez são "recompensados" com o acesso a suas contas sem limitação de horário. Nas tecnicamente viabilizadas e socialmente desejadas realocações de tarefas entre a produção, os serviços e o consumo, há algo de uma *sofisticada autossuprsessão do mercado*, que passa desapercebida aos olhos dos economistas leais aos princípios da sociedade de mercado. Muito se fala atualmente sobre o "trabalho informal", a "economia informal" etc. Mas essas discussões fatalmente deixam de lado o fato de que o trabalho informal se expande não somente fora, mas também *dentro* da esfera mercantil de produção industrial e de prestação de serviços. A onda de automação microeletrônica produz *formas híbridas* de trabalho remunerado e não remunerado, nas quais a parcela de trabalho mediado pelo mercado de trabalho certamente *se reduz*, enquanto a parcela de trabalho ativamente prestado pelos próprios consumidores todavia *aumenta*. A onda de automação no setor de serviços pode ser compreendida portanto como uma verdadeira transferência de trabalho da produção para o consumo, do especialista para a generalidade, da remuneração para o pagamento do próprio bolso.

Com a incerteza e os riscos, cresce o interesse das empresas pela *flexibilidade* — uma demanda que decerto sempre existiu, mas que, diante da intercalação entre cultura política e desenvolvimento tecnológico, de um lado, e da possibilidade de configuração eletrônica, avanços produtivos e oscilações do mercado, de outro, adquire atualmente uma urgência decisiva em termos concorrenciais. Assim, *fragilizam-se as premissas organizacionais da produção em massa*. Esse modelo produtivo originário da sociedade industrial certamente ainda preserva suas esferas de aplicação (a fabricação em longas séries, por exemplo, na indústria de cigarros, têxteis, lâmpadas, gêneros alimentícios etc.), mas passa a ser complementado e deslocado por novos híbridos, produtos individualizados *e* fabricados em massa, como já vem sendo observado em ensaios recentes na indústria eletrônica, em determinadas indústrias de automóveis e nas comunicações. São produzidas e oferecidas, nesses casos, distintas montagens e combinações, de acordo com o princípio dos blocos de montar. Essa adaptação das empresas à *des*padronização dos mercados e à diversificação de produtos, assim como as exigências que a acompanham em termos de rápidas adaptações organizacionais em resposta a saturações do mercado, mercados alterados através de redefinições de risco etc., só é obtida, se tanto, a muito custo e com muitos custos, tendo em vista a engessada organização fabril tradicional. Mas adaptações dessa natureza sempre têm mesmo de ser implementadas de cima para baixo, com dispêndio de tempo, com planejamento e sob a forma de comandos (a despeito de resistências). Em redes organizacionais por seu turno móveis, flexíveis ou mesmo fluidas, esses cambiantes esforços de adaptação podem ser, por assim dizer, *acolhidos na estrutura*. Desse modo, porém, a disputa entre a produção em massa e a produção artesanal, sobre a qual a história parecia já haver dado sua palavra final, entra numa nova rodada histórica. A vitória da produção em massa, proclamada como definitiva, poderia ser revertida através de novas formas de "especialização flexível", baseadas em séries reduzidas de bens produzidos com alto grau de inovação e sob o comando de computadores (ver Piore, Sabel, 1985).

Pode ser que a era da fábrica, da "catedral da era industrial", ainda não tenha acabado, mas seu monopólio em relação ao futuro vem sendo quebrado. Essas organizações gigantescas, hierárquicas, sujeitas aos ditames do ritmo das máquinas, podem muito bem ter sido adequadas para produzir sempre mais do mesmo produto e para tomar sempre as mesmas decisões de novo num ambiente industrial comparativamente estável. Atualmente, no entanto, por muitas razões, elas têm-se tornado — para destacar uma palavra típica da linguagem que surgiu com essas organizações — "disfuncionais". Elas já não estão em harmonia com as demandas de uma sociedade individualizada, na qual o desdobramento da própria individualidade se estende também ao mundo do trabalho. Como "colossos organizacionais", elas são incapazes de reagir flexivelmente às tecnologias que rapidamente se modificam e se autorrevolucionam, às variações de produtos e às oscilações do mercado motivadas pela política ou pela cultura, numa esfera pública sensível aos riscos e desastres. Seus produtos de massa já não satisfazem as necessidades refinadas dos nichos de mercado que se pulverizam; e não são capazes de utilizar adequadamente a grande engenhosidade das tecnologias mais modernas com vistas à "individualização" de produtos e serviços.

O decisivo aí é que essa renúncia dos "gigantes organizacionais", com seus impulsos de padronização, cadeias de comando etc., *não* colide com os princípios básicos da produção industrial — maximização dos lucros, relações de propriedade, interesses de controle —, sendo sobretudo forçada por eles próprios.

Mesmo que nem todos os "pilares" do sistema industrial aqui mencionados — o paradigma fabril, o esquema de produção setorial, as formas de produção em massa e a padronização temporal, espacial e jurídica do trabalho assalariado — sejam afrouxados ou removidos de uma só vez ou globalmente, resta ainda assim uma *mudança sistêmica* do trabalho e da produção que *relativiza*, ao que parece definitivamente, a unidade compulsória vigente das formas organizacionais da economia e do capitalismo na sociedade industrial, convertendo-a numa efêmera fase de transição histórica que durou cerca de um século.

Com esse processo — quando ele se iniciar —, irrompe a primavera no inverno polar das premissas organizacionais da sociologia funcionalista e do (neo)marxismo. Expectativas aparentemente ferrenhas pela transformação do trabalho industrial são viradas de cabeça para baixo.[5] Mas isto não ocorre como reedição de uma evolução regular das formas de organização com uma aparente "superioridade intrínseca" no caminho do sucesso econômico capitalista, e sim como *produto de disputas e decisões envolvendo formas de trabalho, de organização e de empresa*. É óbvio que o que também está fundamentalmente em jogo são o poder na produção e no mercado de trabalho e as premissas e regras de seu exercício. A reboque das margens constitutivas que emergem no processo de racionalização empresarial, o tecido social da empresa acaba sendo *politizado*. Não tanto no sentido de uma reedição da luta de classes e mais no sentido de fazer com que o aparente "caminho único" da produção industrial se torne maleável, perca sua *uniformidade* organizacional, seja *despadronizado* e *pluralizado*. Nos próximos anos, nas disputas envolvendo a direção, os conselhos de fábrica, os sindicatos e a força de trabalho, estarão na ordem do dia decisões sobre *"modelos de sociedade" dentro da empresa*. Trata-se, a grosso modo, de um passo na direção de um "socialismo no dia a dia do trabalho" sobre a base de uma inalterada estrutura de propriedade, ou de um passo na direção contrária (apesar de que a peculiaridade reside justamente no fato de que ambas as alternativas não mais se excluem, tendo em vista que as abstrações em que elas foram concebidas perderam o apelo). O essencial é: de empresa a empresa, de setor a setor, políticas e modelos distintos são propagados e experimentados. Pode-se

[5] Isto ocorre, por exemplo, com a "necessidade funcional" do trabalho industrial fragmentado. Como se sabe, ela teve em *Taylor* seu profeta, que a envolveu com a aura do "gerenciamento científico da produção". Mesmo os críticos marxistas do taylorismo estão profundamente convencidos da necessidade imanente ao sistema dessa "filosofia de organização do trabalho". Eles criticam as despropositadas e alienadas formas emergentes de trabalho; em paradoxal simultaneidade, porém, *defendem* seu "realismo", em contraposição à "suma ingenuidade" de pretender romper com esse "encanto da necessidade" taylorista e esgotar, aqui e agora, até os seus limites e além deles, as margens existentes para formas "mais humanas" de organização do trabalho. Exagerando um pouco: entre os *defensores* mais convictos e teimosos do taylorismo estão atualmente *inclusive* seus *críticos marxistas*. Ofuscados pelo poder do capitalismo de penetrar em todas as esferas, eles não percebem que, se o taylorismo ainda floresce ou refloresce — o que é o caso em demasiados lugares —, isto de maneira alguma deve ser equivocadamente interpretado como confirmação de uma "necessidade sistêmica reinante". É antes de mais nada a expressão do impávido poder de uma elite gerencial conservadora, cuja pretensão ao monopólio do taylorismo, em processo de obsolescência histórica, eles acabam ajudando a sustentar.

mesmo chegar ao limite de uma montanha-russa de correntes da moda envolvendo a política trabalhista, em meio às quais hoje é esta, amanhã é aquela concepção que prevalece. No geral, de acordo com a tendência que se observa, a pluralização das formas de vida invade a esfera produtiva: manifesta-se uma *pluralização dos mundos do trabalho e das formas de trabalho*, em meio aos quais variantes "conservadoras" e "socialistas", "provincianas" e "metropolitanas" passam a competir umas com as outras.

Isto quer dizer, porém: a atuação empresarial é submetida a uma *pressão legitimatória* de dimensões até então desconhecidas. Ela adquire uma nova dimensão política e moral, que parecia completamente estranha à atuação econômica. Essa *moralização da produção industrial*, na qual se reflete também a dependência das empresas em relação à cultura política em meio à qual elas produzem, deve-se transformar numa das tendências mais interessantes dos próximos anos. Ela apoia-se não apenas numa pressão externa, mas sobretudo na acuidade e efetividade com que interesses contrários (inclusive novos movimentos sociais) vêm-se organizando recentemente, no esplendor com que eles sabem apresentar seus interesses e pontos de vista numa esfera pública cada vez mais sensível, na importância das definições de risco no mercado e na competição entre as empresas, em meio à qual as carências legitimatórias de uma são a vantagem competitiva da outra. De certo modo, no curso desse "aperto do parafuso legitimatório", a esfera pública adquire controle sobre as empresas. Não que o poder constitutivo das empresas seja anulado, *mas ele é privado de seus "apriorismos" em termos de objetividade, necessidade e interesse público*: ele converte-se em *sub*política.

É preciso compreender esse processo. A atuação técnico-econômica, do ponto de vista de sua constituição, continua protegida contra as demandas de legitimação democrática. Mas ao mesmo tempo ela também acaba por perder o caráter apolítico. Ela *não é política e nem apolítica*, mas algo distinto: ação interessada economicamente orientada, que, de um lado, em paralelo com o desaparecimento da latência dos riscos, passou a ser manifesta em seu alcance socialmente transformador, enquanto de outro lado, no pluralismo de suas decisões e revisões de decisões, perdeu a fachada de necessidade objetiva. Por toda a parte reluzem consequências arriscadas e outras configurações possíveis. Na mesma medida, desvela-se a trama de interesses *unilaterais* do cálculo empresarial. Quando cada vez *mais* decisões com implicações completamente *diferentes* para *distintos* afetados ou para o público em geral são possíveis, então a atuação empresarial, em todas as suas nuances (até nos detalhes técnicos da produção e nos métodos de cálculo de custos), passa a ser em princípio abertamente suscetível a acusações e, portanto, carente de justificação. Consequentemente, a atuação empresarial também se torna *discursiva* — sob pena de perder espaço no mercado. Não apenas a embalagem, mas *também argumentos* passam a fazer parte dos pressupostos fundamentais da autoafirmação no mercado. Sendo o caso, pode-se dizer que, em vista da geração de riscos e da acessibilidade decisória da configuração produtiva, o otimismo de um *Adam Smith*, segundo o qual interesse privado e benefício público *eo ipso* coincidirão numa atuação regulada pelo mercado, caducou historicamente. Refletem-se aí também as mencionadas mudanças na cultura política. Através da influência de diversos centros da subpolítica — espaço público dos meios de comunicação, iniciativas da sociedade civil, novos movimentos sociais, engenheiros e juízes críticos —, decisões empresariais e procedimentos de produção podem ser denunciados publicamente num piscar de olhos e, sob o chicote da perda de mercados, forçados a apresentar justificativas *extra*econômicas, *discursivas* para suas ações.

Se isto ainda não se revela atualmente, ou apenas começa a se revelar (como, por exemplo, nas discussões da indústria química, que ultimamente tem-se visto obrigada a responder com tons dissimulados às acusações públicas), ainda assim voltam a se refletir aí o desemprego em massa, os desencargos e as oportunidades de poder que tudo isto representa para as empresas. Nessa medida, o efeito da outra cultura política sobre os processos decisórios econômico-tecnológicos na empresa ainda continuam escondidos no primado abstrato do crescimento econômico.

8. Recapitulação e perspectiva: cenários de um futuro possível

A religião moderna do progresso, por mais contraditória que seja, teve sua época e segue tendo-a onde quer que suas promessas encontrem as condições para não serem cumpridas. Estas eram e continuam sendo a palpável miséria material, as forças produtivas subdesenvolvidas, as desigualdades de classe, que definem as disputas políticas. Dois processos históricos encerraram essa época nos anos setenta. Enquanto a política, com a ampliação do Estado Social, esbarra em fronteiras e contradições imanentes, perdendo seu ímpeto utópico, acumulam-se as possibilidades de transformação social na colaboração entre pesquisa, tecnologia e economia. *Sem que se alterem a estabilidade institucional e as atuais competências, o poder constitutivo migra do âmbito da política para o da subpolítica.* Nas discussões contemporâneas, já não se espera que a "outra sociedade" chegue através dos debates parlamentares sobre novas leis, e sim através da aplicação da microeletrônica, da tecnologia genética e dos meios de informação.

O lugar das utopias políticas foi ocupado pela solução de charadas envolvendo efeitos colaterais. Consequentemente, as utopias são revertidas em algo negativo. A configuração do futuro, deslocada e codificada, tem lugar não no parlamento, não nos partidos políticos, mas nos laboratórios de pesquisa e nas salas de reunião de executivos. Todos os outros — mesmo os mais competentes e os mais informados na política e na ciência — vivem das migalhas de informação que caem da mesa de planejamento da subpolítica tecnológica. Laboratórios de pesquisa e direções de empresas nas indústrias de futuro converteram-se em "células revolucionárias" paramentadas de normalidade. É ali que, em inoposição extraparlamentar, sem qualquer programa e em vista de metas emprestadas ao progresso do conhecimento, são criadas as estruturas de uma nova sociedade.

A situação corre o risco de tornar-se grotesca: a não política começa a assumir o papel de liderança da política. A política transforma-se em agência de publicidade financiada com fundos públicos dedicada a promover a face radiante de um processo que ela não conhece e cuja configuração ativa lhe escapa. Seu amplo desconhecimento ainda é superado pela inevitabilidade com que se impõe. Políticos operam, com os gestos de quem assegura o *status quo*, a reviravolta para uma outra sociedade, da qual eles não podem fazer a mínima ideia, e ao mesmo tempo responsabilizam "maquinações da crítica da cultura" pelo avivamento sistemático de temores em relação ao futuro. Empresários e cientistas que se ocupam cotidianamente com planos para a subversão revolucionária da ordem social vigente, reafirmam com o ar inocente da objetividade sua incompetência em todas as questões que são decididas através desses planos. Mas não só as pessoas perdem sua credibilidade, também a teia de papéis na qual elas estão inseridas. Quando os efeitos colaterais adquirem a extensão e as formas de uma mudança social de dimensões epocais, a naturalidade do modelo do progresso revela abertamente todo o seu potencial ameaçador. A divisão de poderes no próprio processo de modernização torna-se fluida. Emergem zonas cinzentas de uma configuração política do futuro que, à guisa de conclusão, serão aqui esboçadas em três variantes (de modo algum exclusivas): primeiro, *de volta à sociedade industrial* ("*re*industrialização"), segundo, *democratização* da mudança tecnológica e, terceiro, "*política diferencial*".

De volta à sociedade industrial

Essa opção vem sendo atualmente seguida em distintas variantes por uma ampla maioria na política, na ciência e na esfera pública — e na verdade *atravessando* as diferenças político-partidárias. De fato, uma série de razões sólidas também podem ser mencionadas em seu favor. Em primeiro lugar, seu *realismo*, que, por um lado, acredita tirar lições do passado, de mais de duzentos anos de crítica ao progresso e à civilização, e que se apoia, por outro lado, na valorização de antigas constrições de mercado e circunstâncias econômicas. Argumentar ou mesmo agir contra tais razões pressupõe — segundo essa avaliação — uma considerável ignorância ou um caráter masoquista. Desse ponto de vista, lidamos hoje em dia com uma mera revivescência de movimentos e argumentos "antimodernos", que sempre acompanharam o desenvolvimento industrial como sua sombra — *sem* jamais ter podido prejudicá-lo em seu "progresso". Ao mesmo tempo, as necessidades econômicas — desemprego em massa, competição internacional — limitam drasticamente qualquer margem de ação política. Resulta: que de um modo ou de outro (com certos "ajustes ecológicos") isto seguirá avançando da forma como parece confirmar o conhecimento sobre a "pós-história" e sobre a falta de alternativas ao caminho de desenvolvimento da sociedade industrial. Até mesmo o alívio, que sempre foi oferecido pela aposta no "progresso", fala em favor dessa opção. À pergunta que toda geração se coloca, o que devemos fazer?, a fé no progresso responde: mais do mesmo — só que maior, mais rápido, mais numeroso. Tendo esse cenário em conta, há muita coisa que recomenda que discutamos o futuro provável.

O roteiro e o receituário que orientam a ação e o pensamento são bastante claros. Trata-se de uma ênfase sobre as experiências socioindustriais desde o século XIX, que são por sua vez projetadas no futuro do século XXI. Logo, os riscos produzidos pela industrialização não representam qualquer ameaça realmente nova. Eles eram e continuam sendo os desafios autoimpostos do amanhã, mobilizam novas forças criativas científicas e tecnológicas e geram assim rebentos ao longo da ladeira do progresso. Nesse sentido, muitos farejam as oportunidades de mercado assim geradas e, confiando na velha lógica, empurram as ameaças do presente para o passivo a ser futuramente saldado com meios tecnológicos adequados. Mas eles menosprezam duas coisas: primeiro, o caráter da sociedade industrial como uma sociedade *semi*moderna e, segundo, que as categorias nas quais eles pensam — modernização da *tradição* — e a situação em que nos encontramos — modernização da *sociedade industrial* — pertencem a dois séculos diferentes, durante os quais o mundo foi alterado como jamais havia sido. Em outras palavras, eles passam por alto que, quando quer que se trate da modernização, ou seja, de fazer das inovações uma constante, aquilo que parece ser igual em sua continuidade pode significar e produzir algo inteiramente diverso. Isto será demonstrado de saída a partir das constrições das consequências contraditórias às quais conduz esse aparentemente natural "mais do mesmo".

Em primeiro plano, nesse caso, estão as prioridades da política econômica. Seus ditames irradiam-se sobre todos os outros campos temáticos. Isto vale mesmo quando o crescimento econômico é privado do papel principal *em nome* da política empregatícia. Esse interesse básico parece obrigar atualmente a cerrar fileiras com as decisões de investimento, através das quais o desenvolvimento econômico e consequentemente social, sem que se saiba exatamente qual ou para onde leva, é posto e mantido em funcionamento. Revelam-se assim dois pontos francos: nos campos da *subpolítica* tecnológica, acumulam-se os potenciais de subversão da ordem social que Marx havia concedido ao proletariado — com a diferença de que eles podem ser utilizados sob a égide do poder ordenador estatal (e sob os olhares críticos do contrapoder sindical e da inquieta opinião pública). Por outro lado, a política é compelida a assumir o papel de tutela legitimatória de decisões alheias, que acabam por transformar a sociedade de cima a baixo.

Esse retrocesso à pura legitimação é reforçado pelas circunstâncias do desemprego em massa. Quanto mais duradoura for a definição que a política econômica oferece do curso a ser seguido e quanto mais importância isto adquire através do combate ao desemprego em massa, tanto mais amplas serão as possibilidades discricionárias das empresas e tanto mais reduzidas as margens de ação político-tecnológicas do governo. O resultado é: a política segue as linhas tortas da *autoincapacitação*. Ao mesmo tempo, aprofundam-se suas contradições imanentes. Ela limita-se a si mesma, em todo o esplendor de seu mando de potência democrática, ao papel de propagandista de um processo, cujo acobertamento oficial acaba sendo questionado com a mesma inelutável naturalidade com que invariavelmente se impõe. Ao lidar com os riscos, essa propaganda oficial de algo que sequer se pode conhecer acaba sendo abertamente questionada, convertendo-se numa ameaça aos resultados eleitorais. Entrando na esfera de competência da ação estatal, os riscos exigiriam agora, para que fossem evitados, intervenções no contexto a partir do qual emergem, na produção industrial portanto, contexto este do qual a ação estatal acaba justamente sendo exonerada pela conformidade forçada pela política econômica. Consequentemente, a uma predeterminação juntam-se outras: os riscos, que existem, não deveriam existir. Na exata medida em que *cresce* a sensibilização pública para os riscos, surge uma demanda política por pesquisas *minimizadoras*. Estas devem assegurar cientificamente o papel de guardiã legitimatória da política. Quando, no entanto, riscos passam pelo processo social de reconhecimento ("desmatamento") e o clamor por remédios politicamente responsáveis chega a adquirir relevância capaz de influir nos resultados eleitorais, revela-se então a autoimposta impotência da política. Ela própria cai continuamente nos braços com os quais ela pretende obter remediação política. O vai e vem na introdução dos "catalisadores", na limitação da velocidade nas autoestradas, na legislação sobre a contenção do uso de substâncias tóxicas ou nocivas nos produtos alimentícios, da poluição do ar e da água, são uma variedade de exemplos reveladores.

Mas de forma alguma é inevitável esse "rumo das coisas", como frequentemente ainda se costuma supor. A alternativa tampouco consiste na oposição entre capitalismo e socialismo, que dominou tanto o último quanto este século. O decisivo é, antes de mais nada, o fato de que ambas: ameaças *e* oportunidades, que se encontram na transição para a sociedade de risco, são julgadas incorretamente. O "erro original" da estratégia de pura industrialização, que prolonga o século XIX até o século XXI, reside no fato de que a *oposição* entre sociedade industrial e modernidade permanece encoberta. A insolúvel equiparação entre as condições de desenvolvimento da modernidade no século XIX, vinculadas ao projeto da sociedade industrial, com o programa de desenvolvimento da modernidade obstrui o olhar de um duplo ponto de vista: primeiro, de modo que, em áreas centrais, o projeto da sociedade industrial desemboca numa *bissecção* da modernidade, e segundo, de modo que, assim, a retenção das experiências e princípios orientadores da modernidade oferece a continuidade *e* a chance de superar as restrições da sociedade industrial. Isto significa concretamente: na afluência das mulheres ao mercado de trabalho, na desmistificação da racionalidade científica, no declínio da fé no progresso, nas transformações extraparlamentares da cultura política, pretensões da modernidade dirigidas *contra* sua bissecção na sociedade industrial são validadas mesmo ali onde até então sequer se imaginavam novas respostas vivenciáveis e institucionalizáveis. Mesmo o potencial ameaçador que a modernidade desencadeia em sua sistemática socioindustrial, entrementes sem pré-visão e em oposição à pretensão de racionalidade sob a qual ela própria se encontra, *poderia* representar um desafio à fantasia criativa e ao potencial constitutivo humano, quando finalmente fosse percebido — e isto quer dizer: levado a sério — como tal e quando finalmente os habituais gestos socioindustriais da leviandade não mais fossem traduzidos em condições que na verdade não suportam mais essa política não confrontativa.

Essa equivocada avaliação histórica das situações e tendências evolutivas repercute atualmente também no varejo: pode bem ser que, na era da sociedade industrial, um tal "ombro a ombro" entre economia e política fosse possível e necessário. Sob as condições da sociedade de risco, confundem-se dessa forma, por assim dizer, a pequena tabuada do 1 com as operações de potenciação. A diferenciação *estrutural* das situações *em contraste* com as fronteiras institucionais da economia e da política permanece igualmente fora do campo de visão como os *diferentes* interesses próprios de certos setores e grupos. Não se pode, portanto, falar, por exemplo, de *uma uniformidade dos interesses econômicos em relação às definições de risco*. Interpretações de risco representam, antes de mais nada, *cunhas* fincadas no campo econômico. Há sempre "*perdedores* do risco", mas também "*ganhadores* do risco". Isto quer dizer, no entanto: definições de risco não impedem, e sim *possibilitam* exercícios de poder político. Elas são ao mesmo tempo um instrumento altamente eficaz de controle e seleção dos processos econômicos. Nessa medida, está bem fundada a avaliação, ultimamente inclusive em termos estatísticos, de que percepções de risco contradizem interesses econômicos apenas *seletivamente*, de maneira que, por exemplo, tampouco uma variante ecológica tenha de naufragar ao se chocar contra o penhasco dos custos.

Na mesma linha encontra-se também a dissociação de posições entre capitalismo e política, igualmente geradora de riscos. Como *efeitos colaterais*, eles entram na esfera de responsabilidade da política e não na da economia. Quer dizer: a economia não tem responsabilidade sobre algo que ela desencadeia, e a política é responsável por algo sobre o que ela não tem qualquer controle. Enquanto continuar sendo assim, os efeitos colaterais continuarão. Prejudicando estruturalmente a política, que não apenas é perturbada (pela esfera pública, pelos custos com a saúde etc.), como também continua a ser constantemente responsabilizada por algo que é cada vez mais difícil de negar, cujas causas e cuja transformação sequer se encontram diretamente em sua esfera de influência. Esse círculo de autoincapacitação e perda de credibilidade pode ser no entanto rompido. A chave encontra-se na própria responsabilidade pelos efeitos colaterais. Girando na direção inversa, a atuação política expande sua influência paralelamente com *a descoberta e a percepção* de potenciais de risco. Definições de risco ativam responsabilidades e geram, conforme a construção social, zonas de condicionamento sistêmico *ilegítimo*, que demandam mudanças no interesse de todos. Portanto, não paralisam a atuação política e, consequentemente, tampouco precisam ser a todo custo dissimuladas, com o auxílio de uma ciência ou bem cega ou bem remotamente controlada, perante uma esfera pública sistematicamente inquieta. Ao contrário, elas *abrem* novas opções políticas, que também podem ser utilizadas para recuperar e fortalecer o controle democrático-parlamentar.

Em sentido inverso, a negação dos riscos não leva à sua superação. Muito pelo contrário: aquilo que se pretendia como uma política de estabilização, pode-se rapidamente converter numa *des*estabilização geral. Não somente podem os próprios riscos dissimulados subitamente se converter em situações de ameaça social, com alcance tal que seu manejo político — e não apenas científico-tecnológico — será absolutamente inabarcável pela imprudência da sociedade industrial. Tampouco sensibilidade para a ação necessária, aguçada em decorrência da internalização dos direitos democráticos, se dará por satisfeita a longo prazo com as demonstrações de inércia política ou com operações cosmético-simbólicas. Ao mesmo tempo, crescem as incertezas em todos os âmbitos da vida social: carreira, família, homens, mulheres, casamento etc. O "choque de futuro" (Toffler) encontra despreparada uma sociedade sintonizada na inocuidade. Sob esse efeito, a apatia e o cinismo políticos podem crescer rapidamente entre a população, o fosso já existente entre a estrutura social e a política e entre os partidos políticos e o eleitorado pode prontamente alargar-se. A refutação "da" política acaba atingindo cada vez mais possivelmente não apenas representantes ou partidos isolados, mas o sistema das regras do jogo democrático como um todo. A velha coalizão entre insegurança e radicalismo seria revivida. O clamor por *comando político* volta a retumbar ameaçador. A ânsia por uma "mão forte" cresce na mesma medida em que o indivíduo vê o mundo vacilar à sua volta. O desejo de ordem e segurança reaviva os fantasmas do passado. Os efeitos colaterais de uma política que desconsidera os efeitos colaterais ameaçam converter estes em seu contrário. Ao fim e ao cabo, já não se pode pode garantir que o passado ainda não superado não se acabe tornando uma variante *possível* (ainda que sob outras formas) de desenvolvimento futuro.

Democratização do desenvolvimento técnico-econômico

Nesse modelo de desenvolvimento, invoca-se a tradição da modernidade, voltada à ampliação da autodeterminação. O ponto de partida é a avaliação de que, no processo de renovação da sociedade industrial, as possibilidades de autodeterminação democrática são *reduzidas institucionalmente.* Inovações técnico-econômicas, enquanto motores da constante transformação social, são de saída excluídas das possibilidades democráticas de participação, controle e resistência. Estão portanto contidas no modelo diversas das contradições que irrompem atualmente. Ali, modernização equivale a "racionalização", apesar de que, nesse caso, acontece algo com o sistema que escapa à cognição e ao controle. Por um lado, a sociedade industrial só pode ser pensada como democracia; por outro, sempre estiveram contidas nela possibilidades de que a sociedade se transforme, em função da ignorância que a move, no oposto de suas supostas pretensões de esclarecimento e progresso. Na mesma medida em que isto assoma, crença e descrença no avanço do movimento desencadeado entram novamente em conflito com um forma de sociedade que, como nunca antes na história, fez do conhecimento e da capacidade cognitiva a base de seu desenvolvimento. Querelas da fé e, com elas, tendências à heretização e a erigir novos autos de fé definem um processo social que originalmente se baseara na solução racional de conflitos. Visto que a ciência, que contribuiu decisivamente para colocar tudo isto em funcionamento, se desonera dos resultados e abriga-se ela própria em escolhas nas quais tudo acaba sendo de um jeito ou de outro transformado pela modernidade, trata-se então — esta é a conclusão a que chegamos — de tornar publicamente acessível essa base decisória, seguindo de fato as regras previstas no livro de receitas da modernidade: *democratização*. O calejado instrumental do sistema político deve ser ampliado de modo a abarcar condições exteriores a ele. Para tanto, muitas são as variantes concebíveis e já em discussão. O espectro de propostas abarca desde controles parlamentares sobre os avanços tecnológicos das empresas, passando por "parlamentos da modernização", nos quais planos sejam abordados, avaliados e oferecidos por bancadas interdisciplinares de especialistas, até a integração de grupos de cidadãos no planejamento tecnológico e nos processos decisórios da política de pesquisa.

A ideia fundamental é: o cogoverno e o antigoverno da subpolítica técnico-econômica — economia e pesquisa — devem ser implicados na prestação de contas parlamentar. Se o cogoverno é uma decorrência da liberdade de investimento e da liberdade de pesquisa, então que haja ao menos uma obrigação de que as decisões fundamentais do "processo de racionalização" sejam justificadas perante as instituições democráticas. Mas é justamente nessa ordinária transferência que reside o *problema central* dessa abordagem cognitiva e política: em seu receituário, ela permanece vinculada à era da sociedade industrial, ainda que sob a forma de contra-argumento em prol da estratégia de reindustrialização. "Democratização", no sentido do século XIX, pressupõe centralização, burocratização etc., partindo de condições que foram historicamente em parte superadas e em parte desacreditadas.

Mas as metas que devem ser alcançadas por meio da democratização são claras: a sucessão de decisões de pesquisa e investimento e só então discussão público-política deve ser rompida. A demanda é a seguinte: os efeitos e margens de configuração da microeletrônica, da tecnologia genética etc. devem passar pelos parlamentos *antes* que as decisões fundamentais sobre sua aplicação sejam tomadas. As consequências de um tal processo podem ser facilmente antecipadas: entraves burocrático-parlamentares à racionalização empresarial e à pesquisa científica.

Essa é contudo apenas uma das variantes desse modelo de futuro. As outras variantes são ilustradas pelo desmonte do Estado Social. Argumenta-se — grosso modo — pela analogia com o risco de pauperização vivido no século XIX e na primeira metade do século XX. Riscos de pauperização e riscos tecnológicos são efeitos colaterais do processo de industrialização em distintas fases históricas de sua evolução. Ambos os tipos de riscos da industrialização tiveram — com algum deslocamento temporal — uma carreira política similar, de modo que se pode aprender com a experiência no manejo político e institucional com os riscos de pauperização para melhor lidar com os riscos tecnológicos. A carreira político-histórica do risco de pauperização — ferrenha negação, luta por visibilidade e reconhecimento, consequências políticas e jurídicas na expansão do Estado Social — parece repetir-se no caso das situações de ameaça global, apenas num outro nível e com outra vocação. Como justamente mostra a ampliação do Estado Social ao longo deste século na Europa Ocidental, a negação não é a única opção diante de situações de perigo industrialmente geradas. Estas também podem chegar a ser convertidas numa *ampliação* das possibilidades de ação política e das garantias básicas democráticas.

Os defensores desse processo têm em mente *uma variante ecológica do Estado de Bem-Estar*. Ela poderia chegar mesmo a oferecer respostas a *dois* problemas cruciais: à destruição da natureza e ao desemprego em massa. As regulações jurídicas e as instituições políticas correspondentes são concebidas segundo os modelos históricos das leis e instituições da política social. Seria preciso criar postos administrativos e equipá-los com as respectivas atribuições para combater efetivamente a predação industrial da natureza. De forma análoga ao seguro social, poderia ser introduzido um sistema de seguridade contra danos à saúde provocados pela contaminação do meio ambiente e dos gêneros alimentícios. Para tanto, seria certamente necessário, por meio de uma alteração dos fundamentos jurídicos vigentes, deixar de sobrecarregar ainda mais os afetados com o já suficientemente difícil ônus da prova de causalidade.

Mas as fronteiras entrementes estabelecidas e os problemas decorrentes das intervenções estatais de modo algum precisam valer também para a ampliação ecológica. Também nesse caso haverá resistências dos investidores privados. No caso das garantias do Estado Social, elas fundavam-se nos crescentes custos diretos e indiretos com a mão de obra. No entanto, encargos globais equivalentes, que afetariam todas as empresas, acabam por *ficar de fora* nas iniciativas político-tecnológicas. Eles precipitam-se sobre alguns na forma de custos, mas também abrem novos mercados. Os custos e oportunidades de expansão são, por assim dizer, distribuídos desigualmente entre setores e empresas. Ao mesmo tempo, emergem a partir daí oportunidades de implementação de uma consoante política ecologicamente orientada. O bloco de interesses da economia desagrega-se sob o peso da seletividade dos riscos. Coalizões podem vir a ser montadas, o que, por sua vez, ajudaria a política a absorver no âmbito da atuação político-democrática o poder constitutivo anônimo do progresso. Sempre que materiais tóxicos ameacem a vida da natureza e dos seres humanos, medidas de racionalização anulem os fundamentos da convivência e da cooperação habituais, acabarão por surgir expectativas sistemáticas dirigidas à política que podem ser convertidas numa ampliação das iniciativas político-democráticas. Os perigos de um tal intervencionismo estatal ecologicamente orientado também podem ser derivados a partir dos paralelos com o Estado Social: *autoritarismo científico* e exuberante *burocracia*.

Mas, para além disso, essa concepção se baseia num equívoco que também marca o projeto da reindustrialização: assume-se que a modernidade, ao longo de todas as suas diversificações e opacidades, tenha ou deva ter um centro político de comando. Os caminhos *deveriam* — é o que se argumenta — convergir para o sistema político e seus órgãos centrais. Tudo o que vai no sentido contrário é visto e avaliado como *fracasso* da política, da democracia etc. De um lado, presume-se que modernização implique em autonomia, diferenciação, singularização. De outro, busca-se a "solução" para os processos parciais, que consequentemente se distanciam uns dos outros, numa *recentralização* no torno do sistema político, de acordo com o modelo da democracia parlamentar. Assim, são deixados de lado não apenas os aspectos sombrios de um centralismo e de um intervencionismo burocrático que entrementes se tornaram suficientemente evidentes. Também é oportunamente *ignorado* o fato elementar de *que a sociedade moderna não possui qualquer centro de comando*. É evidente que se pode questionar como se poderia impedir que as tendências de autonomização se ampliem ou se tornem maiores que a possível autocoordenação dos sistemas e unidades parciais. Essa pergunta não deve, entretanto, ofuscar a realidade da ausência de centro ou de comando. Tampouco é necessário que as autonomizações geradas no processo da modernização invariavelmente tenham de conduzir à via de mão única da anomia. Também são concebíveis novas formas intermediárias de controle recíproco, que evitem o centralismo parlamentar e no entanto criem obrigações equivalentes de justificação. Exemplos disto podem ser encontrados ao longo de toda a evolução da cultura política nas últimas duas décadas na Alemanha: espaços públicos dos meios de comunicação, iniciativas da sociedade civil, movimentos de protesto etc. Estes escondem seu significado enquanto se pretender vinculá-los às premissas de um centro institucional para a política. Eles parecerão então ineptos, deficitários, instáveis, possivelmente operando nos limites da legitimidade extraparlamentar. Se, contudo, o fato elementar da *dissolução das fronteiras* da política for propriamente considerado, então torna-se acessível seu significado como formas de experimentação democrática que, contra o pano de fundo dos direitos fundamentais adquiridos e da subpolítica internamente diferenciada, testam novas formas diretas de participação e controle para além das ficções centralizadas do comando e do progresso.

Política diferencial

O ponto de partida para esse modelo de futuro é a *dissolução das fronteiras* da política, isto é, o espectro de política propriamente dita, parapolíticas, subpolíticas e contrapolíticas, que emergiu sob as condições da democracia avançada na sociedade complexa. A avaliação é a seguinte: essa ausência de centro da política tampouco poderá ser revertida por meio da demanda por democratização. A política *generalizou-se num certo sentido*, tornando-se assim "anucleada". A irreversibilidade dessa conversão da política executiva num *processo político*, que perdeu simultaneamente sua especificidade, seu reverso, seu conceito e seu modo de ação, tampouco é algo que se deva lamentar. Anuncia-se aí uma outra era da modernização, que foi indicada aqui com o signo da "reflexividade". A "lei" da diferenciação funcional é impugnada e revogada por *des*diferenciações (cooperação e conflitos motivados por riscos, moralização da produção, diferenciação interna da subpolítica). Nessa racionalização *de segundo grau*, os princípios da centralização e da burocratização e a cristalização das estruturas sociais a eles associada passam a competir com o princípio da *flexibilidade*, que adquire cada vez mais precedência em meio às emergentes situações de risco e incerteza, mas que ao mesmo tempo pressupõe formas novas e ainda sequer imagináveis de "*autocoordenação heterocontrolada*" dos subsistemas e das unidades descentralizadas de ação.

Por trás da mudança histórica, ocultam-se também pontos de partida para uma *democratização estrutural* consideravelmente mais manejável. Esta teve seu início com o princípio da divisão dos poderes (e, nessa medida, já está contida no modelo da sociedade industrial), tendo sido ampliada, entre outras razões, por conta da liberdade de imprensa. O fato de que o sistema econômico seja um campo no qual não só avanços são gerados sob a forma de imprevistos efeitos colaterais do interesse próprio e de necessidades técnicas, mas também a sólida (sub)política é praticada no sentido de uma transformação política igualmente possível por outros meios, é algo que se acaba por se desvelar, no mais tardar hoje, a partir do momento em que a "necessidade técnico-econômica" da emissão de poluentes subitamente se reduz, sob pressão pública, a uma de várias outras possibilidades decisórias. O fato de que a situação por trás das paredes da esfera privada nem sempre teve de seguir os padrões do casamento e da família, dos papéis masculino e feminino, é algo de que qualquer um historicamente ilustrado já havia suspeitado, mas que somente por meio das destradicionalizações pôde ser integrado à esfera do conhecimento e, mais ainda: das decisões. Ao legislador não se concede nem o direito e nem a possibilidade de intervir nesse aspecto. O "governo paralelo da privacidade" pode modificar *aqui e agora* as relações de convivência sem ter de recorrer a projetos de lei ou a fórmulas decisórias, e efetivamente o faz, como demonstram as expansivas, oblíquas e cambiantes condições de vida.

A visão sobre esse processo é obstruída cada vez mais pela intactamente preservada fachada de realidade da sociedade industrial. A avaliação defendida aqui é a seguinte: atualmente, escancaram-se monopólios que surgiram com a sociedade industrial, estando incrustados em suas instituições, *escancaram-se monopólios, mas nenhum mundo desmorona*: o monopólio de racionalidade da ciência, o monopólio profissional dos homens, o monopólio sexual do casamento, o monopólio político da política. Tudo isto fragiliza-se pelas mais diversas razões, produzindo efeitos bastante variados, imprevistos, ambivalentes. Mas cada um desses monopólios também *contradiz* os princípios que foram implementados com a modernidade. O monopólio de racionalidade da ciência exclui o autoceticismo. O monopólio profissional dos homens opõe-se às demandas universalistas por igualdade, sob cujo manto a modernidade teve início, e por aí adiante. Isto também significa: muitos riscos e questões emergem na *continuidade* da modernidade, sendo validados *contra* a contração de seus princípios no projeto da sociedade industrial.

O outro lado da incerteza que a sociedade de risco lança sobre a atormentada humanidade é a *chance* de que mais da igualdade, da liberdade e da autodeterminação que a modernidade promete seja obtido e ativado *contra* as limitações, os imperativos funcionais e o fatalismo do progresso da sociedade industrial.

A percepção e a compreensão da situação e do processo são substancialmente distorcidas pelo fato de que o lado de fora e o de dentro, a encenação acordada e a efetiva, desintegram-se *sistematicamente*. Em muitos âmbitos, encenamos a peça seguindo o roteiro da sociedade industrial, apesar de já não mais podermos, sob as circunstâncias em que atuamos e vivemos, sequer ensaiar os papéis que nos são atribuídos, e ainda assim desempenhamos esses papéis e outros ainda, apesar de ao mesmo tempo sabermos que, no fundo, tudo segue outro rumo. *O gestual do "como se" domina a cena, do século XIX ao século XXI.* Cientistas fazem *como se* tivessem arrendado a verdade e, de fato, têm de agir assim para fora, afinal sua posição depende disto. Políticos são obrigados — especialmente durante as campanhas eleitorais — a simular um poder decisório que eles, melhor que ninguém, sabem ser uma lenda determinada pelo sistema, que também poderá passar por cima deles na primeira oportunidade. Essas ficções têm sua realidade na encenação e na estrutura de poder funcional da sociedade industrial. Elas têm também sua *ir*realidade na emergente selva de opacidades, que é justamente um *resultado* da modernização reflexiva. Se, dessa maneira, miséria é gerada ou reduzida, o que continua valendo e sob que ponto de vista são todas questões difíceis de responder, não sem razão também porque o próprio sistema de coordenação dos conceitos é afetado e turvado. Para sequer poder chegar a descrever ou compreender o estágio alcançado pela diferenciação interna da (sub)política, é evidentemente necessária uma *concepção de política distinta* da que fundamenta a especialização da política no sistema político de acordo com o modelo da democracia. No sentido da democracia em geral, a política certamente não foi generalizada. Mas então em que sentido? Quais as perdas e ganhos implicados ou, com mais cuidado: quais as perdas e ganhos que a dissolução das fronteiras da política poderia oferecer à esfera política e às redes da subpolítica e da contrapolítica?

A postura preliminar é a seguinte: *a política precisa compreender a autolimitação que foi historicamente consumada*. A política não é mais a única e nem mesmo a mais importante instância em que se decide sobre a configuração do futuro social. Nas eleições e campanhas eleitorais, não se trata de escolher um "comandante da nação", que então disporia das rédeas do poder e sobre quem recairia a responsabilidade por tudo de bom ou de ruim que acontecesse durante seu mandato. Se fosse assim, viveríamos numa ditadura, na qual o ditador seria eleito, mas não numa democracia. Pode-se na verdade dizer: todas as ideias de centralização da política estão relacionadas em proporção inversa ao grau de democratização de uma sociedade. É tão importante que isto seja reconhecido porque a obrigação de operar com a ficção do poder estatal centralizado gera o horizonte de expectativas em face do qual a realidade da interdependência política aparecerá como uma debilidade, como um fracasso, que só pode ser revertido por uma "mão forte", apesar de que essa realidade é na verdade justamente o oposto: um sinal de combatividade dos cidadãos, no sentido de uma participação e de uma oposição ativas.

O mesmo vale também para o outro lado da mesma relação: os distintos campos da subpolítica. Economia, ciência etc. não podem mais fazer como se não fizessem o que fazem: alterar as condições da vida social e, quer dizer: fazer política com *seus meios*. Isto não é algo indecoroso, algo que precise ser ocultado e dissimulado. Trata-se, antes de mais nada, da configuração e da utilização conscientes das margens de ação conquistadas nesse meio-tempo pela modernidade. Se tudo é disponível, convertido em produto da ação humana, então *a época das escusas já passou*. Não mais vigoram constrições objetivas, a não ser que permitamos e façamos que vigorem. Isto por certo não significa que agora tudo possa ser configurado a nosso bel-prazer. Mas decididamente quer dizer que o manto encantado das constrições objetivas foi deposto, fazendo assim com que interesses, possibilidades, pontos de vista tenham de ser sopesados. Tampouco se pode sinceramente esperar que os privilégios de criar fatos consumados, acumulados sob a couraça otimista do progresso, possam continuar contando com validade transcendente. Isto levanta a questão sobre como seria possível, por exemplo, controlar pesquisas que redefinem a vida e a morte, senão através de prescrições e decisões parlamentares. Perguntando concretamente: como poderíamos, por exemplo, evitar no futuro o escapismo na genética humana sem suprimir a liberdade do questionamento na pesquisa, sem o que tampouco podemos viver?

Minha resposta é a seguinte: *por meio de uma ampliação e da garantia jurídica de possibilidades específicas de controle da subpolítica*. Tribunais fortes e independentes representam certamente condições de fundo decisivas, assim como uma esfera pública forte e independente, com tudo o que isto pressupõe. Estas são, por assim dizer, dois pilares de sustentação no sistema de controles subpolíticos recíprocos, mas que, sozinhos, como ensina o passado, não bastam. Um passo complementar decisivo é necessário. As possibilidades de autocontrole, que todos os monopolistas prezam, precisam ser complementadas por possibilidades de *autocrítica*. Quer dizer: aquilo que até agora só com muito esforço conseguiu abrir caminho em meio ao domínio das profissões ou do gerenciamento empresarial precisa ser *institucionalmente assegurado*: contralaudos, práxis profissional alternativa, discussões interprofissionais e interempresariais a respeito de riscos do próprio desenvolvimento, ceticismo reprimido. Nesse caso, Popper realmente tem razão: crítica significa progresso. Apenas quando medicina se coloca contra medicina, física nuclear contra física nuclear, genética humana contra genética humana, informática contra informática, é que se torna possível que se calcule e avalie, também do lado de fora, que futuro está sendo preparado. A viabilização da autocrítica sob todas as formas não é tanto uma ameaça, e sim provavelmente a única maneira pela qual poderia ser desvelado de antemão o erro que, de outro modo, faria com que, mais cedo ou mais cedo ainda, o mundo nos passasse em branco. Quais as regras e os subsídios que isto exige é algo que ainda não se pode prever detalhadamente. Muito já seria ganho se fossem revogados os regulamentos que fazem com que as pessoas se tornem escravas daqueles para quem elas trabalham. Então também seria possível que técnicos relatassem sobre sua experiência nas empresas e não mais precisassem se esquecer, ao passar pelo portão da fábrica, dos riscos que eles testemunham e produzem. Também reside aí uma nova e importante tarefa para os sindicatos. Da mesma forma como em relação ao direito de greve, cumpre conquistar e assegurar — em benefício de todos — o direito à crítica técnica no interior dos grupos profissionais e empresas. Essa institucionalização da autocrítica é tão importante porque, em muitos setores, nem os riscos e nem os caminhos alternativos para evitá-los podem ser reconhecidos sem o respectivo *know-how*.

Para a pesquisa, isto certamente resultaria em que, já de saída, seria preciso discutir, *entre alternativas e controvérsias*, sobre os riscos de determinados passos e projetos, e por certo não apenas em esferas intradisciplinares, mas também em *esferas semipúblicas interdisciplinares*, ainda a serem criadas institucionalmente. Em que formato poderiam ser organizadas e que possibilidades de controle essas instâncias inter e supraprofissionais deveriam estar em condições de exercer é algo que no entanto sequer precisa ser esboçado sobre uma folha de papel em branco.

Para a política oficial, estariam novamente implicadas consideráveis possibilidades de controle. Imagine-se como as discussões sobre a redução de custos no sistema de saúde seria animada se dispuséssemos de uma contramedicina eficaz e eloquente. Dessa forma, aliás, tampouco a política poderia restabelecer seu monopólio da política. Ainda assim, haveria uma diferença fundamental em relação aos distintos campos da subpolítica, que acabaria adquirindo uma importância ainda maior: enquanto na economia (e também nas ciências) a disputa em torno de interesses e pontos de vista particulares recrudesce e deve continuar recrudescendo, o sistema político poderia fixar os parâmetros (legais) gerais, verificar em que medida as regras seriam generalizáveis, gerar consenso. Isto significa que as *funções tutelares, arbitrais, discursivas e simbólicas da política* — que de um jeito ou de outro já predominam furtivamente, ainda que inteiramente à sombra de construções fictícias de poder — poderiam ser convertidas na base de suas incumbências. Com relação aos centros da subpolítica, seria sobretudo um efeito *conservador* da política que seria ressaltado. Caberia, nesse caso, proteger e ampliar o nível já alcançado de direitos sociais e democráticos contra investidas (também das próprias fileiras). Inovações, ao contrário, teriam de seguir no paradoxal e já trilhado caminho da autoimpugnação, no qual são criadas as condições jurídicas e institucionais que permite colocar em funcionamento, a despeito das restrições existentes, delicados processos sociais de experimentação e aprendizado (desenvolvimento de novas formas de vida ao longo de processos de individualização, crítica e pluralizações intraprofissionais). É possível que atualmente, por trás da ainda venerada fachada da boa e velha sociedade industrial, já comecem a ser delineadas e produzidas em alguns campos, para além dos muitos riscos e ameaças, as formas dessa nova divisão do trabalho e do poder entre política e subpolítica?

Bibliografia

PREFÁCIO

ADORNO, T. W. (org.). *Spätkapitalismus oder Industriegesellschaft?* Frankfurt am Main, 1969.

ANDERS, G. *Die Antiquiertheit des Menschen. Über die Zerstörung des Lebens im Zeitalter der dritten industriellen Revolution*. Munique, 1980.

BECK, U. "Von der Vergänglichkeit der Industriegesellschaft". In: SCHMID, T. (org.), *Das pfeifende Schwein*. Berlim, 1985.

BELL, D. *Die Zukunft der westlichen Welt: Kultur und Technik im Widerstreit*. Frankfurt am Main, 1976.

BERGER, J. (org.). "Moderne oder Postmoderne", *Soziale Welt*, nº especial 4, Göttingen, 1986.

BERGER, P.; BERGER, B.; KELLNER, H. *Das Unbehagen in der Modernität*. Frankfurt am Main, 1975.

BRAND, G., "Industrialisierung, Modernisierung, gesellschaftliche Entwicklung", *Zeitschrif für Soziologie*, nº 1, 1972, pp. 2-14.

DAHRENDORF, R. *Lebenschancen*. Frankfurt am Main, 1979.

EISENSTADT, S. N. *Tradition, Wandel und Modernität*. Frankfurt am Main, 1979.

ETZIONI, A. *An immodest agenda*. Nova York, 1983.

FOURASTIÉ, J. *Die Große Hoffnung des zwanzigsten Jahrhunderts*. Colônia, 1969.

GEHLEN, A. "Über die kulturelle Kristallisation". In: GEHLEN, A., *Studien zur Anthropologie und Soziologie*. Neuwied, 1963.

HABERMAS, J. *Der Diskurs der Moderne*. Frankfurt am Main, 1985.

_________. *Die neue Unübersichtlichkeit*. Frankfurt am Main, 1985.

HORKHEIMER, M.; ADORNO, T. W. *Dialektik der Aufklärung*. Frankfurt am Main, 1969.

JONAS, H. *Das Prinzip Verantwortung: Versuch einer Ethik für die technologische Zivilisation*. Frankfurt am Main, 1984.

KOSELLECK, R. *Vergangene Zukunft*. Frankfurt am Main, 1979.

LEPSIUS, M. R. "Soziologische Theoreme über die Sozialstruktur der 'Moderne' und der 'Modernisierung'". In: KOSELLECK, R. (org.), *Studien zum Beginn der modernen Welt*. Stuttgart, 1977.

LODGE, D. *Modernism, Antimodernism and Postmodernism*. Birmingham, 1977.

SCHELSKY, H. "Der Mensch in der wissenschaftlichen Zivilisation". In: *Auf der Suche nach Wirklichkeit*. Düsseldorf, 1965.

TOFFLER, A. *Die dritte Welle: Zukunftschancen, Perspektiven für die Gesellschaft des 21. Jahrhunderts*. Munique, 1980.

TOURAINE, A. "Soziale Bewegungen", *Soziale Welt*, nº 1, 1983.

OS CONTORNOS DA SOCIEDADE DE RISCO
(Capítulos 1 e 2)

ANDERS, G. *Die atomare Bedrohung*. Munique, 1983.

BECHMANN, G. (org.). *Gesellschaftliche Bedingungen und Folgen der Technologiepolitik*. Frankfurt am Main/Nova York, 1984.

BROOKS, H. "The Resolution of Technically Intensive Public Policy Disputes", *Science, Technology, Human Values*, vol. 9, nº 1, 1984.

CONRAD, J. *Zum Stand der Risikoforschung*. Frankfurt am Main: Batelle, 1978.

CORBIN, A. *Pesthauch und Blütenduft*. Berlim, 1984.

DOUGLAS, M.; Wildavsky, A. *Risk and Culture*. Nova York, 1982.

EPPLER, E. *Wege aus der Gefahr*. Reinbek, 1981.

FRIEDRICHS, G.; BECHMANN, G.; GLOEDE, F. *Großtechnologien in der gesellschaftlichen Kontroverse*. Karlsruhe, 1983.

GLOTZ, P. *Die Arbeit der Zuspitzung*. Berlim, 1984.

JÄNICKE, M. *Wie das Industriesystem von seinen Mißständen profitiert*. Colônia, 1979.

JÄNICKE, M.; SIMONIS, U. E.; WEEGMANN, G. *Wissen für die Umwelt. 17 Wissenschaftler bilanzieren*. Berlim/Nova York, 1985.

JUNGK, R. *Der Atomstaat. Vom Fortschritt in die Unmenschlichkeit*. Hamburgo, 1977.

KALLSCHEUER, O. "Fortschrittsangst", *Kursbuch*, nº 74, 1983.

KECK, O. *Der schnelle Brüter: Eine Fallstudie über Entscheidungsprozesse in der Großtechnologie*. Frankfurt am Main, 1984.

KITSCHELT, H. *Der ökologische Diskurs. Eine Analyse von Gesellschaftskonzeptionen in der Energiedebatte*. Frankfurt am Main, 1984.

KOSELLECK, R. (org.). *Studien über den Beginn der modernen Welt*. Stuttgart, 1977.

KRUEDENER, J. v.; SCHULERT, K. v. (orgs.). *Technikfolgen und sozialer Wandel*. Colônia, 1981.

LAHL, U.; ZESCHMER, B. *Formaldehyd: Porträt einer Chemikalie. Kniefall der Wissenschaft vor der Industrie?* Freiburg, 1984.

LEIPERT, C.; SIMONIS, U. E. *Arbeit und Umwelt* (relatório de pesquisa). Berlim, 1985.

MAYER-TASCH, P. C. "Die internationale Umweltpolitik als Herausforderung für die Nationalstaatlichkeit", *Aus Politik und Zeitgeschichte*, nº 20, 1985.

MOSCOVICI, S. *Versuch über die menschliche Geschichte der Natur*. Frankfurt am Main, 1982.

NATUR, nº 4. "Höchstmengen". 1985, pp. 46-50.

NELKIN, D.; BROWN, M. S. *Workers at Risk*. Chicago, 1984.

NELKIN, D.; POLLOK, M. "Public Participation in Technological Decisions: Reality or Grand Illusion?", *Technology Review*, ago./set. 1979.

NOWOTNY, H. (org.). *Vom Technology Assessment zur Technikbewertung: Ein europäischer Vergleich*. Viena, 1985.

O'RIORDIAN. "The Cognitive and Political Dimension of Risk Analysis", *Journal of Environmental Psychology*, nº 3, 1983, pp. 345-54.

OTWAY, H.; PAHNER, P. D. "Risk Assessment", *Futures*, nº 8, 1976, pp. 122-34.

OTWAY, H.; THOMAS, K. "Reflections on Risk Perception and Policy", *Risk Analysis*, vol. 2, nº 2, 1982.

PERROW, Ch. *Normal Accidents: Living with High Risk Technologies*. Nova York, 1984.

RAT DER SACHVERSTÄNDIGEN FÜR UMWELTFRAGEN. *Sondergutachten Umweltprobleme der Landwirtschaft* (resumo), 1985.

RENN, O. *Risikowahrnehmung in der Kernenergie*. Frankfurt am Main, 1984.

ROPOHL, G. *Die unvollkommene Technik*. Frankfurt am Main, 1985.

ROWE, W. D. *An Anatomy of Risk*. Nova York, 1975.

SCHÜTZ, R. *Ökologische Aspekte einer naturphilosophischen Ethik*. Bamberg, 1984.

SCHUMM, W. *Die Risikoproduktion kapitalistischer Industriegesellschaften*. Frankfurt am Main, 1985.

SHORT, J. F. "The Social Fabric of Risk: Towards the Social Transformation of Risk Analysis", *American Sociological Review*, vol. 49, dez. 1984, pp. 711-25.

SPÄTH, L. *Wende in die Zukunft. Die Bundesrepublik in die Informationsgesellschaft*. Reinbek, 1985.

STARR, C. "Social Benefit Versus Technological Risk", *Science*, nº 165, 1965, pp. 1.232-8.

STEGMÜLLER, W. *Probleme und Resultate der Wissenschaftstheorie*. Berlim/Nova York, 1970.

STRASSER, J.; TRAUBE, K. *Die Zukunft des Fortschritts. Der Sozialismus und die Krise des Industrialismus*. Berlim, 1984.

THE COUNCIL FOR SCIENCE AND SOCIETY. *The Acceptability of Risks*. Londres, 1977.

THOMPSON, M.; WILDAVSKY, A. "A Proposal to Create a Cultural Theory of Risk". In: KUNREUTHER; LEY (orgs.), *The Risk Analysis Controversy*. Nova York, 1982.

TOURAINE, A. *et al. Die Antinucleare Prophetie. Zukunftsentwürfe einer sozialen Bewegung*. Frankfurt am Main, 1982.

UMWELTBUNDESAMT (ed.). *Berichte*, nº 5. Berlim, 1985.

URBAN, M. "Wie das Sevesogift wirkt", *Süddeutsche Zeitung*, 30/5/1985.

VAN DEN DAELE, W. "Technische Dynamik und gesellschaftliche Moral. Zur soziologischen Bedeutung der Gentechnologie", *Soziale Welt*, nº 2/3, 1986.

WAMBACH, M. M. (org.). *Der Mensch als Risiko. Zur Logik von Prävention und Früherkennung*. Frankfurt am Main, 1983.

INDIVIDUALIZAÇÃO DA DESIGUALDADE SOCIAL
(Capítulo 3)

ABELSHAUER, W. *Wirtschaftsgeschichte der Bundesrepublik Deutschland 1945-1980*. Frankfurt am Main, 1983.

ALBER, J. *Vom Armenhaus zum Wohlfahrtsstaat. Analysen zur Entwicklung der Sozialversicherung in Westeuropa*. Frankfurt am Main/Nova York, 1982.

ALLERBECK, K. R.; STORK, H. R. "Soziale Mobilität in Deutschland 1833-1970. Eine Reanalyse", *Kölner Zeitschrift für Soziologie und Sozialpsychologie*, nº 32, 1980, pp. 93 ss.

BUNDESMINISTER DER SOZIALORDNUNG (ed.). *Arbeits- und Sozialstatistik: Hauptergebnisse*. Bonn, 1983.

BADURA, B. (org.). *Soziale Unterstützung und chronische Krankheit*. Frankfurt am Main, 1981.

BAHRDT, H. P. "Erzählte Lebensgeschichten von Arbeitern". In: OSTERLAND (org.), *Arbeitssituation, Lebenslage und Konfliktpotential*. Frankfurt am Main, 1975.

BALLERSTEDT, E.; GLATZER, W. *Soziologischer Almanach*. Frankfurt am Main, 1979.

BALSEN, W.; NAKIELSKI, H.; RÖSSEL, K.; WINKEL, R. *Die neue Armut: Ausgrenzung von Arbeitslosen aus der Arbeitslosenunterstützung*. Colônia, 1984.

BECK, U. "Jenseits von Stand und Klasse?". In: KRECKEL (org.), *Soziale Ungleichheiten, Soziale Welt*, nº especial 2. Göttingen, 1983.

BELLMAN, L.; GERLACH, K.; HÜBLER, O. *Lohnstruktur in der Bundesrepublik Deutschland. Zur Theorie und Empirie der Arbeitseinkommen*. Frankfurt am Main/Nova York, 1984.

BENDI, R.; LIPSET, S. M. *Social Mobility in Industrial Society*. Berkeley/Los Angeles, 1959.

BERGER, J. "Das Ende der Gewissheit: Zum analytischen Potential der Marxschen Theorie", *Leviathan*, nº 11, 1983, pp. 475 ss.

BERGER, P. A. *Entstrukturierte Klassengesellschaft? Klassenbildung und Strukturen sozialer Ungleichheit im historischen Wandel*. Opladen, 1986.

BISCHOFF, J. *et al. Jenseits der Klassen? Gesellschaft und Staat im Spätkapitalismus*. Hamburgo, 1982.

BLOSSFELD, P. "Bildungsreform und Beschäftigung der jungen Generation im öffentlichen und privaten Sektor. Eine empirisch vergleichende Analyse", *Soziale Welt*, nº 35, 1984, pp. 159 ss.

BOLTE, K. M. "Anmerkungen zur Erforschung sozialer Ungleichheit". In: KRECKEL, R. (org.), *Soziale Ungleichheiten, Soziale Welt*, nº especial 2. Göttingen, 1983.

BOLTE, K. M.; HRADIL, S. *Soziale Ungleichheit in der Bundesrepublik Deutschland*. Opladen, 1984.

BONß, W.; HEINZE, H. G. (orgs.). *Arbeitslosigkeit in der Arbeitsgesellschaft*. Frankfurt am Main, 1984.

BORCHARDT, K. "Nach dem 'Wunder'. Über die wirtschaftliche Entwicklung der Bundesrepublik", *Merkur*, nº 39, 1985, pp. 35 ss.

BOURDIEU, P. *Die feinen Unterschiede*. Frankfurt am Main, 1982.

BOURDIEU, R.; PASSERON, J.-C. *Die Illusion der Chancengleichheit*. Stuttgart, 1971.

BROCK, D.; VETTER, H.-R. *Alltägliche Arbeitsexistenz*. Frankfurt am Main, 1982.

BÜCHTEMANN, C. F. "Der Arbeitsprozess. Theorie und Empirie astrukturierter Arbeitslosigkeit in der Bundesrepublik Deutschland". In: BONß; HEINZE (orgs.), 1984, pp. 53 ss.

COHEN, J. L. *Class and Civil Society: The Limits of Marxian Critical Theory*. Amherst, 1982.

CONZE, W.; LEPSIUS, M. R. (orgs.). *Sozialgeschichte deutscher Mittel- und Unterschichten*. Göttingen, 1978.

FEHER, F.; HELLER, A. "Class, Democracy and Modernity", *Theory and Society*, nº 12, 1983, pp. 211 ss.

FLORA, P. *et al. The Growth of Mass Democracies and Welfare States* (vol. 1). In: *State, Economy and Society in Western Europe 1815-1975. A Data Handbook in Two Volumes*. Frankfurt am Main/Londres/Chicago, 1983.

GEIGER, T. *Die Klassengesellschaft im Schmelztiegel*. Colônia/Hagen, 1969.

GIDDENS, A. *The Class Structure of Advanced Societies*. Londres, 1983.

GLATZER, W.; ZAPF, W. (orgs.). *Lebensqualität in der Bundesrepublik. Objektive Lebensbedingungen und subjektives Wohlbefinden*. Frankfurt am Main/Nova York, 1984.

GOLDTHORPE, J. H. *et al. Der "wohlhabende" Arbeiter in England*, 3 vols. Munique, 1970 (edição inglesa: Londres, 1968).

GOLDTHORPE, J. H. *Social Mobility and Class Structure in Modern Britain*. Oxford, 1980.

GORZ, A. *Abschied vom Proletariat*. Frankfurt am Main, 1980.

GOULDNER, A. W. *Die Intelligenz als neue Klasse*. Frankfurt am Main, 1980.

HALLER, M.; MÜLLER, W. *Beschäftigungssystem im gesellschaftlichen Wandel*. Frankfurt am Main/Nova York, 1983.

HANDL, J.; MAYER, K. U.; MÜLLER, W. *Klassenlagen und Sozialstruktur. Empirische Untersuchungen für die Bundesrepublik Deutschland*. Frankfurt am Main, 1977.

HEINZE, R. G.; HOHN, H.-W.; HINRICHS, K.; OLK, T. "Armut und Arbeitsmarkt: Zum Zusammenhang von Klassenagen und Verarmungsrisiken im Sozialstaat", *Zeitschrift für Soziologie*, nº 10, 1981, pp. 219 ss.

HERKOMMER, S. "Sozialstaat und Klassengesellschaft: Zur Reproduktion sozialer Ungleichheit im Spätkapitalismus". In: KRECKEL, R. (org.), *Soziale Ungleichheiten. Soziale Welt*, nº especial 2, Göttingen, 1983.

HÖRNING, K. (org.). *Der "neue" Arbeiter: Zum Wandel sozialer Schichtstrukturen*. Frankfurt am Main, 1971.

HONDRICH, K. O. "Der Wert der Gleichheit und der Bedeutungswandel der Ungleichheit", *Soziale Welt*, nº 35, 1984, pp. 267 ss.

_________. (org.). *Soziale Differenzierungen*. Frankfurt am Main, 1982.

HONNETH, A. "Moralbewußtsein und soziale Klassenherrschaft. Einige Schwierigkeiten in der Analyse normativer Handlungspotentiale", *Leviathan*, nº 9, 1981, pp. 555 ss.

HRADIL, S. "Die Ungleichheit der 'Sozialen Lage'". In: KRECKEL, R. (org.), *Soziale Ungleichheiten, Soziale Welt*, nº especial 2, Göttingen, 1983.

HUCK, G. (org.). *Sozialgeschichte der Freizeit. Untersuchungen zum Wandel der Alltagskultur in Deutschland*. Wuppertal, 1980.

KAELBLE, H. *Industrialisierung und soziale Ungleichheit. Europa im 19. Jahrhundert. Eine Bilanz*. Göttingen, 1983.

_________. *Soziale Mobilität und Chancengleichheit im 19. und 20. Jahrhundert. Deutschland im internationalen Vergleich*. Göttingen, 1983.

KICKBUSCH, I.; RIEDMÜLLER, B. (orgs.). *Die armen Frauen. Frauen in der Sozialpolitik*. Frankfurt am Main, 1984.

KOCKA, J. *Stand, Klasse, Organisation: Strukturen sozialer Ungleichheit in Deutschand vom späten 18. bis zum frühen 20. Jahrhundert im Aufriß*. In: WEHLER (org.), 1979.

_________. *Lohnarbeit und Klassenbildung*. Bonn, 1983.

_________. "Diskussionsbeitrag". In: KRECKEL, R. (org.), *Soziale Ungleichheiten, Soziale Welt*, nº especial 2, Göttingen, 1983.

KRECKEL, R. "Theorie sozialer Ungleichheit im Übergang". In: KRECKEL, R. (org.), *Soziale Ungleichheiten, Soziale Welt*, nº especial 2, Göttingen, 1983.

LANGEWIESCHE, D.; SCHÖNHOVEN, K. (orgs.). *Arbeiter in Deutschland. Studien zur Lebensweise der Arbeiterschaft im Zeitalter der Industrialisierung*. Paderborn, 1981.

LEDERER, E. "Die Gesellschaft der Unselbstständigen. Zum sozialpsychischen Habitus der Gegenwart". In: KOCKA, J. (org.), *Kapitalismus, Klassenstruktur und Probleme der Demokratie in Deutschland*. Göttingen, 1979, pp. 14 ss.

LEPSIUS, M. R. "Soziale Ungleichheit und Klassenstruktur in der Bundesrepublik Deutschland". In: WEHLER (org.), 1979.

LUTZ, B. "Bildungsexpansion und soziale Ungleichheit: Eine historisch-soziologische Skizze". In: KRECKEL, R. (org.), *Soziale Ungleichheiten, Soziale Welt*, nº especial 2, Göttingen, 1983.

_________. *Der kurze Traum immerwährender Prosperität. Eine Neuinterpretation der industriell-kapitalistischen Entwicklung im Europa des 20. Jahrhunderts*. Frankfurt am Main/Nova York, 1984.

MAASE, K. "Betriebe ohne Hinterland? Zu einigen Bedingungen der Klassenbildung im Reproduktionsbereich". In: INSTITUT FÜR MARXISTISCHE STUDIEN UND FORSCHUNGEN (ed.), *Marxistische Studien. Jahrbuch des IMSF* 7. Frankfurt am Main, 1984, pp. 256 ss.

MARX, K. *Die Frühschriften*. Stuttgart, 1971.

_________. "Der 18te Brumaire des Louis Napoleon". In: *Marx-Engels-Werke (MEW)*, vol. 8, Berlim, 1982, pp. 11 ss.

MIEGEL, M. *Die verkannte Revolution. Einkommen und Vermögen privater Haushalte*. Stuttgart, 1983.

MOMMSEN, W. J.; MOCK, W. (orgs.). *Die Entstehung des Wohlfahrtsstaates in Großbritannien und Deutschland 1850-1950*. Stuttgart, 1982.

MOORE, B. *Ungerechtigkeit: Die sozialen Ursachen von Unterordnung und Widerstand*. Frankfurt am Main, 1982.

MOOSER, J. "Auflösung proletarischer Milieus. Klassenbildung und Individualisierung in der Arbeiterschaft vom Kaiserreich bis in die Bundesrepublik Deutschland", *Soziale Welt*, nº 34, 1983, pp. 270 ss.

_________. *Arbeiterleben in Deutschland 1900-1970. Klassenlagen, Kultur und Politik*. Frankfurt am Main, 1984.

MÜLLER, W.; WILLMS, A.; HANDL, J. *Strukturwandel der Frauenarbeit*. Frankfurt am Main/Nova York, 1983.

OSTERLAND, M. *Materialien zur Lebens- und Arbeitssituation der Industriearbeiter in der Bundesrepublik Deutschland*. Frankfurt am Main, 1973.

_________. "Lebensbilanzen und Lebensperspektiven von Industriearbeitern". In: KOHLI, M. (org.). *Soziologie des Lebensaufes*. Darmstadt, 1978.

PAPPI, F. U. "Konstanz und Wandel der Hauptspannungslinien in der Bundesrepublik". In: MATTHES (org.), *Sozialer Wandel in Westeuropa*. Frankfurt am Main, 1979.

RELATÓRIO DA COMISSÃO ZUKUNFTSPERSPEKTIVEN GESELLSCHAFTLICHER ENTWICKLUNG, produzido sob encomenda do governo estadual de Baden-Württemberg. Stuttgart, 1983.

REULECKE, J.; WEBER, W. (orgs.). *Fabrik, Familie, Feierabend. Beiträge zur Sozialgeschichte des Alltags im Industriezeitalter*. Wuppertal, 1978.

SCHELSKY, H. "Die Bedeutung des Klassenbegriffs für die Analyse unserer Gesellschaft". In: SEIDEL; JENKER (orgs.), *Klassenbildung und Sozialschichtung*. Darmstadt, 1961.

SCHNEIDER, R. "Die Bildungsentwicklung in den westeuropäischen Staaten 1870-1975", *Zeitschrift für Soziologie*, vol. 11, nº 3, 1982.

STATISTISCHES BUNDESAMT (ed.). *Bildung im Zahlenspiel*. Wiesbaden/Stuttgart, 1983.

TEICHLER, U.; HARTUNG, D.; NUTHMANN, R. *Hochschulexpansion und Bedarf der Gesellschaft*. Stuttgart, 1976.

THOMPSON, E. P. *The Making of the English Working Class*. Harmondsworth, 1963.

VOIGT, R. (org.). *Verrechtlichung*. Königstein, 1980.

WEBER, M. *Wirtschaft und Gesellschaft*, 3ª ed. Tübingen, 1972.

WEHLER, H.-U. (org.). *Klassen in der europäischen Sozialgeschichte*. Göttingen, 1979.

WESTERGAARD, J. "The Withering Away of Class: A Contemporary Myth". In: ANDERSON, P. (ed.), *Towards Socialism*. Londres, 1965.

WIEGAND, E.; ZAPF, W. (orgs.). *Wandel der Lebensbedingungen in Deutschland. Wohlfahrtsentwicklung seit der Industrialisierung*. Frankfurt am Main/Nova York, 1982.

ZAPF, W. (org.). *Lebensbedingungen in der Bundesrepublik. Sozialer Wandel und Wohlfahrtsentwicklung*. Frankfurt am Main/Nova York, 1977.

EU SOU EU
(Capítulo 4)

ALLERBECK, K.; HOAG, W. *Jugend ohne Zukunft*. Munique, 1984.

ARIÈS, P.; BÉJIN, A.; FOUCAULT, M. *et al. Die Masken des Begehrens und die Metamorphosen der Sinnlichkeit. Zur Geschichte der Sexualität im Abendland*. Frankfurt am Main, 1984.

ARIÈS, P. "Lieben in der Ehe". In: ARIÈS, P.; BÉJIN, A.; FOUCAULT, M. *et al.*, 1984.

BECK-GERNSHEIM, E. *Vom Geburtenrückgang zur Neuen Mütterlichkeit? Über private und politische Interessen am Kind*. Frankfurt am Main, 1984.

_________. *Das halbierte Leben. Männerwelt Beruf, Frauenwelt Familie*. Frankfurt am Main, 1985 (2ª ed.).

_________. "Vom 'Dasein für Andere' zum Anspruch auf ein Stück 'eigenes Lebens'", *Soziale Welt*, 1983, pp. 307-40.

_________. "Von der Liebe zur Beziehung? Veränderungen im Verhältnis von Mann und Frau in der individualisierten Gesellschaft". In: BERGER, J. (org.), *Moderne oder Postmoderne*, *Soziale Welt*, nº especial 4, Göttingen, 1986.

_________. *Geburtenrückgang und Neuer Kinderwunsch (Habilitationsschrift)*. Munique, 1986.

BÈJIN, A. "Ehen ohne Trauschein heute". In: ARIÈS, P.; BÉJIN, A.; FOUCAULT, M. *et al.*, 1984.

BERGER, B.; BERGER, P. L. *The War Over the Family*. Nova York, 1983.

BERGER, P.; KELLNER, H. "Die Ehe und die Konstruktion der Wirklichkeit", *Soziale Welt*, 1965, pp. 220-41.

BERNARDONI, C.; WERNER, V. (orgs.). *Der vergeudete Reichtum. Über die Partizipation von Frauen im öffentlichen Leben*. Bonn, 1983.

BEYER, J. *et al.* (orgs.). *Frauenlexikon. Stichworte zur Selbstbestimmung*. Munique, 1983.

BIERMANN, I.; SCHMERL, C.; ZIEBELL, L. *Leben mit kurzfristigem Denken. Eine Untersuchung zur Situation arbeitsloser Akademikerinnen*. Weilheim/Basel, 1985.

BROST, H.-G.; WOHLRAB-SAHR, M. "Formen individualisierter Lebensführung von Frauen. Ein neues Arrangement zwischen Familie und Beruf". In: BROSE (org.), *Berufsbiographien im Wandel*. Opladen, 1986.

BUCHHOLZ, W. *et al. Lebenswelt und Familienwirklichkeit*. Frankfurt am Main, 1984.

BUNDESMINISTER FÜR BILDUNG UND WISSENSCHAFT (ed.). *Grund- und Strukturdaten*. Bonn, 1982/83 e 1984/85.

BUNDESMINISTER FÜR JUGEND, FAMILIE UND GESUNDHEIT (ed.). *Nichteheliche Lebensgemeinschaften in der Bundesrepublik Deutschland*. Colônia, 1985.

_________. *Frauen 80*. Colônia, 1981.

DEGLER, C. N. *At Odds: Women and the Family in America from the Revolution to the Present*. Nova York, 1980.

DERMOS, J.; BOOCOCK, S. S. (orgs.). *Turning Points: Historical and Sociological Essays on the Family*. Chicago, 1978.

DIEZINGER, A.; MARQUARDT, R.; BILDEN, H. *Zukunft mit beschränkten Möglichkeiten* (relatório de projeto). Munique, 1982.

EHRENREICH, B. *The Hearts of Men*. Nova York, 1983.

ERLER, G. A. "Erdöl und Mutterliebe: Von der Knappheit einiger Rohstoffe". In: SCHMID, T. (org.), *Das pfeifende Schwein*. Berlim, 1985.

FRAUENLEXIKON. Munique, 1983.

GENSIOR, S. "Moderne Frauenarbeit". In: *Karriere oder Kochtopf. Jahrbuch für Sozialökonomie und Gesellschaftstheorie*. Opladen, 1983.

GILLIGAN, C. *Die andere Stimme. Lebenskonflikte und Moral der Frau*. Munique, 1984.

GLICK, P. C. "Marriage, Divorce, and Living Arrangements", *Journal of Family Issues*, 5(1), 1984, pp. 7-26.

HOFF, A.; SCHOLZ, J. *Neue Männer in Beruf und Familie* (relatório de pesquisa). Berlim, 1985.

IMHOF, A. E. *Die gewonnenen Jahre*. Munique, 1981.

_________. *Die verlorenen Welten*. Munique, 1984.

INSTITUT FÜR DEMOSKOPIE ALLENSBACH. *Einstellungen zu Ehe und Familie im Wandel der Zeit*. Stuttgart, 1985.

JURREIT, M.-L. (org.). *Frauenprogramm. Gegen Diskriminierung. Ein Handbuch*. Reinbek, 1979.

KAMERMAN, S. B. "Women, Children and Poverty: Public Policies and Female-headed Families in Industrialized Countries", *Signs: Journal of Women in Culture and Society*, ed. especial *Women and Poverty*, Chicago, 1984.

LASCH, C. *Haven in Heartless World: The Family Besieged*. Nova York, 1977.

METZ-GÖCKEL, S.; MÜLLER, U. *Der Mann. Brigitte-Untersuchung*. Hamburgo, 1985.

MÜLLER, W.; WILLINS, A.; HANDL, J. *Strukturwandel der Frauenarbeit*. Frankfurt am Main, 1983.

MUSCHG, G. "Bericht von einer falschen Front". In: PIWITT, H. P. (org.), *Literaturmagazin* 5, Reinbek, 1976, pp. 30 ss.

OLERUP, A.; SCHNEIDER, L.; MONOD, E. *Women, Work and Computerization: Opportunities and Disadvantages*. Nova York, 1985.

OSTNER, J.; PIPER, B. (orgs.). *Arbeitsbereich Familie*. Frankfurt am Main, 1986.

PEARCE, D.; MCADOO, H. *Women and Children: Alone and in Poverty*. Washington, 1981.

PROSS, H. *Der deutsche Mann*. Reinbek, 1978.

QUINTESSENZEN 1984. FRAUEN UND ARBEITSMARKT. Nuremberg, 1984.

RELATÓRIO DA COMISSÃO ZUKUNFTSPERSPEKTIVEN GESELLSCHAFTLICHER ENTWICKLUNGEN, produzido sob encomenda do governo estadual de Baden-Württemberg. Stuttgart, 1983.

RERRICH, M. S. "Veränderte Elternschaft", *Soziale Welt*, 1983, pp. 440-9.

_________. *Vaterbild und Familienvielfalt*. Munique, 1986.

RUBIN, L. B. *Intimate Strangers. Men and Women Together*. Nova York, 1983.

SCHULZ, W. "Von der Institution 'Familie' zu den Teilbeziehungen zwischen Mann, Frau und Kind", *Soziale Welt*, 1983, pp. 401-19.

SEIDENSPINNER, G.; BURGER, A. *Mädchen 82. Brigitte-Untersuchung*. Hamburgo, 1982.

SENNETT, R. *The Fall of Public Man*. Londres, 1976.

STATISTISCHES BUNDESAMT (ed.). *Datenreport*. Bonn, 1983.

WAHL, K. *et al. Familien sind anders!* Reinbek, 1980.

WEBER-KELLERMANN, I. *Die deutsche Familie. Versuch einer Sozialgeschichte*. Frankfurt am Main, 1975.

WIEGMANN, B. "Frauen und Justiz". In: JURREIT (org.), 1979.

WILLMS, A. "Grundzüge der Entwicklung der Frauenarbeit von 1880 bis 1980". In: MÜLLER, W. *et al.*, 1983.

INDIVIDUALIZAÇÃO, INSTITUCIONALIZAÇÃO E PADRONIZAÇÃO
(Capítulo 5)

ADORNO, T. W. *Minima Moralia*. Frankfurt am Main, 1982.

BAETHGE, M. "Individualisierung als Hoffnung und Verhängnis", *Soziale Welt*, nº 3, 1985: pp. 299 ss.

BECK-GERNSHEIM, E. *Geburtenrückgang und Neuer Kinderwunsch (Habilitationsschrift)*. Munique, 1986.

BOLTE, K. M. "Subjektorientierte Soziologie". In: BOLTE, K. M. (org.), *Subjektorientierte Arbeits- und Berufssoziologie*. Frankfurt am Main, 1983.

BROSE, H.-G. "Die Vermittlung von sozialen und biographischen Zeitstrukturen", *Kölner Zeitschrift für Soziologie und Sozialpsychologie*, nº especial 29, 1982, pp. 385 ss.

DURKEHIM, E. *Über die Teilung der sozialen Arbeit*. Frankfurt am Main, 1982.

ELIAS, N. *Über den Prozeß der Zivilisation*. Berna/Munique, 1969.

FUCHS, W. "Jugendliche Statuspassage oder individualisierte Jugendbiographie?", *Soziale Welt*, nº 34, 1983, pp. 341-71.

_________. *Biographische Forschung*. Opladen, 1984.

GEULEN, D. *Das vergesellschaftete Subjekt*. Frankfurt am Main, 1977.

GROSS, P. "Bastelmentalität. Ein 'postmoderner' Schwebezustand". In: SCHMID, T. (org.), *Das pfeifende Schwein*. Berlim, 1985, pp. 63-84.

IMHOF, A. E. "Von der unsicheren zur sicheren Lebenszeit". In: *Vierteljahresschrift für Sozial- und Wirtschaftsgeschichte*, nº 71, 1984, pp. 175-98.

KOHLI, M. "Die Institutionalisierung des Lebenslaufes", *Kölner Zeitschrift für Soziologie und Sozialpsychologie*, nº 1, 1985, pp. 1-29.

KOHLI, M.; MEYER, J. W. (orgs.). "Social Structure and Social Construction of Life Stages" (Simpósio com contribuições de Riley, M. W.; Mayer, K. U.; Held, T.; Hareven, T. K.), *Human Development*, nº 18, 1985.

KOHLI, M.; ROBERT, G. (orgs.). *Biographie und soziale Wirklichkeit*. Stuttgart, 1984.

LUHMANN, N. "Die Autopoiesis des Bewußtseins", *Soziale Welt*, nº 4, 1985, p. 402.

MAASE, K. "Betriebe ohne Hinterland". In: *Marxistische Studien. Jahrbuch des IMSF*. Frankfurt am Main, 1984.

MEYER, J. W. (org.). "Social Structure and Social Construction of Life Stages", *Human Development*, nº 18, 1985.

NUNNER-WINKLER, G. "Identität und Individualität", *Soziale Welt*, nº 4, 1985, p. 466.

ROSENMAYR, L. (org.). *Die menschlichen Lebensalter. Kontinuität und Krisen*. Munique, 1978a.

_________. "Wege zum Ich vor bedrohter Zukunft", *Soziale Welt*, nº 3, 1985, pp. 274 ss.

SIMMEL, G. *Philosophie des Geldes*. Berlim, 1958.

_________. *Soziologie*. Berlim, 1968.

VESTER, H.-G. *Die Thematisierung des Selbst in der postmodernen Gesellschaft*. Bonn, 1984.

DESPADRONIZAÇÃO DO TRABALHO ASSALARIADO
(Capítulo 6)

ALTHOFF, H. "Der Statusverlust im Anschluss an eine Berufsausbildung", *Berufsbildung in Wissenschaft und Praxis*, nº 5, 1982, pp. 16 ss.

ALTMANN, N. *et al.* "Ein neuer Rationalisierungstyp", *Soziale Welt*, nº 2/3, 1986.

ARENDT, H. *Vita activa oder Vom tätigen Leben*. Munique, 1981.

BECK, U.; BRATER, M.; DAHEM, H.-J. *Soziologie der Arbeit und der Berufe*, Reinbek, 1980.

BLOSSFELD, H.-P. "Bildungsreform und Beschäftigung der jungen Generation im öffentlichen Dienst", *Soziale Welt*, nº 35, vol. 2, 1984.

BUCK, B. "Berufe und neue Technologien", *Soziale Welt*, nº 1, 1985, pp. 83-4.

BUNDESMINISTER FÜR BILDUNG UND WISSENSCHAFT (ed.). *Grund- und Strukturdaten 1982/83*. Bonn, 1983.

DAHRENDORF, R. "Im Entschwinden der Arbeitsgesellschaft. Wandlungen der sozialen Konstruktion des menschlichen Lebens", *Merkur*, nº 34, 1980, pp. 749 ss.

_________. "Wenn der Arbeitsgesellschaft die Arbeit ausgeht". In: MATTHES, J. (org.), 1983, pp. 25 ss.

DIERKES, M.; STRÜMPEL, B. (orgs.). *Wenig Arbeit, aber viel zu tun*. Colônia, 1985.

DOMBOIS, R.; OSTERLAND, M. "Neue Formen des flexiblen Arbeitskräfteeinsatzes: Teilzeitarbeit und Leiharbeit", *Soziale Welt*, nº 33, 1982, pp. 466 ss.

HANDL, J. *Zur Veränderung der beruflichen Chancen von Berufsanfängern zwischen 1950 und 1982* (documento de trabalho). Nuremberg, 1984.

HEINZE, R. G. *Der Arbeitsschock*. Colônia, 1984.

HIRSCHHORN, L. "The Theory of Social Services", *Health Services*, vol. 9, nº 2, 1979, pp. 295-311.

HORNSTEIN, W. "Kindheit und Jugend im Spannungsfeld gesellschaftlicher Entwicklung". In: *Jugend in den achtziger Jahren: Eine Generation ohne Zukunft?* Munique, 1981, pp. 51 ss.

JÜRGENS, U.; NASCHOLD, F. (orgs.). *Arbeitspolitik, Materialien zum Zusammenhang von politischer Macht, Kontrolle und betrieblicher Organisation der Arbeit*. Opladen, 1984.

KAISER, M. *et al.* "Fachhochschulabsolventen: Zwei Jahre danach", *Mitt-AB*, 1984, pp. 241 ss.

KERN, H.; SCHUMANN, M. *Ende der Arbeitsteilung?* Munique, 1984.

KLOAS, P.-W. *Arbeitslosigkeit nach Abschluss der betrieblichen Ausbildung* (documento de trabalho). Nuremberg, 1984.

KUBICEK, H.; ROLF, A. *Mikropolis mit Computernetzen in der "Informationsgesellachaft"*. Hamburgo, 1985.

KUTSCH, T.; VILMAR, F. (orgs.). *Arbeitsverkürzung*. Opladen, 1983.

MERTENS, D. "Das Qualifikationsparadox. Bildung und Beschäftigung bei kritischer Arbeitsmarktperpsektive", *Zeitschrift für Pädagogik*, nº 30, 1984.

MÜLLER, C. "Ungeschützte Beschäftigungsverhältnisse". In: HAGEMANN-WHITE (org.), *Beiträge zur Frauenfroschung*. Bamberg, 1982.

NEGT, O. *Lebendige Arbeit, enteignete Zeit*. Frankfurt am Main, 1984.

OFFE, C.; HINRICHS, H.; WISENTHAL, H. (orgs.). *Arbeitszeitpolitik*. Frankfurt am Main, 1982.

OFFE, C. *Arbeitsgesellschaft: Strukturprobleme und Zukunftsperspektiven*. Frankfurt am Main/Nova York, 1984.

RELATÓRIO DA COMISSÃO ZUKUNFTSPERSPEKTIVEN GESELLSCHAFTLICHER ENTWICKLUNGEN. Stuttgart, 1983.

SCHELSKY, H. "Die Bedeutung des Berufs in der modernen Gesellschaft". In: LUCKMANN; SPRONDEL (orgs.), *Berufssoziologie*. Colônia, 1942.

SKLAR, M. "On the Proletarian Revolution and the End of Political-Economic Society", *Radical America*, nº 3, 1968, pp. 3-28.

CIÊNCIA PARA ALÉM DA VERDADE E DO ESCLARECIMENTO?
(Capítulo 7)

ADORNO, T. W.; HORKHEIMER, M. *Dialektik der Aufklärung*. Frankfurt am Main, 1970.

BECK, U. *Objektivität und Normativität. Die Theorie-Praxis-Debatte in der modernen deutschen und amerikanischen Soziologie*. Reinbek, 1974.

_________. (org.). "Soziologie und Praxis. Erfahrungen, Konflikte, Perspektiven". *Soziale Welt*, nº especial 1. Göttingen, 1982.

BECK, U.; BONSS, W. "Soziologie und Modernisierung. Zur Ortsbestimmung der Verwendungsforschung", *Soziale Welt*, 1984, pp. 381 ss.

BÖHME, G.; VAN DEN DAELE, W.; KROHN, W. "Alternativen in der Wissenschaft", *Zeitschrift für Soziologie*, 1972, pp. 302 ss.

_________. "Die Finalisierung der Wissenschaft", *Zeitschrift für Soziologie*, 1973, pp. 128 ss.

BONß, W.; HARTMANN, H. "Konstruierte Gesellschaft, rationale Deutung. Zum Wirklichkeitscharakter soziologischer Diskurse". In: BONß, W.; HARTMANN, H. (orgs.), "Entzauberte Wissenschaft. Zur Relativität und Geltung soziologischer Forschung", *Soziale Welt*, nº especial 3, Göttingen, 1985.

BONß, W. *Die Einübung des Tatsachenblicks. Zur Struktur und Veränderung empirischer Sozialforschung*. Frankfurt am Main, 1982.

CAMPBELL, D. T. Häuptlinge und Rituale. "Das Sozialsystem der Wissenschaft als Stammesorganisation". In: BONß, W.; HARTMANN, H. (orgs.), "Entzauberte Wissenschaft. Zur Relativität und Geltung soziologischer Forschung", *Soziale Welt*, nº especial 3, Göttingen, 1985.

CARSON, R. *Silent Spring*. Nova York, 1962.

COMMONER, B. *Science and Survival*. Nova York, 1963.

DUERR, H. P. (org.). *Der Wissenschaftler und das Irrationale*, 2 vols. Frankfurt am Main, 1981.

FEYERABEND, P. *Erkenntnis für freie Menschen* (edição revista). Frankfurt am Main, 1980.

GOULDNER, A.; MILLER, S. M. *Applied Sociology: Opportunities and Problems*. Nova York, 1965.

HARTMANN, H. *Empirische Sozialforschung*. Munique, 1970.

HARTMANN, H.; DÜBBERS, E. *Kritik in der Wissenschaftspraxis. Buchbesprechung und ihr Echo*. Frankfurt am Main, 1984.

HARTMANN, H.; HARTMANN, M. "Vom Elend der Experten. Zwischen Akademisierung und De-Professionalisierung", *Kölner Zeitschrift für Soziologie und Sozialpsychologie*, 1982, pp. 193 ss.

HOLLIS, M.; LUKES, S. (orgs.). *Rationality and Relativism*. Oxford, 1982.

ILLICH, I. *Entmündigung durch Experten. Zur Kritik der Dienstleistungsberufe*. Reinbek, 1979.

KNORR-CETINA, K. D. *Die Fabrikation von Erkenntnis*. Frankfurt am Main, 1984.

KNORR-CETINA, K. D.; MULKAY, M. (orgs.). *Science Observed. Perspectives on the Social Study of Science*. Londres, 1983.

KUHN, T. *Die Struktur wissenschaftlicher Revolutionen*. Frankfurt am Main, 1970.

KÜPPERS, G.; LUNDGREEN, P.; WEINGART, P. *Umweltforschung. Die gesteuerte Wissenschaft?* Frankfurt am Main, 1978.

LAKATOS, I.; MUSGRAVE, A. (orgs.). *Kritik und Erkenntnisfortschritt*. Braunschweig, 1974.

LAKATOS, I. "Methodologie der Forschungsprogramme". In: LAKATOS; MUSGRAVE (orgs.), 1974.

LAU, C. "Soziologie im öffentlichen Diskurs. Voraussetzunge und Grenzen sozialwissenschaftlicher Rationalisierung und gesellschaftlicher Praxis", *Soziale Welt*, 1984, pp. 407 ss.

LINDBLOOM, C. E. "The Science of Muddling Through", *Public Administration Review*, nº 19, 1959, pp. 79 ss.

MATTHES, J. "Die Soziologen und ihre Wirklichkeit. Anmerkungen zum Wirklichkeitsverhältnis der Soziologie". In: BONß, W.; HARTMANN, H. (orgs.), "Entzauberte Wissenschaft. Zur Relativität und Geltung sozialwissenschaftlicher Forschung", *Soziale Welt*, nº especial 3, Göttingen, 1985.

MEJA, V.; STEHR, N. *Der Streit um die Wissenssoziologie*, 2 vols. Frankfurt am Main, 1982.

MEYER-ABICH, K. M. "Versagt die Wissenschaft vor dem Grundrecht der Freiheit? Gründe der Vertrauenskrise zwischen Wissenschaft und Öffentlichkeit", *Zeitschrift für Didaktik der Philosohie*, nº 1, 1980.

MITCHELL, R. C. *Science Silent Spring: Science, Technology and the Environment Movement in the United States* (manuscrito). Washington, 1979.

NOWOTNY, H. *Kernenergie: Gefahr oder Notwendigkeit*. Frankfurt am Main, 1979.

OVERINGTON, M. A. "Einfach der Vernunft folgen: Neuere Entwicklungstendenzen in der Metatheorie". In: BONß, W.; HARTMANN, H. (orgs.), "Entzauberte Wissenschaft. Zur Relativität und Geltung soziologischer Forschung", *Soziale Welt*, nº especial 3, Göttingen, 1985.

PAVELKA, F. "Das Deprofessionalisierungsspiel. Ein Spiel für Profis", *Psychosozial*, nº 2, 1979, pp. 19 ss.

POPPER, K. R. *Logik der Forschung* (1934), 6ª ed. revista. Tübingen, 1968.

_________. *Objektive Erkenntnis. Ein evolutionärer Entwurf*. Hamburgo, 1972.

SCOTT, R.; SHORE, A. *Why Sociology does not Apply: A Study of the Use of Sociology in Publicy*. Nova York, 1979.

SHOSTAK, A. B. (org.). *Putting Sociology to Work*. Nova York, 1974.

STEHR, N.; KÖNIG, R. (orgs.). "Wissenschaftssoziologie. Studien und Materialien", *Kölner Zeitschrift für Soziologie und Sozialpsychologie*, nº especial 18. Colônia/Opladen, 1975.

STEHR, N.; MEJA, V. "Wissenschaftssoziologie", *Kölner Zeitschrift für Soziologie und Sozialpsychologie*, nº especial 22. Opladen, 1981.

STRUENING, E. L.; BREWER, B. (orgs.). *The University Edition of the Handbook of Evaluation Research*. Londres/Berverly Hills, 1984.

WEBER, M. "Vom inneren Beruf zur Wissenschaft". In: WINKELMANN, J. (org.), *Max Weber: Soziologie, weltgeschichtliche Analysen*. Stuttgart, 1982.

WEINGART, P. *Das "Harrisburg-Syndrom" oder die De-Professionalisierung der Experten*, 1979.

_________. "Verwissenschaftlichung der Gesellschaft: Politisierung der Wissenschaft", *Zeitschrift für Soziologie*, 1983, pp. 225 ss.

_________. "Anything Goes: *rien ne va plus*", *Kursbuch*, nº 78, 1984, p. 74.

WEISS, C. H. (org.). *Using Social Research for Public Policy Making*. Lexington, 1977.

WISSENSCHAFSZENTRUM BERLIN (ed.). *Interaktion von Wissenschaft und Politik*. Frankfurt am Main, 1977.

DISSOLUÇÃO DAS FRONTEIRAS DA POLÍTICA
(Capítulo 8)

ALEMANN, U. v.; HEINZE, R. G. (orgs.). *Verbände und Staat. Vom Pluralisierung zum Korporativismus*. Opladen, 1979.

ALEMANN, U. v. (org.). *Neokorporativismus*. Frankfurt am Main/Nova York, 1981.

ALTMANN, N. *et al.* "Ein 'Neuer Rationalisierungstyp'", *Soziale Welt*, nº 2/3, 1986.

ARENDT, H. *Macht und Gewalt*. Munique, 1981.

BECK, U.; BRATER, M. *Berufliche Arbeitsteilung und soziale Ungleichheit*. Frankfurt am Main/Nova York, 1978.

BECK, U. *Soziale Wirklichkeit als Produkt gesellschaftlicher Arbeit* (tese de livre-docência não publicada). Munique, 1979.

BERGER, S. "Politics and Anti-Politics in Western Europe in the Seventies", *Daedalus*, nº 108, pp. 27-50.

BERGER, J. (org.). "Moderne oder Postmoderne", *Soziale Welt*, nº especial 4, Göttingen, 1986.

BERGMANN, J.; BRANDT, G.; KORBER, K.; MOHL, O.; OFFE, C. "Herrschaft, Klassenverhältnis und Schichtung". In: ADORNO, T. W. (org.), *Spätkapitalismus oder Industriegesellschaft?* Stuttgart, 1969.

BRACZYK, H. J. *et al.*. "Konsensverlust und neue Technologien. Zur exemplarischen Bedeutung des Konfliktes um die Wiederaufarbeitungsanlage für die gesellschaftliche Steuerung technischen Wandels", *Soziale Welt*, nº 2/3, 1986 (citado aqui a partir do manuscrito).

BRÄUTIGAM, H. H.; METTLER, L. *Die programmierte Vererbung*. Hamburgo, 1985.

BRAND, K. W.; BÜSSER, D.; RUCHT, D. *Aufbruch in eine neue Gesellschaft*. Frankfurt am Main, 1983.

BRAND, K. W. (org.). *Neue soziale Bewegungen in Westeuropa und in den USA*. Frankfurt am Main, 1985.

BÜHL, W. *Die Angst des Menschen vor der Technik*. Düsseldorf, 1983.

CROZIER, M.; HUNTINGTON, S. P.; WATANUKI, J. *The Crisis of Democracy*. Nova York, 1975.

CROZIER, M.; FRIEDBERG, E. *Macht und Organisation*. Königstein, 1979.

_________. "Technische Dynamik und gesellschaftliche Moral", *Soziale Welt*, nº 2/3, 1986.

DONATI, P. R. "Organization Between Movement and Institution", *Social Science Information*, 1984.

ELSTER, J. "Risk, Uncertainty, and Nuclear Power", *Social Science Information*, 1979.

FLORA, P.; ALBER, J. "Modernization, Democratization, and the Development of Welfare States in Western Europe". In: FLORA, P.; HEIDENHEIMER, A. J. (orgs.), *The Development of Welfare States in Europe and America*. New Brunswick, 1981, pp. 37-80.

FREEMAN, J. (org.). *Social Movements in the Sixties and Seventies*. Nova York/Londres, 1983.

GERSHUNY, J. I. *After Industrial Society? The Emerging Self-Service Economy*. Londres, 1978.

GREW, R. (org.). *Crises of Political Development in Europe and the United States*. Princeton, 1978.

HABERMAS, J. *Legitimationsprobleme im Spätkapitalismus*. Frankfurt am Main, 1973.

_________. *Theorie des kommunikativen Handelns*, vol. 2. Frankfurt am Main, 1981.

HIRSCHMAN, A. O. *Shifting Involvements: Private Interests and Public Action*. Princeton, 1981.

GROSS, P.; HITZLER, R.; HONER, A. "Zwei Kulturen? Diagnostische und therapeutische Kompetenz im Wandel", *Österreichische Zeitschrift für Soziologie*, nº especial, Medizinsoziologie, 1985.

GRUSS, P. "Industrielle Mikrobiologie", *Spektrum der Wissenschaft*, nº especial, Heidelberg, 1984.

INGLEHART, R. *The Silent Revolution: Changing Values and Political Styles Among Western Publics*. Princeton, 1977.

INSTITUTE FOR CONTEMPORARY STUDIES (ed.). *The Politics of Planning: A Review and Critique of Centralized Economic Planning*. San Francisco, 1976.

JÄNICKE, M. *Wie das Industriesystem von seinen Mißständen profitiert*. Colônia, 1979.

JAPP, K. P. "Selbsterzeugung oder Fremdverschulden. Thesen zum Rationalismus in den Theorien sozialer Bewegungen", *Soziale Welt*, vol. 35, 1984.

JONAS, H. *Technik, Ethik und Biogenetische Kunst* (manuscrito), 1984.

KITSCHELT, H. "Materiale Politisierung der Produktion", *Zeitschrift für Soziologie*, nº 14, vol. 3, 1985, pp. 188-208.

KREß, K.; NIKOLAI, K.-G. *Bürgerinitiativen. Zum Verhältnis von Betroffenheit und politischer Beteiligung der Bürger*. Bonn, 1985.

LIPSET, S. M.; ROKKAN, S. "Cleavage Structures, Party Systems, and Voter Alignment: An Introduction". In: LIPSET, S. M.; ROKKAN, S. (orgs.), *Party Systems and Voter Alignments*. Nova York, 1967.

LÖW, R. "Gen und Ethik". In: KOSLOWSKI (org.), *Die Verführung durch das Machbare*. Munique, 1983.

LUHMANN, N. *Politische Theorie im Wohlfahrtsstaat*. Munique, 1981.

MAYER-TASCH, C. P. *Die Bürgerinitiativbewegung*. Reinbek, 1976.

MAYNTZ, R. (org.). *Implementationsforschung*. Colônia, 1980.

MELACCI, A. "An End to Social Movements? Introductory Paper to Session on 'New Movements and Change in Organizational Forms'", *Social Science Information*, vol. 23, nº 4/5, 1984, pp. 819-35.

NEIDHARDT, F. "Einige Ideen zu einer allgemeinen Theorie sozialer Bewegungen". In: HRADIL (org.), *Sozialstruktur im Umbruch*. Opladen, 1985.

OFFE, C. *Strukturprobleme des kapitalistischen Staates*. Frankfurt am Main, 1972.

_________. "Konkurrenzpartei und politische Identität". In: ROTH, R. (org.), *Parlamentarisches Ritual und politische Alternativen*. Frankfurt am Main, 1980, pp. 26-42.

_________. "Null-Option". In: BERGER, J. (org.), "Moderne oder Postmoderne", *Soziale Welt*, nº especial 4, Göttingen, 1986.

PIORE, M. J.; SABEL, C. F. *Das Ende der Massenproduktion*. Nova York/Berlim, 1985.

RADUNSKI, P. "Die Wähler in der Stimmungsdemokratie", *Sonde*, nº 2, 1985, pp. 3 ss.

RELATÓRIO DA COMISSÃO ZUKUNFTSPERSPEKTIVEN GESELLSCHAFTLICHER ENTWICKLUNGEN. Stuttgart, 1983, pp. 167 ss.

SCHENK, M. *Soziale Netzwerke und Kommunikation*. Tübingen, 1984.

SIEFERLE, R. P. *Fortschrittsfeinde? Opposition gegen Technik und Industrie von der Romantik bis zur Gegenwart*. Munique, 1985.

STÖSSEL, J.-P. "Dem chronisch Kranken hilft kein Arzt", *Süddeutsche Zeitung*, 21/11/1985.

TOURAINE, A. *The Self-Production of Society*. Chicago, 1977.

VAN DEN DAELE, W. *Mensch nach Mass*. Munique, 1985.

WILLKE, H. *Entzauberung des Staates. Überlegungen zu einer sozietalen Steuerungstheorie* (documento de trabalho). Königstein, 1983.

ANEXO

Diálogo com Ulrich Beck

Arthur Bueno[1]

— *Por que o conceito de "sociedade (mundial) de risco" é tão importante para entender as dinâmicas e transformações sociais e políticas do início do século XXI?*

— O conceito de sociedade de risco expressa a acumulação de riscos — ecológicos, financeiros, militares, terroristas, bioquímicos, informacionais —, que tem uma presença esmagadora hoje em nosso mundo. Na medida em que o risco é vivido como algo onipresente, só há três reações possíveis: negação, apatia e transformação. A primeira está fortemente inscrita na cultura moderna, mas ignora o risco político da negação; a segunda se rende a uma veia niilista no pós-modernismo; a terceira destaca a questão levantada por minha teoria sobre a sociedade de risco: de que modo a antecipação de uma multiplicidade de futuros produzidos pelo homem, e de suas consequências, afeta e transforma as percepções, as condições de vida e as instituições das sociedades modernas? É crucial manter em vista a irrevogável indeterminação do futuro e a demanda especificamente moderna de racionalização. Minha hipótese é que a demanda de racionalização aumenta a incerteza. Pois a incerteza produzida pela sociedade industrial não resulta inevitavelmente no caos ou na catástrofe; pelo contrário, a incerteza incalculável também pode ser uma fonte de criatividade, uma razão para permitir o inesperado e experimentar o novo. Contra o sentimento de inevitável ruína, atualmente bastante difundido, eu pergunto: existe também uma *função esclarecedora* nos riscos globais? E que forma ela assume?

[1] Arthur Bueno é professor de Pós-Graduação da Fundação Escola de Sociologia e Política de São Paulo, e doutorando em Sociologia pela Universidade de São Paulo. A presente entrevista, realizada em 2010, em inglês, por ocasião do lançamento da primeira edição de *Sociedade de risco* no Brasil, foi traduzida por Bruno Simões e publicada nesta segunda edição por sugestão do próprio Ulrich Beck.

— O futuro está de fato submetido a uma ambiguidade incontornável e, como já enfatizou o filósofo pragmatista William James, esse é um elemento fundamental de irracionalidade da experiência humana, dado que toda ação se dá na ausência de conhecimento seguro em relação a seu resultado. Apesar disso, a ação no momento presente exige sempre algum tipo de antecipação para poder se concretizar de modo racional. Em que medida é possível oferecer certeza e segurança por meio do conhecimento do futuro, considerando que a incerteza é uma condição básica da ação e do conhecimento humanos? E de que modo o novo contexto da sociedade de risco altera esse quadro fundamental?

— As pessoas sempre tentaram dar conta dessa incerteza irrevogável sobre o futuro por meios imaginativos. Esses "imaginários" incluem as concepções religiosas do cosmos, os mundos da literatura e, claro, as racionalidades sofisticadas da probabilidade e do cálculo de risco (assim como do direito, do planejamento, da futurologia, dos métodos de projeção de cenários e, por fim, especialmente hoje em dia, do esoterismo). Mas, para compreender a condição humana no início do século XXI, precisamos ser mais específicos.

Primeiro, precisamos distinguir risco de catástrofe. Risco não significa catástrofe; significa *antecipação* da catástrofe. Os riscos consistem em encenar o futuro no presente, ao passo que o futuro das futuras catástrofes é em princípio desconhecido. Sem técnicas de visualização, sem formas simbólicas, sem meios de comunicação de massa, os riscos não são absolutamente nada. A questão sociológica é esta: se a destruição e o desastre forem antecipados, isso pode gerar uma pressão para agir. A construção social de uma antecipação "real" de catástrofes futuras no presente (como a mudança climática ou a crise financeira) pode se tornar uma força política que transforme o mundo (para melhor ou para pior).

Num segundo momento, precisamos estabelecer a diferença entre três tipos de incertezas futuras: as *ameaças*, os *riscos* e as *incertezas fabricadas*. A tese da sociedade de risco sempre se depara com a seguinte objeção: o perigo e a insegurança não fizeram parte da existência humana desde os seus primórdios, e nas eras remotas, ao que parece, de modo ainda mais premente do que hoje em dia (doenças, curta expectativa de vida, guerras e epidemias)? É verdade. Só que, conforme uma diferenciação convencionalmente aceita, isso não é "risco", mas "ameaça". Mais uma vez, precisamos fazer a seguinte distinção: o risco é um conceito moderno, ele pressupõe *decisões humanas*, futuros humanamente produzidos (probabilidade, tecnologia, modernização). Esse conceito moderno de risco tem de ser diferenciado das "incertezas fabricadas".

Hoje em dia, de modo característico, a comunicação e o conflito se intensificam em torno desse novo tipo de risco fabricado. Nem os desastres naturais — as ameaças —, que vêm de fora e que, portanto, são atribuíveis a Deus ou à natureza, como os que prevaleceram no período pré-moderno, conseguem mais ter esse efeito; nem as incertezas calculáveis específicas — os riscos —, que podem ser determinadas com uma precisão atuarial, em termos de um cálculo probabilístico amparado por seguro e compensação monetária, como aquelas típicas da antiga sociedade industrial, entram nessa categoria.

No centro das sociedades de risco estão as "incertezas fabricadas". Elas se distinguem pelo fato de dependerem de decisões humanas, de serem criadas pela própria sociedade, de serem imanentes à sociedade e portanto não externalizáveis, impostas coletivamente e portanto inevitáveis individualmente. A percepção dessas incertezas rompe com o passado, com os riscos vividos e com as rotinas institucionalizadas; elas são incalculáveis, incontroláveis e, em última análise, não mais (privadamente) asseguráveis.

Ameaça, risco e incerteza fabricada podem ser diferenciados em termos típico-ideais, tais como os esboçados aqui, mas na realidade se entrecruzam e se misturam. Na verdade, os problemas ligados ao estabelecimento de distinções consistentes e rápidas entre esses aspectos da incerteza futura, que são avaliados politicamente de modo muito diferente, consistem em um foco e um motor decisivo dos conflitos de risco.

— *O que é novo na sociedade mundial de risco?*

— Minha tese é que as sociedades modernas e seus fundamentos foram abalados pela antecipação de catástrofes globais (mudança climática, crise financeira, terrorismo). Tais percepções dos riscos e incertezas globalmente fabricados caracterizam-se por três aspectos. Primeiro, *deslocalização*: suas causas e consequências não se limitam a um local ou espaço geográfico; em princípio, elas são onipresentes. Em seguida, *incalculabilidade*: suas consequências são, em princípio, incalculáveis; no fundo, trata-se de riscos "hipotéticos" ou "virtuais" que se baseiam especialmente em incógnitas cientificamente induzidas e dissensos normativos. Finalmente, *não-compensabilidade*: o sonho de segurança da modernidade europeia do século XIX se baseava na utopia científica de tornar os perigos de decisão e as consequências arriscadas cada vez mais controláveis; os acidentes podiam ocorrer na medida em que e porque eram considerados compensáveis. Mas se o clima mudou irreversivelmente, se o progresso na genética humana torna possíveis intervenções irreversíveis na existência humana, se os terroristas já têm armas de destruição em massa ao seu alcance, então é tarde demais. Dada a nova classe de ameaças à humanidade, a lógica da compensação entra em colapso e é substituída pelo princípio da "precaução pela prevenção" (François Ewald).

— *Ainda assim, você parece bastante otimista, mencionando com frequência as oportunidades abertas pela sociedade de risco. O que você quer dizer com "função esclarecedora" do risco global?*

— Num mundo onde os riscos globais se tornaram a categoria organizadora central tanto do âmbito público quanto do pessoal, há muitas razões para buscar refúgio num reino "à parte", num lugar separado do mundo em risco. Um primeiro efeito dos riscos globais, entretanto, é a *criação de um mundo comum*, um mundo do qual, bem ou mal, todos partilhamos, um mundo que não tem nenhum "à parte", nenhuma "saída", nenhum "outro". Assim, temos de reconhecer que, a despeito do quanto amamos, odiamos ou criticamos o "Outro", estamos destinados a viver com esses Outros *neste* mundo em risco. Abandonem todos os sonhos de pureza política e "valores elevados" que nos permitiriam continuar à parte! Esse reconhecimento negativo, entretanto, é apenas um ponto de passagem na construção de um projeto alternativo. Meu ponto é o seguinte: a consciência do risco global cria espaço para futuros alternativos, modernidades alternativas! A sociedade mundial de risco nos obriga a reconhecer a pluralidade do mundo que a visão nacionalista podia ignorar. Os riscos globais abrem um espaço moral e político que pode fazer surgir uma cultura civil de responsabilidade que transcenda as fronteiras e os conflitos nacionais. A experiência traumática de que todos são vulneráveis e a decorrente responsabilidade pelos outros, até para sua própria sobrevivência, são os dois lados da crença no risco mundial.

— *Em que medida os riscos globais representam para a sociedade mundial de risco aquilo que o proletariado foi para o capitalismo industrial: o sujeito revolucionário de transformação?*

— Os riscos globais evidentemente não são sujeitos ou atores. Eles são efeitos colaterais não intencionais, não desejados e frequentemente imperceptíveis de decisões e ações industriais. Eles desestabilizam a ordem existente, mas também podem ser vistos como uma etapa vital para a construção de novas instituições e redes transnacionais. O risco global tem o poder de confundir os mecanismos de irresponsabilidade organizada e de expô-los à ação (cosmo)política. O risco mundial é *o* meio de comunicação e cooperação obrigatório — embora não desejado e não intencional — num mundo de diferenças irreconciliáveis, em que cada um gira em torno de seu próprio eixo. Nesse sentido, a percepção pública do risco força pessoas que não gostariam de ter nada a ver umas com as outras a se comunicarem. Ela impõe obrigações e custos àqueles que resistem, mesmo com a lei frequentemente a seu favor. Em outras palavras, os riscos de grande escala atravessam a autossuficiência das culturas, idiomas, religiões e sistemas tanto quanto a agenda política nacional e internacional; eles perturbam suas prioridades e criam contextos para a ação entre posições, partidos e nações conflitantes que não conhecem nada uns sobre os outros, que se rejeitam e se opõem.

— *Você afirma que o risco afeta todas as pessoas a despeito do poder aquisitivo, da classe social ou do gênero sexual. À medida que os riscos fabricados se intensificam e se propagam, as posições de classe se tornariam obsoletas frente às posições de risco, com o eixo distributivo girando em torno da segurança, não da igualdade. Entretanto, a posição de classe não parece poder ser substituída pela posição de risco; pelo contrário, ambas as categorias são correlatas, especialmente no que diz respeito à capacidade de evitar riscos. Por exemplo, numa crise ecológica, a classe alta pode evitar os problemas mudando-se das áreas mais atingidas, ou mesmo receber maiores indenizações do que os pobres. Não seria mais adequado dizer que as clivagens de classe não são substituídas pelos conflitos de risco, mas que ambos se entrelaçam? E, ao invés de falar numa substituição da igualdade pela segurança, não seria também o caso de afirmar que a igualdade produz segurança e que esta tende a se tornar mais poderosa quando estabelecida nos termos daquela?*

— Há um grave mal-entendido. Não nego, evidentemente, a importância cada vez maior do poder, da dominação e das crescentes desigualdades sociais numa sociedade mundial de risco. Pelo contrário, meu olhar está realmente voltado para o modo pelo qual a desigualdade social equivale a uma desigualdade de exposição ao risco. Por exemplo, as imagens na televisão do desastre do Tsunami em 2004 trouxeram a primeira lei da sociedade mundial de risco — segundo a qual *o risco de catástrofes assola os pobres* — para dentro de todas as casas. Há fortes indícios de que a mudança climática afetará especialmente as regiões pobres do mundo, onde os problemas de grande crescimento populacional, pobreza, poluição da água e do ar, desigualdades entre classes e gêneros, epidemias de AIDS e governos autoritários corruptos se sobrepõem. Contudo, para mim o ponto crucial é que "classe" é um conceito demasiadamente "fraco" e "antiquado" para dar conta da nova radicalidade e complexidade das desigualdades sociais numa sociedade mundial de risco.

— *E o que isso significa?*

— A estrutura de poder do risco está fundada na lógica do risco. Este pressupõe uma decisão, e portanto alguém que toma a decisão, o que produz uma assimetria radical entre aqueles que decidem, definem e tiram proveito dos riscos e aqueles que são seus alvos, que sofrerão diretamente os "efeitos colaterais imperceptíveis" das decisões dos outros, que talvez tenham até mesmo de pagar por elas com suas próprias vidas, sem poder fazer parte do processo decisório. A relação entre risco e poder, entre risco e desigualdade reside nessa cisão. Os benefícios e vantagens potenciais incidem sobre o "Nós" dos tomadores de decisão, independentemente do fato de, graças a sua posição de poder social, eles serem capazes de tomar tais decisões. Em contrapartida, o "Nós" daqueles que sofrem os efeitos colaterais consiste e surge de uma dupla exclusão: tais pessoas são excluídas dos benefícios potenciais da decisão e das condições sob as quais a decisão é tomada, e por vezes até mesmo da informação relativa aos efeitos sobre sua saúde ou chances de sobrevivência, contra os quais essas pessoas são indefesas. A categoria classe não dá conta dessa lógica específica de dominação. É necessário um conceito transnacional, que vá além das fronteiras, para compreender e analisar as desigualdades que explodem num mundo de mudanças climáticas e crises financeiras.

Além do mais, sem o conceito de *vulnerabilidade social* é impossível compreender os riscos sociais e políticos da mudança climática. A noção de que catástrofes naturais e vulnerabilidade social são os dois lados da mesma moeda é uma ideia corrente para um modo de pensar que vê as consequências da mudança climática como um coproduto. Nos últimos anos, porém, a vulnerabilidade social se tornou uma dimensão fundamental nas análises sobre desigualdade social na sociedade mundial de risco: processos e condições sociais produzem uma exposição desigual a riscos que mal podem ser definidos, e as desigualdades decorrentes devem ser vistas principalmente como expressão e produto das relações de poder no contexto nacional e global. A *vulnerabilidade social* transforma e radicaliza a categoria "classe": é um conceito-síntese, abarcando meios e possibilidades que indivíduos, comunidades ou populações inteiras têm à sua disposição para poder enfrentar — ou não — as ameaças da mudança climática (ou da crise financeira).

A compreensão sociológica da vulnerabilidade social tem certamente uma relação crucial com o futuro, mas tem também uma profundidade histórica. As "feridas culturais" que, por exemplo, resultam do passado colonial constituem uma parte importante do repertório para compreender conflitos climáticos que transcendem fronteiras. Quanto mais marginais forem as opções econômicas e políticas disponíveis, mais vulnerável estará um determinado grupo ou população.

No sul de Mali, por exemplo, a crescente vulnerabilidade dos aldeões a incêndios catastróficos decorre, paradoxalmente, da implementação de políticas contra queimadas determinadas pelo Estado, que, por sua vez, foram uma resposta à pressão internacional contra o desmatamento e a desertificação; para tanto, vínculos com diversas organizações internacionais tiveram de ser oficialmente estabelecidos e, desse modo, também foram criadas as condições para um endividamento internacional, onerando o país e a população em questão. No caso de muitos países em situação de carência, essas relações, que estão sendo agora reorientadas e expandidas sob as condições da "globalização", remontam ao colonialismo.

Mas há um ponto ainda mais importante que marca a diferença entre a simplicidade da categoria "classe" e as desigualdades sociais radicalizadas na sociedade mundial de risco: a mudança climática, que é vista como fruto da ação humana e como um fenômeno catastrófico, ocorre nos moldes de um novo tipo de síntese da natureza com a sociedade. Enquanto a desigualdade das oportunidades de vida decorre da possibilidade de dispor de renda, qualificações educacionais, mobilidade etc., sendo bastante evidente o caráter social desses elementos, a desigualdade radical das consequências da mudança climática se materializa na frequência ou exacerbação crescentes de acontecimentos naturais — inundações, tornados etc. — que são em princípio fenômenos naturais comuns e não se deixam ver de modo evidente como o produto de decisões coletivas. A expressão "força da natureza" adquire um novo significado: a aparência de lei natural das catástrofes "naturais" produz a naturalização das relações sociais de desigualdade e poder. E a consequência política é que a concepção da igualdade natural dos seres humanos se converte na concepção de uma desigualdade natural dos seres humanos produzida por catástrofes naturais.

Há um último ponto que marca a diferença em relação às dinâmicas de classe: a mudança climática exacerba as desigualdades existentes entre pobres e ricos, centro e periferia — mas ao mesmo tempo as dissolve. Quanto maior a ameaça planetária, menor a possibilidade de que até mesmo os mais ricos e poderosos possam evitá-la. A mudança climática é, a um só tempo, hierárquica e democrática. Na medida em que um público mundial se torna consciente da transformação descontínua das coordenadas de desigualdade social — quando se reconhece, portanto, o fato de o sistema estatal-nacional de desigualdade social estar cercado de riscos globais (mudança climática, crises econômicas mundiais, terrorismo) que vinculam as nações subdesenvolvidas e desenvolvidas umas às outras —, então algo historicamente novo pode emergir: uma visão cosmopolita, na qual as pessoas se veem como parte tanto de um mundo em perigo quanto de suas histórias e situações de sobrevivência locais. Mas você tem razão: as reivindicações de proteção e segurança se tornam politicamente mais explosivas sob a condição de normas de igualdade jurídica.

— *Em trabalhos posteriores a* Sociedade de risco, *você apresentou o conceito de "relações de definição", que funcionaria de modo análogo às relações de produção pensadas por Marx. Qual é a importância desse conceito para compreender o novo desenho político implicado pela sociedade de risco?*

— É importante que o conceito de relações de definição seja compreendido num sentido construtivista. Como você disse, aquilo que as "relações de produção" na sociedade capitalista representaram para Marx, as "relações de definição" representam para a sociedade de risco. Ambas concernem às relações de dominação. Entre as relações de definição, estão as normas, as instituições e as capacidades que especificam como os riscos devem ser identificados em contextos particulares; por exemplo, nos Estados-nações, mas também nas relações entre eles. Elas constituem a matriz de poder jurídico, epistemológico e cultural na qual os riscos políticos são organizados. As relações de poder de definição podem consequentemente ser exploradas em quatro conjuntos de questões:

Quem determina a nocividade dos produtos, perigos e riscos? Com quem está a responsabilidade? Com os que produzem os riscos, com os que se beneficiam deles ou com aqueles que são potencial ou efetivamente afetados pelos perigos em suas vidas e relações sociais? Qual papel os diferentes tipos de público e seus atores desempenham nesse contexto? E como essas questões podem ser respondidas no interior de espaços nacionais, entre os espaços nacionais e globalmente?

Que tipo de conhecimento (ou falta de conhecimento) das causas, dimensões, atores, entre outros, está envolvido? Quem estabelece as normas causais (ou correlações nomológicas) que decidem quando uma relação de causa e efeito deve ser reconhecida? Quem tem o direito de exigir e de obter qual informação, e de quem?

O que vale como "prova" num mundo onde o conhecimento e a falta de conhecimento dos riscos estão inextricavelmente fundidos, e onde todo conhecimento é contestável e probabilístico?

Quem deve decidir sobre a compensação para os atingidos (em um ou vários Estados-nações)? Como a convocação para a "precaução" é realizada? Até que ponto os mais gravemente afetados pelos "efeitos colaterais latentes" estão envolvidos na formulação das regulações correspondentes?

Tendo em mente esses conjuntos de questões, fica claro que as sociedades de risco, em virtude da lógica histórica de seus sistemas jurídicos e de suas normas científicas nacionais e internacionais, são prisioneiras de um repertório de comportamentos que deixa escapar completamente a globalidade das crises ambientais. Assim, essas sociedades se veem confrontadas com uma contradição institucionalizada, de acordo com a qual as ameaças e catástrofes — justamente no momento histórico em que elas estão se tornando mais perigosas, mais presentes nos meios de comunicação e, nesse sentido, mais mundanas — escapam cada vez mais a todos os conceitos, normas causais, atribuições de ônus da prova e imputações de responsabilidade estabelecidas. Trata-se evidentemente de uma ameaça política. Ela compromete a estabilidade de regiões e sociedades inteiras, especialmente quando não há nenhum "à parte", nenhum modo de externalizar a responsabilidade e a culpa.

— Através da constatação de que não podemos controlar todos os riscos, a lógica da modernidade engendrou o que você chama de segunda modernidade. Os riscos que atualmente enfrentamos podem deslegitimar a modernidade?

— Sim, certamente. A crença da sociedade moderna no progresso está em contradição com o autodesencantamento da modernidade por meio dos riscos globais. Mas, como eu disse, a sociedade de risco é também uma *oportunidade social*. Contra a maioria das teorias sociais lineares, eu sustento que o sistema industrial, aparentemente independente e autônomo, transgrediu sua lógica e suas fronteiras e iniciou, assim, um processo de autodissolução ou autotransformação. A virada radical caracteriza a fase atual, em que a modernização está se tornando reflexiva. Em vez de se contentar em traçar diversos caminhos e potenciais no interior da modernidade industrial, a modernização está agora violando os próprios princípios básicos e instituições sociais, políticas e culturais da sociedade industrial do Estado-nação; ela os está demolindo e despertando novas alternativas e potenciais que se contrapõem à modernidade industrial.

O que provoca nos habitantes da sociedade mundial de risco um choque antropológico não é mais o desamparo metafísico de um Beckett, o ausente Godot, ou as visões assustadoras de um Foucault, nem o mudo despotismo da racionalidade que atormentou Max Weber. Como o bom e velho comunismo, o espectro do bom e velho pós-modernismo não tira o sono dos europeus. O que preocupa as pessoas hoje em dia é o pressentimento de que a certeza antropológica da modernidade está alicerçada em areia movediça. É o medo de que o tecido de nossas necessidades materiais e obrigações morais possa rasgar, e de que o delicado sistema funcional da sociedade mundial de risco colapse.

Desse modo, tudo virou de cabeça para baixo: aquilo que para Weber, Adorno e Foucault era uma visão aterradora — a racionalidade de vigilância total do mundo administrado —, é uma promessa para os que vivem no presente. Seria ótimo se estivéssemos aterrorizados apenas com o consumo e o humanismo, ou se o bom funcionamento dos sistemas pudesse ser restabelecido por meio de "reformas nacionais" e "ofensivas de inovação tecnológica". Seria ótimo se os cantos litúrgicos de mais mercado, mais tecnologias, mais crescimento e mais flexibilização ainda pudessem restabelecer a segurança em tempos conturbados.

— *Um aspecto central do seu diagnóstico da segunda modernidade é a individualização. Nesse domínio, porém, é onde mais parece possível ver as transformações ocorridas ainda a partir dos preceitos da primeira modernidade. Em que medida a individualização característica da modernidade reflexiva difere dos processos anteriores de individualização moderna? Com Elisabeth Beck-Gernscheim, você afirma em* Individualização *(2001) que a especificidade da individualização da segunda modernidade consiste em que, pela primeira vez na história, o indivíduo está se tornando a unidade básica da reprodução social; a individualização estaria se tornando a própria estrutura social da segunda modernidade — uma estrutura paradoxal, não linear, aberta, altamente ambivalente, em processo. Contudo, em que medida esse processo não é resultado de uma institucionalização de processos e ideais da primeira modernidade, como os que Georg Simmel chamou de individualismo quantitativo e qualitativo — isto é, uma institucionalização das pretensões subjetivas (que se tornaram, assim, exigências objetivas) de autonomia e peculiaridade?*

— Há um debate bastante acalorado sobre a individualização, mas também há muita confusão. Individualização não significa individualismo no sentido de uma ideologia triunfante. E também não significa individuação — o modo pelo qual uma pessoa se torna única. Não se trata de um thatcherismo, nem de um individualismo de mercado, nem de uma atomização. Ao contrário, individualização é um conceito estrutural, que tem relação com o Estado de Bem-Estar Social europeu; significa uma individualização institucionalizada. A maioria dos direitos e garantias do Estado de Bem-Estar Social, por exemplo os direitos civis, políticos e sociais, é concebida para o indivíduo, e não para coletividades como classe ou família. Você está certo quando diz que seria possível escrever uma história da sociologia descrevendo como Durkheim, Weber, Simmel, Marx, Foucault, Elias, Giddens e Bauman utilizaram e interpretaram, cada um a seu modo, o conceito de individualização. A individualização também não é simplesmente um fenômeno da segunda metade do século XX. Fases históricas anteriores da individualização europeia ocorreram no Renascimento, na cultura cortesã da Idade Média, no ascetismo interior do protestantismo, na emancipação dos camponeses da servidão feudal, e assim por diante.

— *Mas então o que a individualização da segunda modernidade tem de específica?*

— Naquilo que chamei de primeira modernidade, a questão sobre quem tem ou não direitos civis, políticos e sociais era respondida recorrendo-se a temas como a "natureza" do gênero e da etnicidade. Desse modo, as contradições entre reivindicações universais e realidades particulares eram resolvidas por uma ontologia da diferença. Até o começo da década de 1970, mesmo em países europeus, negava-se às mulheres direitos civis como o direito à propriedade e sobre seus próprios corpos. Na segunda modernidade, a estrutura da comunidade, do grupo e da identidade perde seu cimento ontológico. Radicalizar os *princípios* da modernidade (os direitos fundamentais) contra suas limitações nas instituições da primeira modernidade equivale a alterar os fundamentos da família, das relações de gênero, do amor, da sexualidade e da intimidade. A individualização transformou a vida privada, parcialmente de modo voluntário, parcialmente contra a nossa vontade, numa situação experimental em aberto. Os dados internacionais que estamos recebendo sobre as variações da família — sobre divórcio, transnacionalidade, casamento tardio, viver sozinho e convivência de filhos de casamentos anteriores — são todos resultados preliminares desse experimento compulsório. É como se alguém resolvesse descobrir o que poderia acontecer com a sociedade se certo relacionamento social não pudesse mais ser pensado como determinado pela natureza ou pela tradição, e tivesse de ser inteiramente construído dentro dos horizontes da reciprocidade e da igualdade, com todas as partes sendo mutuamente determinadas pelos resultados. O que aconteceria com os filhos se, desde crianças, eles não fossem mais tratados como uma propriedade dos pais, ou um presente de Deus, ou um dever nacional, ou um objeto de socialização, mas como indivíduos que têm o direito de conduzir suas próprias vidas? E o que acontecerá se esse padrão coletivo de uma vida própria a cada um, sob a égide da parceria — aquilo que Anthony Giddens chamou de "democracia emocional" —, for confrontado com as novas e duras exigências de um mercado de trabalho "flexível"? Quando os pais, especialmente as mulheres, forem colocados numa situação precária de trabalho, e os horários de expediente estiverem a serviço, não das suas necessidades, mas das necessidades das empresas? E quando a desigualdade radical vier novamente à tona como resultado? O que acontece numa sociedade quando, por um lado, jura-se fidelidade aos valores familiares, à maternidade e à paternidade, ao passo que, por outro, prega-se com o mesmo zelo doutrinário que cada um deve sempre colocar-se à absoluta disposição do mercado de trabalho, o qual oferece cada vez menos zonas de proteção e segurança a longo prazo? O que tudo isso significa para casais que no dia a dia devem também superar diferenças provenientes de suas origens étnicas e nacionais diversas? Até o momento não temos nenhuma ideia de quais serão as soluções para esses problemas. Tudo o que sabemos com certeza é que as pessoas estão sendo compelidas a experimentar milhares delas. Os seus efeitos colaterais estão dissolvendo as antigas instituições e condensando novas. Contudo, só não sabemos ao certo quais são essas novas instituições.

— *Dez anos atrás, você falou em "brasilianização do Ocidente", a princípio no contexto do seu livro sobre globalização (*O que é globalização?*, 1997), em seguida numa obra dedicada ao mundo do trabalho (*Admirável mundo novo do trabalho*, 1999). Ali, a brasilianização parecia representar o risco de perda das conquistas da modernidade, identificadas com processos específicos da modernização* europeia. *É possível manter esse diagnóstico?*

— Invertendo o julgamento de Marx, poderíamos dizer (com Shalini Randeria) que muitas partes do mundo em desenvolvimento hoje em dia são capazes de mostrar à Europa a imagem do seu próprio futuro. Isso é verdade se levarmos em conta aspectos como o desenvolvimento de sociedades multirreligiosas, multiétnicas e multiculturais; os modelos interculturais e a tolerância à diferença cultural; o pluralismo jurídico; e a multiplicação de soberanias. Por outro lado, também poderíamos apontar a propagação do setor informal e a flexibilização do trabalho, a desregulamentação jurídica de grandes áreas da economia e das relações trabalhistas, a intervenção vigorosa de cooperações transnacionais etc. Todos esses aspectos, somados a outras questões que discutimos, levam a concluir que precisamos de um novo quadro de referência para a sociedade mundial de risco na qual vivemos — incluindo países e regiões não ocidentais — para compreendermos a dinâmica das contradições da segunda modernidade.[2]

— *Seus trabalhos sobre a sociedade mundial de risco têm implicações importantes para a pesquisa em ciência social. Você adota uma posição contrária ao chamado "nacionalismo metodológico", que assume como evidente o contexto dos Estados-nações. Entretanto, as ideias sobre a sociedade de risco e a modernidade reflexiva tiveram início com análises do desastre de Chernobyl, na Ucrânia, e da doença da vaca louca (encefalopatia espongiforme bovina), na Inglaterra, dois eventos que afetaram mais profundamente as sociedades europeias. E a teoria da sociedade de risco deriva evidentemente da experiência de modernização no Ocidente. A sua abordagem ainda não estaria atrelada ao ponto de vista de um certo conjunto de Estados-nações e, nesse sentido, tampouco escaparia ao "nacionalismo metodológico"?*

— Como você disse, temos efetivamente de buscar variedades da segunda modernidade em outros contextos além da Europa. Mas o nacionalismo metodológico é um problema diferente. Ele também se aplica a contextos pós-coloniais. A grande questão é saber, uma vez que as interconexões globais estão por toda parte, *como estudá-las*. Uma coisa é certa: não pelas lentes do nacionalismo metodológico!

O nacionalismo metodológico supõe que nação, Estado e sociedade são as formas sociais e políticas "naturais" do mundo moderno. Quando os atores sociais subscrevem tal crença, falo de uma "*perspectiva* nacional"; quando ela determina o ponto de vista do cientista social, eu falo de "nacionalismo *metodológico*". A distinção entre a perspectiva do ator social e a do cientista social é crucial, já que há apenas uma conexão histórica entre os dois, não uma conexão lógica. O surgimento da sociologia na Europa coincidiu com o do Estado-nação, do nacionalismo e do sistema da política internacional. Essa conexão histórica — entre atores sociais e cientistas sociais — deu origem à axiomática do nacionalismo metodológico. E o nacionalismo metodológico não é um problema superficial ou um erro menor. Ele envolve tanto as práticas habituais de coleta e produção de dados quanto os conceitos básicos da sociologia e da ciência política modernas, como sociedade, desigualdade social, Estado, democracia etc.

[2] Cf. o número especial do *British Journal of Sociology*, v. 61, nº 3, Londres, 2010, intitulado *Varieties of Second Modernity: Extra-European and European Experiences and Perspectives*.

— *Seu livro* Poder na era global *(2005) parte de duas premissas: primeiro, que a sociedade mundial de risco traz à tona uma nova lógica histórica, de acordo com a qual nenhuma nação pode mais lidar com seus problemas sozinha; em segundo lugar, que uma alternativa realista de governança global é possível. Qual é essa alternativa?*

— Uma nova "política interna global", que em parte já é uma realidade para além da divisão nacional-internacional, tornou-se um jogo de metapoder cujo resultado está completamente em aberto. Trata-se de um jogo em que as fronteiras e as orientações fundamentais estão sendo renegociadas — não apenas aquelas entre esferas nacionais e internacionais, mas também entre o comércio global e o Estado, os movimentos civis transnacionais, as organizações supranacionais e os governos e sociedades nacionais. Nenhum participante ou oponente pode vencer sozinho; tudo depende de alianças. Essa é a maneira pela qual os antagonismos imanentes ao jogo difuso do poder da política interna global estão se desenrolando.

A primeira alternativa, ainda hoje a dominante, dá lugar de destaque ao capital global. O objetivo das estratégias de capital é, em termos simplificados, combinar o capital com o Estado de modo a estabelecer novas fontes de legitimidade sob as vestes do *Estado neoliberal* (nas versões ocidental e chinesa). O seu artigo de fé é que existe somente um poder revolucionário capaz de reescrever as regras da ordem global de poder — qual seja, o capital —, ao passo que os outros atores — os Estados-nações e os movimentos da sociedade civil — permanecem subordinados às formas de ação e poder características da ordem nacional e internacional. Essa coalizão do capital com o Estado nacional não só é incapaz de responder aos desafios da sociedade mundial de risco, mas também está perdendo qualquer resquício de credibilidade no espaço experiencial dos riscos globais.

Os riscos globais *fortalecem* o Estado e os movimentos civis porque revelam novas fontes de legitimação e novas opções para a ação desses grupos de atores; por outro lado, eles *enfraquecem* o capital globalizado porque as consequências das decisões de investimento acarretam riscos globais, desestabilizam mercados e despertam o poder do gigante consumidor adormecido. Nesse sentido a "desglobalização" está em alta. Meu exemplo histórico para esse processo é — em parte — o da União Europeia.[3] Em contrapartida, a meta da sociedade civil global e de seus atores é conectar a sociedade civil ao Estado, o que significa engendrar aquilo que chamo de *forma*

[3] Ulrich Beck e Edgar Grande, *Cosmopolitan Europe*, Cambridge, Polity, 2007.

cosmopolita da instância estatal. As formas de aliança estabelecidas pelo Estado neoliberal instrumentalizam o Estado (e a teoria do Estado) para otimizar e legitimar os interesses do capital em todo o mundo. Em contrapartida, a meta da ideia de um Estado cosmopolita nos moldes da sociedade civil é delinear e realizar uma diversidade resiliente e uma ordem pós-nacional.

— *Você tem enfatizado como diversos dos contra-atores e contravisões surgidos ao longo da modernidade foram seguidamente destronados: proletariado, comunismo, socialismo, nacionalismo, a nova* intelligentsia, *a muda pressão do argumento público. E diz, por outro lado, que se há uma força opositora que possa transformar essa metafísica imanente da modernidade, esta é o poder da própria modernidade autonomizada. Que tipo de ação ou movimento político pode resultar dessa perspectiva?*

— A sua pergunta implica uma outra: como é possível lidar de maneira bem-sucedida com os riscos globais sob as condições de múltiplas modernidades competindo entre si, com seus diferentes modelos normativos, interesses materiais e constelações de poder político? Tento responder a essa questão por meio do conceito de *Realpolitik cosmopolita*. Para compreendermos e desenvolvermos esse conceito, temos de distingui-lo do cosmopolitismo normativo-filosófico, por um lado, e do cosmopolitismo idealista utópico, por outro. A *Realpolitik* cosmopolita não lança mão (pelo menos não primordialmente) de ideias e identidades compartilhadas, mas sim do poder e dos interesses que devem ser postos em cena. Se adotamos essa perspectiva "realista", a questão crucial é como os "jogos de metapoderes" hegemônicos da política interna global podem ser moldados e como os interesses podem ser perseguidos de tal modo que sirvam à realização de objetivos cosmopolitas comuns.

Em primeiro lugar, a nova realidade histórica da sociedade mundial de risco consiste no fato de que nenhuma nação pode dar conta de seus problemas sozinha. Aqueles que jogam só em âmbito nacional vão inevitavelmente perder. Em segundo lugar, os problemas globais produzem novos "imperativos cosmopolitas" — coopere ou fracasse! — que podem resultar em comunidades de risco transnacionais. Em terceiro, as organizações internacionais não são apenas a continuação das políticas nacionais por outros meios. Elas podem transformar os interesses nacionais. Em quarto, o realismo cosmopolita também é um realismo econômico. Ele reduz e redistribui os gastos, porque estes crescem exponencialmente com a perda de legitimidade.

O realismo cosmopolita não demanda nem o sacrifício dos interesses de cada um, nem um viés exclusivo voltado para ideias e ideais elevados. Pelo contrário, ele aceita o fato de que a ação política na maioria dos casos está baseada em interesses. Mas insiste numa abordagem em que a busca dos interesses de cada um seja compatível com os de uma comunidade mais ampla. Desse modo, o realismo cosmopolita significa basicamente o reconhecimento dos interesses legítimos dos outros e a sua inclusão no cálculo dos interesses de cada um. Na realidade, porém, há frequentemente limites e dilemas para o realismo político cosmopolita. Não se trata de uma panaceia para todos os problemas do mundo, e de forma alguma sempre dá certo.

Índice das matérias

Sobre o autor

Ulrich Beck nasceu em 1944, em Stolp, na Alemanha (atual Slupsk, Polônia), cresceu em Hanover, e estudou em Freiburg e Munique. Foi professor de Sociologia na Universidade de Munique, na London School of Economics and Political Science e doutor *honoris causa* por diversas universidades europeias. Foi editor do jornal *Soziale Welt* e da coleção Edition Zweite Moderne [Segunda Modernidade], da editora Suhrkamp, e diretor-fundador do centro de pesquisas "Reflexive Modernisierung" [Modernização Reflexiva], na Universidade de Munique, financiado desde 1992 pela Deutsche Forschungsgemeinschaft [Fundação Alemã para a Pesquisa Científica]. Faleceu em 1º de janeiro de 2015, em Munique.

Seus principais temas de estudo são: teoria da modernização, sociologia de risco, transformações do trabalho e desigualdades sociais. Publicou, entre outros: *Reflexive Modernization: Politics, Tradition and Aesthetics in the Modern Social Order*, com Anthony Giddens e Scott Lash, 1994 (ed. bras.: *Modernização reflexiva*, Unesp, 1997); *Was ist Globalisierung?*, 1997 (ed. bras.: *O que é globalização?*, Paz e Terra, 1999); *Freiheit oder Kapitalismus: Ulrich Beck im Gespräch mit Johannes Willms*, 2000 (ed. bras.: *Liberdade ou capitalismo*, Unesp, 2003); *Macht und Gegenmacht im globalen Zeitalter. Neue weltpolitische Ökonomie*, 2002 [Poder e contrapoder na era global: a nova economia política mundial]; *Das Kosmopolitische Europa. Gesellschaft und Politik in der Zweiten Moderne*, com Edgar Grande, 2004 [A Europa cosmopolita: sociedade e política na Segunda Modernidade]; *Weltrisikogesellschaft*, 2007 [Sociedade de risco global]; *Der eigene Gott. Friedensfähigkeit und Gewaltpotential der Religionen*, 2008 [O deus de cada um: o potencial de paz e de violência das religiões]; *Das deutsche Europa: Neue Machtlandschaften im Zeichen der Krise*, 2012 (ed. bras.: *A Europa alemã: a crise do euro e as novas perspectivas de poder*, Paz e Terra, 2012); e o póstumo *The Metamorphosis of the World*, 2016 (ed. bras.: *A metamorfose do mundo*, Zahar, 2018).

Este livro foi composto em Sabon
pela Bracher & Malta, com CTP
e impressão da Edições Loyola em
papel Pólen Natural 80 g/m² da Cia.
Suzano de Papel e Celulose para a
Editora 34, em abril de 2022.